融媒体版

高等院校学前教育专业融媒体教材

幼儿园美术教育与活动指导

房玉辰 郑玉香 龚 蓉 /主编

YOU'ERYUAN MEISHU JIAOYU YU HUODONG ZHIDAO

北京师范大学出版集团
BEIJING NORMAL UNIVERSITY PUBLISHING GROUP
北京师范大学出版社

图书在版编目(CIP)数据

幼儿园美术教育与活动指导 / 房玉辰，郑玉香，龚蓉主编.
—北京：北京师范大学出版社，2021.1(2024.2 重印)
ISBN 978-7-303-26442-1

Ⅰ. ①幼… Ⅱ. ①房… ②郑… ③龚… Ⅲ. ①美术课—学前教育—教学参考资料 Ⅳ. ①G613.6

中国版本图书馆 CIP 数据核字(2020)第 218464 号

图书意见反馈：gaozhifk@bnupg.com 010-58805079
营销中心电话：010-58802181 58805532
编 辑 部 电 话：010-58808898

出版发行：北京师范大学出版社 www.bnupg.com
北京市西城区新街口外大街 12-3 号
邮政编码：100088
印 刷：天津旭非印刷有限公司
经 销：全国新华书店
开 本：787 mm×1092 mm 1/16
印 张：18
字 数：340 千字
版 次：2021 年 1 月第 1 版
印 次：2024 年 2 月第 3 次印刷
定 价：49.00 元

策划编辑：罗佩珍 责任编辑：马力敏 朱冉冉
美术编辑：焦 丽 装帧设计：焦 丽
责任校对：康 悦 责任印制：马 洁

丛书编委会

本书编委会

主　编

房玉辰　郑玉香　龚　蓉

副主编

王艳芝　郑兴娟　汤　芳

编　委

（按姓氏拼音排序）

豆丽君　杜丽敏　房肖楠　可佳琦
李　幸　马　季　齐新杰　尚　洁
王致轩　徐玉群　许国英　苑　航
赵嘉玲

丛书序

2010年7月，中共中央、国务院颁发《国家中长期教育改革和发展规划纲要(2010—2020年)》，提出了到2020年全国基本普及学前教育的战略目标。2010年11月，国务院发布《国务院关于当前发展学前教育的若干意见》(简称“国十条”)。此后，中国学前教育事业进入了史无前例的快速发展时期。全国各地为解决学前教育师资问题，纷纷开设学前教育专业，不同层次的学前教育专业如雨后春笋般地涌现出来，学前教育专业在校生规模急剧扩大。然而，学前教育专业人才培养质量良莠不齐，状况堪忧，引起社会广泛关注。学前教育专业改革呼声日益高涨。

2011年10月，教育部颁布《教师教育课程标准(试行)》，并发文要求各地要“按照《教师教育课程标准(试行)》的学习领域、建议模块和学分要求，制订有针对性的幼儿园、小学和中学教师教育课程方案，保证新入职教师基本适应基础教育新课程的需要”。为了推进《教师教育课程标准(试行)》的实施，教育部要求，“加强教师教育课程和教材管理”。同年，全国教师资格考试政策也进行了重大调整，教师资格考试由各省自主组织改为全国统考，河北省于2012年成为改革试点省份。

在全国学前教育大发展的背景下，在《教师教育课程标准(试行)》和教师资格考试新政策的实施过程中，学前教育改革与发展显然跟不上时代步伐。例如，学前教育专业课程既无法满足《教师教育课程标准(试行)》的要求，也无法有效应对学生参加教师资格考试的需要，修订课程方案和教材势在必行。

为了适应我国学前教育发展改革趋势，有效地整合地方学前教育资源，提升地方高校学前教育整体发展水平和人才培养质量，2015年4月，河北省高等学校教育学教学指导委员会和北京师范大学出版社在充分调研的基础上，联合启动了河北省学前教育专业“十三五”规划教材建设工作。教材编写成员主要来自河北省内开设学前教育专业的各所高校，同时也吸收了部分幼儿园一线教师和省外高校教师参与。教材编写品种包括《学前教育学》《学前心理学》《学前儿童卫生与保育》《幼儿园健康教育与活动指导》《幼儿园社会教育与活动指导》《幼儿园语言教育与活动指导》《幼儿园科学教育与活动指导》《幼儿园数学教育与活动指导》《幼儿园美术教育与活动指导》《幼儿园音乐教育与活动指导》《幼儿园教育活动设计与实施》《幼儿游戏与指导》《幼儿园组织与管理》《学前教育研究方法》《幼儿园一日活动指导》《幼儿园教育评价》《幼儿园环境创设与玩教具制作》《舞蹈基础》《美术基础》《音乐基础》《钢琴基础》《声乐基础》等。

为了保证教材编写质量，我们设立了丛书编写委员会，实行主编负责制，并确立了以下编写原则。

第一，以本科教育层次为主，兼顾其他层次。目前，我国幼儿园师资的培养一般包括中职中专、高职高专和本科教育三个层次。此外，还有五年制专科、专接本、专升本、专业硕士研究生等。本套教材主要面向全日制四年制学前教育本科专业，同时兼顾其他层次培养所需。

第二，全面系统与灵活性相结合。本套教材涵盖学前教育专业人才培养基础课程，注重教材之间衔接和统一，注重基础理论、专业实践和基本技能等内容的交叉与协调。同时，根据地域、院校特点，为各校开设选修课程保留了较大的自主发挥空间。

第三，理论与实践相结合。本套教材强调深入落实《教师教育课程标准(试行)》“实践取向”“能力为重”的精神，注重实践性教学内容及环节，关注解决教育实践问题。在板块设计上，有正文的理论阐述，同时还辅以导入案例、案例分析、实践练习题、建议的活动、想一想、做一做等实践板块，引导学生将所学理论运用到实践中。整套教材旨在让学生不仅知道怎样做，而且要知道为什么这样做，还要具备进一步去探索、发现并提出新问题、新理念和新方法的基础能力。

第四，基础性与时代性相结合。本套教材坚持呈现各学科领域的基本概念、基本知识、基本理论，为学生搭建一个全面而扎实的知识体系。在此基础上，本套教材紧密结合《教师教育课程标准(试行)》《3—6岁儿童学习与发展指南》《幼儿园工作规程》(2016)等最新国家政策文件精神，吸纳教育学、心理学、学科教学的最新研究成果，同时根据教师资格考试改革需要设置了专门的学习模块，确保教材内容与时俱进。在教材的呈现方式上，我们也谨慎采用了一些信息化的新媒体技术，以适应全媒体时代的学习方式。

经过大家一年多的共同努力，首批教材即将付梓。作为丛书主编，我对参与教材编写工作的所有人员致以诚挚的谢意，特别要感谢丛书副主编田宝军教授以及各分册主编付出的辛勤劳动。感谢北京师范大学出版社编辑罗佩珍女士精心策划、积极协调，为丛书编写工作付出了极大的精力与努力。当然，由于时间比较仓促，教材在体系建设、内容选择等方面肯定存在着不足与疏漏，欢迎广大学界同仁和读者朋友不吝赐教，多提宝贵意见。

郭健

2016年6月30日

前　言

学前教育关系到国家和民族的未来。“幼有所育”“幼有善育”是党的十八大以来我国在学前教育领域的发展目标。党的二十大报告中又进一步提出要“办好人民满意的教育，全面贯彻党的教育方针，落实立德树人根本任务，培养德智体美劳全面发展的社会主义建设者和接班人”。美育，是人的全面发展教育的重要组成部分，美术类活动是实施美育的重要手段。自从世界上第一所幼儿园出现以来，绘画、手工、欣赏等各种美术类活动就一直伴随着幼儿的学习与生活，它们是幼儿园非常重要的活动形式。

本书遵循《教师教育课程标准（试行）》《幼儿园教师专业标准（试行）》《中小学和幼儿园教师资格考试标准（试行）》以及《3—6岁儿童学习与发展指南》等国家政策文件精神，结合学前教育专业人才培养要求和规律，力求在吸纳新政策、新思想的基础上，满足幼儿园美术教育的新需求。

本书由五章构成。第一章“幼儿园美术教育活动概述”，旨在让学生对幼儿园美术教育有一个初步的了解，并由此树立正确的美术教育观，遵循基本的原则、方法，为开展幼儿美术教育活动指引方向、夯实基础。第二章“幼儿园美术教育活动的目标和要求”，主要结合《幼儿园教育指导纲要（试行）》《3—6岁儿童学习与发展指南》以及实际教学，对幼儿美术教育活动的总目标及具体要求做了陈述。第三章至第五章，分类论述幼儿园不同年龄班绘画类、手工类、欣赏类活动的具体开展要点和指导方法，并提供相关案例进行辅助说明。

本书注重体现前瞻性和新颖性，帮助学习者把握幼儿美术教育的基本理念与特点，掌握幼儿美术教育的规律和指导策略，拓展幼儿美术教育的新思想。同时，本书还注重体现实操性，既有理论阐述，又有大量实践案例及分析。我们认为，美术是一种世界性的语言，也是幼儿表达自己对周围世界、个人心灵世界的绝佳方式；五大领域中的任何一个领域，从形式上都可以和美术活动很好地结合，而且美术活动还能够补充和完善各类教育活动的不足。

基于此，我们对如何开展美术活动有如下建议。一是活动要有针对性。根据教育教学目标，联系幼儿的年龄特点及实际发展水平，活动设计要体现美术教育的灵活性与适用性。二是活动内容要准确。特别是美术活动与科学领域活动相结合时，在实操设计与制作中要注意符合科学原理，避免出现知识性和原则性错误。三是活动要安全。由于幼儿没有自我保护意识，因此在美术类活动中，教师要避免选取有毒的材料；避免材料锋利的边缘伤到幼儿；避免太小的物体被幼儿吞咽，塞入鼻腔、耳道等。四是活动要具有审美性。美术类活动的实操、制作与使用，是为了激发幼儿游戏或学习的兴趣，形象可爱、生动、有趣，富于美感的事物才能让幼儿愿意去玩、去游戏，也才符合美术自身的宗旨。五是活动要因地制宜。幼儿绘画类、手工类活动的材料，应该以本地、本幼儿园实际为准，因地制宜、就近取材。

本书由河北师范大学、西北师范大学、河北大学、陕西师范大学学前教育专业的房玉辰、郑玉香、龚蓉、王艳芝、郑兴娟、汤芳、马季、齐新杰、赵嘉玲、王孜轩、苑航、豆丽君、可佳琦、李幸共同编写。各章具体分工如下：第一章由房玉辰、赵嘉玲编写；第二章由龚蓉、郑玉香、汤芳、王孜轩编写；第三章由王艳芝、郑兴娟、苑航编写；第四章由房玉辰、齐新杰、豆丽君、可佳琦编写；第五章由房玉辰、龚蓉、马季、李幸编写。全书由第一主编房玉辰统稿。本书还汇集了河北经贸大学附属小学、河北师范大学幼儿园、白求恩和平医院幼儿园房肖楠、尚洁、徐玉群、杜丽敏、许国英等从事小学及幼儿美术教育的一线优秀教师在实践活动中总结的优秀案例和心得经验等。

为了进一步拓展读者关于幼儿园美术教育的认识和了解，北京师范大学出版社“京师爱幼”微信公众号上提供了一些教学视频及其他资源，读者可关注公众号获取。

推荐观看资源清单

“示范课”栏目	• 小班：手工制作“小羊换新衣”；美术活动“小蝌蚪”；手工制作“小羊换新衣”；艺术活动“扮家家”；艺术活动“小猴子的旅行”；艺术活动“太阳在哪里”；综合活动“爱心饼干”；综合活动“做面条” • 中班：美术活动“指纹王国里的故事”；艺术活动“我眼里的秋天”；艺术活动“小小舞龙会”；艺术活动“疯狂发型师”；艺术活动“五彩的烟花”；民间游戏“斗鸡”；户外游戏“贴人” • 大班：美术活动“我的名字”；艺术活动“小牛也疯狂”；艺术活动“变废为宝展览会”

在此要特别感谢河北省高等学校教育学教学指导委员会对本教材研发工作的关心和指导。感谢北京师范大学出版社的支持，感谢本书编辑的辛勤付出，感谢为本书出版提供友情帮助的广大幼教同行。敬请广大读者提出宝贵意见，督促编写组不断完善和改进本书质量。

目　录

CONTENTS

第一章　幼儿园美术教育活动概述

学习目标

1. 熟悉幼儿园美术教育活动的价值功能，并结合实例说明其对幼儿个体发展的积极意义。

2. 了解幼儿园美术教育活动的内涵和基本原则。

3. 知道常见的幼儿园美术教育活动的类型。

学习导图

- 幼儿园美术教育活动概述
  - 幼儿园美术教育活动的内涵
    - 美术教育活动
    - 幼儿园美术教育活动
  - 幼儿园美术教育活动的价值功能
    - 幼儿园美术教育活动的一般价值功能
    - 幼儿园美术教育活动对幼儿个体发展的价值功能
  - 幼儿园美术教育活动的基本原则
    - 要遵循安全、卫生和环保相结合的原则
    - 要遵循教育性、科学性和艺术性相结合的原则
    - 要遵循游戏性、趣味性、自制性和创新性相结合的原则
  - 幼儿园美术教育活动的常见类型
    - 绘画类
    - 手工类
    - 欣赏类

案例导入

在日常活动中，教师利用五彩缤纷的泡泡引起幼儿对美术活动中色彩与形状的关注和兴趣，并感受和泡泡游戏的乐趣。

教师：今天我给大家带来了一样很有趣的东西，猜猜是什么？（请幼儿闭上眼

睛，教师吹泡泡，并让泡泡充满整个活动室。）

教师：大家睁开眼睛，看一看泡泡是什么形状和什么颜色的。

（让幼儿观察泡泡，幼儿说“圆圆的”“有红色的”“有蓝色的”“五颜六色的”。）

教师引领幼儿一起到户外去吹泡泡。

教师：让我们一起到外面去吹泡泡，看看五颜六色的泡泡会飞到哪里去。

教师带领幼儿来到空地上玩起了吹泡泡游戏。当五彩缤纷的泡泡四散飞扬时，幼儿的情绪一下子高涨起来。他们欢呼着，跳跃着，一起追逐泡泡。就连几个平时较腼腆的幼儿也被欢乐的氛围感染了，脸上绽放出灿烂的笑容。

那么，能不能把幼儿对泡泡的喜爱带到美术类的活动中，使之变成一次同样令他们神往的教育活动呢？

通过这个案例我们可以看出，游戏活动是幼儿表达自己的情绪、情感和维持心理平衡的有效方法和途径。对于还不太善于运用语言交流的幼儿来说，美术类活动是最朴素、最简单的表达情感的方式。因此，教师在活动中要善于学会利用各种有创意的方法，以激发幼儿的兴趣和对美术再现的欲望；让幼儿在自由自在的游戏中充分发挥自己的聪明才智，让美术活动的价值功能与幼儿的各种游戏类活动结合，以学、做、玩、乐的形式充分地表现出来。

第一节　幼儿园美术教育活动的内涵

美术教育活动是幼儿比较正式接受美术活动的开始。幼儿园美术教育活动是指3～6岁幼儿所从事的造型艺术活动和欣赏类活动，表达了幼儿对美好生活的向往，反映了幼儿对周围生活的认识和体验。

一、美术教育活动

顾名思义，美术教育活动就是通过引导学习者学习关于美术类活动的相关知识以及技能，提升美术素养的活动。简单讲，美术教育活动是一种塑造美的教育活动，同时也学习一些姊妹艺术以及有关美术的基本知识和社会生活的相关知识、技能。比较专业的美术学习包含素描、色彩、速写、油画、中国画、装饰画，陶艺、版画、书法、装裱、雕刻印章、平面设计、立体设计、动画设计等一系列同美术相关联的技能。美术教育活动是一种重要的文化活动，产生于人们延续美术文化、传播社会知识、表达内心情感以及满足审美需求的愿望，并随着人类的进步和社会的发展与时俱进而渐趋成熟。美术教育活动一般包括专业画家和雕塑家的教育活动、美术爱好者的教育活动、工业设计或手艺人的教育活动以及幼儿的美术教育活动等。

二、幼儿园美术教育活动

幼儿园美术教育活动是针对 3～6 岁幼儿开展的美术类活动。从教育角度来讲，幼儿园美术教育活动以美术作为媒介，通过美术各个门类的教育活动，顺应幼儿的自然发展，保证幼儿身心健康成长，培养幼儿的道德情感、审美情趣、认知能力、意志品质以及创造性。其特点表现如下：在题材范围、内容深度、广度上，与成人美术有很大的不同；在幼儿美术作品中常见再现性的方法；情绪和情感在其中起着更大的动力作用。美术类活动在幼儿园整个教育活动中占有举足轻重的地位，对幼儿阶段的身心发展有很重大的意义和影响。幼儿园美术教育活动的根本目的在于培养幼儿初步的审美观，提高幼儿感受美、欣赏美、创造美的能力，并充分发挥美术类教学活动陶冶情感的功能，努力培养幼儿健康的审美情趣，逐步提高幼儿参与美术活动的兴趣和审美能力。

想一想

幼儿园美术教育活动，相比较其他领域的活动有哪些优势？

【答案要点】幼儿园美术教育活动是一种技能型的操作活动，手的动作越复杂、越精细，对大脑皮层相应位置区域的刺激就越充分，也越能促进幼儿的协调发展。因此，美术类活动对幼儿早期观察能力、分析能力、理解能力、感受能力、审美能力、初步动手能力和表现能力的发展都有着重要的价值，尤其在观察、审美、感受等方面具有自身的优势。

第二节　幼儿园美术教育活动的价值功能

幼儿的美术创作和美术作品展现了他们对周围事物的印象，表达了他们的主观愿望和审美追求。幼儿园美术教育的主要任务不仅是传授美术知识和美术技能的训练，而且还包括通过美术类的各种活动，使幼儿各种心理功能趋于和谐、潜能协调发展，最后达到提高生存价值，体验与实现美好人生的目的。

一、幼儿园美术教育活动的一般价值功能

美术教育活动的价值在于提升人的精神境界，使人进入一种超越人我之见、超越功名利害的境界而获得终极幸福，其作用在于陶冶人的情感，使人的情感更丰富，给人的高尚行为以推动力。美术类活动之所以能对人产生作用，是因为美具有普遍性和超脱性。美术类活动还能够弥补科学领域活动的概念性、抽象性、机械性的不足，使人生丰富而有意义。美术类活动还具有自由性、进步性、普及性，能给

人的情感以抚慰，使人的心灵纯洁高尚，给人以温情的精神家园。

当前，幼儿园美术教育活动的价值存在美术技法论、感官教育论、本质论、工具论、社会本位论之争，各有利弊。美术技法论于17—18世纪出现在西方，形式为班级授课方式，这种师傅带徒弟的教育比较侧重于美术技法的世代相传，侧重于美术技法的掌握与发展。美术教育进入普遍的学校教育后，以技法性为目的的活动理念仍然或多或少地有所体现。中华人民共和国成立以后，我国学前教育全面学习苏联，引进了"作业"一词，认为幼儿必须都上所谓"作业课"，进行系统的学习，具体表现为针对教学大纲规定的时间和内容，进行作业的系统练习，对活动质量的评估以技能水平为尺度标准。

感官教育论是指以幼儿的兴趣作为教学活动的基础，并通过观察、联想、表达三个步骤进行基本的教学活动，将绘画和手工类活动当作发展幼儿感觉以及肌肉运动的好办法，通过幼儿的各种实操活动，对幼儿实施感官教育。这种观点的主要倡导者是蒙台梭利①。她认为，感官教育对幼儿智力的发展有特别重要的作用，3～4岁是各种感官功能发展的重要时期，成人可以用各种刺激，促使幼儿感觉得到发展，也能为幼儿良好的心理健康状态打下基础。她认为幼儿的美术类活动可以用触觉和肌体感的训练替代，并指出"教绘画最好的方式并不是让儿童完全自由，而是通过训练手，为他们提供自然发展的工具"。她将幼儿美术类活动看作培养幼儿的观察能力和手、眼的协调能力的方法，几乎完全没有涉及幼儿想象力和审美能力方面的培养。

本质论强调美术教育的本质性价值，倡导以学科为基础的美术教育。本质论者认为，美术教学活动应具有学科性、顺序性，主张系统化的课程设计与指导方法，并且以学科的标准来评价儿童的学习成果。本质论的代表人物是艾斯纳②。他强调美术教育的主要价值在于对个人经验的独特贡献，指出"美术是人类文化和实践极其特殊的一面，而且美术能为人类实践做出的最可贵的贡献是直接与其特性相关系的""美术能为人类教育做的贡献恰恰是别的学科所不能做的。因而，任何一项将艺术首先作为为其他目的服务工具的教育计划会冲淡美术的意义""美术不应屈尊服务于其他目的"。美术教育不是服务于其他目的的工具，它在幼儿教育活动中有其独特的作用，美术地位应得到重视和提高。

---

① 玛利娅·蒙台梭利(意大利语：Maria Montessori，1870年8月31日至1952年5月6日)，意大利幼儿教育家，意大利第一位女医生，意大利第一位女医学博士，蒙台梭利教育法的创始人。她的教育方法源自其在从事幼儿工作过程中所观察到的幼儿自发性学习行为。她倡导学校应为幼儿设计量身定做的专属环境，并提出了"吸收性心智""敏感期"等概念。

② 艾斯纳(E. W. Eisner)，美国儿童美术教育家。他认为美术教育的主要价值在于对个人经验的独特贡献。儿童的美术能力并非自然成长的结果，而是通过教师设计的有益于儿童的美术课程的学习的结果；他主张以严谨的美术课程实现美术的自身价值。这种课程包括美术史、美术批评、美术创作。因此，美术教育的目标在于帮助儿童了解美术在文化发展中的功能，发展他们的审美判断能力，使其创造出具有美感和表现性的美术作品。

与工具论者相反，艾斯纳提出美术能力不是自然发展的结果，而是学习和教育的结果。“美术学习不是随儿童成长成熟的自然结果，美术学习可以通过教育指导得到促进。”至于可以教授的具体内容，艾斯纳认为美术教学活动的领域应包括三方面：美术创作、美术批评和美术史。要使这三方面教学卓有成效，则需要有系统化的连续性课程设计，而不是那种“感恩节画火鸡、圣诞节做节日装饰的以日历为中心的教学”。而且，对教学要尽量评估，因为无论是有形的还是无形的评估，对师生的教与学，都是大有裨益的。就拿工具论来讲，它的基本要求是以幼儿为本位的目的论，强调美术教育要顺应幼儿的自然发展，主张幼儿通过自发、自由的自我表现和创造来认识周围世界、发展自我、建构健全人格。但其弊端也是显而易见的，在实操中容易陷入缺乏指导的境地，特别是自由创作难以实现。就本质论来讲，要求幼儿美术的学习并非自然结果，美术类活动对幼儿最重要的贡献是属于美术本质的，不应该剥夺幼儿能够从美术活动中得到的东西。本质论的弊端也非常突出，特别是在实操中过分强调美术教育的系统性，限制了美术活动中幼儿创造力和自由、个性表现方面的发展。

社会本位论代表人物克鲁普斯卡娅认为，社会主义国家的工业化对造型艺术提出了各种要求，并使其受到深刻影响；图画的内容和思想是图画教学的中心问题，如果我们真想使艺术为社会主义服务，就应该深刻考虑图画教学的思想与内容。她反对未来派艺术，提倡写生与写实的方法，主张教育幼儿学会在各种现实的练习中把握最主要、最典型的东西。她过分强调了美术在社会性方面的作用，因此，苏联教育科学院批评了这种“教育学中无儿童”的倾向。

我们认为，学前教育应当关注社会性目的，但也不可因此忽视幼儿阶段的个体性目的。各种理论都有其合理成分和局限性，特别是当代工具论和本质论势均力敌，也从另一方面促进了幼儿美术的发展。

(一)幼儿园美术教育活动可以实现教师的专业成长

美术教育活动中的各种范例和演示材料既然是幼儿的“课本”，教师就应当像钻研文字教材那样去研究这些范例或演示材料，充分发挥它们的教学潜能。有经验的教师会根据本班幼儿美术教育活动和学习的需要，选择和制作适宜的美术范例或玩教具，为幼儿的活动和学习创造适宜的条件。幼儿园也应创造条件为教师提供多种可能或载体，从多方面促进幼儿教师的专业化发展。需要指出的是，倡导幼儿教师自制美术教具、范例材料等，并不是要让幼儿教师变成只会做范例或玩教具的工匠，而是要借此鼓励教师，根据本班幼儿学习发展的需要和兴趣，为幼儿提供适宜的、他们感兴趣的美术活动内容和形式；同时，教师应当注意在幼儿使用这些美术类工具、材料的过程中，观察和了解幼儿的兴趣、问题和困惑，在对话与互动过程中和幼儿共同成长。

(二)幼儿园美术教育活动能实现可持续发展的教育

幼儿园可持续发展教育活动的提出，为幼儿园美术教育活动提供了一种新的视野。如果说在幼儿园教育资源不足的情况下，教师自制本园美术活动类范例或玩教具是一种不得不为的选择，那么在今天建设节约型社会、促进环境、经济和社会的可持续发展的背景下，美术教育活动范例及玩教具制作活动，就成为我们履行人类和社会发展责任的一种主动的、自觉的选择。它不仅有助于节约资源、保护环境，而且还有助于从小培养幼儿可持续发展的意识、态度和责任感，幼儿付诸实际行动可以成为幼儿可持续发展教育的重要环节和途径。可持续发展教育要想取得良好的教育效果，必须通过具体可行的操作活动，来实现可持续发展的教育目标，再辅以多媒体技术，就能让幼儿接受可持续发展教育。

（三）幼儿园美术教育活动能传承社会文化和实践绿色环保意识

幼儿园美术教育活动的玩具材料和自然“游戏材料”的不同之处在于，它是人类社会文化的产物，凝聚着人类社会的文化历史经验和价值观；它是文化传承的重要工具和载体。在幼儿游戏的过程中，美术教育活动范例和玩教具所传达的审美趣味和价值观，会对他们产生潜移默化的影响。例如，以女孩子都爱玩的芭比娃娃为代表的“洋娃娃”及其系列玩具，从形象到所传递的生活方式和价值观都带有明显的“西方的”文化烙印。幼儿园自制美术教育活动范例和玩教具是社会文化传承的重要途径。自制美术教育活动范例和玩教具的创意往往来源于节庆活动、传统习俗、民间游戏等文化资源，在取材上利用当地的自然材料就地取材，对于幼儿了解我国传统文化、本地文化和生活习俗具有独特的作用。例如，清明节的风筝、元宵节的花灯、春节的舞龙等自制节庆玩具，以及一些体现中国优秀传统文化的剪纸、京剧脸谱和具有地方特色及民族特色的范例及玩具等，都有助于幼儿认识和了解我国优秀的传统文化和生活习俗，增进和强化幼儿热爱家乡、热爱民族的情感。

党的二十大报告指出：“尊重自然、顺应自然、保护自然，是全面建设社会主义现代化国家的内在要求。”为了增强幼儿保护环境的意识，倡导绿色、环保的生活理念，同时也为了对家长进行节能环保方面的教育，共同保护美丽的家园，有条件的幼儿园可以根据各个年龄班幼儿特点，围绕“绿色家园”的教学活动主题，组织开展一些“绿色环保生活”等与美术内容相关的游戏活动。例如，教师可以设计成亲子类的活动，鼓励家长积极参与，和幼儿一起开动脑筋，收集平常生活中可以再利用的废旧物品，像包装盒、易拉罐、瓶子、线、瓦楞纸、广告纸、打包带、泡沫板等。这些物品通过幼儿和家长共同精心构思、巧妙设计、大胆创作，变废为宝，可以变成新颖独特、栩栩如生、富有童趣的艺术品，这些作品通常在色彩、造型、设计方面具有很强的家庭属性。又例如，旧纸箱通过打扮变成了微波炉、小坦克；小药瓶盖等变成了各种棋子；废旧的碟片变成了自行车；牙膏盒制成了各种小汽车……每一件作品都凝聚了孩子和家长共同的智慧。这些环保美术类手工制作、评比活动，提高了幼儿想象力、创造力和环保意识、创新意识。把爱护自然、保护环境的理念深植到幼儿心中，为他们将来拥有健全的人格、健康的生活和健康的环境打下扎实的基础。

(四)幼儿园美术教育活动能促进家长参与和家园合作

家长参与和家园合作是提高幼儿园教育质量、促进幼儿身心健康发展的重要条件。幼儿园的各种美术教育活动可以成为家长参与幼儿的学习过程，以及家园合作的重要手段和途径，有助于家长认识和了解幼儿园教育教学活动的特点和内容，生动直观地感受到各种美术活动和美术类玩具对幼儿学习和发展的重要意义。幼儿园平时可以调动家长帮助收集美术教育活动的材料、提供各类手工活动的设计和制作经验、参与围绕美术类活动开展的主题活动等。例如，有的幼儿园组织开展幼儿和家长的亲子时装节活动，并提出某些规则，鼓励用废旧材料加工制作。这类活动不但能表现家长的智慧，也潜移默化地对幼儿起着教育影响的作用，提高了家长参与的深度，唤醒和增强家长作为孩子的第一任老师的角色意识，使家长积极主动地参与到孩子的教育过程中，有益于增进亲子关系以及教师与家长之间的交流。

二、幼儿园美术教育活动对幼儿个体发展的价值功能

幼儿通过美术教育活动，可以随心所欲地运用多种多样的材料，来充分表现他们对周围生活的感受和认识。因此，美术教育活动特别容易为幼儿所喜爱和接受，也是促进幼儿全面发展的理想活动。美术教育对幼儿个体发展的价值功能，可以归纳为以下几点。

(一)美术教育可以发展幼儿对美的感受力、理解力和表现力

人的审美能力不全是天生的，有时候后天的努力和培养也起到了非常大的作用。幼儿在日常生活中受到的美育是发散的、有限的，所以，有计划地引导幼儿参加美术实践活动，可以更有效地促进幼儿对美的感受力、理解力和表现力的发展。因为在美术教育中，教师引导幼儿欣赏和实践的美，是更集中、更典型的美，即艺术的美。幼儿在美术活动中，将自己在日常生活中美的印象和感受，通过各种美术手段表现出来，这不仅加深了他们对在日常生活中感受到的美的理解，而且发展了对美的表现力。

(二)美术教育能形成幼儿良好的个性心理品质

美术作品需要有自己独特的个性特点，而创作作品的人的个性特征就显得十分重要。由于美术教育活动的求异性十分强烈，此类活动还可以培养幼儿良好的个性心理品质。个性心理品质，是指幼儿比较稳定的心理特征，是兴趣、爱好、能力、气质和性格的总和。它是在一个人的生理素质的基础上，在一定的条件下，通过实践活动而形成和发展起来的。美术教育活动，就具有形成和发展幼儿个性心理品质的特殊作用。幼儿美术创造力的发展，还取决于强烈的好奇心和兴趣。美术教育活动能够为幼儿提供在愉快的情绪中发现和创造的好机会，提供培养毅力等有利条件。幼儿美术教育的根本意义在于，通过幼儿创造性的美术活动，促进幼儿良好个性品质的形成，为他们全面发展奠定良好的基础。幼儿个性特点越明确，在美术活动中

创作的作品越具有自己明显的特点，这正是美术作品求异的根本所在，也是美术类活动特别需要的。幼儿积极参与美术教育活动，还能有效地促进幼儿社会情感的发展，有益于他们接受良好的情感教育，改善他们整个学习活动的性质，并能积累到一些学习体验，有助于培养幼儿的学习兴趣和学习能力。有经验的教师，还会把美术教育活动和增强幼儿对生活的热情结合起来，使整个过程和结果都使幼儿感到熟悉，令他们兴奋和向往。例如，教师利用美术类活动中的许多材料构成的艺术造型千姿百态，从而唤起他们对美的追求。同时美术类活动作品的成功，需要幼儿耐心、专心和有意注意，还需要幼儿努力克服种种困难，充分发挥自己的主动性和创造性。有经验的教师可以借助美术教育活动培养幼儿的交往能力，使之富有同情心，勇于和善于帮助同伴克服困难、摆脱困境，并为同伴的进步和成就感到高兴。

（三）美术教育能增强幼儿学习其他领域活动的效果

幼儿美术教育和幼儿园其他领域教育活动有着密切的内在联系，可以彼此相互促进，协同发展。科学、语言等领域的活动为美术提供了认识、理解事物的基础，而美术活动所反映出的内容，反过来又对其他领域起着巩固和提高的作用，这样就强化了对所学知识的理解和技能的掌握。从小培养幼儿对美术活动的兴趣，让他们掌握简单的美术知识和技能，对将来的学习和工作都大有益处。美术具有丰富的色彩、形状和结构材料，幼儿通过美术教育活动，可以随心所欲地运用多种多样的材料，充分表达他们对周围生活的认识和感受。实践证明，美术教育活动是对儿童实施德、智、体、美、劳全面发展教育的理想活动。幼儿在日常生活中受到的美育是发散的和有限的，所以，教师在制定活动方案时，有计划、有步骤地引导幼儿参加美术的各个环节的实践活动，可以更有效地促进幼儿对美的表现力、感受力和理解力的发展。美术类教育活动还能发展幼儿的观察力、记忆力、想象力、创造力和实际操作力。美术活动是一种视觉活动。幼儿在动手之前，先要通过视觉观察所要表现的对象，然后再凭借记忆和想象，以及自己对这些物象的感受和理解去动手操作和表现。这种观察力的培养对幼儿的美术创作，乃至一个人一生的发展都是十分重要的。幼儿经过仔细的观察后又将该物象的具体形象、大致结构牢记在脑海中，再经过加工回忆，用美术的形式将该种物象再现出来。这样反复的练习过程发展了他们的记忆力。如果幼儿再现时还能在该物象身边添加其他的有关辅助物品，或幼儿根据自己的生活经验把这个独立的物象置身于一个自己设计的小环境中，并涂上相应的颜色，他们的想象力和创造力就会得到发展。幼儿在美术教育活动的实操过程中，其步骤是用眼观察物象，用脑进行加工思考，再转化成适合自己的一种表现形式，以美术的语言结合双手的各种技能去参与活动。

现在很多幼儿园选择以综合主题活动来拓展幼儿的知识面，形成了教育活动多元化的局面，这就是一种很好的尝试。所谓综合主题活动，是围绕某一符合幼儿年龄特点的主题，开展多元化的教育教学活动的一种形式；它能将各领域活动进行整合，使其相互交融、相互渗透。幼儿在综合主题活动中，掌握的知识更加丰富，获得的技能更加全面，更加有利于个性的彰显。教师在设计这些主题活动时，可以围绕主题设计跨领域的多种活动，以便在引导幼儿形成可持续发展理念的同时，也能增加幼儿在其他领域的学习机会，发展幼儿多元能力。例如，有些幼儿园在大班幼儿绘画、手工制作活动中，把废旧物品变成有用好玩的玩具，并根据作品的质量、功能、性质以及好玩程度进行标价，然后模拟进行拍卖。拍卖环节可以融入数学领域的学习内容。同时，幼儿也可以利用废旧物品设计作品，进行集体展示、比赛。这样的活动涉及各方面的知识，幼儿可在多个领域活动中彰显各自的特长和能力，使可持续发展的价值得以体现。

幼儿园的美术教育活动，不是从小训练和培养美术家的精英式教育，也不在于对美术类活动中各种技能、技巧的机械训练，而在于启发幼儿的想象力和促进创造性思维的发展，以美术的各种形式和手段使他们的身心得到全面发展，可以说是纯粹的素质教育。所以美术教育活动是对幼儿实施创造性思维教育的最佳手段。从生理上来说，人的大脑左半球和右半球之间的功能是有很大差异的。大脑左半球主要是记忆、语言、计算、书写、逻辑推理等求同思维和智力活动的控制区域，大脑右半球是视知觉、空间关系、音乐、舞蹈、身体协调、直觉等求异思维的控制中枢。因此，有经验的教师在策划美术教育活动时，会有意识地引领幼儿进行空间布局等其他方面的学习。这样，对两半球给予同样的练习，会有助于幼儿大脑的发育，促进幼儿的健康成长。

从小培养幼儿对美术教育活动的兴趣，让他们掌握一些简单的美术知识和技能，对幼儿将来各方面的学习、工作都大有益处。那种认为幼儿参与美术教育活动会耽误其他学习活动的观点，无疑违背了幼儿的意愿和发展的规律，是极其错误的，必须予以纠正。

幼儿园教师资格证考试·要点分析

幼儿园美术教育的意义有哪些?

【答案要点】美术教育作为艺术领域的重要组成部分，在幼儿园教育过程中有着非常重要的意义和价值。对幼儿来讲，美术教育的主要价值表现在对其心理发展多方面的积极促进和引导上：提高审美水平、陶冶性情、引导情绪情感、发展形象思维、促进感知能力的发展等。美术教育也是适合幼儿年龄特点的活动，能够开发幼儿大脑，培育美感，促进想象能力和创造能力的发展。

第三节　幼儿园美术教育活动的基本原则

幼儿园里的一切教育活动都是围绕培养幼儿兴趣、增加爱好展开的，美术类活动也不例外。各种实践活动反复证明，幼儿园美术教育活动为广大幼儿喜闻乐见，活动本身不但可以让幼儿初步学会操作工具、掌握技能、增加动手能力，同时还能培养幼儿初步的审美能力和再现能力，培养他们的交往能力，使之富有同情心，勇于和善于帮助同伴克服困难、摆脱困境，并为同伴的进步和成就感到高兴。由此可见，幼儿园美术教育活动对幼儿发展的影响重大，为了更好地在幼儿园开展美术教育活动，应遵循以下原则。

一、要遵循安全、卫生和环保相结合的原则

幼儿园里各种美术类用品和玩教具等都可以给幼儿带来快乐，但劣质的美术用品也可能给幼儿带来伤害。调查发现，幼儿园常见的美术类用品和玩具伤害事故，往往是被某些用品及玩具的锋利边缘割伤、被玩具武器(如玩具枪、弹弓等)打伤、从玩具(如木马)上跌落下来、吞食用品和玩具的小零件或小玩具，或将其塞入鼻中或耳中导致窒息或受到伤害等。鉴于此，幼儿美术类用品和玩教具在安全性方面要求得无论多么严格都不为过。在评价上应当参照国家安全卫生标准，确保在工具、材料的使用和操作方法等方面不会对幼儿造成伤害。具体包括如下几方面。

(一)活动用品及材料不能含有有毒物质，不能受污染

由于幼儿园美术教育活动内容多样，使用的用品及材料来源复杂、广泛，自然物和废弃物又是幼儿园常规的材料来源，所以，教师在选择和使用这些废旧材料或自然材料时，应当采用适宜的方法对这些用品和材料进行处理和消毒。

(二)活动用品及材料不能有锋利的边角

活动所使用的用品及材料包括手工制作的成品，不应有可能割伤或刺伤幼儿皮肤或眼睛的尖锐的棱角、锋利的边缘，也不应有可能夹住幼儿手指、头发或皮肤的裂缝等。

(三)活动的用品及材料要牢固

美术教育活动如果采用电动或机械装置，要特别防止漏电，机械的部分应牢固地安置于玩教具的固定腔体中，以保证在任何时候都不会出现意外。

(四)活动用品的大小、重量要适当

美术教育活动中的用品及玩教具的体积不能过小，也不能过大，要求零配件不易松脱，不能带有长线(长度超过 30 厘米)。另外，活动用品的重量也要适当，以适合幼儿把握为宜。

(五)活动用品的填充物要安全、卫生

在进行美术填充类玩教具的设计与制作时，应注意采用质量较好的填充材料和不易破裂的表面材料，缝制要牢固，避免因表面破裂而造成填充物被幼儿误食的后果，最好不要选用长毛绒等材料制作玩教具，以免由于不好清理，影响幼儿的健康。同时，鼓励各幼儿园就地取材，因地制宜，首选各种成本低廉、制作过程新颖、简单，能够重复使用的环保材料。

二、要遵循教育性、科学性和艺术性相结合的原则

美术教育活动中的各种绘画、范例或玩教具特别受幼儿喜爱，也是幼儿学习活动的重要资源和“教科书”。从古至今，这些绘画、范例或玩教具在娱乐幼儿的同时也一直承担着“教育者”的角色，因此，赋予这些绘画、范例或玩教具一定的教育意义即教育性，就有着特殊的意义。美术类活动中的各种绘画、范例或玩教具，首先要符合《3—6岁儿童学习与发展指南》的基本精神，有利于调动幼儿积极主动参与活动，促进幼儿身心全面地、健康地发展。其教育性应体现在能启迪幼儿思考，有助于教学活动正常开展，还应当体现在“鼓励幼儿积极主动地参与”上；教师尽量不要代替幼儿去做他们能独立完成的事情，而应充分尊重幼儿选择的意愿，鼓励幼儿在实操中积累实际经验、发展兴趣，教师在实操过程中给予适当指导与点拨，保持幼儿愉快的情绪，促进幼儿能力和个性的全面发展。

幼儿园美术教育活动的“教育性”还体现在，根据幼儿园的课程活动目标和内容综合考虑，发挥美术教育活动各种作品和成品在美育、智育等各方面的作用，促进幼儿的学习和发展。有些幼儿园因陋就简自制了很多美术教学活动的范例或玩教具成品，在运用时教师要时刻注意这些范例和玩教具的结构、表现内容以及使用方法是否安全、环保，是否符合科学原理，是否具有启发性、可欣赏性或可操作性等。同时，配合教学活动的绘画、范例或玩教具等除应当具有形象逼真、色彩富有童趣的艺术美特性外，传递的知识、概念与原理应当客观且正确，有助于帮助幼儿认识事物，掌握正确的概念和知识，此外，还应重点突出，不宜过分装饰，以免分散幼儿的注意力。总之，这些绘画、范例或玩教具要适合幼儿的年龄特点和认知规律，便于幼儿操作和理解，为幼儿所喜欢；同时应能够为教育教学活动服务，引发幼儿的游戏和探究。

总之，幼儿园的绘画、手工的范例及其他玩教具的制作活动，应该具有引领和促进不同年龄幼儿身心、智力的发展，有助于教育活动的开展，以及有助于幼儿认识事物及基本规律，正确掌握基本概念和知识的功能。它们既要重点突出一物多用，同时还要兼顾艺术性，使美术教育活动的范例或玩教具造型优美、形象生动、色泽鲜艳、搭配协调，符合幼儿的审美要求，这样不但能提高幼儿的审美情趣，还能唤起和激发幼儿对美好事物的向往和追求。

三、要遵循游戏性、趣味性、自制性和创新性相结合的原则

幼儿园美术教育活动的范例或玩教具力求简单与操作方便，应该避免烦琐的细节给幼儿带来不适。因此，新颖、独到、巧妙的构思往往能激发幼儿的活动兴趣，有趣的操作过程更有利于幼儿想象和创造，这些都是幼儿园美术教育活动中趣味性、可玩性最好的体现。特别在手工活动中，玩教具的可玩性或趣味性就要求玩教具的设计、制作者以幼儿为中心，体味“童心”“童趣”。

随着以幼儿为主要消费对象的玩具市场的形成，幼儿玩具占据了玩具设计和生产的中心，设计者和制作方开始注意反映幼儿的兴趣、年龄特点和审美趣味等，力求以丰富多彩的造型、色彩引他们。所有这些富有趣味性的玩教具，首先要在色彩、造型等外观因素上受到幼儿喜爱，符合幼儿的年龄特点和审美情趣；其次在玩法上要能激发幼儿的活动兴趣，操作过程要简单有趣、引人入胜、具有可探索性。这样富有趣味性的美术类玩教具才能“好看又好玩”。各个幼儿园发挥自己的主观能动性，结合当地实际自制的范例或手工类玩教具要有自己的特点，其形式与内容的创新性主要表现在以下两方面：一是构思新颖，即在外形、结构、使用方法以及所用的材料等方面要“独具一格”或“推陈出新”；二是有利于幼儿想象和创造。一般来说，形象性的、开放性的范例或玩教具有利于激发幼儿的想象力和创造力。幼儿园的玩教具活动还要注意其简易性。这种简易性表现在两方面：一是就地取材，体现地方特色，成本低廉；二是制作方法简单，使用方便。

第四节　幼儿园美术教育活动的常见类型

幼儿园美术教育活动主要有绘画类、手工类和欣赏类三种类型。

一、绘画类

(一)幼儿命题类绘画活动

在幼儿感知周围生活中的美好事物的基础上，由教师出题目，幼儿根据教师提出的要求，表现一定主题，并带有一定情节的绘画活动，有时也叫主题画活动。命题类绘画活动对幼儿丰富知识、掌握绘画的初步技能有积极作用。命题类绘画活动在幼儿美术教育活动中很常见，如擦桌子、放风筝、做早操、睡午觉、踢球等。其难易程度视幼儿年龄特点和经验而定，总的原则是，命题美绘画活动越具体、越贴近幼儿生活，其效果越好。

(二)幼儿意愿类绘画活动

幼儿根据自己的生活经验，由自己确定主题，自由地把所想到的事物或经历的

事件用美术的工具和材料在纸上自由表达出来的绘画作品，即幼儿意愿类绘画活动，有时也叫自由画。意愿类绘画活动对于发展幼儿观察力、想象力、创造力是非常有意义的。通常幼儿可以在轻松愉快的氛围中，尽情去表达自己的想法，并体会活动的乐趣。此类作品的画面特别能反映幼儿的美好意愿以及对事物的多种认识和情感。在意愿类绘画活动的引领上，教师可以将各种时令性的节假日和幼儿园开展的各种主题活动相结合，尽量多地给幼儿提供各种绘画类的工具和材料，满足幼儿的表达欲望。

(三)幼儿装饰类绘画活动

幼儿运用简单的点、线、面等几何图形以及动、植物等图案花纹在教师提供的各种生活用品的纸型上，和谐地、有规则地按照形式美的法则和简单规律进行构图排列和装饰，使画面结果既实用又美观，既变化又统一，这种幼儿装饰类绘画活动，有时也叫图案画。装饰类绘画活动对培养幼儿耐心、细致、整洁有秩序的习惯有积极作用。装饰类绘画活动从材料和表现技法上可以与时俱进，充分结合、利用当地的各种材料资源和教育形式进行整合，使幼儿既有新鲜感又有亲切感，通过实践过程进一步强化爱祖国、爱民族、爱家乡的理念。

二、手工类

(一)幼儿命题类手工活动

幼儿命题类手工活动是指幼儿在感知周围生活中的美好事物的基础上，由教师出题目，幼儿根据教师提出的要求，表现一定主题，并带有一定简单情节和简单技巧的手工类活动，有时也叫主题手工活动制作。命题类手工活动对于丰富幼儿的知识，让幼儿掌握手工活动的初步技能有积极作用。命题类手工活动在幼儿教育活动中很常见，如制作小皮球、穿糖葫芦、捏小动物、制作小饼干等。其难易程度视幼儿年龄特点和经验而定。总的原则是幼儿命题类手工活动要结构单一、具体，贴近幼儿生活，适合幼儿年龄特点。

(二)幼儿意愿类手工活动

幼儿意愿类手工活动是指幼儿根据自己的生活经验，自己确定手工类活动使用的工具、材料及主题，自由地把所想到的或经历的事物用手工类活动的工具、材料自由、简单表达出来的作品，有时也叫自由手工制作。意愿类手工活动对于发展幼儿立体观察力、想象力、创造力以及动手操作能力非常有意义。通常幼儿可以在轻松愉快的氛围中，尽情去表达自己的想法，并体会各种不同性质的工具、材料带来的乐趣。此类作品特别能反映幼儿的美好意愿以及对事物的多种认识和情感。在意愿类手工活动的引领上，教师可以将各种时令性的节假日和当地幼儿园开展的各种主题类活动相结合，尽量多地给幼儿提供各种美术的工具、材料，满足幼儿的操作和表达欲望。

(三)幼儿自制玩具类手工活动

幼儿自制玩具类手工活动是指幼儿就地取材，运用生活中常见的自然物、废弃物、杂物等，按照预先的某种设想，综合运用各种艺术手段，将材料、技艺、艺术形式、线条、色彩等，按照活动需要和美的法则加以整合、粘贴、插接、涂色、点缀、设计、借型造意等，以满足活动的需要。综合类自制玩具材料来源广泛，对于发展幼儿全面、多角度观察力、想象力、创造力以及动手操作能力和多角度解读问题的能力非常有意义。幼儿可以按照设想尽情去表达自己的想法，并体会各种不同性质的工具、材料的乐趣。作品特别能反映幼儿的各种能力和经验积累。由于这种活动随意性很大，中大班幼儿更多一些，因此在此类活动的引领上，教师可以将游戏和各种主题活动相结合，尽量多地给幼儿提供各种美术的工具、材料，满足幼儿的操作和表达欲望。

三、欣赏类

小班幼儿的欣赏类活动比较随意，更多的是体现在观察环境、适应环境、熟悉同伴、了解环境上。因此，幼儿园比较正式的欣赏类活动，一般是从中班开始的。欣赏类活动是指让幼儿欣赏一些他们能够理解的美术作品，包括绘画类、民间工艺美术类、自然景物类、节日装饰类、环境布置类等。幼儿的欣赏类活动应该随时随地进行为好，教师也可以结合其他教育活动内容、形式单独进行。欣赏类活动对于幼儿获得思想上、艺术上的教育，开阔视野，丰富知识面、培养对美的感受力以及对美术及相关活动的兴趣都有重要意义。现在幼儿园的欣赏类活动，更多的是体现在日常的各类活动中。

本章小结

本章内容主要概述了幼儿园美术教育活动的价值功能、基本原则、常见类型和相关概念。本章对于读者了解基本概念，掌握相应的教育活动准则，为将来策划、设计美术类活动有重要的基础作用。在五大领域的教学活动中，美术活动最能激发幼儿的艺术潜能。它以多样的操作与呈现形式，诠释了陶行知先生关于要解放孩子的头脑、双手、双脚、空间、时间，使他们充分得到自由生活，从自由的生活中得到真正的教育的思想。美术活动离不开教师与幼儿、幼儿与幼儿之间的互动过程；它不是由教师自主意识决定的活动，也不是教师单纯教授幼儿技能的活动。美术活动存在一定的规律，没有一个固定的模式。所以，教师要把幼儿作为美术教育活动的主体，培养幼儿积极的兴趣、大胆的想法，让幼儿尝试表现自己独特的、创造性的思维，帮助他们处于主动活动中，只有这样才能有助于发展幼儿的创造性思维。

关键术语

幼儿园美术教育活动　幼儿命题类绘画活动　幼儿意愿类绘画活动　幼儿装饰类绘画活动　幼儿命题类手工活动　幼儿意愿类手工活动　幼儿自制玩具类手工活动

思考题

1. 如何才能更好地运用幼儿园美术教育的意义和原则引领美术教育活动？

2. 通过自己的实践活动，对幼儿园美术教育的价值与功能还能做哪些具体补充？

建议的活动

1. 鼓励学生实地考察、观摩幼儿园一日生活，并结合本章所学分析、验证美术教育的功能。

2. 请以思维导图形式呈现，在幼儿美术类活动中可以从哪些方面入手开展绿色发展主题教育。

拓展阅读

《学前儿童美术教育》(第4版)，张念芸著，北京师范大学出版社，2020年。该书对不同类型学前儿童美术活动的组织、实施、指导以及评价做了比较系统的阐述。

第二章　幼儿园美术教育活动的目标和要求

学习目标

1. 熟悉《3—6岁儿童学习与发展指南》中关于幼儿园美术教育的规定。
2. 熟悉《幼儿园教育指导纲要(试行)》中关于幼儿园美术教育的规定。
3. 了解幼儿园美术教育活动的总目标、分类目标及其具体要求。

学习导图

- 幼儿园美术教育活动的目标和要求
  - 幼儿园美术教育活动的总目标和基本内容
    - 能初步感受并喜爱环境、生活和艺术中的美
    - 喜欢参加艺术类活动，能大胆地表现自己的情感和体验
    - 能用自己喜欢的方式进行艺术表现活动
  - 幼儿园美术教育活动的分类目标
    - 分类目标制定的依据
    - 各个分类目标的具体要求

案例导入

幼儿随轻音乐进入展览馆。

教师：你们看，展览馆摆放的东西很多、很整齐，这里是绘画作品展览的地方。

教师：你们看，每样展品有什么不同，它是用什么绘画工具完成的？幼儿会一边观看一边思考(是什么绘画工具能画出这么美丽的图案啊?)。

教师：小朋友们到老师这边来，老师看看你们都发现了什么样的美丽图案，它们分别使用了什么样的绘画工具呢?

幼儿围到教师身边。

教师："你发现什么了?""你又发现了什么?""你喜欢哪幅画?"(教师通过提问的

方式，让幼儿去观察、发现各种图形和色彩，围绕幼儿美术教育活动总目标所设定的要求来激发幼儿的观察力，提高幼儿的再现能力以及进一步的创造能力。）

教师：现在每个小朋友都可以凭借自己的想象，利用绘画工具、材料，画出美丽的图案，用我们的方法将展览馆打扮得更加美丽。

（幼儿自己动手描绘……教师引领幼儿在作画活动中充分发挥自己的想象力，画出五彩缤纷的作品，每个幼儿也会非常兴奋地向教师展示自己的绘画成果，他们的表现得到了肯定。）

幼儿在成长中各种经验的不断积累，使他们能够对周围事物进行感知、发现与探索。美术活动知识、技能的掌握与运用在此过程中得以强化，进而增强幼儿对各种形状、色彩的识别能力。因此，在设计幼儿美术类教育活动时，教师如何确定目标和内容？美术教育目标和内容的适宜性又从哪儿方面来评价……带着这些问题，让我们一起来学习本章内容。

第一节　幼儿园美术教育活动的总目标和基本内容

《3—6岁儿童学习与发展指南》(以下简称《指南》)和《幼儿园教育指导纲要(试行)》(以下简称《纲要》)，把幼儿园教育活动划分为健康、语言、社会、科学、艺术五大领域。《指南》中艺术领域的教育目标分为两大部分：感受与欣赏以及表现与创造。第一部分的目标包括，“喜欢自然界与生活中美的事物”“喜欢欣赏多种多样的艺术形式和作品”；第二部分的目标包括，“喜欢进行艺术活动并大胆表现”“具有初步的艺术表现与创造能力”。《纲要》中艺术领域的目标为，“能初步感受并喜爱环境、生活和艺术中的美”“喜欢参加艺术活动，并能大胆地表现自己的情感和体验”“能用自己喜欢的方式进行艺术表现活动”。基于此，我们对幼儿园美术教育活动的总目标和基本内容有如下考虑。

一、能初步感受并喜爱环境、生活和艺术中的美

幼儿园艺术领域中美术教育活动，是幼儿表达认识和情感的另一种“语言”。一线教师在幼儿园美术教育活动中，应引导幼儿接触生活中各种美好事物，丰富幼儿的感性经验和情感体验，积极寻找和发现生活中美的元素；教师还要理解并鼓励幼儿积极参与不同的美术表现形式，注意不要把美术教育活动变成机械的技能训练。因此，教师应将美术类活动和游戏相结合来激发幼儿兴趣。因为游戏中的动手操作活动是幼儿探究问题、获得直接经验的重要途径。幼儿时期的教育活动应该通过感官训练和动作发展，使幼儿获得直接经验和自我教育经验，促进动手操作能力的提高和个性的养成。在实操活动的指导要点上，有如下解读。

(一)注重感知体验，提高审美情趣

幼儿的身心发展特点，决定了教师要引导他们用身体的各种感觉器官去感受生活发散的美，去看、去听、去触摸、去参与、去模仿，从而激发幼儿感受美与表现美，丰富他们初步的审美经验。例如，在开展幼儿时令性的欣赏类活动中，教师可以带领幼儿到户外寻找春姑娘的脚步，看一看生机勃勃的大自然、听一听小溪流水的声音、闻一闻花瓣的香味。让幼儿感受到春天的美丽，同时引导幼儿用自己喜欢的方式去表达所感、所想，这样的活动方式强调了幼儿对美的感受和体验，淡化了技能知识的传授。

与此同时，教师还要注重动态的美术教学活动过程，改变过去单一的评价方式，要避免仅仅重视表现技能或艺术活动的结果，而忽视幼儿在活动过程中的情感体验和态度倾向。例如，在绘画类活动中，不要简单地用“画得像不像”作为唯一指标来评价幼儿，而要注重幼儿在活动过程中的情感体验，真正做到以幼儿为本，着眼于幼儿在活动过程中所积累的经验，强调开放、过程、探索、创造。体现以审美为核心的价值取向，并不意味着不要或抛弃技能技巧。《纲要》规定：“在支持、鼓励幼儿积极参加各种艺术活动并大胆表现的同时，帮助他们提高表现的技能和能力”；在“指导要点”中也明确指出：“根据幼儿的发展状况和需要，对表现方式和技能技巧给予适时、适当的指导。”幼儿的体验和感受是进行美术类表现和创造的灵魂，没有体验和感受的表现和创造是没有灵性、没有灵魂的；知识和技能是表现、创造的工具和手段，没有一定的知识和技能，美的表达则成为无源之水、无本之木；二者相互交融、相互渗透，构成了艺术的多级层面，任何一方面的缺失都无法构成艺术的完整性。因此，教师的教育观念要从学习知识和技能向运用知识和技能转变，让知识和技能成为表现美的载体。幼儿园美术教育活动的不同表现形式，都是为了完善幼儿的自我表达，幼儿掌握技能技巧也是为了更好地表达自己对美的感受，提高审美的情趣。

(二)鼓励幼儿富有个性化地表达和创造

发挥联想、鼓励创新是幼儿美术教育活动的核心所在，因此，教师应避免仅仅让幼儿简单模仿，在实践中要多为幼儿提供自由表达的机会，鼓励他们用不同的艺术形式富有个性化地表现自己的情感、理解和想象，尊重每个幼儿的想法和创造，肯定幼儿的点滴进步，赞美幼儿独特的感受，分享他们创作的快乐。美术教育活动的广泛性、多样性为幼儿提供了一个自由的表现空间，每一个幼儿都有自己独特的喜好和艺术潜能，只要教师能够充分尊重和理解幼儿的感受和想法，及时肯定和接纳他们独特的审美，创造宽松的活动环境，就能够保护和挖掘他们的创造潜能，幼儿园美术教育活动一定会成为充满乐趣和富有成效的创造活动。“在艺术活动中面向全体幼儿，要针对他们的不同特点和需要，让每个幼儿都得到美的熏陶和培养，对有艺术天赋的幼儿要注意发展他们的艺术潜能。”《指南》所体现的个性化的艺术教育

理念，强调给予每个幼儿平等的艺术教育机会，关注和尊重每个幼儿的独特个性及生活经验，相信并承认每个幼儿具有各不相同的艺术潜能，鼓励幼儿运用自己喜爱的独特方式进行艺术活动，使自身个性化的审美情趣和艺术潜质在活动中得到发展，形成个性化的审美，发展自己独特的艺术能力。作为基础教育重要组成部分的幼儿园教育，承担着为每个幼儿的早期教育、发展奠定良好基础的责任，所以，幼儿园必须给予每个幼儿平等的艺术教育机会，发展他们的艺术潜能，使他们从小喜爱艺术，具有用绚丽的画笔、美妙的声音、优美的动作为生活增添色彩的艺术能力。

(三)各类美术活动相互融合，体现综合性取向

美术活动是一种世界性的语言，教师在引领幼儿活动时要以整体、形象、直观的方式展开。幼儿的身心发展特点，决定了教师在幼儿园教育活动中着重培养他们对艺术的兴趣、整体感受和理解。我国基础教育课程改革的一个重要目标就是改变过去强调学科本位、科目过多的课程结构，提倡学科综合，传统的艺术分科教学活动特别容易造成思维的封闭。就幼儿园的艺术活动而言，各种活动类型之间有着天然的联系，它们之间表面上的差别并不是主要的，所有艺术都是触类旁通的，因为所有艺术都表现了人类相同的本性。人体各种感官相互沟通和共鸣后形成彼此联系的综合心理现象称为通感。通感在艺术活动中发挥着重要的作用。各种类型的幼儿园美术活动的交叉进行，能够表现出艺术独特的魅力，极大地满足幼儿的不同感官对美的享受。

(四)倡导艺术教育与生活的紧密联系

《纲要》强调："指导幼儿利用身边的物品或废旧材料制作玩具、手工艺品等来美化自己的生活或开展其他活动。"这既符合当代教育改革的趋向，又体现了艺术与生活密不可分的关系。艺术来源于生活，生活又是艺术的源泉，艺术中的许多要素都可以在生活中找到原型；艺术正是用它特有的感性、直观的方式去表现生活和发现生活的意义。另外，艺术除了能够表现生活以外，还能够美化生活。在幼儿园美术教育活动中，教师一方面可以引导幼儿从生活中寻找艺术的灵感，另一方面，可以让幼儿学会用艺术的美来装点生活，使生活变得更加丰富多彩。

二、喜欢参加艺术类活动，能大胆地表现自己的情感和体验

拥有健全的人格、大胆表达情感和体验的能力不仅是个人的需要，更是时代发展的需要。幼儿健全的人格、积极的情感和体验不是天生拥有的，而是通过后天各方面影响和一系列教育活动逐渐培养形成的。美术教育在素质教育中起着重要的作用，它能为幼儿提供各种丰富多彩的活动，从而使他们的人格得以塑造，情感得以抒发。这是幼儿园美术教育的目的所在，在实操活动的指导要点上，有如下解读。

(一)注重幼儿情感体验和人格塑造

通常幼儿都比较喜欢从事美术教育活动，这对幼儿大胆表现自己的情感和进行

早期人格培养都十分有利。美术教育教育活动的本质是育人、育心、育格。纵观中外美术教育的发展，最早被追求的是其品格教育的功能，重视人的性格的自然完美性和精神的熏陶，并使之获得高尚的品性。一个人的成长往往以正确的早期教育为起点，幼儿时期正是健康心理和早期人格发展的胚芽时期。随着美术教育的不断发展和完善，现代的美育已不单纯是技能、技巧的训练，更注重幼儿的个性、思想等方面的全面培养。所以，在美术活动中重视幼儿早期的人格培养对幼儿的成长是非常重要的。

美术教育正是通过丰富多彩的教学活动及活泼、轻松的游戏氛围令幼儿乐学、爱学，并在实操过程中令幼儿自我完善，从而更有智慧、更有爱心，既能成就自己也能帮助他人。例如，在引导小班幼儿练习找朋友的游戏中，教师先随意在纸上乱画一条很长的、没有断裂的线条，相互交错形成一组大小不同的线条，然后根据这组线引领幼儿进行自由想象创造。幼儿在浓厚兴趣的推动下，兴高采烈地投入实操活动中。由于每个幼儿的思维方式和感觉各有不同，随着丰富的想象，再加上美术元素中点、线、面的巧妙安排，能够使画面展现出意想不到的效果，人物、动物、图案等各种奇特而富有趣味的造型都可以呈现在眼前。在轻松和谐的气氛中，幼儿就会觉得画画是一件好玩、有趣的事情，从而培养幼儿的主动性。在给中班幼儿讲授泥艺类手工活动时，教师又让幼儿尝试比赛做出麦当劳的食品，看谁的作品最能吸引人。幼儿兴致勃勃地参与到活动中，在开心活动的同时也掌握了捏、团、压、搓等技能。在这些情境中展开学习活动，幼儿不但大胆地表现自己的情感，还会觉得生活是多姿多彩的，从而使自己处于愉悦的状态。

(二)帮助幼儿树立自信心

学前期的幼儿有时自信心不足，对于缺乏自信的幼儿，教师可以通过一系列的美术教育活动，帮助他们树立信心。美术类活动与其他领域活动最显著的区别在于它的独特性。它没有固定的评价标准，允许创作具有不同风格和特点的作品，鼓励运用多种方法和手段去表现。所以幼儿可以使用各种工具、材料，在一张白纸上尽情地表达心中所思、所想，流露自己的纯真。例如，教师在组织色彩训练活动时，鼓励幼儿尝试多种操作，让他们选择自己喜爱的颜色，用笔把画纸填满，最后会发现他们呈现出的作品非常具有创造性。随着作品的产生，自信心也相应地增强了。实践证明，对自己越有信心的幼儿对知识的接纳度越好，也越会学习，在各方面都会得到均衡的发展，其能力和素质也会更高。

(三)培养幼儿的责任心和合作精神

在美术教育活动中培养幼儿的责任感，让幼儿从小明白自己所要承担的任务是非常必要的。首先就要让幼儿在活动中养成良好的实操和行为习惯，无论使用何种工具、材料，都应将其安排得秩序井然。例如，活动前要有条理地摆放桌面工具，实操时要将工具、材料归类以便于取拿，不可胡乱把水或颜料甩到地面和墙上，活动完成后自己把东西收拾干净，工具、材料放回原处，等等。这些习惯的养成会让幼儿学习到如何去承担起自己的职责。当幼儿完满地尽到自己的责任后，就会产生自豪、满意的情感，下一次就会主动地去承担某些任务了。从点滴小事中帮助幼儿培养责任心，是一个循序渐进的过程，随着年龄的增长和活动范围的扩大，这种意识会逐渐强化，为以后认真学习、工作和健全人格的形成打下良好的基础。

幼儿从事美术教育活动还能陶冶他们的思想感情，培养合作精神。在美术教育活动中，教师可以有意识地安排一些集体合作项目。例如，在“美丽的幼儿园”纸艺类手工活动中，教师让幼儿按特长在小组或小团队里分工，对画、剪、粘等进行修改和完善，每一道工序都有小能手把关，幼儿往往都很重视作品的最终效果，同时也很清楚假如其中一位成员不尽职尽责，可能会造成最后的成果不理想，于是，一种“荣辱与共”的集体意识自然而然在心底迅速建立起来。大家互相配合，群策群力，直至成功。这种合作活动让幼儿在快乐的交往中，把个人的聪明才智融入共同学习、共同创造中，体会到自己作为集体一员的价值，体会到通力协作的乐趣，同时也学会了怎样正确处理人际关系、发展友谊，为了实现一个共同的目标，把一己之愿置于团体目标之下，使自己的行为与朋友、同伴协调一致。

（四）提高幼儿综合能力

能力是直接影响活动效率、使活动顺利完成的个性心理特征。研究表明，在现代社会人们要顺利地完成某种复杂的活动，只具备一种能力是不够的，需要多种能力的完备结合。幼儿的美术教育活动不是单纯为了培养一名艺术家，着眼的是通过这一教育活动过程，培养幼儿各方面的综合能力，这种综合能力不但决定幼儿在美术类活动方面的发展，并且落实到生活中，还可以帮助他们解决各种问题。具有综合才能的幼儿将来长大后才可更好地为国家、社会做贡献。幼儿在美术教育活动中表现出来的各种能力，是在活动过程中逐渐形成和发展的。例如，幼儿手工中的剪纸类活动，就可以陶冶幼儿对装饰艺术的审美情趣，培养专注、细致的品格，提高手、脑、眼协调一致的手工操作能力；色彩类练习活动可培养幼儿的感觉和观察力，让其养成细心观察、感受事物的习惯；泥艺类活动则从了解、接触各种类型泥的性质、在熟练运用材料和工具的过程中，培养幼儿立体造型能力和空间思维能力，鼓励幼儿大胆用各种类型的材料表达自己的情感体验。

三、能用自己喜欢的方式进行艺术表现活动

大量的教育活动实践表明，幼儿园美术教育只有从实际出发，以幼儿为主体，从幼儿的兴趣出发，并在美术教育活动中激发幼儿兴趣，体验审美愉悦和创造的快乐，体现自我表现和创造的成就感，才能使开展的美术活动真正起到促进幼儿个性发展和提高其整体素质的作用。在这个过程中，相关部门必须重新审视和改革幼儿园美术活动的定位、选材、教学方法等，为幼儿创设更好的艺术表现环境。在实操

活动的指导要点上，有如下解读。

(一)重塑幼儿园美术教育活动的价值取向

美术教育要顺应幼儿的特点因势利导，才会得到好的效果。幼儿园美术教育活动的价值取向应突出以人为本，定位于人的整体性、可持续性的发展。幼儿园美术活动的目标具体应该体现在以下方面：首先，要唤起幼儿的兴趣，在美术活动中获得愉快体验，并主动参与，使幼儿从“要我学”变成“我要学”；其次，要引导和鼓励幼儿大胆地表达表现自己的感受、体验，使其个性健康发展；最后，在活动过程中，教师要注意引导和鼓励幼儿用自己认为有美感的形式，创造性地表现对事物的观察和感悟。

(二)在幼儿园内外营造自然的美术环境

优美的环境传递给幼儿各种信息和刺激，使幼儿受到不同文化艺术氛围潜移默化的影响，提高幼儿对美的感受能力。因此，幼儿园的物质设备、空间布置、墙饰美化都应精心布置，达到和谐、优美，体现出美的原则和规律。例如，在园内外墙壁上适当安装一些多层架或搁板架，陈列一些用泥、木、石、金属、石膏等材料制成的雕塑作品，发展幼儿的空间感觉，使幼儿随时随地都能观察、欣赏这些艺术作品，受到艺术作品的熏陶；给幼儿提供进行集体作画的磁砖墙、水泥墙、黑板或大张画纸；也可给幼儿提供小画板、小画夹，利于幼儿室外作画；幼儿园还应当给幼儿提供进行美术创作活动的材料，幼儿通过自己选择材料、工具，用不同的材料进行粘贴、造型，发展自己的感受能力，加强对各种材料的认识。

(三)结合幼儿身心发展特点进行选材

美术教育活动的选材应充分体现幼儿的年龄特点，反映幼儿的生活经验，使他们通过画笔表现、表达心中的世界，这样才能更好地实现美术教育活动给幼儿带来的益处。首先，选材注重幼儿情感体验。教师在选材时，不要担心幼儿的造型能力，不要担心他们画得不像。在他们涂鸦的稚拙表现中，会有很多可爱的想法和独特的表达方式。我们评判他们的作品不能以“像不像”作为“好不好”的标准，而是要使他们能够表达出自己的感受，并通过自主的创作过程，建立起对美术活动的兴趣。例如，“从家到幼儿园”“我的家”和“一桌好吃的菜”等就是很好的题目，内容和幼儿的生活密切相关，易于引发幼儿的回忆和表现，使他们喜欢参与美术活动。其次，表现的内容给幼儿留有充分想象的空间。同一事物，不同人的感受和看法以及表达、表现方式是不同的，因此在选材上要给幼儿的表现空间大一些。例如，“未来汽车城”“手影游戏”和“我最喜爱的人”等，由于没有固定的造型，幼儿不受“像与不像”的困扰，能够放开手笔大胆表现，从而能大胆发挥想象力和创造力，表达出自己对事物的感悟。最后，还要注意渗透传统文化的内容。中华民族历史悠久，有许多优秀传统文化的积淀。在成人有目的的引导下，幼儿在美术教育活动中会受到这些文化的感染和影响，因此，选材的内容也可涉及适合幼儿欣赏和表现我国民族中的优秀传统文化，如京剧脸谱、农民画、风筝、彩绘等。此外，在确定题材时要注意突出美感和情趣。伴随着选材的内容，其表现手法也要考虑运用多种形式。

(四)设计丰富多彩的教学方法

对于喜爱新鲜事物的幼儿来说，只有采用灵活多变的教学方法，才能更好地激起他们对美术教育活动的兴趣和热爱。有经验的一线教师一般在幼儿园美术教育类活动中经常采用的方法大致如下。

1. 游戏情境法

游戏情境法就是要求教师善于运用游戏的情境来感染和调动幼儿。例如，情境表演、看录像、讲故事、变魔术、玩沙、糊纸盒、拼石头等都是幼儿喜欢的游戏，这些游戏里又包含着丰富的美术知识，而创设宽松、有趣的游戏环境，更易于幼儿把自己所思、所想表达出来。

2. 观察引导法

美术活动是视觉艺术活动，离不开观察。教师在引领幼儿进行观察活动时，主要是启发幼儿对生活及事物的热爱。例如，教师引导幼儿观察、回忆从家到幼儿园的路上，他们印象最深的高楼、房屋是什么样的？路上遇到哪些人？进行交流之后再进行简单表现，从而启发幼儿通过观察抓住事物的特征，并把自己的感受和联想表现出来，使他们的画面生动而充满情趣。

3. 物象分析法

物象分析法是在观察的基础上对事物进行描述性的分析，帮助幼儿在事物与画面之间架起一座桥梁，建立起自己独特的造型符号。在此过程中教师要善于引导和鼓励幼儿用自己理解的形象进行表述。例如，教师讲完《太阳十兄弟》的故事后，引导幼儿想一想、说一说，他们想象的太阳是什么样的？太阳发出的光芒是什么样的？为什么是这样？鼓励幼儿把看到的、想到的变成脑海中的具体形象，先尝试用语言表达出来然后再描绘出来。每个幼儿的感受不同，创造的符号也千差万别，这更使作品充满个性，是真正意义的“儿童画”。

4. 作品赏析法

引导幼儿多欣赏一些他们能够看懂的中外名家作品和优秀儿童美术作品。在欣赏过程中，教师要善于引导幼儿感受，理解和发现作品的表现手法和含义，使他们在获得艺术“营养”的同时，激发他们大胆地表现与创新。

5. 过程指导法

在幼儿实操时教师既不能无目的地巡视，也不能过多地询问而干扰幼儿的原有思路；教师要做到因人而异，因需而导。例如，对经验和自信心不足、不敢下笔的幼儿，教师可以采取手把手或在纸上示意，帮他们迈出“万事开头难”的第一步，对于那些具备了一定经验，但是不知道如何继续丰富、完善的幼儿，教师可以启发、引导丰富细节，帮助其添上关键的几笔，起到扩展、丰富作品内容的效果。

总之，美术教育活动对幼儿兴趣的增加、健康个性的培养、审美与创造性的发展都具有重要的作用。教师应在遵循幼儿认识事物发展规律的基础上，选择适宜的内容，创造宽松的精神环境和文化氛围，选用恰当的方法，正确指导、评价幼儿的作品，使美术教育活动真正成为幼儿的一种乐趣，成为一种荡漾着激情和人性的活动。

第二节　幼儿园美术教育活动的分类目标

依据《纲要》《指南》，结合我国幼儿园美术教育目标的实践，我们将目标归纳、细化为认知目标、情感目标、技能目标、创造目标四大类。以下介绍分类目标制定的依据及具体要求。

一、分类目标制定的依据

目标的制定是指导美术教育活动设计与实施过程的关键准则，制定幼儿园美术教育活动目标的依据，包括幼儿美术发展的规律、幼儿美术学科本身的特点及社会发展对幼儿美术教育的要求。

(一)尊重幼儿美术教育活动的发展规律

幼儿美术教育活动的发展有其自身的规律，这是由幼儿生理特点和心理发展的特点决定的。

幼儿绘画类活动、幼儿手工类活动、幼儿欣赏类活动的发展都表现出一定的规律。这些规律能从视觉符号和视觉形象的角度，反映出某个时期幼儿认知、情感和社会性发展的总体水平。因此，幼儿园美术教育活动各类目标的制定，必须依据幼儿美术发展的规律，才能符合幼儿身心发展的特点和需求。迄今为止，人们对幼儿美术发展的过程已有较为明确的认识，教师可以依据幼儿美术活动过程及其作品，判断幼儿美术发展的水平和状况。因此，在制定幼儿园美术教育活动的部分目标时，应立足于幼儿现有的发展水平，让幼儿充分地表现自我，满足自身的发展需要。同时，设置的另一部分目标应超前于幼儿的发展水平，设置在最近发展区内，这样的活动目标能激发和形成幼儿目前还不存在的心理机能，更好地促进幼儿的发展。幼儿在美术发展过程中还受到美术教育和美术实践的影响，表现出美术发展水平的不同层次性，反映出幼儿与众不同的个性、兴趣和需要。因此，具体的美术教育活动目标的制定，既要考虑幼儿美术的整体发展水平，又要顾及幼儿个体表现在美术方面发展的差异，使制定的目标能真正有益于幼儿美术的发展。

(二)结合幼儿美术教育活动本身的特点

幼儿美术教育活动是幼儿从事的视觉艺术活动，有着独特的艺术语言，如线条、造型和色彩等，并通过视觉形象的塑造，表达幼儿对周围生活的认识和情感。因此，在目标中就应当包含了解美术工具和材料的使用方法，并且通过对美术符号系统的学习，掌握一定的美术技巧，表达自己的审美感受。因此，幼儿美术教育活动本身的特点也是制定幼儿园美术教育活动目标的依据。

(三)结合社会发展对幼儿美术教育活动的要求

社会发展对幼儿教育的面貌和状态起着规范的作用，这是一种来自教育外部的制约性。幼儿是未来社会的主人，社会的发展表明，现代社会乃至未来社会不仅需要掌握一定知识和技能的人才，更需要一个人格健全、完善的人，即具有创造力的人，是感性与理性的统一、人与自然统一、人与社会统一的人，这是幼儿美术教育的立足点和归宿，也与把幼儿培养成身心和谐发展的人的教育目标相一致。

二、各个分类目标的具体要求

通过长期的教学活动实践，前辈幼儿教师通过努力，总结出了自己具体教学活动的好经验、好方法，并进行了归纳整理。各个幼儿教学单位可以根据自己的实际情况参照执行。

(一)幼儿认知目标内容上的具体要求

①使幼儿逐步懂得不同的材料、技巧以及活动过程之间的差异性；

②能够讲述不同的材料、技巧以及活动过程会产生不同的效果；

③学会并知道运用美术媒介和技巧，通过活动过程与人交流思想、表达情感；

④学会并知道以安全和适当的方式使用工具和材料；

⑤懂得视觉形象特征之间的差异，知道用美术表达想法的目的；

⑥能够初步讲述不同的表达特征和组织方式是如何导致不同的结果的；

⑦知道从美术作品中获得各种经验，能够享受到视觉艺术的美；

⑧懂得体验视觉艺术与各种文化之间存在历史的或其他特殊的联系。

(二)幼儿情感目标内容上的具体要求

①学会并喜欢用美术语言表达自己的想法和感受；

②体验美术作品的线条、形状、色彩、质地等；

③对美术活动感兴趣并积极投入美术创作、欣赏活动、评价活动中；

④能产生和美术作品含义基本一致的感受，并能表达这种感受；

⑤喜欢各种不同风格的美术作品。

(三)幼儿技能目标内容上的具体要求

①能够选择材料和象征性的符号表达自己的思想和感情；

②初步学会运用线条、形状表现力度、节奏与和谐感；

③初步掌握一定秩序和变化规律，进行美术创作活动；

④能初步感受和欣赏美术作品中形象的美学特征；

⑤能对自己或他人的美术作品做出初步的美学评价。

(四)幼儿创造目标内容上的具体要求

①能根据自己的意愿自由地进行美术创作；

②能够使用各种象征性的符号，进行加工、组合、变化，创作出与众不同的艺术形象；

③能够使用颜色自由地表现自己的情感和思想；

④能够综合运用多种美术媒介进行美术创作；

⑤在欣赏和评价自己或他人的美术作品时，能够讲述自己与众不同的独特观点。

本章小结

本章依据《3—6岁儿童学习与发展指南》《幼儿园教育指导纲要(试行)》，解析幼儿园美术教育活动的总目标和分类目标，要求在遵循幼儿园美术教育活动的基本规律和原则的基础上，使活动具有针对性。幼儿园美术教育活动各个年龄班不同，教育途径与手段也不一样。美术教育活动可以用多种途径与手段进行，也可以渗透到其他领域中开展。美术教育活动在教会幼儿技能、技巧的同时，还要注意使幼儿获得心理上、精神上的满足，激发幼儿主动参与美术活动的内在动力，开发幼儿的想象力、创造力，这也是美术教育活动要达到的最终目标。教学方法和手段的不断改进是一线教师和幼儿美术教育工作者孜孜以求的最终目标。

关键术语

美术教育活动总目标　认知目标　情感目标　技能目标　创造目标

思考题

1. 结合《3—6岁儿童学习与发展指南》《幼儿园教育指导纲要(试行)》，谈一谈，怎样认识美术教育活动的目标？如何在实践中实施和体现？

2. 新手幼儿教师如何在自己设计的活动中贯彻美术教育的各级活动目标？

建议的活动

1. 选择1～2所幼儿园实地考察美术教育活动的目标设计情况(包括教育目标、年龄阶段目标)。

2. 尝试选取某个内容(如手工活动)，为小班幼儿制定一份美术教育活动目标方案。

拓展阅读

《美术教育与人的发展——儿童美术教学法研究》，杨景芝编，人民美术出版社，2011 年。该书介绍了通过美术教育活动对儿童进行素质教育，促进其全面和谐发展的内容，其中既有作者关于儿童美术教育的认识和体会，也有儿童美术教学体系和教学方法的阐述，对我们认识、思考、促进幼儿园美术教育具有启示意义。

第三章　幼儿绘画类活动

学习目标

1. 了解不同年龄班幼儿绘画类活动的发展特点。

2. 知道不同年龄班幼儿绘画类活动的目标与要求。

3. 熟悉不同年龄班幼儿一般性绘画类活动的组织实施与指导。

4. 明白各年龄班命题类绘画活动、意愿类绘画活动、装饰类绘画活动的组织实施与指导。

5. 掌握各年龄班绘画与五大领域相结合的活动案例设计、指导与评价。

学习导图

- 幼儿绘画类活动
  - 幼儿绘画类活动的内涵
    - 绘画类活动
    - 幼儿绘画类活动
  - 不同年龄班幼儿绘画类活动的发展特点
    - 小班幼儿绘画类活动的发展特点
    - 中班幼儿绘画类活动的发展特点
    - 大班幼儿绘画类活动的发展特点
  - 不同年龄班幼儿绘画类活动的目标与要求
    - 小班幼儿绘画类活动的目标与要求
    - 中班幼儿绘画类活动的目标与要求
    - 大班幼儿绘画类活动的目标与要求
  - 不同年龄班幼儿绘画类活动的组织实施与指导
    - 小班幼儿绘画类活动的组织实施与指导
    - 中班幼儿绘画类活动的组织实施与指导
    - 大班幼儿绘画类活动的组织实施与指导

案例导入

教师设计了一次让幼儿大胆用彩笔表现自己心目中太阳的绘画类活动内容。

教师：今天我给你们带来了一个好听的故事，故事的名字叫《太阳的颜色》。（通过多媒体课件导入，让幼儿谈谈对太阳的认识和感受。）

教师：原来太阳有这么多美丽的颜色啊。那请你们再想一想，如果没有太阳会怎么样呢？

幼儿：没有太阳，花、草、树木都会死掉；没有太阳，我们也会生病。（教师让幼儿在表达的过程中，理解如果没有太阳对我们生活有什么影响，加深幼儿的感官意识，为接下来的绘画活动做铺垫。）

教师：原来太阳对我们这个大家庭有这么大的作用。那你们想不想画一画自己心目中最美丽的太阳啊？（教师讲解引领，并请幼儿示范太阳的画法。引导幼儿用多种颜色涂画太阳，增加幼儿对色彩表现力的认识。）

教师：这几个小朋友画的都很漂亮，那你们心中最美的太阳是什么样子的呢？

（教师把机会留给幼儿，给幼儿一个自由表现的空间，在此过程中启发、提示幼儿大胆地表现心中想象的太阳，鼓励夸张、拟人化。幼儿在作画时教师巡视指导。）

在本次活动中，教师让幼儿尽情表述对太阳的印象，“太阳是绿色的”“不对，太阳是红色的”“太阳是彩色的”……幼儿争先恐后地抢着表达自己心中的太阳到底是什么颜色的。对于太阳，每个幼儿都知道，而说起太阳是什么样子的，他们的回答却不尽相同，“圆的”“红的”，这是幼儿最直观的感受，也是他们生活中接触最多的太阳的基本形态。在幼儿的世界里，他们心中的太阳就是五颜六色的。教师设计、引领的“画太阳”这一活动，是为了和幼儿共同探讨自己眼中的太阳，并大胆表现。创造性的美术活动基于敢想、敢说、敢于表达。教师组织幼儿进行绘画类教学活动，就是希望幼儿描绘出属于自己心中的太阳形象，而不是千篇一律的；并通过绘画类活动的实际操作，帮助幼儿感受美术绘画形式的多样性、夸张性；同时，让幼儿体验绘画类活动中大胆想象和多元化创作表现的快乐，为幼儿用绘画的形式自由表现自己的主观想法做了很好的铺垫。

第一节　幼儿绘画类活动的内涵

对幼儿来说，绘画类活动是把自己想象的东西表现出来的极好形式；它也是幼儿园美术活动最主要、最简单的形式之一。幼儿绘画类活动是指幼儿运用绘画类工具在纸等材料上，通过造型、设色、构图等手段和方法，表现出可视的平面形象的活动。幼儿绘画类活动内容反映了他们的心理发展水平，表现出一种天真无邪的稚拙美，充满了魅力。

一、绘画类活动

美术中的绘画类活动是一种最古老的艺术表现形式，在技术层面上，就是用笔等工具，在纸、纺织物、墙壁等表面涂、画，是一种在二维的平面上以手工方式进行的艺术。绘画类活动是一个捕捉、记录及表现不同创意的形式。按照工具、材料和技法的不同，绘画形式又可以细分为中国画、油画、版画、水彩画、水粉画等主要画种。中国画按照技法的精细与粗放，又可分为工笔画和写意画等。这些绘画的种类，依照描绘对象的不同，内容上还可分为人物画、风景画、静物画等。人物画还可依据描绘题材内容的不同，分为肖像画、历史画、宗教画、风俗画、军事画、人体画等。

二、幼儿绘画类活动

幼儿绘画类活动是指在教师引领下，幼儿用各种笔、纸等工具和材料，运用线条、造型、色彩、构图等艺术语言创造出的视觉形象，从而表达自己思想和情感的一种活动。其具体环节和内容主要包括如下几方面：首先，幼儿认识各种绘画工具和材料，学习、认识各种绘画工具和材料的使用方法和操作要领，如蜡笔、油画棒、彩色水笔、彩色铅笔、油画笔、毛笔、水粉、水墨、油墨、棉签、印章、铅画纸、宣纸、白报纸等；其次，幼儿学习用简单的线条、色彩、构图来表现自己的生活感受和想象；最后，幼儿学习正确的绘画姿态、握笔方法以及集中注意力完成作品等良好的绘画程序与活动习惯。

第二节　不同年龄班幼儿绘画类活动的发展特点

幼儿年龄不同，不同年龄班幼儿绘画类活动的发展特点也不同。幼儿在实际操作中都带有明显的年龄特点，这就要求一线教师在展开绘画类教育活动时，掌握幼儿特点再做针对性指导。

一、小班幼儿绘画类活动的发展特点

年龄较小的幼儿初到幼儿园，认识同伴、熟悉场地、适应环境需要一个过程；进行美术类活动也需要一个过程，那就是观察。教师不要急于要求幼儿在美术表现形式上有什么结果，有经验的教师在导入正式的美术活动之前，首先会引领幼儿进行各种各样的观察活动，让幼儿做好绘画之前的形象储备。年龄较小的幼儿对外界的各种物体和图形都很好奇，在观察活动中，往往碰到什么就看什么，不但目的性差，而且顺序也比较紊乱，只能观察事物的粗劣轮廓，很难做到全面细致。所以，小班幼儿最初的美术活动大都表现在观察物象、认识同伴、熟悉场地和适应环境上。幼儿年龄虽小，但大部分还是能够识别面积较大的单个形状和物体的某些突出部分的。在美术活动的实际操作中，幼儿喜欢用笔在纸上随意涂画，虽然手的准确度有

待强化，但幼儿一般能结合语言解释，简单表现出单个物体粗略的形状和主要部分。在颜色的实际操作上，幼儿喜欢鲜艳、明度和纯度高的颜色，能大约分辨出红、黄、蓝、绿等基本颜色，但很少能说对颜色的名称，还不能正确地区别色度，不能正确地把颜色和颜色的名称联系起来，因此在颜色的运用上还有欠缺。幼儿基本能分辨上、下的空间方位，对三度空间有粗浅感知，大部分年龄较小的幼儿很难表示出上下的空间关系。

二、中班幼儿绘画类活动的发展特点

中班幼儿在观察物象和图形时，能按一定的顺序进行，观察也比较准确，能画出物象和图形的大小关系，能认识红、黄、蓝、绿、紫、黑、白等颜色，区别颜色的明度和纯度的能力逐步发展，对色彩的爱好开始形成一定的倾向性。例如，有的喜欢对比强烈的颜色，有的喜欢淡雅的颜色等，能在画中运用自己喜欢的颜色。这一时期的幼儿开始认识自身与外界之间的空间关系，能分辨出前后方位，但还不能表现出物象之间的前后空间关系。随着手指、手腕和手臂的肌肉和手的细小动作的发展，他们能够正确使用笔和剪刀等工具。在涂色时，他们能够做到不涂在形象轮廓之外。他们的想象力迅速发展，再造想象开始发展，幼儿常常喜欢自由地表达自己的思想，作品带有幻想性，思维主要凭借具体形象的联想来进行。

三、大班幼儿绘画类活动的发展特点

大班幼儿观察物象、图形时，较为细致，能注意事物之间的关系，能识记物体的许多细节和特征，感知能力有所提高，目测能力增强，能画出物象的主要特征，有自己强烈的主观倾向。

大班幼儿的颜色识辨能力发展较快，他们能正确地说出各种颜色的名称，能正确地识别颜色；对混合色感兴趣，能用各种颜色调出自己需要的颜色，特别是在颜色的分辨能力和使用颜色上，带有比较主观的感情倾向，喜欢鲜艳的色彩和对比强烈的色彩；懂得事物之间的前后位置和远近距离关系，但不能表现出来。

大班幼儿能自如地使用工具、材料，能做技巧性动作，能涂出深浅不同的颜色。

大班幼儿的想象逐步丰富和完整，逐渐脱离幻想、空想，向切合实际的方向发展，并表现出明显的创造性。大班幼儿的审美能力有所提高，能表现出爱憎情感，也能反映初步的社会责任感、道德感、美感等。

第三节　不同年龄班幼儿绘画类活动的目标与要求

以下呈现的小、中、大班幼儿绘画类活动目标与要求，依据我国相关政策文件规定以及前辈教师的教育实践总结梳理而成，比较符合我国幼儿当前的实际发展情况。幼儿园教师可结合本地、本园、本班实际，因地制宜，与时俱进地开展类似的活动。

一、小班幼儿绘画类活动的目标与要求

针对小班幼儿特点，绘画类活动的目标与要求如下。

认知目标：初步认识绘画的工具和材料，学会辨别红、黄、蓝、绿、橙等基本颜色，并能说出名称；学会辨别和感受直线、曲线、折线及各种线条的变化。

情感目标：幼儿对绘画感兴趣，能愉快大胆地作画。

技能目标：会使用蜡笔、水彩笔、棉签等工具进行涂染；能画出直线、曲线、折线，并能表现线条的方向、粗细、疏密；学会用圆形、方形、长方形、三角形等简单图形表现物体的轮廓特征。

创造目标：初步学会用图形和线条组合创造各种图式，幼儿能够在涂抹的过程中把画面画满。

在小班幼儿的绘画类活动实操环节，教师需要注意以下几方面。

首先，教师要引导幼儿乐意参加绘画类活动，养成大胆作画的习惯，体验绘画类活动的乐趣，并对绘画活动产生兴趣；还要引导幼儿认识和初步学会掌握使用蜡笔、油画棒、水彩笔、纸棉签、印章、颜料等绘画的简单工具、材料，逐渐养成良好的绘画姿势。

其次，教师要引领幼儿学会用美术的观察方法，在游戏中学习点、线、圆形、方形和简单物体的画法以及涂染方法，并能用这些方法简单表现日常生活中熟悉的物体。

最后，教师要注意引导幼儿认识红、黄、蓝、绿、黑、褐、白等颜色，初步学会选用多种颜色绘画；引导幼儿区分主体色和背景色，培养幼儿对色彩的兴趣；还要引导幼儿在画面的中心位置画出主要形象，并把它画得大一些、满一些。

二、中班幼儿绘画类活动的目标与要求

针对中班幼儿特点，绘画类活动的目标与要求如下。

认知目标：能较准确地把握形状的基本结构，理解形状符号的象征意义；认识常见的固有色，说出它们的名称。

情感目标：喜欢用自己独特的绘画语言表达自己的想法和感受。

技能目标：学会运用图形组合方法，表现物体的基本部分和主要特征；学会选择与物体相似的颜色，初步有目的地设色、配色；在教师的引导下能围绕主题安排画面，能表现出物体的上下、左右位置。

创造目标：能大胆地按意愿作画。

在大班幼儿的绘画类活动实操环节，教师需要注意以下几方面。

首先，要引领幼儿用简单的几何形体和涂染的方法，画出自己生活中观察过的熟悉物体、简单的风景、动物、人物等，并能表现出基本的部分和主要特征。

其次，要引领幼儿学习简单的构图和布局，并画一些辅助物来表现一些简单的情节，能够按自己的意愿大胆描绘。

最后，引领幼儿能选择与实物相似的颜色画画，逐步做到涂色均匀；会在长方形、正方形等几何图案上用简单的抽象符号或花朵、叶子等实物花纹画简单的装饰画，并做到色彩鲜明。

三、大班幼儿绘画类活动的目标与要求

针对大班幼儿特点，绘画类活动的目标与要求如下。

认知目标：认识物体的整体结构和各种空间关系；增强配色意识，提高对颜色变化的辨析能力；知道运用不同的绘画工具和材料表现不同效果的作品。

情感目标：在安排画面的过程中逐步体会均衡、对称、变化等形式美。

技能目标：能较灵活地表现各种人物、动物的动态；能运用对比色、类似色、同种色等多种配色方法，注意色彩的整体感和内容的联系；能有目的地安排画面，表现一定的情节，并学会尝试用多种形式安排画面的方法。

创造目标：综合运用多种绘画工具和材料进行绘画创作。

在大班幼儿的绘画类活动实操环节，教师需要注意以下几方面。

首先，培养幼儿用各种几何图形表现事物的基本特征和某些细节，并能进一步描绘出人物和动物的不同姿态(侧面、背面及有简单动作的四肢)。

其次，引导幼儿能根据自己的生活印象和故事、诗歌的内容，画出简单的情节，初步学会恰当地安排画面。

最后，培养幼儿能在正方形、长方形、圆形、菱形纸的边缘和中心，学会用学习过的花纹或简单的具有一定民族特色的3～5种花纹，有规律地画装饰画；会在生活用品的纸型上用花纹或物象进行装饰，能根据画面要求使用各种颜色，做到色彩鲜明。

第四节 不同年龄班幼儿绘画类活动的组织实施与指导

小班幼儿的绘画类活动一般是最简单的绘画练习(由于小班幼儿在上学期各个方面的不足，所以最简单的涂鸦式练习在上半学期出现较多)，教师可根据小班幼儿的熟练程度，让其尝试初步的命题类活动、意愿类活动和装饰类活动。

一、小班幼儿绘画类活动的组织实施与指导

小班幼儿的绘画类活动一般都是最简单、最初级的，比较正式的小班幼儿绘画类活动一般都在小班下学期开始逐渐增多。

(一)小班幼儿一般性绘画类活动的组织实施与指导

小班幼儿进行一般性的绘画类活动时，一线教师首先要学会用多种多样幼儿喜闻乐见的和地方特色浓郁的游戏，逐步培养幼儿对绘画类活动的兴趣，在实际操作中可分如下步骤。

1. 运用讲、学、做、玩的方法开展学习活动，激发幼儿参与兴趣

艺术来源于生活，小班幼儿由于生理和心理发展水平的限制，观察能力比较弱，而且各种生活经验较少，他们往往只对日常社会中经常接触、熟悉的和感兴趣的物体有再现的能力与兴趣。因此，教师在制定小班美术活动方案时首先尽量选择幼儿熟悉或感兴趣的生活题材。例如，小班幼儿通常都喜欢一些小动物，教师可以设计“喂小白兔青草”“小狗熊吹泡泡”“小鸭、大鹅来游泳”等简单、明确的绘画内容。如果幼儿进步较快，教师还可以选择他们熟悉的人、玩具或食物等为题材，如“我帮妈妈绕绒线”“画气球”“捏糖葫芦”等。其次选择的活动内容还必须具有好玩性和游戏性。例如，教师可以为幼儿提供被切成各种好玩、好看图形的土豆、胡萝卜、藕模具等，幼儿用这些材料蘸上颜料印在教师提前剪好的服装、生活用品等各种纸型上，一件件漂亮的新衣或器皿就这样完成了。这些丰富、有趣、好玩的活动材料让小班幼儿觉得绘画练习活动就是游戏，进而得出绘画活动是件快乐的事情，这样他们往往会对下一次活动充满期待。

2. 要注意多种形式的运用

小班幼儿的思维属于直觉行动型思维，因此他们在美术活动中，不可能像中班、大班的幼儿一样先想好了再画，而是画到哪里算哪里，这是小班幼儿绘画类活动的主要特征。

教师可以用生动有趣的语言点拨、提示、引领、指导或鼓励幼儿，去画自己想画的，保证幼儿活动的持久性和活动结果的完整性。实践证明，绘画内容与幼儿的

已有经验相结合，是一个不错的选择。例如，幼儿尝试各种线条的练习时，教师可将此活动和幼儿生活中常见的某些具体现象相结合，用形象生动、直观鲜明的语言和游戏形式调动幼儿练习各种线条。教师还可以运用各种有趣的美术游戏，让幼儿按照自己的意愿进行随意涂抹，使幼儿在活动中逐渐熟悉和驾驭各种工具材料，逐渐对美术活动产生越来越多的期待和兴趣。

小班幼儿学习绘画类活动的各种知识和技能，不可能通过一两次活动就可以掌握，需要教师根据实际，设定各种幼儿喜闻乐见的活动形式与内容，反复多次练习。因此，教师有目的、有计划地设计各种适合小班幼儿特点的美术类活动形式和内容，在实操中使能力强的幼儿不限于自身的经验，还能经过修正的、理想化的现实，按照教师给予的形式美的指导，用技能和方法进行活动。对于能力较弱的幼儿，教师应充分尊重他们的现状，从其理解能力和操作水平出发，去确定略高于幼儿基础的教育要求，而不可机械地按照活动进度去勉强幼儿，以免影响幼儿美术活动的积极性。

3. 运用多种多样的工具和材料，提高幼儿学习绘画的兴趣和主动性

美术活动中多种多样的工具和材料特别能提高小班幼儿学画的兴趣和主动性。在小班幼儿能够用简单工具、材料参加一些绘画类活动，并产生了一定的兴趣的基础上，教师可组织他们使用其他一些新添加的简单工具和材料，练习不同形式的动手操作，使幼儿保持对绘画类活动的新鲜感和兴趣，培养和训练幼儿用简单的线条和形状表现物象的技能，从而进一步巩固和提高他们对绘画实操的热情。

多提供一些简单几何形体、素材供幼儿使用，也是为了能使小班幼儿在绘画类活动中有多种选择。在造型训练上，外形尽量可以以概括幼儿熟悉的点、线、面等简单几何形体的物象为基本内容。在练习涂鸦的过程中，教师可以给他们多提供一些类似素材使之进行表现。这样的形式容易被幼儿接受，也方便教师用各种游戏活动形式导入绘画活动。在颜色的训练上，小班幼儿对不同的色彩都非常喜欢，一开始可能是随便选色，但随着活动的持久，逐步过渡到依情选色上来；幼儿感受能力也非常强，他们能够辨别一些简单的颜色，但还不能说出颜色的正确名称，更不能正确地把某些物象的固有色表现出来。因此，在小班幼儿绘画类的色彩教学活动中，教师要有意识地用各种方法引导他们多认识几种颜色和名称，学习辨别一些简单、相近的颜色，鼓励他们在随意涂鸦中大胆选择和使用颜色。教师尽量不做过多的干预。小班幼儿的涂色技能是需要反复多次在实践中加以训练才能成功的。

小班幼儿绘画类活动技能的常规训练也是非常必要的，这些基本技能的训练是幼儿绘画活动效率和效果的基本保证。因此，在绘画活动上，教师要特别教会幼儿从小养成正确的绘画姿势。正确的绘画姿势一般可分为端坐的姿势、各种执笔的姿势、各种工具的绘制活动姿势等。正确的绘制姿势，对于幼儿的视力与身体各部位的健康、正常发育十分重要。

图 3-1　线条组合练习《简单几何形体的连续组合》

对于小班幼儿最早开始的一般性简单线条画练习，教师尽量以幼儿熟悉的简单几何形体，循序渐进地以单个或组合方式，引领幼儿进行单线绘画造型活动，逐渐培养兴趣，积累成就感。

（二）小班幼儿命题类绘画活动的组织实施与指导

小班幼儿的绘画活动过程是一个主动表现自我、不断创新的过程。如何培养小班幼儿对最简单的命题类绘画活动的兴趣，并让幼儿主动积极地去学习呢？从实际情况来看应该从如下几方面入手。

1. 培养和强化小班幼儿的观察力

观察是绘画活动的前提和基础。一个会观察的孩子，他的思维方式和方法就会比别的孩子更加灵活；他所获得的经验也是与众不同的，总会比一般的孩子更会发现新奇、有趣的现象。与此同时，观察和绘画又会形成良好的互动，每一次观察都是绘画的基础，而每一次绘画又是观察的延伸和继续。小班幼儿喜爱的是绘画的过程，对于画什么并不感兴趣。因此，教师不要急于教他们画什么，而是利用自然条件经常引领他们进行各种观察，引导他们观察花草树木的形状、颜色等，引发他们观察周围事物的兴趣。幼儿在绘画之前，首先要通过视觉来观察所要表现的对象，因此，训练幼儿的观察力是提高幼儿绘画质量的基础。教师作为幼儿活动的引导者和合作者，要在平时的教学、生活中牢牢抓住幼儿感兴趣的事物，引导他们进行细致的观察，在脑海中留下清晰、丰富的印象，然后用绘画的形式表达出来。小班幼儿双手协调动作不完整，但他们的创造性和想象力异常丰富，即使创作的过程是无意识的，也是不稳定的，幼儿最终的作品效果也许不如过程中呈现得好，但是，教师的指导意义是要重视幼儿在表现物体过程中最初的审美感知，在肯定幼儿的作品时激发幼儿继续感知与创作的兴趣，而不必过分注重结果。

2. 为小班幼儿提供和命题类绘画活动相适应的工具、材料

小班幼儿由于小肌肉群发展还不完善，动手操作能力较差，因此，只有为幼儿提供丰富有趣且能使画面产生意想不到的效果的材料，才能使幼儿既能对绘画活动产生兴趣，又能轻松获得成功，而且还能使画面产生很好的效果。例如，在小班版画类活动区为幼儿提供各种简单拓印工具来吸引幼儿主动参加简单的拓印活动，初步体验拓印活动的乐趣。丰富有趣的活动材料还可以让小班幼儿觉得绘画原来就是“玩”游戏，绘画是件快乐的事情。

3. 通过各种活动激发小班幼儿对命题类绘画活动的兴趣

创设一个良好的命题类绘画活动环境，对培养小班幼儿的活动兴趣是非常重要的。在实际的教学活动中，许多幼儿园注重临摹训练，以画得像不像作为绘画的评价标准。幼儿感知经验少，表象贫乏，思维的直觉行动性以及对自己活动的控制和支配能力差，这些特点使得有些幼儿在一次又一次的失败中磨灭了对绘画活动的兴趣，陷入了讨厌画画、怕画得不好，而且，如果不画反而更画不好的怪圈中。相反，如果教师能正视幼儿的年龄特点，遵循幼儿的绘画活动规律，把幼儿的绘画过程看作游戏的过程，开展灵活有趣的活动，情况就大不一样了。小班幼儿在游戏活动中练习绘画，会减轻他们的心理压力，身心得到放松，使他们更积极地投入绘画之中。小班幼儿在绘画时，还往往喜欢语言参与，边讲边画。教师可利用小班幼儿这一特点，进行一些简单的添画活动。在这个过程中，教师可以让幼儿用语言结合画面讲解其中的内容，教师为幼儿设计类似的活动能使他们身心得到极大的满足，并获得愉快感，想象力和创造力也得到发展。

4. 提供自由想象的空间，鼓励大胆涂抹和表现

绘画类的活动是借助画笔表现自己的一种活动方式，也是初步表现幼儿认识客观事物态度的特殊形式。在小班命题类绘画活动中，幼儿需要运用想象和创造，激发绘画活动中的主动再现能力。小班幼儿绘画类活动多以简单的命题画为主，一般教师怎么教，幼儿就怎样画。最常见的是“依葫芦画瓢”，画出与教师示范画的内容、形式和色彩相同的画。这种形式长此以往势必会压抑幼儿的创造性，不仅会使幼儿失去对绘画活动的兴趣，更可能会扼杀幼儿刚刚表现出来的艺术天赋。因此，在小班命题类绘画活动中，教师要认真观察、全面了解幼儿的兴趣，若发现有幼儿更感兴趣的内容，就应因势利导，给予他们相应熟悉的命题，引导幼儿根据他们自己的兴趣点去大胆再现。例如，在小班命题类绘画活动手形画“小小手”中，教师就可以让幼儿在纸上学会拓、画自己的小手，并引导幼儿大胆地发挥想象，在手的造型上添画其他东西。

图 3-2　命题类绘画《简单线条画造型组合》

教师在引领小班幼儿命题类绘画活动时，尽量选择幼儿生活中熟悉的题材和常见的物体。如果教师能在活动之前引领幼儿观察，然后再进入绘画的再现活动，效果往往比较好。

（三）小班幼儿意愿类绘画活动的组织实施与指导

小班幼儿年龄小，手部肌肉尚未发育成熟，手臂动作很难控制，他们只能画出一些杂乱线、杂乱点或杂乱色块，来体现他们对世界的简单认识。教师该如何指导小班幼儿意愿类绘画活动，使幼儿的潜能得到最大限度的发展？通过实践发现可以先从以下几方面做起。

1. 选择幼儿熟悉的、感兴趣的、贴近他们生活的题材内容

小班幼儿受其认知发展水平的限制，生活经验少，他们往往只对日常生活中经常接触的、熟悉的和感兴趣的物体有绘画的兴趣。因此，教师在选择小班意愿类绘画活动内容时应选择幼儿熟悉或感兴趣的题材。比如，小班幼儿喜欢小动物，教师就可以选择“给小兔喂青草”“网小鱼”“筑篱笆”等练习画直线，选择“熊猫吹泡泡”“小鸭游泳”“卷卷的羊毛”等练习画曲线，还可以选择他们熟悉的人、玩具或食物为题材，如“妈妈的长头发”“我帮妈妈绕毛线”“彩色的气球”“糖葫芦真好吃”等唤起幼儿的联想和想象。幼儿有了兴趣就有了积极性，有了积极性就能激起再现的欲望，从而激起他们绘画的欲望。

2. 创设情境，激发幼儿对意愿类绘画活动的兴趣

创设一个良好的情境对幼儿绘画能力的提高是非常重要的。让幼儿在某种情境活动中学习，幼儿不但愿意学，而且能起“乐学”之效。所以，根据幼儿的这一特点，教师要及时把情境引入绘画教学中，让幼儿在愉快的情绪中去发挥他们的想象力，边玩边画，边画边玩，营造一种无拘无束的教学气氛。例如，在学画“我帮妈妈绕线团”活动时，教师可以扮演妈妈，出示许多毛线，边绕毛线边说：“妈妈手中的毛线一圈一圈绕过去，绕成一个小线团，再一圈一圈绕呀、绕呀，绕成一个大线团，看，大大的、圆圆的、五颜六色的线团真好玩。”五彩的线团一下子就能够吸引幼儿，妈妈在绕线时，幼儿也自觉地跟着空手绕线团。这时教师可以不失时机地调动幼儿：“小朋友们，用你们桌上的彩笔，在纸上跟着妈妈一起绕线团，看谁绕得又大又圆。”幼儿会非常兴奋，一个个大大的、色彩鲜艳的毛线团跃然纸上。画完后，教师可让幼儿互相说说谁的线团绕得最好，并把它贴在墙上互相观赏，这样就更激发了幼儿的兴趣，满足了幼儿生理、心理的需要。还可以做类似的情境活动。例如，在指导幼儿画小猪吹泡泡活动时，之前可组织幼儿先玩一个吹泡泡游戏，边玩游戏、边念儿歌：吹泡泡，吹泡泡，吹出许多五彩泡。呼！泡泡变大了；呼！泡泡变小了；呼！泡泡飞高了；呼！泡泡飞低了；呼！泡泡爆炸了；等等。幼儿对此种情境游戏充满了兴趣，互动气氛非常活跃。在此基础上，教师组织幼儿参加绘画活动，幼儿饶有兴趣地在纸上画满了大大小小的、高高低低的彩色泡泡，边画边念着儿歌，情感会得到极大的满足。有趣的情境让幼儿对绘画活动产生了浓厚的兴趣，情境与美术教学活动的优化组合取得了非常好的成效。

3. 适时加以引导，提高小班幼儿对意愿类绘画活动兴趣的持续性

小班幼儿的思维属于直觉行动性思维，因此他们在绘画活动中，不可能和中、

大班的幼儿一样会先想好了再画，大部分小班幼儿是画到哪里算哪里，甚至有时画上几笔就不愿意动手了，这是小班幼儿意愿类绘画表现出的最大的特点。这时，教师可以用生动有趣的游戏化语言提示、指导或鼓励幼儿。例如，在“筑篱笆”这一意愿类绘画活动中，由于各种原因，有些幼儿画了几笔便画不下去了。面对这种情况，教师切不可用强硬的语气让他们继续作画。相反，有经验的教师会用各种方法调动幼儿，“篱笆有好几个大洞，小鸡在里面多不安全，黄鼠狼会钻进去把小鸡吃掉的。快把篱笆筑得高一点、密一点，别让黄鼠狼钻进去。”类似的语言很多，通常幼儿听了会赶紧又认真地画起来。作品完成后，教师要及时给予表扬和肯定。

4. 给幼儿表达的机会，提高幼儿意愿类绘画活动的能力

边画边说是小班幼儿意愿绘画类活动的主要特点之一。在活动中让幼儿说，是教师了解幼儿绘画意图及内心世界的直接途径。把握好幼儿的说，对提高幼儿的意愿类绘画水平、培养幼儿的口语表达能力、促进幼儿的思维发展，有着不可低估的作用。

首先，实操前让幼儿尽情表达。由于小班幼儿的观察力有局限性，他们往往会忽视细节。所以，在实操前教师让幼儿充分地说，有利于帮助幼儿细心观察、全面了解绘画的对象，加深感受，丰富感性经验，也有利于增加幼儿对所画内容的喜爱。比如，让幼儿画小鸽子之前，先组织幼儿说一说小鸽子是怎样的。这时有的幼儿就会边模仿小鸽子的动作边说：“头是圆圆的，像个小皮球，身体是大大的，像个大皮球。”有的说：“嘴巴尖尖的，会吃虫子。”还有的说：“脚是细细的。”等等。随着幼儿表达的增多，活动气氛会异常活跃。幼儿说完之后，教师可以让幼儿开始作画。有些能力强的幼儿画的除了有形态各异的小鸽子形象外，还有低头吃虫的小鸽子，地上玩耍的小鸽子，圈在栅栏里的小鸽子，等等，内容极为丰富。可见，教师只要做好活动前的表达，就不用担心幼儿不会画。

其次，实操时鼓励幼儿的语言表达。小班幼儿绘画时总喜欢自言自语，这是由他们的生理特征决定的。因此，在绘画活动中，教师应允许幼儿边画边说。例如，画“下雨啦”时，有些幼儿就会细声细气地边画边说：“滴答、滴答，下小雨啦。”边说边画出细细的、短短的线。“轰隆隆，打雷了，下大雨啦!”用力地画出粗粗的长线。还有想象力丰富的幼儿说：“下雨了，我家的小猫还在外面玩呢，没有雨伞，会淋湿的，我给它送把伞吧。”于是在他的画面上多了一把伞……幼儿边说边画，边画边说，把自己的感受表现得淋漓尽致。乍一看活动室乱哄哄的，其实仔细观察会发现幼儿都十分投入，一幅幅生动有趣的画在他们尽情地说和画中完成了。

最后，实操活动之后尊重幼儿的表达。小班幼儿的绘画技能比较低，表现手法单一、随意，他们开始画得挺好的，可后来又往往在上面重叠地画上一些东西，看起来是乱涂一气。在幼儿画完后，教师鼓励幼儿大胆地说出画面的内容，有助于了解幼儿的想法，这既发展了幼儿的口语表达能力，也提高了幼儿的绘画技能。例如，

在“我帮妈妈绕线团”活动中，大部分幼儿把一个个五颜六色的毛线团画得很漂亮，教师在巡视时发现有一个幼儿用黑笔在整幅画面上乱涂。教师通过沟通得知，有一次幼儿的妈妈在绕一个黑的毛线团，家里的一只猫把毛线团抢过去了，所以把毛线团弄乱了，妈妈理也理不好。幼儿的那些在我们看来是乱线条的画，竟然是他生活中发生的事，教师应表扬和肯定该幼儿仔细观察生活。这种针对性极强的鼓励能使幼儿对绘画活动产生极大的兴趣。所以，尊重幼儿语言的表达能让我们了解幼儿的生活及想法，同时还能够发展幼儿的口语表达能力，也提高了幼儿的绘画水平。

5. 走进自然、观察生活，提高幼儿对造型及色彩的感知能力

走进大自然，多观察生活，不但可以开阔幼儿的眼界，而且能使幼儿感受美、欣赏美，提高幼儿对造型及色彩的感知能力。在引领幼儿户外散步时，教师要引导幼儿观察周围环境的色彩及其变化。例如，在带领幼儿观察秋天的树叶时，在观察前先出问题：秋天的树叶都是一样颜色的吗？让幼儿带着问题去观察。幼儿观察到的结果是：有的是淡绿的，有的是深绿的，有的是黄色的，有的是红色的，有的叶子上既有绿色又有红色，或既有红色又有咖啡色。幼儿通过仔细观察，在绘画类活动颜色的处理上表现出的树叶就不是单一的绿色，而是色彩鲜艳的树叶。类似的尝试还有很多。幼儿积累了相对丰富的色彩经验，对绘画活动就会充满兴趣，每次活动都能全身心投入，大胆表现、创造，自信心不断增强，意愿类绘画水平不断提高。

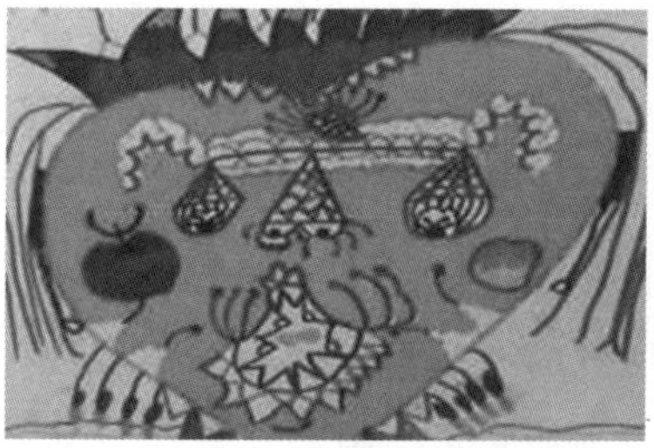

图 3-3　意愿类绘画《脸谱涂色造型》

小班幼儿对颜色虽然认识较少，但非常喜欢。因此，在意愿类绘画活动中，教师可以引领他们在熟悉的生活中，寻找印象比较深的内容，用美术语言简单涂鸦，并学会大胆用色，表达自己的主观感受。

（四）小班幼儿装饰类绘画活动的组织实施与指导

幼儿装饰类绘画的素材主要来源于生活本身，将一些重复图像进行有序的排列之后，产生一种超越现实的抽象和强烈的视觉效果，所以给人一种纯粹体验美感的空间。另外，装饰性又是儿童画的特点，幼儿的画中主要是一些象征性图像，色彩的运用也主要表现个人情绪，因而简单的装饰画最易被幼儿接受。需要指出的是，幼儿的装饰绘画并不是严格意义上的装饰画，只是带有很强的装饰性而已。开展简单装饰类绘画教学活动非常适合小班幼儿身心发展的需要，同时也有利于幼儿更好地掌握色彩和图案。

1. 引领小班幼儿进行简单装饰类绘画活动时，要确立目标

小班特别是后半学期幼儿的装饰画可以采用简单色彩的装饰。因此，将小班色彩装饰类绘画活动的总目标定位于引导幼儿发现和运用两三种颜色深浅的有序排列，使作品色彩鲜明，由此产生初步的色彩感。也就是让幼儿通过活动有目的地观赏作品，在积累颜色深浅不同排列的具体经验中，初步掌握配色装饰的简单规律。在调换颜色、实操中逐步培养小班幼儿对一两个间隔颜色的兴趣。教师还可以用多种游戏方法调动幼儿对色彩的兴趣；让幼儿在简单调换颜色中，感受间隔颜色的装饰效果。如果幼儿进步很快，教师可以尝试引领小班幼儿初步学习在选配简单颜色中，运用深浅一一间隔。在感知对称装饰效果的过程中，尝试运用上下、左右颜色和简单的现成图案进行排列、装饰。在形式的选择和设计上，如果教师此阶段的重点目标是放在简单装饰色彩搭配部分，就要引领幼儿对简单色彩感觉的培养，如红与绿、黄与紫、蓝与橙、黑与白等，这就与幼儿教育总目标密切联系起来了，更有利于顺利达到总目标。幼儿装饰类绘画活动在内容的安排和设计上，主要来源于幼儿的生活，教师要学会多挖掘幼儿身边的题材来开展活动。另外，装饰类绘画本身也是将生活原型进行抽象，形成单独纹样，再加上小班幼儿的身心特点，对完全陌生的事物和太过熟悉的内容不感兴趣，只有对一些略有了解的内容才是最感兴趣的。基于这两点，教师可以与时俱进地针对性设计和收集一些装饰画的内容，这些内容可以来源于幼儿喜欢的童话故事，可以来源于幼儿喜欢的玩具，还可以来源于幼儿喜欢的动画片，等等。总之，这些内容是来源于幼儿生活中所接触的事与物，让幼儿能真正在生活中学习、成长。

2. 开展装饰类绘画教学活动时，难易程度可有针对性地调整

例如，通过小班幼儿熟悉的“小花伞”“小手绢”“可爱的小鱼”“小公鸡穿花衣”等活动，大部分幼儿开始能分辨颜色中特别明显的深浅，对间隔有了初步的认识。随着活动的深入和强化，一些问题会逐步得到改善，个别幼儿开始注意色彩搭配。在实操中，小班幼儿对复杂的图案与花样不感兴趣，这些对幼儿进行装饰练习是一种干扰。图案越复杂，幼儿越难从中找出规律进行排列，在进行简单色彩搭配时也会产生一定的困难。因此，小班幼儿装饰画的图案元素应该尽可能简单，2～3 个元素最好，以线条分割图案为主。教师应多引导幼儿运用不同的分割方法来分割画面，然后进行装饰，使幼儿知道不同的分割方法可用不同的装饰方法来装饰，也会产生不同的装饰效果。因此，在进行装饰类绘画教学活动时，教师要根据幼儿的认知情况，合理调节活动的难易程度。对于太难的活动，幼儿不能透彻地理解，而太简单的则不易引起幼儿的兴趣，这就需要教师对本班幼儿的发展状况有一定的了解。

图 3-4　线条练习《单独纹样》

小班幼儿的装饰类绘画活动，通常都比较简单。教师在引领活动时，教会幼儿用比较简单的造型方法，如简单描绘单独纹样练习即可，并鼓励幼儿大胆做多种类型的尝试。

(五)小班幼儿绘画和五大领域相结合的活动案例及指导与评价

小班幼儿绘画类活动特别容易和五大领域相结合。从大量的实践活动反馈来看，由于其形式活泼新颖，小班幼儿参与的热情还特别高涨。小班幼儿下学期此类的活动较多，在内容和形式上可选择的余地也很大。因此，教师在设计此类活动时，结合当地和幼儿园的具体情况，因地制宜地设计、组织、实施这类活动。

1. 绘画和健康领域相结合的活动案例及指导与评价

天气冷了

【活动设计背景】

小班幼儿动手能力弱，自我保护意识差，不能主动地去适应天气的变化。本次活动从本班幼儿的生活小事出发，通过组织幼儿谈话，让幼儿喝热水、给洋娃娃穿衣服等活动，让幼儿体验天气变化对我们身体的不同感受，中间尝试在教师裁剪好的各种小动物的纸型上添画衣服，另外还教给幼儿适应环境的方法，使他们懂得一些具体的生活小常识，从而激发幼儿关注生活、关注环境的变化，并能主动想办法适应环境。

【活动目标】

①体会环境与人的密切关系，有初步的自我保护意识；

②知道天气寒冷时，要多穿些衣服、多运动及吃热的东西；

③能正确地给洋娃娃添画衣物，发展初步的动手绘画能力。

【活动重点】

想出并说出各种御寒的方法，有初步的自我保护意识。

【活动难点】

能正确地给洋娃娃添画衣物。

【活动准备】

洋娃娃纸型人手一个，提供各种适合洋娃娃穿的夏季、冬季最简单衣物款式和花色品种若干。

【活动过程】

①组织幼儿谈话。

教师：现在是什么季节？冬天，天气变冷了，我们该怎么办呢？

（启发幼儿说出天气变冷了，要多穿衣服，穿厚衣服，戴上手套、帽子，围上围巾；要多活动，积极锻炼身体。）

②让幼儿喝热水。

教师：喝完热水身体感觉怎么样？（让幼儿体会天冷了，喝了热水感觉好温暖、好舒服。）

教师：冬天，你们还喜欢吃什么样的东西？（告诉幼儿，天气冷了，要吃热的东西。）

③给洋娃娃纸型用彩笔画上自己认为相应的衣服。

教师一边出示穿着比较薄的衣服的洋娃娃一边说：天气变冷了，洋娃娃冻得直发抖。小朋友们，咱们快给她想个办法，怎样才能使洋娃娃不冷呢？

（组织幼儿讨论各种御寒的办法，如穿上厚厚的衣服、戴上帽子、围上围巾、做一些活动、吃热的东西等。）

④教师巡视启发点拨幼儿给洋娃娃的纸型画上合适的衣物，活动结束后可以让幼儿拿上自己画的不同式样的衣服的洋娃娃去户外做游戏。（教师观察指导，帮助动手能力较差的幼儿。）

【延伸活动】

幼儿带领洋娃娃在娃娃家“过冬”。

【指导与评价】

活动的题材来自小班幼儿的生活，浅显易懂。在谈话中，多数幼儿都能想出并说出多种御寒的方法。“给洋娃娃用彩笔添加合适衣物的绘画活动”是幼儿动手绘画操作的环节。由于小班幼儿年龄较小，动手能力差，在实操中教师要时刻注意会有小部分幼儿不能较好地完成这种添加活动，但他们非常专注，也十分乐意参与。在“喝开水”这个环节，让小班幼儿亲身体会冬天吃温热食物的好处。幼儿在轻松愉悦的气氛中获得了生活小经验，感受到环境与人的密切关系，初步懂得要主动去适应环境的变化才能身体健康。通过这次简单的绘画添加类活动，小班幼儿懂得一些具体的生活小常识。

2. 绘画和语言领域相结合的活动案例及指导与评价

我是好孩子

【活动设计背景】

年龄较小的幼儿，对于穿袜子、扣扣子、吃饭这样的小事有时也会遇到一些小挑战。为了激发幼儿做事的积极性，逐渐培养小班幼儿的独立生活能力，用绘画类活动形式结合语言领域特点，设计了一例活动。

【活动目标】

①结合情境表演动作，知道自己的事要自己做。

②学习词：自己；学会自己扣扣子和穿鞋子。

③尝试用各种彩笔画几种自己喜欢的扣子，并能涂抹相应的颜色。

【活动重点】

使幼儿明白自己的事情要自己做，不能依赖别人，并会说“我是好孩子，自己……”。

【活动难点】

学会自己扣纽扣和穿鞋子。

【活动准备】

地点：休息室。

人物：小不点(请大班小朋友扮演)。

道具：起床音乐、小床、椅子、桌子、杯子、小屏风、彩笔、画纸。

【活动过程】

①出示场景提问：这是什么地方？(午睡室)有什么？看谁来了？(小不点来了)小不点在干什么？(解纽扣)谁给小不点解纽扣、脱衣服、脱鞋子？(幼儿答小不点自己解纽扣、脱衣服、脱鞋子。)

教师：衣服脱下怎样放？鞋子脱下怎么放？起床时提问：谁给小不点穿衣服、穿鞋子？(小不点自己穿衣服、穿鞋子。)

教师小结：自己的事自己做，小不点真能干。

②教师(问小不点)：你在幼儿园自己的事自己做，在家是不是也是自己的事自己做呀？

小不点：我在家也是自己的事自己做。小朋友们，你们也要像我一样，自己的事自己做，做个独立的好孩子。

教师：你们认为小不点是个好孩子吗？(是好孩子。)

③由小不点带领小朋友边做动作边说：我是好孩子，自己搬椅子；我是好孩子，自己拿杯子；我是好孩子，自己扣纽扣；我是好孩子，自己穿衣服。

④全班幼儿练习解纽扣、扣纽扣。练习一遍之后，教师选几个能力强的幼儿一起参与表演，小不点指导帮助。

⑤送小不点回班(练习运用礼貌用语)；给幼儿发放彩笔和纸；幼儿结合自己的感受尝试画出自己喜欢的各种样式的纽扣，并涂抹颜色。

⑥午睡：全班练习穿、脱衣服和鞋子。

【指导与评价】

为了从小培养幼儿在家庭中所缺少的自理能力，教师将小班幼儿绘画和语言领域相结合，尝试设计了一次“我是好孩子”的活动。

在活动目标上，教师制定了三点。首先懂得自己的事情要自己做的道理，能够主动做自己力所能及的事情。其次学习词：自己；儿歌：我是好孩子，自己搬椅子；我是好孩子，自己拿杯子；我是好孩子，自己扣纽扣；我是好孩子，自己穿衣服；同时学说“我是好孩子，自己……”。最后学会自己扣扣子、穿鞋子。尝试用各种彩笔画几种自己喜欢的纽扣，并能涂抹相应的颜色。在活动中这三点目标均达到。由于有小班幼儿自己动手操作和大班幼儿的表演，因此，幼儿都比较感兴趣。

在活动过程中，首先，教师利用谈话来引入，同时播放音乐，让小不点表演来创设情境，引导幼儿认识要像小不点一样，自己的事情要自己做，这样才是好孩子。并在小结时表扬小不点使幼儿产生共鸣，也做好孩子。

其次，教师请小不点带领大家学习儿歌《我是好孩子》并有动作表演，激发了幼儿的学习兴趣。

最后，在表演和示范后，幼儿自己动手操作，自己扣扣子、穿鞋子，虽然有些幼儿做得有点困难，但在教师的帮助下也能完成，增强了幼儿的信心，产生“我也会扣纽扣和穿鞋子，我也是好孩子了”的心理。在实际操作中，不只是扣扣子、穿鞋子，也可以适当地延伸，如帮助父母做一些简单的家务等，这样幼儿可以得到经验的提升，也可以提高自理能力。对于这样的活动幼儿非常感兴趣，积极性也很高，但在进行操作方面常规还需要加强。教师还通过绘画活动组织幼儿将自己生活中熟悉的扣子等形象用美术形式表现出来。这样的活动不仅能够锻炼幼儿的自理能力，还能教育幼儿从小做自己力所能及的事，培养自己的事情自己做的好习惯。

3. 绘画和科学领域相结合的活动案例及指导与评价

小蝌蚪找妈妈

【活动设计背景】

在小班幼儿听过故事的基础上，引导幼儿注意观察小蝌蚪的外形特征和游动姿态，通过“观察—想象—创作”这一过程，可以进一步丰富幼儿的情感，发展积极性思维及操作能力。结合主题活动“亲亲一家人”，让幼儿对妈妈的特征进行仔细观察，培养幼儿的观察能力。

【活动目标】

①学习手指压印作画，以及添画曲线的方法，表示各种动态的小蝌蚪；

②能够在活动中仔细观察，发挥丰富的想象力；

③喜欢美术活动并能大胆作画，体验美术活动的乐趣。

【活动重点】

对事物的细致观察。

【活动难点】

实操活动中基本型的操作，掌握曲线添加的方法，对蝌蚪各种动态的表达。

【活动准备】

故事《小蝌蚪找妈妈》的幻灯片（PPT）、黑色颜料、抹布、彩色印油、画纸、彩笔。

【活动过程】

①引入。

教师：呱呱呱，小朋友们听一听，是谁在讲话呀？（PPT 里呈现青蛙妈妈。）

教师：原来是青蛙妈妈呀！可是青蛙妈妈皱着眉头，好像不开心的样子，我们一起来问问它是怎么回事吧！（青蛙妈妈的声音："唉，听说我的宝贝在到处找我，可是到现在还没有回到我的身边，真着急啊！"）

教师：原来青蛙妈妈担心它的宝贝找不到它。那小朋友，我们一起来帮助小蝌蚪赶紧找到妈妈好吗？

②教师带领幼儿一起复习儿歌："小蝌蚪，细尾巴，游来游去找妈妈，妈妈，妈妈，你在哪儿？来了，来了，我来啦！来了一只大青蛙！"（念完儿歌后 PPT 里呈现一群游动的小蝌蚪。）

③引导幼儿观察并提出问题。

教师：小蝌蚪们快乐地在水里游来游去。请小朋友们仔细观察一下，它们游得一样吗？哪里不一样？（引导幼儿观察 PPT 里小蝌蚪是往不同方向游动的。）

④幼儿自由讨论。（在前面多个集体活动的环节之后，适当地为幼儿提供一个相对自由的空间，鼓励幼儿大胆表达自己的想法和理解，能充分调动他们学习的积极性。）

讨论结束后，教师小结：原来小蝌蚪游动的方向都不一样。尾巴在下面的小蝌蚪是往上游的，尾巴在右边的小蝌蚪是往左边游的。真有趣啊！我们也来学学小蝌蚪游泳好吗？

⑤学习手指压印及添画曲线的方法。

教师：老师这里有一盘黑色颜料和黑色水彩笔，请小朋友们想一想，你可以怎么做，才能把这些材料都利用起来，变出可爱的小蝌蚪呢？

在幼儿自由探索之后，教师可以一边示范一边讲解：先用食指的指腹在颜料中轻轻蘸一下，然后把指腹按在纸上，再用水彩笔画上弯弯曲曲的尾巴，一条可爱的小蝌蚪就在游动了。我们可以一次多压印几个小蝌蚪的身体，然后在不同的位置添画细尾巴，这样，这群小蝌蚪就会朝不同的方向游动了。假如能变换不同的方向压印就更好了！

教师：请小朋友们学学老师的方法试试，让更多的小蝌蚪从四面八方游过来，找到它们的妈妈吧！

教师巡回观察，适时指导：蘸颜料压印后，需要在抹布上擦干净手指后再拿水彩笔添画；要求幼儿保持画面、桌面及四周环境的整洁；请作完画的幼儿把资料和工具放回原处，用肥皂把手洗干净。

展示作品，引导幼儿相互欣赏和交流，夸夸自己能干的小手。

【指导与评价】

首先，教师一开始就能很好地将幼儿的情绪引入情境，调动视觉、听觉及已有生活经验去感受小蝌蚪的特征。小班幼儿年龄小，因此，正确掌握幼儿年龄阶段目标和幼儿近期发展情况，是每位教师在设计和组织活动的必要前提。其次，调动视觉观察。观察是人们认识世界的一种方法。唯有通过观察和分析，教师才能真正了解幼儿的内在需要和个别差异，以决定如何协调环境，并采取应有的态度来配合幼儿成长的需要。最后，教师及时改变以往教师示范、幼儿学习的模式，让幼儿真正成为活动的主体。这一实操练习的过程可能还会出现许多富有创意的新发现。

教师以讲故事的形式进行引入时发现略显单一，于是配合幻灯片，将故事以动画形式播放给幼儿观看，并加以讲述，这样让幼儿很直观地观察小蝌蚪的各种动态，以及青蛙的模样，青蛙与其他动物的相同处与不同处；在活动过程中，在保证幼儿有自由发展空间的基础上，教师引导幼儿先进行观察，让幼儿发表自己的想法，调动幼儿的积极性，再进行绘画基本操作的示范、引领；教师需要特别注意在给幼儿进行绘画操作示范时，不要限制幼儿的思维，让幼儿更具想象力。

4. 绘画和社会领域相结合的活动案例及指导与评价

五彩斑斓

【活动设计背景】

婴儿一出生，迎接他的就是一个五彩缤纷的世界，红的、黄的、蓝的……也许刚开始婴儿对这一切“熟视无睹”。随着婴儿视觉系统不断发育成熟，他们会通过认识色彩、感知色彩，认识事物、发展智力。幼儿通过认识各种颜色还可以培养自己的审美能力，陶冶美的情操。幼儿认识客观世界都是由外部特征开始的。事物美丽的颜色对幼儿的视觉有强烈的吸引力，这就需要我们在平时的生活中正确地引导他们去探索、去发现，用孩子无穷的想象力和创造力，感知世界。

【活动目标】

①认识红、黄、蓝三原色，对颜色感兴趣。

②能仔细观察，在活动中积极动手操作。

③能在探索中懂得将两种颜色混在一起可以变成另外的一种颜色，产生探索周围事物颜色的兴趣。

【活动重点】

按一定的顺序不同颜色如何混合。

【活动难点】

涂色。

【活动准备】

不同颜色的颜料、绘画纸、画笔、蜡笔。

【活动过程】

①活动导入：引出主题，教师通过指导，让幼儿认识三原色。

教师：小朋友们，今天杨老师在来的路上，碰到了一位好朋友，小朋友们猜猜他是谁？(教师出示小精灵的图片。)

教师：瞧，他是颜色小精灵。他告诉老师，他走着走着，突然迷路了，所以想请老师帮他找到家。

教师：可是老师也很长时间没有去过他的家了，所以就将颜色小精灵带到幼儿园。让我们来一起帮他找到他的家。

小精灵：我家的房子是红色的，门是蓝色的，窗户是黄色的，请你们帮我找一找吧。

②让幼儿发挥想象力，充分感知生活中无处不在的颜色。让幼儿在教室里到处寻找颜色精灵的小房子，最后，大家通过努力终于帮助小精灵找到了家。通过这个过程加深幼儿对三原色的认识。

③教师示范引领实验过程。

第一，教师以魔术师的身份出现，使幼儿的注意力一下子集中了起来。(教师依次出示各种实验道具。)

第二，请幼儿观察杯中的颜色，并提出活动的要求。

第三，出示红、黄两种颜色的杯子，让幼儿看清后，把两色混合，仔细观察它们的变化。

教师：小朋友们观察一下，杯子里的颜色变成了什么颜色？

幼儿：和橘子一样的颜色(橙色的)。

教师：那么刚才的红色和黄色去哪儿了呢？

幼儿：他们在一起变成了橙色。

第四，依次实验如何让黄色和蓝色变成绿色，蓝色和红色变成紫色。

④鼓励幼儿动手操作。

教师：现在请小朋友们也来当一回小魔术师，把漂亮的颜色变一变。

[将幼儿分成若干组，每组一套红、黄、蓝颜料，一个调色板，一包棉签，一个玻璃杯，每人一张记录表(教师帮助填写)。]

教师：小朋友们，下面就可以用你们桌上的红、黄、蓝三种颜色变魔术了。咱们比比看谁变出来的颜色最多，好不好？

(幼儿大胆操作，教师在旁边指点，幼儿互相讨论。当把黄色和红色变出橙色时，也可以将橙色再与其他颜色混合，看看有什么结果，教师帮助幼儿做好记录。)

教师：小魔术师的本领真大，把红、黄、蓝三种颜色放在一起，有的变成了黑色，有的变成了棕色。在混合时，各种颜色的多少不一样变出来的颜色也不一样。

本环节教师让幼儿观察三种颜色的变化，使幼儿不局限于两种颜色，多种颜色也可以变，而且混合时颜色的多少，决定了变化的结果。这一环节激发了幼儿的求知、探索的欲望。

⑤幼儿动手操作：涂色(漂亮的水果娃娃服)。幼儿动手，运用活动中取得的调色经验，给各种水果涂上相应的颜色。(苹果绿色)(橘子橙色)(茄子紫色)

教师：现在每个小魔术师都很棒了，那接下来动一动手，给水果宝宝穿上漂亮的衣服，咱们再来比一比，看看谁的本领最大。

【指导与评价】

本次活动通过认识、感知、实验、操作等多种渠道，激发了幼儿的创作兴趣；在活动中幼儿的自主性、积极性得到了充分发挥。幼儿积极思维，大胆操作，整个活动过程不仅发展了幼儿的审美情趣，同时还激发了幼儿对颜色的喜爱，对幼儿的观察力、创造力、操作能力等都有促进和提高；每个环节也初步达到了预设的目标。教师需要注意的是在最后一个环节让幼儿进行尝试配色，体验配色的变化时需要照顾到大多数幼儿，使幼儿在配色环节以及其他环节都能很好地体会颜色是怎样变出来的。

5. 绘画和音乐相结合的活动案例及指导与评价

爱跳舞的绳子

【活动设计背景】

活泼好动是幼儿的主要特点，年龄小的幼儿更是如此。

教师发现小班幼儿虽然好动，但目的性较差。对于如何在小班美术活动的各种线形实操练习中体现幼儿对各种不同线形的感受、触发联想、增加直观体验，教师就此设计了一次和音乐活动相结合的案例，利用音乐的节奏、韵律，结合美术活动中常用的各种变换线形，引领幼儿练习，强化幼儿对线形的印象。

【活动目标】

①观察、交流彩带的色彩及飞舞时的姿态；

②尝试用直线、曲线等不规则的线条和自己喜欢的颜色来表现舞动的丝带；

③知道彩色笔的基本使用方法，愿意用彩色笔大胆涂抹、创作和涂鸦。

【活动重点】

观察、尝试用直线、曲线等不规则的线条和自己喜欢的颜色来表现舞动的丝带。

【活动难点】

用直线、曲线等不规则的线条和自己喜欢的颜色来表现舞动的丝带。

【活动准备】

音乐磁带、水粉笔、白纸、广告色、各色彩带。

【活动过程】

①幼儿自由选丝带。

教师：今天老师要变魔术了，猜猜看我能变出什么？请你们选择一根你喜欢的彩带，跟着音乐一起来跳舞吧！

②幼儿玩彩带，交流彩带舞动时的样子。（幼儿自由地玩彩带，教师引导幼儿注意观察和交流彩带飞舞时的样子。教师与幼儿一起探索彩带的玩法。）

③利用肢体动作使幼儿从不同方向感受不同的曲线，加深他们对曲线的认识。

④学画曲线，新"角色"的加入提升幼儿的兴趣，使活动自然而然地衔接到下一个环节——示范环节。（教师用边画边说的游戏性语言帮助幼儿更好地掌握动作要领。）

⑤幼儿绘画，教师巡视。（在幼儿操作时，教师及时给予鼓励和表扬，让幼儿树立信心。在活动中，教师引导幼儿注意颜色的搭配。教师进行个别指导，让幼儿在不同水平上得到发展。）

⑥展示幼儿作品，交流点评。

⑦以"欢乐舞"结束活动。教师和幼儿一起跳舞，拉近教师和幼儿之间的关系，调动动手、动脑的气氛，给幼儿紧张的大脑和身体一次放松的机会。

⑧活动延伸：教师和幼儿一起玩各种绳子并交流玩的经验，如"你是怎么玩的""你看到什么了"。

【指导与评价】

在此次活动中教师采用了情境教学法、讲解示范法等指导方法，来适应教学活动内容传递的需要和幼儿的认知结构特点。通过操作与语言的紧密结合来突出重点，变抽象为具体、变生疏为熟悉的办法来突破难点。用简洁的、游戏化的语言进行演示与讲解，使作画的每一个步骤和要求形象化、具体化，易为幼儿理解与掌握。同时，从幼儿出发，注重学习能力的培养，将技能的学习与掌握融在一定的音乐情境中。例如，蘸色的技巧就是按情节发展，边演示、边以游戏口吻强化，"先把我的嘴巴抹一抹，我再来横着扭一扭"等，从而避免了说教式的提要求和示范。通过教师的演示和游戏化的强化，幼儿在自然轻松的音乐氛围中边听边看，不知不觉领会了要领，在边说边操作的过程中，自然而然地掌握了绘画的技巧，体验了成功的喜悦。教师积极地创设情境，引导幼儿在有趣的情境中融入对不同方向的曲线画法的练习。在整个活动过程中幼儿积极地发挥想象、思维，能大胆地表现自己的想法，活动效果较好。纵观活动全过程还有以下特点。

首先，此次活动的内容非常适合小班幼儿，尤其是在幼儿已经对各种线形产生兴趣并有了初步的体验后，教师不失时机地投其所好，让幼儿在感受、体验了各种线形美的同时能大胆表现自己的想法，这也正好符合了《纲要》中艺术领域的目标要求。其次，此次活动摆脱了那种一笔一笔教画的方式，教师先让幼儿观察曲线（此曲线则用跳舞的彩带代替)，这样就会很生动。在模仿彩带跳舞的同时，又学会了曲线的画法。活动中教师也积极地创设情境，引导幼儿在这样有趣的情境中融入对不同方向的曲线画法的练习。以彩带舞为线索，组成了由“观察—体验—学习—表现”的四个主要环节，由浅入深，层层递进，使小班幼儿在各种感官的刺激下，逐渐学会画曲线的技能，并能积极作画，大胆想象。

最后，教师在评价环节注重过程而不是结果，这主要表现在讲评活动中。教师能积极地鼓励幼儿大胆地在集体面前表达自己的想法，而不是以“画得像不像，对不对”来评价每位幼儿的作品。幼儿在玩中学，在玩中发展，这充分体现了小班幼儿美术活动游戏化的特点。

二、中班幼儿绘画类活动的组织实施与指导

中班幼儿因为已具备了小班幼儿绘画类活动的初步经验，所以，在进行类似活动时进步都比较快，有时幼儿之间的差距在中班下学期还很大。因此，如何针对幼儿的这种现实情况设计活动方案，需要教师在全面掌握中班幼儿的综合绘画能力后，制定对应的活动方针。

(一)中班幼儿一般性绘画类活动的组织实施与指导

中班幼儿因为已经具有了小班幼儿绘画类活动的初步经验，所以教师在进行绘画类教学活动时，可以根据中班幼儿的实际情况，无论是从教育活动形式、手段还是从内容上都要循序渐进。教师可根据幼儿上、下学期情况适时调整难易程度，对不同活动水平的幼儿做针对性的要求，使每个幼儿都能从一般性的绘画类活动中有所发展。

1. 教师要学会设计各种活动发展幼儿的能力

教师要学会和各种游戏活动相结合以发展幼儿的观察力，丰富他们的眼界，并结合幼儿的实际经验和特点，提出较为广泛的题材和内容。

中班幼儿有了小班学习的各种观察、实操经验，教师应在此基础上引导他们在绘画中反映多种多样的生活印象，同时，提出一些相应的具体要求。例如，在人物画方面，可视能力要求幼儿较为完整地画出简单的、有相对高低的大、小人物，能反映人物的性别最好，不断促进幼儿绘画能力的发展。

2. 引领幼儿初步学会再现事物的技能

教师要经常引领幼儿在观察实物、图片和模型等的基础上，培养幼儿进行单独作画的能力。

中班的绘画类教学活动，应使幼儿在大量观察的基础上，画出一些具有形象简单、轮廓清楚的组合物体，并能够表现出他们的基本结构和主要特征，使幼儿具备初步的综合能力和概括能力。一般情况下建议幼儿表现一些形状和造型比较简单的实物，如气球、苹果、萝卜及各种简单的生活器皿等。越选择平时幼儿观察次数多

的事物，幼儿再现事物的水平就会越高，画得也越好。

3. 发展幼儿连贯表现情节的技能，逐渐培养其丰富的联想力和想象力

幼儿生活经验的增加及视觉经验的逐渐丰富，使他们对周围环境变化逐渐变得敏感起来，并且具备了一定的表现简单物象和简单事件的能力，如能够画出比较完整和清楚的单个物象。教师根据情况可以不失时机地向他们提出表现简单情节的目标要求，让他们尝试画成具有一定小情节的画面，并结合语言能够表达事物之间的关系和相互联系。教师还可以引导幼儿运用“下雪啦”“搞卫生擦桌子”“吃午饭”等具体活动，引导他们对小情节进行描绘。

4. 使幼儿尝试并学会用与实物相似的颜色画画，逐步做到边界整齐、涂色均匀

在涂色方面，教师为中班幼儿提供尽可能多的各种类型的工具和材料，这对指导幼儿如何表现物体的颜色具有重要的意义。小班幼儿多数情况下是依情选色，中班幼儿要学会逐渐脱离这一特点，逐渐学会能够把颜色与物体的表象联系在一起，初步知道物体固有色和相似的颜色。例如，用红色画花朵，用绿色画叶子等。

5. 初步培养幼儿画装饰画的技能

类似的活动有很多。例如，在游戏和粘贴的活动中，教师可引领幼儿首先尝试用简单的几何形状、自然物等排列组合图形，用简单的两方连续、单独纹样进行纹样绘画练习活动。教师还可以有目的、有计划地引导他们观赏一些生活用品上造型优美、色彩鲜明、纹样清晰的装饰花纹，如手帕、花伞、装饰布等，以丰富他们的知识和印象，并让他们逐渐学会用同样的方法进行组合、排列练习，培养他们对装饰画的兴趣。

6. 培养幼儿运用生活中多种多样的材料进行作画的能力

在组织中班幼儿一般性绘画类教学活动中，教师可在幼儿已有经验的基础上，尽量多地为幼儿提供各式各样的图形和工具、材料，并指导幼儿学会用不同的材料绘制不同的作品。通常幼儿园比较常见的有喷洒印画练习、纸板漏印画练习、纸板画练习、简单的水墨画练习等。例如，喷洒印画——在一张纸上铺盖上不同形状的纸片，然后用一把旧牙刷蘸上颜料，用小棒或手指轻轻拨动牙刷毛，于是，颜色就被喷洒在纸上了。当颜料覆盖在纸上后，轻拿开压在上面的纸片，就会显出空白的图案。这种活动具有极大的灵活性，既可以在一种颜色上喷洒另一种颜色，使之混合变化，也可以寻找树叶、花瓣、瓶盖、钱币等各种自然材料覆盖，形成各种有趣的图案，用此种方法还可以制成贺年卡、生日卡等。

图 3-5 线条画《熟悉的昆虫》

教师要掌握好中班幼儿线条画内容上的难易程度，要根据幼儿特点，适当提出一些小挑战，以满足中班幼儿求新、求异的要求。

(二)中班幼儿命题类绘画活动的组织实施与指导

命题类绘画活动对培养中班幼儿的创造力非常有利，这是由幼儿的年龄特点及幼儿特有的表现力决定的。常见到的中班幼儿命题类绘画活动中，大部分在内容、形式上还是以认知、注重技巧为主，活动方法也常采用教师示范、幼儿模仿的固定模式。教师的范例有时束缚了幼儿的创造性思维，这种传统教学活动模式又是幼儿被动的学习过程。这样画出来的作品往往是成人思想的翻版，没有一定的想象力和创造性。每个幼儿生来便具有巨大的创造性潜能，只要得到适时的开发，就能表现出巨大的创造力，而且有时创造力开发得越早，其发展潜能越大。因此，教师应树立时代的紧迫感为发掘幼儿创造力添翼。根据中班幼儿命题类美术活动的特点，在此类活动指导时应遵循以下要求。

1. 选择适合的、新颖的并带有游戏性的命题类绘画活动内容

中班幼儿学习活动的动机感性多于理性。他们通常是凭着兴趣去主动探索和学习的。他们首先关注的是活动本身和过程是否精彩、好玩，是否吸引人，其次才有可能像成人一样会为了活动的成果而坚持努力。因此，教师在选择幼儿命题类绘画活动内容时必须考虑他们的已有经验，以及如何吸引幼儿的注意力，调动他们主动学习的欲望与积极性。

幼儿往往对新事物比较感兴趣，这是否意味着每一次活动都要选择一个全新的内容呢？其实并非如此。我们提倡适度新颖，这是因为太新和完全陌生的内容，容易使幼儿无法理解，难以入手，从而不能激发幼儿的好奇心，无法有效地调动幼儿自主学习的积极性和自信心。相反，太过熟悉的内容，只会让幼儿重复已有的经验，失去探索与学习的意义。因此，教师应从年龄班幼儿已有的实际经验出发，选择与幼儿已有知识、经验有一定联系，又在深度、广度和新鲜度上适当拓展的内容，即已知加未知，使幼儿有足够的兴趣。在已有经验的支持下，探索新问题的解决方法，建构新的知识、经验。例如，经过一个阶段的学习，幼儿已明确单色画的概念，而且对水彩笔的性能和运用方式掌握得比较熟练，同时也欣赏了大量的装饰花纹、图样。因此，在此基础上要求幼儿单色画有花纹的鱼，幼儿就能主动发挥想象，大胆创造出许多生动的作品。在这中间，幼儿需要获得的新经验是如何用已知花纹打扮鱼，使鱼更富有美感。试想在这样的活动中，如果幼儿既不知道什么是单色画，也不知鱼的基本形状，更没有欣赏花纹的经验，他们怎么可能有兴趣和能力去尝试，以主动获得新的知识、经验呢？所以，在美术活动中提倡在幼儿已有知识、经验的基础上，为幼儿提供适度新颖的内容，目的是激发幼儿自主学习的兴趣。

教师还要注意选择的活动内容必须具有兴趣性、游戏性、可玩性。游戏是幼儿

最喜欢的一种活动，皮亚杰①也曾说过：“儿童不能像成人那样有效地满足个人情感上的，甚至智慧上的平衡。他具有一个可利用的活动领域，在这个领域中他的动机并非为了适应现实，恰恰相反，却让现实同化，这样的活动领域便是游戏。”幼儿进行的游戏很多，美术教育也是这种游戏的一种。在美术教育中结合故事、猜谜等游戏，使幼儿获得愉悦、新奇的情感体验，激发幼儿创造出别具一格的意象。因此创设一个良好的游戏环境对幼儿的成长是非常重要的。例如，在活动“有花纹的鱼”中，教师可以设计从活动一开始，就和幼儿一起玩小鱼的游戏，让幼儿在玩游戏的同时感受鱼在水里游的感觉，最后学习画鱼，这样的设计过程就比较自然。

2. 提供相应的工具、材料，创设可参与性的命题类绘画活动物质环境

中班幼儿在命题类绘画活动过程中的主动与被动，往往取决于主观能动性的发挥，而主观能动性的发挥又常常与教育环境提供的有利机会、条件有关。不良的活动设计约束幼儿头脑环境，幼儿循规蹈矩、小心翼翼，画画只会死板临摹，被动接受，久而久之，幼儿就会习惯听从他人，创造性思维埋没了。当教师为幼儿提供了丰富有趣的工具、材料时，幼儿会为材料而吸引，自然会主动地操作工具、材料，幼儿可以自由交流和表现。例如，在美术活动中，教师可以让幼儿与教师、同伴讨论，互相走动看一看，随时与他人交流有关的内容，互相学、互相启发。由此可见，教师只有为幼儿提供丰富有趣且能使作品结果产生较好效果的材料，幼儿才能既对绘画类活动产生兴趣，又能轻松获得成功，而且还能使画面产生很好的效果。例如，在幼儿画太阳时，教师带幼儿去欣赏一天内不同时间太阳的美景，如早晨金灿灿的太阳披着朝霞，中午银光闪闪的太阳、白花花的云朵，傍晚红彤彤的太阳与晚霞等。通过审美环境的体验，幼儿对美的事物产生了敏锐的感知，从而画出的太阳不再是一个模样、一个色彩。研究表明，让幼儿置身于审美环境之中，不但有助于他们审美能力的提高，而且有助于创造性的发挥。

3. 尊重幼儿，为他们创设自由想象的命题类绘画表现空间

幼儿美术创作的主要特征是表达自己稚嫩而纯真的内在情感。《纲要》中明确指出，在艺术活动中，提供自由表现的机会，鼓励幼儿用不同的艺术形式大胆地表达自己的情感、理解和想象，尊重每个幼儿的想法和创造，肯定和接纳他们独特的审美感受和表现方式，分享他们创造的快乐，在支持、鼓励中班幼儿积极参加各种艺术活动并大胆表现的同时，帮助他们提高表现的技能和能力。所以，教师在组织命题类绘画活动时要特别注意，在大主题下为幼儿提供各种表现机会，并用鼓励、表扬等方法来激发他们的情感和想象，还要肯定他们，接纳他们自己独特的感受和表

---

① 让·皮亚杰(Jean Piaget，1896年8月9日至1980年9月16日)，瑞士人，近代最有名的儿童心理学家之一。他的认知发展理论成了这个学科的典范，他一生留给后人60多本专著、500多篇论文。他曾到过许多国家讲学，获得几十个名誉博士、荣誉教授和荣誉科学院士的称号。皮亚杰对心理学最重要的贡献是，他把弗洛伊德的那种随意、缺乏系统性的临床观察，变得更为科学化和系统化，使日后临床心理学有所发展。

现方式。这些看似简单，但做起来有一定的难度，教师首先要管住自己的手，其次要多用指导性的语言，让他们在理解、领会的基础上去创造和想象。

图 3-6　命题类绘画《热带鱼》

在中班幼儿命题类绘画活动中，教师要在小班的基础上，适当提出一些新要求，使幼儿通过克服一些小困难达到目标，积累经验和成就感。

(三)中班幼儿意愿类绘画活动的组织实施与指导

很多教师认为，中班幼儿绘画类活动只要让幼儿“依葫芦画瓢”，画出几张画，不出大问题就行了。其实情况并非这样简单。培养幼儿的创造性思维是绘画活动的重要组成部分。创造性思维是思维活动的高级水平，即人在已有知识经验的基础上，从问题中找出新关系，寻求新答案的过程，这种思维具有新颖性、独创性、发散性。如何在绘画类活动中培养幼儿的创造思维？实践证明，幼儿意愿类绘画活动最能体现出来。

1. 鼓励幼儿大胆尝试，引导幼儿发散思维

在意愿类绘画活动中，中班幼儿根据自己的生活经验进行艺术创造并非易事，因为之前他们完成作品大部分是靠临摹或参照，这样时间久了，幼儿的创造性思维在临摹中逐渐减弱，已经习惯了照抄别人的模式，习惯性思维占据了幼儿的脑海。因此，当进行意愿类绘画活动时，幼儿会觉得无所适从，出现这种状况原因之一就是幼儿长期临摹，缺乏想象力的训练。例如，在“蚂蚁飞上天啦”的意愿类绘画活动中，教师可以将绘画和语言有机地融合在一起，一改过去幼儿看图讲述的模式，先让幼儿展开合理的想象，然后让幼儿根据经验画图，最后讲述自己的画。在整个活动中每个幼儿积极参与，围绕“蚂蚁如何才能到天上去玩”进行大胆设想。又例如，在中班幼儿装饰画活动“画树”中，幼儿可以画出春天的绿树、秋天的黄树，还可以画出其他颜色的树。教师不要刻意地限制幼儿，鼓励他们大胆想象、大胆去画。通过活动，幼儿敢于用多种形式表达内心的情感，从而摆脱了习惯性思维的束缚。

2. 创设多种情境，培养创造思维能力

苏联教育家苏霍姆林斯基曾说过：“在人的心灵深处，都有一种根深蒂固的需要，这就是希望自己是一个发现者、研究者、探究者。”而在幼儿的精神世界中这种需要则特别强烈。作为教育者应多给幼儿提供这种探究的机会，并让他们感受成功

的喜悦，这将激励他们不断地去探索，从而走上成功之路。画小鸡的形态对中班幼儿来说还是比较困难的。在添、画类游戏“孵小鸡”的活动中教师可以设置一个游戏式的情境，让幼儿在愉悦的环境中主动地观察和表现小鸡的外形特征及动态：“哎，这不是鸡妈妈，你在这儿干什么呀?”“噢，你是在找蛋宝宝啊。”“鸡妈妈找蛋宝宝干什么呢?”“原来森林里要举行家庭演唱大奖赛，可鸡妈妈还有一些蛋宝宝没有孵成小鸡。小朋友们，你们愿意帮助鸡妈妈孵小鸡吗?”然后教师示范，引导幼儿沿着小圆孔撕、剪出小鸡的外形，小鸡的眼睛、嘴巴、小脚等让幼儿自己画。幼儿在教师的引领和启发下，能逐渐地掌握方法进行意愿类绘画，能力不足的幼儿也不会被困难吓倒，认真努力地学习。同样，在“小鸡吃米”的活动中，幼儿因为有了充分的知识准备和情感的积累，情绪也很高。教师在给幼儿做示范和讲解过程中，幼儿看得很仔细，能力强的幼儿一般能初步学会画各种小鸡的形态，能力不足的幼儿也能学会画一至两种形态，并按照自己的意愿和能力添加一些辅助物。

教师可以巧用多样形式，激发幼儿的创造思维。幼儿是纯真的，他们对周围的一切充满了好奇，他们的想象力又是很奇特的。在他们的笔下，天空、太阳、花草、树木等一切都充满了生活的气息，变得丰富多彩。例如，教师在引导幼儿描绘螃蟹的意愿类绘画活动中，可以首先以儿歌的形式导入，使幼儿获得愉悦、新奇的情感体验，激发幼儿创造出别具一格的意象：“小螃蟹，不礼貌，横冲直撞水里跑。鱼儿跳，虾儿逃，不是一个好宝宝。”在这样生动有趣的儿歌的带动下，幼儿的表现欲望都很强，否则，他们不会表现与众不同的“螃蟹”，不会在遇到困难时，以画代字。“落雨喽，打烊喽，小八腊子开会喽，大头娃娃跳舞喽。”该民谣一代传一代，深受幼儿的喜爱，久诵不厌。教师可以利用这首民谣，让幼儿边听录音边随教师做些简单、有趣的动作，这样幼儿就会把自己视作大头娃娃而情绪高涨，然后再按自己的意愿和体会画大头娃娃跳舞。首先幼儿有了“头”画大的印象，其次有了跳舞要“手动、脚动”的感受，因此幼儿的意愿类绘画创作一定会比模仿教师的范例更生动、更有趣，也更富有创造性。中班幼儿能用不同图形来表示物体的不同部分，但由于个体差异，仍有部分幼儿还是用单线来表示四肢，教师应允许幼儿处于不同的层次，让幼儿在观赏作品中相互学习，逐步掌握表现方法，提高对意愿类绘画活动的兴趣。

图 3-7 意愿类绘画《饲养场》

中班幼儿意愿类绘画活动无论从内容还是从形式上都有所发展。他们观察事物比小班幼儿要仔细。有些幼儿的作品表现还超出想象，表现出这个年龄段幼儿特有的水准。

(四)中班幼儿装饰类绘画活动的组织实施与指导

幼儿园比较正式的装饰画练习活动通常是从中班开始的，也是中班幼儿美术活动中绘画类教学的一种主要形式，是指幼儿利用各种纹样和色彩在不同的纸上进行和谐、有规律的装饰和美化，是培养幼儿创新能力的有效途径。但是我们在平常的教学活动中发现，许多教师认为装饰画类教学活动枯燥乏味，很难发挥幼儿的创造性。幼儿也因装饰类绘画活动主题及表现形式缺乏游戏性而反应冷淡，作品往往模仿有余、创新不足。要想解决这个问题，教师需要做如下努力。

1. 在活动内容的安排上要由简到难、由浅入深

装饰画的内容要讲究系列性，这样有利于幼儿装饰水平的提高。装饰画的内容安排顺序一般宜为：单独纹样的有序排列、条形装饰、二方连续、四方连续、中心四方装饰、圆形装饰、对称装饰。为了引导中班幼儿学习运用深浅不同的颜色有序地装饰作品，培养幼儿的色彩感，在活动的安排上要按由易到难的顺序设计活动目标和相应的内容。例如，先调换颜色，培养幼儿对颜色间隔的兴趣，然后设计装饰“花裙子”等。在实操的过程中，也应根据幼儿的反应做出调整，使目标切实符合中班幼儿的需要。

2. 在活动中运用各种手段，激发幼儿对装饰画活动的兴趣

兴趣是最好的老师。当幼儿对活动产生兴趣时，他们就会兴致勃勃地投入活动中，表现出对活动主动积极的态度。因此，教师应激发幼儿对装饰画的兴趣。首先，教师自己要对装饰画活动有热情和兴趣，还要具备能力，在活动中营造一个容易引起幼儿兴趣的活动环境。当美的事物和现象出现时，教师应表现出一种审美的敏感性，可以对幼儿起到耳濡目染的作用。其次，要让幼儿在特定的、有趣的情境中学习并创作，以充分调动他们的主动性、积极性和创造性。例如，在引导幼儿运用几种颜色间隔的方法有规律地排列色彩装饰时，教师可以营造和设计这样的情景：“小蜗牛不见了，蜗牛妈妈真着急，请小朋友们帮助找到它们。蜗牛妈妈的宝宝身上的纹路一格一格的都不相同，你们能找出小蜗牛吗?”然后引导幼儿用几种简单颜色间隔地装饰蜗牛。一般中班幼儿都会对此活动充满兴趣。

3. 多观察生活、多欣赏作品，丰富幼儿的视觉经验

幼儿的生活经验越丰富，对周围事物理解越深刻，在装饰类绘画活动中表现的情感、素材就越丰富，进行活动的动力就越充足。因此在日常生活中教师、家长都应多引导幼儿观察周围生活中的装饰类作品和具有典型装饰风格的现象，让幼儿仔细地、有序地观察装饰物品中有什么、颜色的搭配、图案的排列等，鼓励幼儿大胆想象。例如，在开展“装饰花裙子”活动之前教师与家长一起引导幼儿观察商店里卖的各种裙子，平常小朋友、妈妈、阿姨穿的裙子是怎样的，再鼓励幼儿去想象创作“美丽的裙子”。

4. 灵活运用各种活动方法鼓励幼儿积极创造

为更好地培养幼儿的创造思维，必须对一些传统的教学方法进行改革。例如，在

以往的装饰类绘画活动过程中，为了使幼儿有更多的参照，教师往往提供多张范例以及各种各样的图案，这在无意中扼杀了幼儿主动探求的积极性。所以，教师应注重运用观察欣赏等方式，引导幼儿讨论、联想，使幼儿在掌握了粗浅知识技能的基础上举一反三。又如，在“设计窗帘”活动中，教师就可以组织幼儿参观、欣赏各种各样窗帘的颜色、图案以及颜色的搭配和图案的排列情况，再组织幼儿谈话、讨论，讲述自己的理解感受，然后鼓励幼儿当“小小设计师”，大胆地去想象，设计自己喜欢的窗帘。当幼儿在创作中遇到困难时，教师要及时点拨、启发、引导，帮助幼儿完成活动。在此类活动中幼儿的积极性高，创作欲望也强，设计出的窗帘没有一张与别人的相同，打破了以前那种临摹示范画，或单纯组合教师提供的各种图案的现象。

5. 给每一位幼儿展示作品的机会，鼓励相互学习

幼儿的装饰作品是个性化的，其中有许多值得幼儿互相学习和借鉴的地方，教师要及时引导幼儿介绍有创意的表现，引导幼儿在学习和借鉴的基础上发挥自己的想象力和创造力。那种只展示个别好的作品的方式不利于幼儿的共同提高。把幼儿的作品全部展示出来，引导幼儿乐于欣赏那些技能高、创造性强的作品，教会幼儿在一些不起眼的作品中发现其中的优点，能够增强每个幼儿的信心，发展幼儿的想象力和创造性思维。

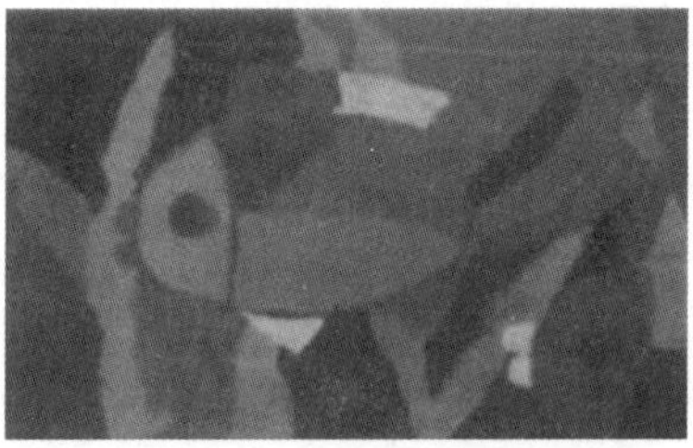

图 3-8　装饰类绘画《五彩的鱼》

在中班幼儿装饰类绘画活动中，教师可以引领幼儿学会用自己熟悉的 3～5 种颜色进行简单装饰，并学会简单的装饰要领，如统一、变化、对比、调和等。

在绘画类活动中，中班幼儿还要初步学习比较规范的简单装饰画，教师要选择和幼儿各方面相适应的材料工具，帮助幼儿实现装饰画的意图，使幼儿在练习中逐步懂得对比、和谐、统一、变化等形式美的基本规律。装饰类绘画对于培养中班幼儿耐心、细致、整洁、秩序等习惯非常有意义。幼儿园中班的简单装饰类绘画很多，一般常见的有如下几种类型。

①折纸填画类：将纸张按照要求折叠成一定的形状，粘贴在另外一张纸上，根据需要，填、画一些有关的图形。

②棉签装饰画类：利用棉签吸水量大的特点，调配上各种颜色使之相互混合，在纸上随意涂抹产生意外的效果。

③印章装饰画类：将橡皮、萝卜、土豆简单雕刻成各种图形。有条件的幼儿园

会购买类似现成的物品或将生活中一些现成的瓶盖、钥匙、树叶等经过简单处理，沾上颜色转印在纸上。此类游戏可简可繁，小班幼儿可以纯粹当游戏，中、大班幼儿可学一些简单的构图或两方连续或四方连续等方法。

④指点画装饰类：让幼儿用手指的不同部位粘上相应的颜色，然后按压在需要的位置上形成的装饰结果。此类活动根据难易程度和趣味特点，大、中、小班都可以开展，但是一线教师在实操活动时需要做好幼儿卫生防护工作。

⑤按照某些物体的轮廓描画、彩绘、涂色类：教师可以启发幼儿将手、树叶等生活中有一定简单形状的杂物按压在纸张上，将轮廓先描画下来，再根据需要彩绘、涂上相应颜色。

⑥油画棒与水彩相结合类：利用油、水不能够融合的特点，先用油画棒画好图形，再用软毛笔涂刷上水彩的各种颜色。

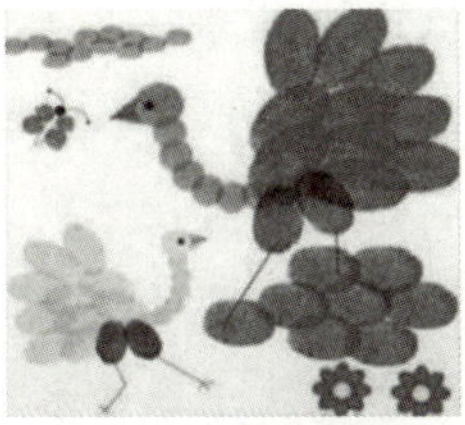

图 3-9　指点类装饰画《鸵鸟的一家》

在中班幼儿装饰类绘画活动中，教师可以结合幼儿特点、喜好，用贴近幼儿生活而且他们又熟悉的方法进行实操，使画面既出效果又能满足幼儿的游戏需要。

(五)中班幼儿绘画和五大领域相结合的活动案例及指导与评价

中班幼儿绘画类活动和五大领域相结合，可以更好地诠释绘画类活动以简单、直观的形式对幼儿潜移默化的影响，这种一目了然的结果使幼儿看得懂、弄得明白，深受幼儿喜欢。

1. 绘画和健康领域相结合的活动案例及指导与评价

保护牙齿

【活动设计背景】

幼儿园为幼儿进行了全面体检，医生提出龋齿问题在幼儿中严重存在，有些幼儿的牙齿很黄、很黑，而且还有幼儿的牙齿都掉了一些。教师针对这一情况设计活动，希望幼儿能懂得保护牙齿的重要性。

【活动目标】

①懂得保护牙齿的重要性；

②初步掌握正确的刷牙方法；

③通过观察，能画出几种不同动物的牙齿。

【活动重点】

知道保护牙齿的重要性，学习刷牙的方法。

【活动难点】

掌握正确的刷牙方法，能画出几种不同动物的牙齿。

【活动准备】

①被醋浸着的蛋壳和没有被醋浸过的蛋壳各一个；

②饼干、杯子、镜子、桶(幼儿刷牙吐水时使用)；

③故事《没有牙的大老虎》，护牙图片若干以及多媒体课件；

④模型一副，幼儿人手一把牙刷，一支牙膏，一只杯子，一张小画纸、各色彩笔若干；

⑤音乐《漱口歌》《刷牙歌》。

【活动过程】

①引出主题，激发幼儿兴趣。看课件《没有牙的大老虎》，思考：老虎的牙齿去哪里了？故事里的老虎大王为什么会有蛀牙？

②了解蛀牙形成的原因。

教师：小朋友不注意保护牙齿，就会长蛀牙的，小朋友们有蛀牙吗？请小朋友们把嘴巴张开，用镜子看看，自己的牙齿是什么样的，有没有黑点，有没有小洞洞？

教师请幼儿吃饼干，然后漱口，观察干净的水有什么变化。(知道人们吃完东西后会有食物残渣留在牙缝里。)

教师：我们的嘴里有一种细菌会使这些食物残渣变酸(出示图片)。如果这些食物残渣在我们的牙齿里待得时间长了，我们原来健康的牙齿会怎样呢？(出示图片。)

教师借助“醋泡蛋壳”的小实验引导幼儿了解，蛀牙是由于口腔不卫生，细菌繁殖所致。

③知道保护牙齿的方法。

教师：牙齿对我们很重要，我们要保护自己的牙齿，怎样才能使我们的牙齿不生病呢？

牙齿也需要营养，平时不挑食，多吃鱼、蛋、深色蔬菜、水果、豆类。

养成饭后漱口的好习惯，漱口水会把食物的残渣清理掉。(教师教幼儿学习漱口的步骤和方法；听音乐，引导他们做相应的动作。)

早晚使用含氟牙膏刷牙(含氟牙膏可以有效去除引起蛀牙的细菌和牙垢，修复早期小蛀斑。)

少吃甜食，少喝含糖的饮料。(因为甜食和含糖的饮料含蔗糖，加上空气中的细菌就会产生蛀虫，牙齿被蛀虫蛀掉后，遇到冷热酸甜就会痛。)

定期进行口腔检查(早发现问题才能早治疗)。

④掌握正确的刷牙方法。

教师利用模型边示范边讲解。教师示范讲解正确的刷牙方法。上面的牙齿从上往下刷，下面的牙齿从下往上刷，咬合面来回刷。刷的时候里里外外都要刷，里面也要上下刷。

幼儿徒手演习刷牙的方法(伴随音乐《刷牙歌》)。

⑤绘画活动阶段，幼儿选择自己喜欢的动物的牙齿进行绘画，教师巡视指导；教师最后讲评作品，幼儿结合语言表达。

【指导与评价】

通过讲述保护牙齿这一教育活动，幼儿对如何保护牙齿这一内容十分感兴趣，在组织活动的过程中，教师可以尝试运用多种类型的师幼互动方式来推动幼儿的发展。例如，在幼儿看课件《没有牙的大老虎》时，将几个问题抛给幼儿，“老虎的牙齿去哪里了?”“故事里的老虎大王为什么会有蛀牙?”引导幼儿思考，蛀牙是怎样形成的？再通过吃饼干，让每个幼儿看看、闻闻、摸摸醋中蛋壳，使幼儿知道吃完东西后会有食物残渣留在牙缝里，时间久了牙齿就像浸泡在醋里的蛋壳，会变软、变黑，时间久了牙齿还会掉落。此时的师幼互动达到一个小高潮，从而提高幼儿保护牙齿的意识。幼儿了解蛀牙形成的原因后，启发幼儿讨论：如何预防蛀牙？怎样保护牙齿？通过观看保护牙齿的课件，幼儿了解了牙齿的作用，掌握了正确的刷牙方法，特别是教师在讲述正确的刷牙方法时，有的幼儿都争先恐后地替教师补充讲述。因此，幼儿对“刷牙”的动作就有了一定的兴趣，在学习刷牙的时候，幼儿参与的积极性很高，都沉浸在欢乐愉快的氛围中；同时幼儿也在快乐的学习中懂得了怎样保护牙齿，并掌握了正确的刷牙方法。最后的绘画表现环节主要是锻炼幼儿的观察能力和最基本的表现能力，强化幼儿对各种牙齿的印象。

2. 绘画和语言领域相结合的活动案例及指导与评价

小壁虎借尾巴

【活动设计背景】

《小壁虎借尾巴》是一篇童话故事，利用语言、图片演示故事内容，幼儿进行绘画活动。教师在整个故事中充当引路人，将幼儿带入这个故事中，幼儿在听看中感悟、体会小壁虎在“失去尾巴—借尾巴—尾巴再生”这个过程中感情的变化，了解动物尾巴的作用以及如何对待小动物。

【活动目标】

①通过对话中的礼貌用语，知道说话要有礼貌。知道动物是人类的朋友，我们要保护小动物，爱护小动物。

②理解故事内容，学习故事中的对话，并能够进行角色表演。

③能根据自己的理解描绘几个小动物形象，要求形象识别率高。尝试有两个以上的组合形象，染上颜色做到涂色均匀。

【活动重点】

理解故事内容，学习故事中的对话并能够进行角色表演。

【活动难点】

造型的识别率高，涂色均匀。

【活动准备】

①利用小动物比赛和播放 PPT 的形式，创设谈话讨论情境。

②利用故事图片的方式，教师讲述故事，创设视听结合情境。

③利用故事课件形式，创设视听情境。

④利用故事中动物角色手偶，创设故事表演情境。

⑤绘图纸、各色彩笔、辅助工具等。

【活动过程】

①利用小动物比赛和播放 PPT 的形式，创设谈话讨论情境，引起幼儿对动物尾巴的兴趣。

教师：小朋友们，今天我听说森林里正在举行一场非常有趣的比赛，小动物们正在比谁的尾巴最有用。我想去看看，你们想不想？但一只小壁虎的尾巴没有了，它正在伤心呢？没有了尾巴真难看，小壁虎准备去借尾巴。

②利用故事图片的方式，教师有表情地讲述故事，创设视听结合情境，让幼儿对故事内容有一个大体的了解。

教师：小壁虎的尾巴是在干什么的时候、被谁咬断的呢？故事中小壁虎都向谁借尾巴了呢？它借到了吗？为什么？

小结：小鱼、黄牛、燕子的尾巴都有自己的用处，不能借给小壁虎。虽然小壁虎没有借到尾巴，但是每次小壁虎都是很有礼貌地向小动物借尾巴的。我们向别人借东西也要有礼貌。

③利用播放 PPT 形式，创设视听情境，让幼儿对故事中的角色对话进行巩固。

教师：小壁虎向小鱼姐姐、牛伯伯、燕子阿姨借尾巴的时候是怎么说的？它们是怎么回答的呢？老师做小壁虎，请你们尝试扮演小鱼姐姐、牛伯伯、燕子阿姨，与我对话。

教师：小壁虎没有借到尾巴，为什么后来小壁虎又高兴得叫起来了呢？

小结：小壁虎虽然没有借到尾巴，但是它有一个很大的本领就是再生的能力，所以它的尾巴会重新长出来的。小动物的尾巴各自有各自的用处，动物不能没有尾巴。平时我们一定要爱护、保护小动物，因为它们是我们人类的好朋友。

④利用故事中动物角色手偶，创设故事表演情境。

教师：小朋友们，我们已经学会了这个故事，现在我们表演一遍好不好？（让幼儿分成四组，小壁虎、燕子、黄牛、小鱼，进行故事表演。）

⑤教师给幼儿发放纸张、各色彩笔，让幼儿用绘画的形式充分表达，教师巡回指导。

【指导与评价】

《指南》中语言表达的目标要求是 4～5 岁幼儿愿意与他人交谈，喜欢谈论自己感兴趣的话题，能基本完整地讲述自己的所见所闻和经历的事情。对于各种动物的尾巴，很多幼儿都不陌生，但是对于动物尾巴各自的作用并不是很了解。为了能使故事《小壁虎借尾巴》顺利展开，教师在活动一开始就利用小动物进行比赛的形式，创设谈话讨论情境。虽然教师仅仅是用了“小动物要进行比谁的尾巴最有用”这简单的一句话，但是可以集中幼儿的注意力。在PPT动画图片的选择上教师选择了平时大家熟悉的猴子的尾巴、松鼠的尾巴、狐狸的尾巴等，目的在于让幼儿把自己在生活中对动物尾巴作用的认知经验基本完整地讲述出来，也是为下面的故事环节做铺垫，为绘画再现做准备，同时幼儿在讲述时语言的表达能力也有了提高。

《小壁虎借尾巴》的故事非常有趣。为了让幼儿更好地理解故事内容，学习故事中角色的对话，教师充分利用故事图片讲述故事，创设视听结合情境，这样可以更加明确故事情节的顺序。利用故事视频课件中鲜明的画面和动态的情节，创设视听情境。在最后的环节中，教师用手偶的形式，创设故事表演情境，把故事中的小壁虎、小鱼、黄牛、燕子等形象做成游戏用的手偶，分组、分角色地表演故事。幼儿听了两次故事，在表演时也很轻松，也能够做出相应的模仿动作(小鱼的尾巴游来游去，黄牛的尾巴甩来甩去，燕子的尾巴像剪刀)，在角色的对话中会注意语气、语调。幼儿在表演故事的同时其自信心和语言的表达能力都有提高。在最后的绘画阶段，由于幼儿有了之前的观察和体验，大部分幼儿在这个环节表现都很轻松。

3. 绘画和科学领域相结合的活动案例及指导与评价

神奇的种子

【活动设计背景】

春天来了，幼儿园又要开始在种植角种植了。为了让中班的小朋友能认识更多的植物，认识种子，教师可以有意识地提前收集很多种子，最好都是幼儿日常生活中常接触到的一些植物的种子，从而激发幼儿对植物的兴趣，对劳动果实的爱惜。

【活动目标】

①能按种子的形状、颜色、大小进行分类；

②发展观察力、绘画能力；

③对种植感兴趣。

【活动重点】

幼儿能按种子的形状、颜色、大小进行分类。

【活动难点】

一些种植的方法。

【活动准备】

植物实物图片、视频；一次性塑料杯；各种种子，如蚕豆、黄豆、绿豆、红豆、玉米、南瓜、大豆、豌豆等；绘图纸、各色彩笔。

【活动过程】

①播放视频让幼儿认识植物，并能说出植物的名称。

幼儿观看视频并自由讨论。教师提问，让部分幼儿说出看到了哪些植物，说出这些植物的种子。

②引导幼儿认识各种种子，并讲出种子的名称；提问幼儿看到了哪些种子。

③让幼儿按一种特征去选种子，幼儿自由选取，说出自己选取种子的特征。

简单介绍植物的生长需要泥土、水和光；介绍种子的生长过程。

⑤为了让幼儿强化对种子概念的记忆，教师在绘画环节要求幼儿尝试画出自己印象深的几类种子和其发芽的形象，涂抹颜色，启发幼儿尝试根据自己经验画出和种子有关联的事物，如太阳、雨水等。

【指导与评价】

在这次和科学领域相结合的活动中，教师的取材来源于幼儿身边的事物和平时幼儿容易接触到的材料，让幼儿感知科学就在身边。在整个活动中，幼儿能积极参与到活动中，特别是在看视频的时候，看到了很多都是身边的植物，让幼儿有很大的兴趣。在操作过程中，有的幼儿没能按照教师指出的规则挑选种子，或者由于太过兴奋选了很多的种子混合在一起。在说出种子名字的时候，有的幼儿选出了自己喜欢的种子，由于教师推荐的种子比较多，有些幼儿说不出对应的种子名字，这一点也希望在组织类似活动时引起活动设计者的注意。在教师的引导下，幼儿能够认识各类种子的名字。在按种子的特征来分类的时候，个别幼儿没能按照特征来选取，选取了自己喜欢的种子，这可能是教师引导的不够。在绘画阶段，大部分中班幼儿都可以掌握形状和颜色，只是在具体到每类种子发芽时的叶子是什么样子的，有些幼儿有所模糊，教师在巡视指导时还需要用范例或照片加以启发。总之，整个活动层次清楚，层层递进，从易到难，逐步解决教学重点。

4. 绘画和社会领域相结合的活动案例及指导与评价

弯弯的桥

【活动设计背景】

桥是幼儿生活中熟悉的事物，很多城市和村庄都有桥梁。它们在社会生活中起着重要的作用；它们有着丰富的形态，有的柔美，有的庄严，有的轻巧，有的沉重。那流畅的线条、多变的构型是艺术与科学的结合，每一种形状都蕴含着科学的原理，不论是材料的性质，还是造型里所运用的力学的原理，都可以用具体的形象来展示；同时，有的还有着悠久的历史和丰富的文化。结合中班幼儿的特点，教师设计了本次活动，创设了轻松的活动情境，让幼儿自由画弯曲的物体，体验活动的快乐。

【活动目标】

①感受拱桥美的形态和趣味；

②理解其中的情感内涵；

③尝试画自己心目中的桥梁。

【活动重点】

知道几种桥的设计原理。

【活动难点】

实操过程。

【活动准备】

各种各样桥的图片、音乐；教师提前裁剪好的各种桥的纸型、各色彩笔、辅助工具等。

【活动过程】

①在音乐声中欣赏作品。

播放音乐引导幼儿欣赏。

教师：小朋友们，你们看到了什么?

教师：它像什么？它让你想到了什么?

画面由细节回到整体。

教师：画面中还有什么？树长在什么地方？水面上有什么？船都停靠在岸边吗？有一艘船经过哪里了?

教师：你喜欢这幅画吗?

教师：你觉得它哪个地方最美？它让你想起了什么?

在音乐声中，教师请幼儿闭上眼睛，想象眼前的画面。教师用优美的语言来描述这幅作品。

②拱桥的特点及其与其他桥的不同之处。

首先，出示各种桥梁的图片，请幼儿比较拱桥和其他桥的不同之处。(拱桥是弯的，别的桥是直的；拱桥有洞洞，别的桥没有洞洞；等等。)

其次，引导幼儿猜想：为什么要把桥建造成这个样子？造成这样有什么好处?(因为好看，船可以从下面的洞里穿过去，还可以走路。)

③教师启发幼儿在自己喜欢的桥的各种纸型上进行彩绘、装饰，练习颜色、花纹的排列等；教师引导幼儿想象自己拥有一座弯弯的桥应该会是什么样的？请幼儿充当小小设计师设计自己的桥。

【指导与评价】

“弯弯的桥”这个活动的目标是让幼儿感受拱形桥的形态和趣味，理解其中的情感内涵，知道弯弯的桥能承载多少重量，享受探究的乐趣。这个活动的重点是拱形桥的设计原理。第一个环节在音乐声中欣赏作品。画面中温暖的阳光、宁静的绿波和繁茂的树林，无一不烘托出浓浓的春意。在和幼儿共同欣赏时，要将之作为一个和谐的整体，并重点突出桥的意义。拱形桥是江南水乡常见的桥，适合于小河又需要行船的地方。拱形桥不仅可以方便小船通过，而且能够承受重力。在活动时教师也可以给幼儿做一个实验。教师搭建两座桥，一座弯弯的桥，一座直桥，往两座桥上放相同重量的物品，看它们的承受能力，进而得出了一个道理：弯弯的桥能承受更多的重量。本次活动涉及的环节接近幼儿的日常生活，幼儿学习兴趣一般都非常浓厚，都表现出较高的积极性和主动性，思维活跃，创作热情很高。在绘画阶段，幼儿下笔很大胆，画出了很多形态各异的桥。总的来说，整个教学过程层层相扣，过渡自然，节奏较紧凑。幼儿在轻松、愉快、自由的情境中，其知识、技能、情感得到全面发展。

5. 绘画和音乐相结合的活动案例及指导与评价

百变孔雀舞

【活动设计背景】

幼儿已有经验(去动物园玩，看到过孔雀)，本次活动以孔雀为主题，让幼儿发挥想象来创作绘画。初步尝试对孔雀进行再现，考查幼儿观察能力。

【活动目标】

①观察孔雀特征；

②尝试画孔雀的头部、羽毛并涂色；

③发展求异和创造思维，体验无拘无束创造画的快乐。

【活动重点】

观察孔雀特征，特别是某些细节。

【活动难点】

展开想象，用美术材料大胆表现。

【活动准备】

PPT、投影仪、孔雀图片、绘画纸、彩笔。

【活动过程】

①欣赏孔雀舞。

教师：今天，老师带来了一段非常好看的舞蹈，你们想看吗？让我们一起来欣赏吧！(教师跳《孔雀舞》。)

②播放 PPT，让幼儿观察孔雀。

教师：孔雀长什么样？

教师：孔雀的头、脖子、身体是什么样的？

教师：孔雀和其他动物相比，有哪个地方最不一样？

③局部变形启发想象。

教师：你们看，孔雀的尾巴变了，变得怎么样了？你可以把这个尾巴变成什么？为什么这样变呢？

④引导幼儿创造作画。

教师：小朋友们，把孔雀的尾巴变个样，就能变成别的形象，让我们开动脑筋，一起试试吧！（引导幼儿尝试简单画出孔雀头部、羽毛，并涂上相应颜色。）

⑤利用投影仪进行讲述、评价。（尝试同伴互评。）

【指导与评价】

活动开始阶段，教师通过让中班幼儿欣赏舞蹈，吸引幼儿的注意力，教师接着播放幻灯片让幼儿观察孔雀的外形特征，这个环节连续性好，也非常重要，为后面的绘画环节做了很好的铺垫。每个幼儿的观察角度是不一样的。通过观察，幼儿会发现孔雀羽毛的独特特征和五彩缤纷的色彩，还了解到，原来孔雀的尾巴在开屏时会更加好看。教师鼓励幼儿通过自己的观察、结合想象，回忆用哪些颜色、材料才能使自己绘画作品中的孔雀也有漂亮的尾巴。在有了大量观察活动之后，幼儿在后面实际操作的时候掌握得都比较好，很多幼儿通过联想还画出了不同动物的尾巴。

本次活动完成得较好，在教学活动中，教师通过跳孔雀舞、画孔雀激发幼儿绘画的兴趣，感受动物最美的部分，也陶冶了幼儿的情操。在画孔雀时，个别幼儿画的头、身体和羽翎的某些细节出现的状况较多，教师在巡视时及时出示了范例，启发、点拨幼儿。通过以上活动，教师也有自己的体会，就是艺术来源于生活，幼儿在活动之前，观察得越多、越翔实，其表现就越多元化，越靠近幼儿美术教育的本质。

三、大班幼儿绘画类活动的组织实施与指导

大班幼儿在绘画类活动中表现突出，有些幼儿的作品甚至对成年人都具有参考意义，但大班幼儿绘画类活动也有一个不容回避的问题，就是分化比较严重。有些幼儿的作品色彩斑斓，另外一些幼儿的作品可能就差强人意。因此，如何使能力不足的幼儿也能从绘画类活动中获得一些成就感，这是一线教师思考的一个重要问题。

（一）大班幼儿一般性绘画活动的组织实施与指导

大班幼儿因为已经有了小班和中班美术的各种经验和能力，因此，在绘画类活动的引领和实操上，教师可以根据本班幼儿的实际情况，开阔幼儿的眼界，多观察生活的各个方面；教师可以简要地介绍、概括事物，并适时地提出更为广泛的内容要求。

1. 丰富幼儿的生活经验，帮助他们扩大绘画的题材范围

扩大幼儿眼界，加深对生活中各种现象的认识。教师在帮助幼儿选择绘画主题时，题材一定要符合幼儿的生活经验，新鲜有趣，有一定深度和广度，能引发幼儿的联想和想象。教师要教会幼儿系统地观察物象，丰富生活经验，充实绘画活动内容。

2. 提高幼儿表现物象形状和结构的技能

要求幼儿在表现物象的形状和结构时，不仅能表现出主要部分和基本特征，而且还要逐渐能够用很多细节丰富的画面，使构图形式感更强，内容也更充实。

3. 引领幼儿有意观察，学会简单比较

让幼儿学会表现人物的性别、身份、职业，教师要讲解一些有关人的身体结构

的相互关联的内容，让幼儿不拘形式、自由自在地进行描绘。

4. 引导幼儿观察动物，学会简单分类

引导幼儿观察各种动物，了解它们的生活习性、动作、姿态等，能在脑海中形成鲜明表象，逐步从表现物体的个别特征过渡到表现综合特征。

5. 提高幼儿表现物象大小的技能

提醒幼儿注意比较物体的相对大小，帮助他们较为正确地表现物体之间的比例关系。

6. 引领幼儿作画步骤

注意物体的空间位置，懂得先画主要物体，后画次要物体和背景，近的东西画大一些，远的东西要画小一些。

7. 努力表现遮挡关系

遮挡比较简单的定义就是前面的物体挡住后面物体的一部分。

8. 发展幼儿连贯地表现事物的技能，鼓励幼儿大胆创作

大班幼儿已经能够独立构思，表现简单的情节。教师要根据幼儿兴趣，不断为他们创设新的情境，激发他们的新构思，发展他们连贯地表现事物的技能。例如，教师可以启发他们将星期天发生的小事编成故事，用两幅或多幅画面连续地表现出来。自由画也叫意愿画，是幼儿喜欢的一种表现形式，也是他们充分发挥、尽情表现的有效手段。教师要鼓励幼儿画自己以前没有画过的、教师也没有教过的事物，对他们的新鲜题材和大胆设想，要及时给予恰当评价，使其树立信心。

9. 培养幼儿使用各种颜色表现物体色彩的技能

教师要指导大班幼儿在中、小班的基础上认识更多的颜色、说出名称、区别深浅色度。教师为幼儿提供尽可能多的颜色，引导他们进一步学习颜色搭配的方法，指导和引领幼儿如何才能使画面色彩丰富、鲜艳、美丽。

10. 引领大班幼儿掌握绘制图案、装饰画的技能

学会在正方形、长方形、圆形、菱形纸的边缘和中心，使用各种花纹有规律地进行装饰，同时会在各种生活用品的纸型上用花纹或纹样有规律地进行简单装饰、美化。

11. 引导幼儿运用多种绘画类工具表现自己的认识与情感

教师要进一步为大班幼儿准备多种绘画工具和材料，这些工具和材料一般主要包括：油画棒类、彩色水笔类、彩色粉笔类、毛笔、水彩水粉颜料类、墨汁以及各类性质的纸张等。

图 3-10　线条画《公园小景》

对于大班幼儿一般性绘画活动，教师要结合年龄班幼儿的实际情况，不断提出新的要求，让幼儿尝试表现主题、带有情节的绘画内容。

(二)大班幼儿命题类绘画活动的组织实施与指导

艺术教育是幼儿园教育的重要内容，而大班幼儿美术教育中的命题类绘画活动又是艺术教育的重要组成部分。因此，正确把握方向，体现综合素质培养目标，是当前幼儿园美术教育活动的首要任务。纵观以往的美术教学活动，程式化明显，目的性单一，幼儿大部分时间处于被动状态。因此，如何在大班幼儿的命题类绘画指导活动中体现个性化和创造性，就显得十分重要。

1. 以游戏活动的形式组织大班幼儿命题类绘画活动

兴趣是一切学习活动中的心理因素，幼儿一旦有了学习活动兴趣，就能自发地把心理活动指向学习对象，而且能取得较好的效果。因此，兴趣是幼儿学习的动力所在。一般来说，幼儿对画画和做手工都有一定的兴趣，但往往是不持久的。教师可以根据幼儿好动、喜爱游戏的特点，将命题类美术活动游戏化，让幼儿在玩中画、画中玩，在玩和画中找到乐趣，增加兴趣。比如，在大班幼儿命题类绘画活动“漂亮的服饰”中，教师先让幼儿在图画纸上设计出自己喜欢的各种服饰，完成后组织幼儿进行卖服饰的游戏，这样，充分利用幼儿对游戏的兴趣，进一步激发了幼儿学习美术的兴趣和强烈的作画愿望。再比如，大班幼儿画“小白兔拔萝卜”命题画时，教师可以先带幼儿到饲养角去观察小兔子，然后回到活动室让幼儿带上小兔头饰做“小兔拔萝卜”的游戏，做了最充分的观察活动后再让幼儿动手画，由于有游戏做铺垫，大班幼儿的画面都很丰富。

2. 把常见的图片示范变为启发观察和引领

研究表明，对幼儿而言，来自现实生活，并且经过创作者亲身体验的知觉材料远比间接的知觉刺激有效得多。因此，教师要时常提醒幼儿注意身边的事物，入园或回家路上的见闻，各类生活环节的趣事，各种花草在早上、中午、晚上的变化，饲养角中小动物的各种形态等，并交给幼儿一些简单的观察的方法。在幼儿观察时教师要做到：一是有的放矢地提问，使幼儿不仅注重物体的外形特征，还要注意到物体的内部结构和与其他事物的关联；二是让幼儿积极发言，使幼儿在感受大自然的同时，熟悉生活，发展语言；三是对幼儿提出的问题也可采用不急于解答，而是启发幼儿自己找出答案，并在条件许可时开设幼儿写生的活动方式。比如，在大班幼儿开展画马路上的汽车活动时，提前让幼儿在入园和回家的路上，仔细观察马路上汽车的形状、颜色，分几部分，车头、车身、车轮是什么形状，在什么部位等；实操时通过向全班提问，或引导小组讨论等形式把幼儿对汽车的认识展现出来，这样幼儿在进行命题类绘画创作时就不单单是画教师范例上的汽车了，很多幼儿根本就不用看范例就画了消防车、小轿车、大卡车、警车、救护车等多种类型的汽车。因此，丰富多彩的视觉刺激，使幼儿的感知和体验更为真实和清晰，也便于幼儿获得生动、形象、新鲜的信息，这又进一步激发幼儿的创作欲望，从而有助于大班幼儿在命题类美术活动中充分地表现和更好地发挥。

3. 注重个性差异，进行多层分组教学活动

幼儿大班命题类美术活动不强求一律，而提倡的是，同一内容多种手段，同一命题多种角度，注重个性差异。在进行统一内容的教学活动设计时，教师可以视活动情况，有时可以尝试将能力强和能力弱的幼儿分开，即能力强的分成一组，能力弱的分成一组，提出不同的要求。例如，在开展“奇妙的手形画”活动中，教师要求能力强的幼儿创作出螃蟹、老鹰、孔雀开屏等较为复杂的手形画，要求能力弱的幼儿结合手形游戏，画出一些简单的手形画，如树宝宝、五指娃娃、小兔子、孔雀头等，并逐渐提高要求。还可以强弱搭配分组，进行“强带弱”活动。例如，在“多彩的秋天”装饰画活动中，教师把全班幼儿分成四组，每组一张大幅的图画纸，幼儿能力强弱搭配，并提出：“看哪组装饰的秋天最美丽。”能力强的幼儿带着能力弱的幼儿，个个大显身手。这种多层分组的教学活动不仅有利于调动幼儿学习的积极性，增强幼儿的合作意识和交流意识，还促使每个幼儿在原有的基础上有较快的提高，使幼儿在获得经验的同时，逐渐形成良好的自我意识。

4. 引入各种表现媒介与手段

在绘画类活动中，在幼儿深入了解所要表现的对象后，教师可以尝试引导幼儿用不同的媒介和手段进行美术表现，增强对美术媒介特性的了解与敏感性，同时引导幼儿根据所要表现的题材内容来选择合适的工具和材料。比如，如果要表现比较单纯的经验，那么用单色线条去描绘比较合适，可以将精力集中于“叙事”上，精心刻画人物、事件；如果要表现的事物具有丰富的色彩，且侧重于抒发感情，那么采用色彩画比较合适。幼儿不像成人那样能有意识地运用一种工具材料衍生出许多表现形式、变换出不同的表现方法。教师可以在实践中通过仔细地研究各种工具、材料的性能，随时根据幼儿的需要向其提供适宜的工具、材料，让幼儿运用独有的表达方式和创造能力，充分表达美好的情感和愿望。

5. 从关注作品到关注幼儿，动态评价和集中评价相结合

过去幼儿园常把幼儿作品的优劣作为衡量教师教学水平的一个重要方面，因而教师总是关注幼儿的作品完成得如何，是否达到预定的教学目标，而常常忽略了幼儿本身，忽略美术活动中的审美情趣。现在的理念则将评价重点从幼儿作品转到幼儿参与活动的过程上来。有条件的幼儿园可在室内为每个幼儿准备一小块作品展示区，先完成作品的幼儿不用等待，可以先展示，然后无拘无束地探讨、评论。而对没有完成作品的幼儿不催促，尽可能让他们充分想象和操作，对动作特别慢的幼儿，教师还可以观察并分析原因，适时给予适当的介入和帮助。这种动态评价为幼儿提供了各种暗示与支援，然后选择合适的时机进行集中评价，帮助幼儿提升相关经验。

6. 多种美术活动形式并举，发挥各自的优势

根据幼儿实际发展水平，教师要学会突破原有要求，不拘一格地探索多种美术活动形式。大班幼儿手部活动的协调性和灵活性有较大的发展，除了水彩画、蜡笔画、油画棒以外，教师和幼儿还可以一起尝试创作水、油分离画，各种剪贴画、刮蜡画等美术活动。

7. 提倡家园合作，注重日常美术活动的开展

幼儿园日常的美术活动可以有效地弥补大班幼儿命题类绘画活动时间上的不足，也是一般教育活动的补充和继续，对丰富幼儿生活，积累创作素材，保留幼儿表现美、创造美的空间具有十分重要的意义。在日常生活中教师要经常带领大班幼儿欣赏自然景物，参加美化环境的活动，参观自己平时的美术作品，鼓励他们大胆地、尽情地画自己心中的动物、人物、自然景物等，为幼儿提供丰富的创作素材、创作机会和良好的绘画环境。眼界宽、勤学好问的幼儿通常想象力都相当丰富，这与家长重视家庭教育有很大关系。所以，教师要经常与家长进行沟通，得到幼儿家长的理解和配合。例如，家长可以多带幼儿观看自然景物、行人、马路、商店、市场等，回家后让幼儿用简单的线条画出自己看到的最美或印象最深的地方。这样通过家长的支持，幼儿有了大量的生活参照，学习美术的信心和学习命题类绘画活动的兴趣就会不断增强。

图 3-11 命题类绘画《大鸵鸟》

对于大班幼儿命题类绘画活动，教师可带领幼儿多做一些实地观察，引领和启发幼儿联想，将自己生活中印象最深的某些形象用美术形式表现出来，这些形式有一些主题或带有一些情节最好。

(三)大班幼儿意愿类绘画活动的组织实施与指导

受传统教学模式的影响，教师的范例束缚了幼儿的创造性思维，这种传统教学模式又是幼儿被动的学习过程。这样画出来的作品往往是成人思想的翻版，严重束缚了大班幼儿的想象力和创造力。

每个幼儿的意愿类绘画作品应有自己与众不同的特点，有的敢于写实，有的富有想象力，有的工整，还有的粗犷，表现了幼儿对生活事物的独特见解和感受。

大班幼儿已有一定的美术表现技能和欲望，观察力、记忆力、想象力和创造力等正处于良好的发展时期。幼儿也正处于象征期过渡阶段，他们进步很快且已不满足已有的水平，希望尝试、探索更高级的表现形式，因此，原来的“教师示范，幼儿模仿”的教学活动模式有时几乎完全不适合在大班进行。以幼儿为主体、教师为引导的教学活动手法，把大班幼儿意愿类绘画活动贯穿于游戏中，通过幼儿主动参与，并摸索绘画的技能、技巧，发展幼儿美术的感受力和表现力，使幼儿的画成为真正的儿童画。通过一线教师长期的工作实践反馈，在具体进行大班幼儿意愿类绘画活动实操方面，教师要时刻注重如下几个原则和问题。

1. 教师指导时要注重幼儿再现形式的审美性

把握大班幼儿审美特点，引导他们捕捉生活中事物的特征，激起审美热情，形成美的意象，使对美的追求成为大班幼儿命题类美术活动的内在力，并贯穿于观察、欣赏、创作的各个环节。审美性在美术教育中特别重要，旨在增强其独创性的同时发展创造美的能力。

2. 教师指导时要注重调动幼儿参与的积极性

把幼儿作为美术活动的主体，引起他们对美术的兴趣，使他们热情地投入美术活动中去。情感与智力各个方面活跃起来，各种潜能就会充分发挥，也能获得愉快的情绪体验，从而喜爱美术，乐于从事美术活动。在活动中教师应注意观察幼儿萌芽中的点滴兴趣，保持、引导和发展它们，并有意识地向幼儿展示新领域的形式与内容，同时开阔大班幼儿视野，提出新的美术活动形式和实操方法的要求。

3. 教师在指导时要注重幼儿个体的发展性

大班幼儿意愿类绘画能力是有规律地由低到高呈阶段性发展的。因此，教师必须按照幼儿美术发展的客观规律实施美术教育活动，并在此基础上进一步做到对每一个幼儿的当前水平和经过努力可到达的水平心中有数，并学会不断采用新的方法、内容和形式，使幼儿在不断尝试、探索中提高自身的美术能力和素质。

4. 教师在指导时要注重幼儿的创造性

创造是一个过程，又是美术的根本特点，对幼儿来说就是要自己想、自己做。在大班意愿类绘画活动中，幼儿运用线条、图形和色彩等，将自己头脑中的经验、印象和情感转化为美术形象。这一系列过程要求教师必须为幼儿创设能诱导幼儿进入创造状态的情境，使幼儿学会观察、体会，并通过美术手段将自己的主观意愿表现出来。在具有主体性方面，要保证幼儿用自己的方式表达自己的真实感受，引导、启发、鼓励幼儿创造新颖的作品，勇于探索和尝试。在具体操作性方面，要注重实际动手操作，让幼儿动手去实现他们的创作愿望。

5. 教师在指导时要注重幼儿之间的个体差异性

由于幼儿的兴趣、爱好、知识、经验的不同，每个幼儿的意愿类美术能力都是不一样的，教师要考虑到个体差异性，对此需创造条件，给予不同的指导和引领，使他们的能力得以发挥。在同样的教育要求下，教师要考虑每个幼儿的实际情况，针对每个幼儿的不同特点区别对待，因材施教，使每个幼儿的潜能充分发挥，最大限度地发展自己。

6. 教师在指导时要注重启发、引领幼儿将虚拟形象变为现实

在意愿类绘画的实操阶段，教师要注意结合幼儿生活经验，引导幼儿进行意愿

类绘画构思和表现。由于大班幼儿积累了比较丰富的知识经验，并具备了一定的绘画技巧，教师引导幼儿联想已往的知识经验，指导他们确立创作形象，在脑海里构成一幅画，并会用语言表达出来。例如，故事画《龟兔赛跑》，教师可以首先引导幼儿熟悉故事的内容情节，再让他们边欣赏故事边闭上眼睛想象一幅幅画。故事形象鲜明，情节有趣，兔子和乌龟又是幼儿日常学习中感知过的，因此，幼儿充分发挥想象，积极展开思维活动，有的按照故事情节设想画面(如兔子睡觉、做梦、比赛场面等)，有的侧重于按人物情绪设想(如兔子不高兴的表情等)，每个幼儿都有自己不同的构思，使绘画内容和形象更为丰富。这非常符合意愿类绘画的创作要求。在幼儿表现具体形象时，让幼儿把自己所构思的画面以绘画的形式表现出来，这是一个绘画技能练习和表现的过程。在这个过程中，幼儿所想的不一定能完全表现出来，这就要求教师在介入实操时需要注意做到以下几点，以便使幼儿的意愿画类练习和表现更进一步。

首先，不同能力的幼儿应有不同的要求，教师应不断了解、观察幼儿发挥自己的能动作用，尽量让幼儿根据自己的兴趣作画。例如，画“活动人”，即请幼儿根据人的动作表演作画，整个活动没有教师示范讲解，也没有统一的绘画技能要求，而是让幼儿在直接观察后进行再现活动，并对不同发展水平的幼儿提出不同的绘画要求。其次，为幼儿提供大量绘画工具和材料，让幼儿根据自己创作的需要选择工具和材料。工具的变化，对幼儿来说是一种新的刺激，可以激发幼儿参与绘画活动的积极性。除蜡笔、水彩笔外，还可以用棉签、竹签、纸团、树叶、粉笔、毛线等多种工具和材料作为幼儿的意愿类绘画工具，让幼儿学习选择利用这些工具和材料进行绘画，不仅能提高幼儿的学习主动性，而且使幼儿对绘画技能掌握得更快，更能表现出幼儿作品的特色。例如，在故事画《龟兔赛跑》中，教师可以提供各色挂历纸、水粉颜料、蜡笔、水彩笔、毛笔等，让幼儿根据自己的创作需要，选择工具进行作画。大班幼儿有的会选择水彩笔作画，有的会选择蜡笔作画，还有的会作剪贴画、水粉蜡笔画等，画法不一，内容却很丰富，各有特色。教师还可以根据幼儿使用的不同材料和工具采用多种新颖的教学手法。从大班幼儿的年龄特点和心理及经验发展来看，在教学活动中学习方式的多样性和新颖性，对幼儿意愿类绘画主体性发展有积极的帮助。

7. 教师在指导时要注重引领幼儿巧用多种材料，表达多样题材

大班幼儿意愿类绘画活动形式和内容有很多，教师可以引导幼儿采用手指画、脚印画、简笔画、写生画、意识画、印画等多种新颖的活动手法，让幼儿更有兴趣地参与活动。例如，手指画意愿类教学活动，就是让幼儿到一块大沙地上用手指随意作画，幼儿不受画纸的限制，可以无拘无束地画，提高了大胆作画的能力。在活动中，幼儿还创造了许多以前未学过的新形象。在教师的启发下，幼儿随手捡了枯树枝、石块、小棒等废旧物几个人商量作画，使大班幼儿的兴趣明显增强，同时也

培养了他们的合作精神。凭借着教师的引导，大班幼儿通过自己的主观感受、经验、情绪体验等无拘无束地绘画实践，不同幼儿所表现的画面内容和形式明显不同，富有个性。例如，有的用冷暖色、线条或抽象图案来表现，有的则结合日常生活内容来表现，等等，这正是大班幼儿意愿类绘画活动的核心所在。

8. 多种形式评价幼儿的作品，在交流中培养幼儿的审美能力

对于评价大班幼儿的意愿类作品，可以从幼儿自评和互评两方面着手。首先是幼儿自评，是指让幼儿把自己的作品介绍给大家，讲述自己的绘画内容和所表达的意图。教师要充分肯定幼儿的作品和想法，只有当幼儿的讲述遇到困难时，教师才可以适当指导。其次是幼儿互评、相互欣赏，是指引导幼儿互相观察、欣赏别人的作品，了解别人作品的内容，并从中体验到美感，提高幼儿评价能力和审美意识。幼儿之间的思想和情感是相通的，他们的作品最容易被小伙伴感受和理解，这是一个能动的过程。例如，在简笔画《小鸭子》中，幼儿根据自己的观察，用学习一笔画的方法画了小鸭子的动态，虽然幼儿画得不工整，但姿态各异，稚趣可爱。幼儿互相观看，积极开动脑筋思考，并相互分享自己最喜欢谁的作品。例如，幼儿说“他画的小鸭子在睡觉”“我最喜欢那只在跑的小鸭子”“那只小鸭子只有一条腿”等。有时幼儿的评价并不正确或表面化，教师可引导幼儿从画面的布置、颜色的搭配、形象的表现等方面来评价作品，这样在提高幼儿审美能力的同时，又提高了其语言表达能力。

图 3-12　意愿类绘画《郊游图》

大班幼儿意愿类绘画活动最能发挥大班幼儿的想象力，幼儿会从自己的生活经验中寻找自己最感兴趣、印象最深的感受进行美术创作。

(四)大班幼儿装饰类绘画活动的组织实施与指导

大班幼儿的装饰画可以借助可利用的物质材料和相应的工艺制作方法，依据主观感受，让幼儿和谐地、有规律地按照形式美的法则进行美化和装饰。幼儿园正式的装饰类绘画活动通常在中班以上开展。需要注意的是幼儿的装饰画并不是严格意义上的装饰画，只是带有很强的装饰性而已。

装饰画常见的方法有省略法、夸张法、添加法、适合法、几何化法等，变化方法常常不是单一存在的，几乎每一种纹样都同时体现着几种变化方法。例如，在省略图例里，既可以包含省略又可以包含夸张和其他方法。大班幼儿装饰类作品内容很多，形式也多种多样。

1. 树叶拼贴类装饰画

不同季节的树叶多姿多彩，形状不同，颜色各异，很容易激发幼儿的创作欲望，教师可以引领幼儿采集丰富多彩的树叶，启发幼儿创作树叶拼贴类装饰画。

采集的过程就是指导和创作的过程。因此，从活动开始，教师就可以运用各种方法，调动幼儿参与活动的热情。对于这类活动，幼儿一般兴致都很高，通常从收集到整理、创作，参与性较强，创作效果也很好，幼儿的想象力、动手能力也能得到发展与提高。由于每个幼儿采集的树叶各不相同，因此，教师在指导和引领时注意首先引导幼儿观察自己采集的树叶纹理、形状，在活动指导上多采用因势利导的方法、借题发挥方法、将错就错方法、丰富联想方法等引领幼儿的活动。

2. 石子类装饰画

首先，教师引领幼儿进行捡石头活动，指导幼儿在活动中仔细观察石头的外形和肌理特点并进行大胆的想象，启发幼儿在自己选择的小石头上画出不同的图案，并能根据石头本身的特点，再结合物体特征进行装饰、加工创造。其次，在指导方法上，教师可以先让幼儿将采集的石子清洗干净，用一定的颜色涂抹底色，如果是初次活动，可以先让幼儿随意涂抹颜色，尝试认识颜色，锻炼动手能力。如果幼儿进步较快，教师可以引领幼儿彩绘一些自己能够驾驭的简单图形。比较熟练以后，教师可以引领幼儿进行比较规范的装饰画练习，如简单小动物的装饰练习、单独纹样的练习、简单四方连续纹样的练习等。

3. 贝壳类装饰画

贝壳的种类繁多，形态各异，利用贝壳进行装饰活动也是一个不错的选择。例如，可用贝壳粘贴各种小花、小草，拼贴各种小动物、小房子、小器皿等，还可以根据贝壳的外形特征直接在贝壳上涂抹、粘贴、装饰和彩绘，使之变成一幅幅自己心仪的装饰作品。在指导方法上，教师可以根据幼儿掌握的情况，学会在贝壳原有形式上简单装饰，如顺着某些花纹进行装饰、利用某些纹路填充颜色、强化某些结构和色彩等。

4. 各种植物的种子、粮食、果实装饰画

各种植物的种子、粮食、果实也是幼儿装饰画的好材料。例如，教师可以启发和引导幼儿用玉米粘贴小房子，用葵花籽粘贴花朵，用各种豆子、大米、小米等装饰各种各样的图案……在指导时，教师要学会根据各种种子的颜色、质地、纹路等，引领幼儿进行造型的拼贴、颜色和质地的分类、简单图形的填充等。

5. 花瓣拼贴类装饰画

花瓣拼贴的花草、小动物、人物栩栩如生。例如，粘贴花裙子是女孩们最乐意的装饰画；男孩们喜欢如奥特曼、忍者神龟、喜羊羊和灰太狼等题材。在指导时，

教师可以首先引领幼儿将采集的花瓣洗净；其次，根据要求进行分解、压平、祛湿、定型；最后，初次接触的幼儿可以简单排列或学会合并同类，熟练的幼儿可以根据自己的想法，拼贴各种组合的图案，学会简单搭配和装饰。

大自然、社会生活都是活教材，大自然向我们展现无穷魅力的同时也为我们提供了取之不尽、用之不竭的自然材料。幼儿美术教育活动倡导亲近自然、回归自然，而自然材料在装饰类美术绘画活动中的应用，就是幼儿亲近自然的具体体现。

图 3-13　装饰类绘画《石子彩绘装饰》

大班幼儿的石子装饰类绘画活动从一开始就深受幼儿的喜欢。从石子的采集到涂染、装饰，每一个环节幼儿都特别兴奋，活动效果也特别好。

(五)大班幼儿绘画和五大领域相结合的活动案例及指导与评价

大班幼儿绘画类活动表现范围比较广，内容也丰富多彩，有些幼儿的绘画作品甚至还超出成年人的想象，特别是和五大领域的内容相结合后，更使得表现形式和内容多样化。教师在指导类似的作品时，要学会鼓励幼儿大胆表现自己所见、所闻、所想，并用美术的绘画类形式展现出来。

1. 绘画和健康领域相结合的活动案例及指导与评价

小小美发师

【活动设计背景】

结合美术教育活动生活化主题，让幼儿知道头发对头部的保护作用。绘画类活动“小小美发师”是让幼儿学习巩固撕、剪、折、团、拧、贴等技能技巧的运用，培养幼儿友好的合作能力，并体验合作成功的愉快心情，进一步发展幼儿的创造性思维的美术活动。在活动中通过让幼儿用绘画的形式为对方设计简单发型，让幼儿感受绘画类活动设计、创作的快乐，体验与同伴合作带来的成功感。

【活动目标】

①幼儿能够自主选择喜欢的材料制作假发，获取撕贴的技能，发展手部动作。

②在活动中，让幼儿体验绘画设计与动手操作带来的成功感。

【活动重点】

幼儿能均匀、密集地将磁带、毛线、纸条等贴在浴帽上做成假发。

【活动难点】

绘画的发散思维，让幼儿设计出不同的假发发型并操作实施。

【活动准备】

浴帽人手一个(事先贴好双面胶)，布条、旧磁带、丝带、皱纹纸、棉线、野花、野草、芦苇花等材料若干，图画纸、铅笔、彩笔等辅助物；假发套6个，排练好的大班小小模特队；音乐。

【活动过程】

①导入活动，引起幼儿制作的兴趣。

教师：小朋友们，今天我们班来了一支小小模特队，大家欢迎！

(在迪斯科的音乐中，大班幼儿戴上假发表演。)

教师：小伙伴们表演得精彩吗？他们漂亮吗？那你们觉得他们哪里最漂亮呢？

教师：原来今天他们头上都戴着漂亮的假发。

②欣赏自制假发，讨论制作方法。

教师：你们知道这些漂亮的假发是用什么材料做成的吗？你们可以去摸一摸、看一看，猜一猜他们这些假发是用什么材料做出来的。

教师：(幼儿上台欣赏自制假发。)谁来说一说你刚才看到的假发是用什么材料做成的呢？

教师：原来布头、棉线、皱纹纸……这些材料都可以做漂亮的假发。

你们想不想用这些材料自己来制作假发呀？(出示浴帽。)怎么样把这些材料贴上去呢？小朋友们请你们动动小脑筋和旁边的好朋友说一说。(幼儿议论、回答。)

教师：小朋友们很会动脑筋，想的办法真不错。今天我们就用双面胶来做假发。

(出示贴好双面胶的浴帽，教师示范，先把双面胶上的白纸轻轻地一撕，然后找一种你喜欢的材料把它贴上去。)

③幼儿首先用各种彩笔设计图样，互相借鉴和征求意见，制作假发，教师巡回指导。

幼儿可以自主地选择自己喜欢的材料描绘自己心中的发式图样，教师鼓励能力强的幼儿一起结组制作立体假发。

请先做好假发的小朋友在老师面前展示，并说一说用的是什么材料。

④平面、立体的作品一同展示。

教师：小朋友们真能干，假发做得真漂亮，我们也来做小小模特儿吧。

(幼儿戴上假发，在迪斯科的音乐中展示，体验成功的喜悦。)

【指导与评价】

在活动设计中，教师首先为幼儿创设了一个合作学习、欣赏生活中的美的环境，并进行多种形式的欣赏，然后再利用贴近幼儿生活的、感兴趣的事物作为学习的素材，让幼儿运用以前学过的简单技能来进行美术创作活动。活动中主要运用了纸这一直观而简单的材料，让幼儿运用已有的技能，如剪、折、撕、团塑造立体的假发，用绘图纸和各色彩笔设计各种发式的方案等，满足不同幼儿的能力要求。让幼儿将纸和其他材料进行重新塑造、整合后变成类似直发、卷发、发髻等造型，并让幼儿直接在同伴的头上进行发型设计，更大程度地调动幼儿活动的积极性，让幼儿通过美术活动的形式，来初步展现生活中的美。

生活化的幼儿美术教育类活动更有利于激发幼儿的创作兴趣，体验审美感觉。在日常生活中，梳头发是每人每天都会做的事情，而成年人的发型也会吸引幼儿。在生活化的美术活动中，幼儿敢于表现自己，有着强烈的表现欲望，这从幼儿活动时踊跃发言、投入的活动状态，以及大胆想象中得到充分的体现。在活动中教师注重幼儿合作能力的培养，启发幼儿与同伴设计发型式样，互相欣赏，进一步感受合作成功的喜悦。在活动中幼儿的合作行为得到了更好的发展，并且每个幼儿都得到主动发展；在动手粘贴中发现新的创意，幼儿的动手能力上升到一个更高的层次。教师从诱发幼儿兴趣、启发思维、激发创意入手，培养幼儿合作学习的主动性，让幼儿发挥最大的潜能，使他们通过动手的形式来展现生活中的美和发现内心世界的美。

在让幼儿欣赏各种各样发型的过程中，大班幼儿大都想说出自己的想法，教师要能够照顾到幼儿的需求，让幼儿表达自己的想法。教师可以通过多种形式，如小组讨论等，增加幼儿表达想法的途径，使幼儿表达的欲望得到满足。教师要认真倾听，及时记录幼儿的发言，然后进行小结，这样教师角色被重新定位，并建立了新型的师幼互动关系。教师真正成为幼儿活动的支持者、合作者、引导者，使幼儿体验学习、自主发展都成了可能。

2. 绘画和语言领域相结合的活动案例及指导与评价

拍子画

【活动设计背景】

一天，教师发现班里两名幼儿拿着班里的苍蝇拍打着玩，幼儿说只是想拿来玩一会。于是，教师脑海中有了一个问题，苍蝇拍真的不可以玩吗？怎么玩才能玩出新意来呢？教师根据此情景设计了这次活动。

【活动目标】

①尝试使用苍蝇拍作画，感受拍子画特有的乐趣；

②了解“拍子画”的方法，并能选择适当的材料进行拍画；

③尝试添画游戏的方法进行装饰，充分发挥想象力。

【活动重点】

让幼儿了解拍子画的方法，并能选择适当的材料进行拍画。

【活动难点】

幼儿尝试添画游戏的方法进行装饰，使画面更丰富。

【活动准备】

拍子画材料：苍蝇拍、浴花、棉花、餐巾纸、毛线、抹布、拍子、小盆、图画纸；添画材料：水粉颜料、水粉笔。

【活动过程】

①导入活动，认识拍子画。

教师：今天老师给小朋友们带来一首好听的诗。小朋友们仔细听一听，诗里都有什么？（配乐诗朗诵。）

风儿，带着一串漂亮的铃铛，
在草地上奔跑，在小花的耳边歌唱，
云朵儿，有支神奇的画笔，
它用这支笔画蓝蓝的天，画高高的山，
画漂亮的蘑菇房，
风儿和云朵儿去找蝴蝶做游戏，她们高兴地跳啊、唱啊，
谁也不想回家，
因为这是它们心里最美的地方。
看也看不够，怎么舍得现在就回家……

（引出拍子画，分析画面。）

教师：小朋友们，诗里有什么？老师把这首诗画成了一幅画，小朋友们看一看这幅画漂亮吗？（出示画。）画上有什么啊？你们知道它是用什么画上去的吗？

（认识拍子画材料。）

教师：这幅画是老师用一些很神奇的东西画出来的。我们一起来看看这些神奇的东西是什么？（出示材料。）原来，我们生活中的这些废旧材料还可以画画，你们想知道我是怎么用它们画画的吗？

②示范拍子画方法。

教师：老师现在就要用这些神奇的东西画画了。小朋友们仔细看，我是怎么画的。（教师演示步骤程序，其间幼儿可以参与练习。）其实可以用来制作拍子画的东西有很多，除了老师今天用到的这些，还有很多废旧的材料都可以用来制作拍子画，如树叶、各种形状的纸等。我们班上就有很多废旧的材料，如果我请它们上来，你们做设计师，你们会拍一副什么样的画呢？（幼儿说说自己的设想。）

③请幼儿自选小组，教师进行观察并巡回指导。

④请幼儿代表介绍自己的拍子画作品，幼儿相互评价，一起总结拍子画作品的优点和需要改进的地方。

【指导与评价】

在这次美术活动中教师选择了一种新的绘画类型和语言相结合的形式：拍子画。用拍子拍画是一种新的作画形式，幼儿对这种新的作画形式比较好奇，在每一个环节都很认真地参与。在操作过程中，幼儿的能力不同，表现也不同。本次活动有几方面需要加强指导。首先，教师的准备工作一定要将各种因素考虑充分，特别是提

供的工具和材料要恰到好处，不然会导致个别幼儿在看到材料后，忘记了教师的示范步骤，没有用拍子拍画，而是直接用水粉笔作画。教师还应该在拍子画环节结束后，再提供水粉笔，因为在绘画类活动中，提供的工具和材料的内容和顺序也是教师隐性指导的一种方式，教师有序地提供材料，有助于幼儿在操作中合理地、有步骤地完成活动。其次，在幼儿分组操作后，教师对幼儿作品的评价要完整。在美术活动中，教师对幼儿作品的评价可以帮助幼儿树立信心，感受创作的成功和喜悦。在自评和互评过程中，教师还要引导幼儿总结出不足和改进的方法，帮助幼儿养成自我反思和总结的好习惯。所以，在活动过程中，评价的部分要注意深入一些，不能只是简单评价几位幼儿的作品，如果教师视情况再给幼儿一些时间，集中展示和评价几副较为完整的作品，一起发现作品的优点和不足，然后总结出拍画过程中需注意的问题，整个教学过程就比较完整了。

3. 绘画和科学领域相结合的活动案例及指导与评价

有趣的兔子

【活动设计背景】

绘画类活动和科学领域相结合，是大班幼儿一个比较感兴趣的活动内容。大班幼儿对事物有一定好奇心和强烈的创作欲望，尤其是对小动物很感兴趣，因此教师设计了这次美术活动。对于简单的小动物造型，大班幼儿掌握得都很好。因此这次活动让幼儿在了解兔子特征的基础上，通过拼摆、描画，表现小兔子的动态，发展幼儿的想象力，结合科学充分挖掘绘画类教育活动的价值。

【活动目标】

①幼儿在了解兔子特征的基础上，通过拼摆，表现兔子的动态，充分发挥想象力。

②尝试用各种线条表现兔子的有趣动作，并添画相关背景。

【活动重点】

了解兔子习性、特征。

【活动难点】

表现兔子的特征，通过拼摆、描画，表现兔子的各种有趣动态。

【活动准备】

①教师教具一套(内有兔子的耳朵、头、身体和四肢)；②幼儿教具纸型一套，绘画工具、材料人手一份。

【活动过程】

①播放音乐入场。

教师：小朋友们看一下，教室里今天是不是来了很多的客人啊？一起跟他们打声招呼吧！

②观察导入——了解小兔子的主要特征。

教师：今天我们班里还来了一只小动物。这只小动物很顽皮，它想让大家先猜一猜？瞧！它先露出了它的两条腿。看到了这两条腿，你们猜一猜它是谁呢？

（幼儿通过观看、交流，说出小兔子的特征。）

教师：你们认为它是小熊、小狗、小猴的腿……我们来看一看是不是呢？瞧！它又调皮地把它的小肚皮露出来了。现在你们能不能看出来它是谁呢？

（幼儿自由讨论说出答案。）

教师：你们认为是……我们来看看它到底是谁呢？呦！它又把它的小门牙露出来了。咦！这下能不能看出来它是谁？

（幼儿异口同声地回答小兔子。）

教师：嗯！都觉得它是小兔。那你们是从哪里看出来的呢？

（从嘴巴，因为小兔子的嘴巴是三瓣嘴。）

教师：小兔子有三瓣嘴。是不是呢？（教师把布拿开，露出可爱的小兔子。）你们真聪明，真的是一只可爱的小兔子。我们跟小兔子打声招呼吧！

（幼儿与小兔子打招呼。）

教师：小兔子也想用这个动作来跟你们打声招呼！我们来帮帮它吧！谁来试一试？

（幼儿上来拼摆兔子打招呼的动作……）

教师：平时我们打招呼的时候，我们的手是弯过来的，小兔子也学会了这样跟大家打招呼。小兔子真开心呀！小兔子说，Hello，大一班的小朋友们！你们好，很高兴认识你们！（此环节主要通过谈话导入，引导幼儿了解小兔子的主要特征；在说小兔子主要特征的同时，请幼儿拼摆小兔子打招呼的动作，这样不仅给幼儿创造了一个思考的空间，同时也激发了幼儿的兴趣。）

③请幼儿表演小兔子的动作。

教师：刚刚你们都认识了小兔子，小兔子也认识了你们。谁来学一学小兔子是怎么走路的？

（幼儿上台表演兔子走路时的样子。）

教师：你觉得它走路是这样的，那你能不能来摆一摆小兔的动作呢？（他是这样摆的，小兔子的一条腿抬得高高的，另一条腿还弯了过来，两只手来回晃动。）嗯！很棒！还有不一样的吗？

（再请一位幼儿上台摆出不一样的动作。）

教师：他摆的兔子在跑。我们一起来看一下他摆的小兔子前面的这条腿步子是不是跨得很大呀，另一条腿也弯了过来。两只手都在用力地摆动。看来兔子跑得是很快的。原来兔子的胳膊和腿都动一动，它就会做出很多有趣的动作。还有不同看法的吗？你觉得兔子还会做什么有趣的动作呢？

（幼儿自由想象兔子的有趣动作。）

教师：你觉得兔子会跳。那你来摆摆看。

（幼儿上台拼摆兔子的动作。）

教师：哎呀！我们一起来看一看！他摆的兔子做的什么动作啊？（他摆的小兔子是很开心地跳了起来！两只手开心地举起来了，他又调皮地把它的两只脚也都翘起来了。）

教师：刚刚你们帮小兔子摆出了这么多的造型，都是通过兔子的四肢来改变它的动作的。胳膊和腿动一动就会做出更有趣的动作。你们想想看，小兔子除了会走、会跑、会跳，还会做什么动作呢？（教师可以提示幼儿想一想小兔子吃东西时是什么样子的呢？）

（幼儿上台摆出小兔吃东西时的动作。）

教师：他是这样摆的。小兔的两只手都放在了嘴巴的下面，手里还拿了一根胡萝卜，就好像在吃东西一样！嗯！不错！给他鼓鼓掌。你们想一想，小兔子还会不会像我们一样会做运动呢？比如，倒立。

（幼儿自由想象小兔子倒立时的动作。）

教师：哦！原来小兔子也可以像我们人一样可以倒立哦！真有趣啊！哎呀！小朋友们想一想，兔子累了会想干吗？

幼儿：想躺下来休息一会。

教师：谁来摆一摆小兔子躺下来休息时的动作呢？

（幼儿上台摆出小兔子休息时的动作。）

教师：我们一起来看一看小兔子躺下来休息的时候它的四肢发生了什么变化？（教师边讲边用手比画一下。）小兔子休息的时候，两只手枕在了自己的头下面，一只腿放在了另一只腿上面。嗯！这个动作还真有趣！你们想一想小兔子最喜欢躺在哪里休息啊？

幼儿；草地上……

教师：哦！兔子想要躺在舒服的地方睡觉，可能躺在床上休息，也可能是躺在草地上休息。（教师边讲边添、画相应的背景。）

教师：小朋友们来观察一下，小兔子要做出不同的动作，除了可以移动它的头，更重要的是移动它的四肢，这样小兔子就会做出不同的动作，就会更有趣！哎呀！刚刚你们帮小兔子摆出了这么有趣的动作，王老师没有来得及用相机拍下来，那么接下来你们就用手中的画笔把它画下来，然后送给它的伙伴们，好吗？

④幼儿作画，教师巡回指导。

⑤欣赏交流——说说小兔子的各种有趣的动态。（玩接龙游戏依次介绍自己的兔子在做什么。）

【指导与评价】

活动一开始教师以谈话方式导入主题，主要是引导幼儿了解小兔子的主要特征，在说小兔子主要特征的同时，请幼儿拼摆小兔子打招呼的动作，这样不仅给幼儿创造了一个思考的空间，同时也激发了幼儿的兴趣。通过层层递进的方法，在反复拼摆、描画的过程中幼儿的动手能力得到锻炼，幼儿又能体验艺术创作的乐趣。课堂教学趣味性增加的同时，也激发了幼儿探究新知的兴趣。在活动中幼儿通过看一看、说一说主动探索的方式加深对小兔子的认识，并能摆出小兔子的各种动作，此环节不仅让幼儿准确地认识小兔子，同时幼儿的观察能力也得到了锻炼，在整个活动过程中幼儿都表现得兴趣盎然。

首先，对于五大领域如何与绘画类活动相结合，本次活动做了一些尝试。教师在尊重原有内容的基础上进行了创造性的应用。例如，开始部分激发幼儿兴趣，让幼儿猜是谁来了。通过动物的主要特征来猜动物，结合了科学方面的知识。通过拼摆，表现小兔子的动态，又结合了健康方面的知识。紧接着一个环节就是让幼儿画出自己心目中兔子会做出的动作，又和幼儿园科学常识类活动结合起来，整个活动主要试图引发幼儿参与活动的兴趣，让幼儿画出自己觉得小兔子会做出的动作，然后通过添画相关的背景，不仅达到了教学目标，而且也体现了新课程所倡导的“给幼儿创造动手操作、自主探究、合作交流的时间和空间”的理念。

其次，提供各种机会，为幼儿搭建动手操作的舞台，引导幼儿在自主探索、交流中共同发现小兔子做出的动作是什么。这一环节主要是给幼儿提供动手操作的机会，引导幼儿在认识兔子的同时，也训练了幼儿的观察能力。活动中每一个环节的发展都有一个量变到质变的过程，每一次的前进既是上一步的发展，又是下一步的准备，是一个由易到难的过程。在设计活动时，教师把重点放在表现小兔子的特征上，是为了发展幼儿的创造力和想象力。活动难点的定位是为引导幼儿通过拼摆、描画，表现小兔子的各种有趣动态，环环相扣，有效地将科学领域的活动与美术绘画联系起来，充分挖掘美术教育的价值。

最后，在指导、评价、交流环节给幼儿创造一个自由讨论的空间。幼儿有充足的时间和大量的机会介绍作品，能有效地与家长、同伴交流，让每个幼儿都有机会去展示并获得成功的价值体验，使幼儿意识到原来绘画类活动与科学领域的结合竟然可以产生如此美妙的作品。总之，在整个活动中教师力求把活动变为游戏类活动形式，把各知识点用一系列的操作活动串联在一起。例如，通过“看一看、说一说”，使幼儿动起来、活起来，让幼儿在实际参与、动手操作、合作实践的过程中全身心地参与教学活动，认识有趣的小兔子，充分挖掘美术教育的价值，更好地达到教育活动目标。

4. 绘画和社会领域相结合的活动案例及指导与评价

特别的我

【活动设计背景】

大班绘画类活动“特别的我”是一节引导幼儿通过简单的行为艺术来体验绘画活动的案例。活动旨在引导幼儿合作完成人体动态的描画以及对人体的装饰，让幼儿体验合作的快乐，并让幼儿了解美的事物就在我们身边，它来源于我们的生活。

因为每一位幼儿都是非常特别的个体，他们的所思所想，都会通过行为表达出来。在本次活动中，教师设计了按照动作体验—线条勾画—欣赏装饰—合作创作—跳舞欢庆的顺序，让幼儿从动作体验开始，以动作表达结束的方式，通过做一做、画一画、看一看、说一说，让幼儿伴随音乐自由舞蹈，大胆创作，群体合作，共同完成大幅的动态人物绘画作品，通过行为来体验艺术，在游戏的情境中收获快乐。

【活动目标】

①合作完成人体动态的描画和人体的装饰；

②在活动中体验合作的快乐；

③了解美就在我们身边，它来源于我们的生活。

【活动准备】

音乐带、半开纸 7 张、水彩笔、油画棒、水粉、毛刷、抹布、水桶、标志、范画、工作服。

【活动重点】

不同的工具材料表现的结果。

【活动难点】

分组合作描画不同人体动态。

【活动过程】

①欣赏范画，激发幼儿活动的兴趣。

教师：小朋友们仔细观察，这张画有什么特别的地方？你们想不想画一张特别的画？

②游戏《木头人》。

教师：首先，我们来做一个木头人的游戏。女孩子全体起立到前面来，听到音乐，做各种各样优美的动作，音乐一停你们就得变成一个美丽的木头人。（发标志。）男孩子全体起立到前面来，游戏规则是听到音乐，做有趣的、可笑的动作，音乐一停你就得变成一个有趣的、可笑的木头人。

③教师示范。

教师：小朋友们的动作都很特别，用什么办法能把咱们的动作留下来呢？××小朋友到前面来，请你摆出一个特别的动作请大家欣赏。（教师描画出该幼儿的体态。）

④讨论。

教师：请 7 位身上有标志的小朋友上前摆各种各样的动作（站姿或卧姿）。大家共同分析 7 位小朋友的动作能不能画在纸上，将个别动作稍做改动。

⑤幼儿分 7 组，合作完成人体姿态的描画。

⑥游戏《找信》。

每组幼儿共同解读密信，分析信件中的艺术表现方式，激发幼儿的创作欲望。

⑦幼儿自由创作。

运用线条、图案或者色彩装饰人体并为画面涂底色。

⑧欣赏作品。

请幼儿谈一谈，哪一组作品中人物的动作清晰、色彩鲜艳、人体装饰得非常有特点。

⑨结束。

欢庆舞。师生伴随音乐自由舞蹈，展示自我独特的魅力。

【指导与评价】

在活动过程中，首先教师请幼儿玩游戏《木头人》，在不同风格的音乐中，引导幼儿大胆地表现出自己的肢体语言。例如，女孩子优美舒展的动作和男孩子阳刚的动作，展示不同动作的魅力。其次 7 名幼儿摆出不同的姿态，其余幼儿分组进行人体形态的描画：有的画头部，有的画肢体，大家都快乐地忙碌着，沉浸在集体的创作中。美术创作的作品欣赏阶段是十分重要的环节，教师首先请幼儿欣赏大幅作品，激发幼儿创作的欲望，点燃想象的火花，启发幼儿大胆、自由地运用线条、图案和色彩去装饰画面。其次，在结束环节，幼儿欣赏同伴的作品，共同分析各组的人物动态是否清晰，装饰的图案是否完整，运用的色彩是否干净、漂亮。最后的欢庆舞让幼儿的成就感达到高潮，将艺术创作中的激情得以淋漓尽致地释放。这次活动幼儿在短时间内在音乐和舞蹈的伴随下，充分利用多种材料，大胆创作，齐心协力共同完成了多张色彩鲜艳、风格迥异、视觉效果强烈的巨幅作品。幼儿通过自身行为体验艺术，在游戏的情境中收获快乐，体验自豪感和成就感，分享成功的经验。

5. 绘画和音乐相结合的活动案例及指导与评价

狮子王

【活动设计背景】

在大班上学期，教师安排了这次绘画和音乐相结合的活动。大狮子形象夸张、威猛，是小朋友们十分熟悉的一种动物。根据大班幼儿的实际情况及幼儿的个体差异，教师对整个活动的各个环节重新做了调整，使其针对性更强。

【活动目标】

①观看《狮子王》片段，聆听《狮子王》音乐，体会狮子王的强大；

②尝试画出狮子的主要外形特点，并添画与狮子相关的背景；

③知道要保护动物、爱护环境，萌发热爱大自然的情感。

【活动准备】

狮子的图片、油画棒、记号笔、幼儿操作材料、视频片段《狮子王》。

【活动重点】

观察了解狮子的特征和形态。

【活动难点】

实操过程。

【活动过程】

①播放《狮子王》片段，聆听音乐。

教师：你们刚才看到的狮子长什么样？生活在什么地方？

教师：狮子是食肉动物，皮毛是金黄色的，公狮子身体强壮，头上有长长的鬣毛。狮子主要生活在非洲草原，为了让更多的人看到狮子，有的狮子被运到动物园，供人们观赏。

②引导幼儿爱护动物。

教师：狮子有自己的家园，我们能闯到它们的家里破坏它们的生存环境吗？

教师：我们要爱护它，不能随意捕杀动物、破坏生态环境。

③出示范画。

教师：你们喜欢狮子吗？老师这里有几只狮子，你们想知道它是怎么画出来的吗？

④教师示范狮子的画法，重点讲解鬣毛的几种表现形式。

⑤幼儿作画，教师指导(放背景音乐)。鼓励幼儿画出狮子的生活场景，可以画一只公狮子，也可画狮子的一家。

⑥幼儿将自己的画编一个故事与同伴、教师分享。

【指导与评价】

这个活动从过程来看，虽然思路清晰明朗，但从课后效果来看，幼儿的作品大都千篇一律，与教师范画中的狮子没有什么区别。活动还是没能走出旧模式：先是教师示范、讲解，幼儿再模仿或进行简单的创作。这种方法既省时又简洁，殊不知它不但抑制了幼儿的创造性，而且会使幼儿产生没有自己的想法、盲目服从权威的心态，不利于健全人格的发展。怎样能让幼儿的作品丰富多彩，能让每一个幼儿的作品具有自己的个性，让每个幼儿都在原有的基础上得到发展，又能分享到自己成功的快乐？

首先，活动过程中围绕欣赏范例，提出以下问题。第一幅为教师作品：这幅画的名称是什么？你怎么知道它是一只公狮子的？这只公狮子在干什么？它在哪儿？通过这一环节，一是让幼儿了解公狮子的特征；二是让幼儿意识到作品的主要内容必须在画面醒目的地方；三是让幼儿体会到公狮子鬣毛造型夸张的特点。教师再出示第二幅作品——幼儿作品，图上有几只狮子？它们都是谁？它们和公狮子区别在哪里？它们除了在一起做游戏，还会到哪里？去干什么？这一环节发散了幼儿的思维，为他们的创作打下了基础。其次，将第一幅作品和第二幅作品进行比较，这两幅画中的公狮子有什么区别？鬣毛还有哪些画法？这两幅画都先画什么，后画什么？这一环节的提问突破了重、难点，开阔了幼儿的思维，为他们打开了想象的窗户。

最后，教师再提出请幼儿为狮子画张画时，幼儿肯定都能大胆地进行。经过这样的修改设计，虽然因思考讨论花去的时间多了，但这一环节肯定会调动幼儿学习的主动性和创造性，或许这就是以前教师在示范讲解后反复提醒要画得跟教师有所不同，但大部分幼儿还要照样去临摹范例的症结所在。这样的案例经验和教训也很多。例如，幼儿知识、经验贫乏，思维没有定势。培养幼儿创造性思维的能力，帮助幼儿积累各种经验，比形成概念更切合幼儿的需要与可能。因此，在美术教学活动中，教师必须认真地设计提问，组织讨论，由教师单向传授知识和技能的方式改为师幼创造性地教与学的双边活动，在讨论中培养幼儿将过去的知识迁移到新的情境中，使他们养成大胆表述、乐于表现的习惯。另外，美术创作活动是一种个别化的活动，每个幼儿都有自己的构想与表现。但个人的思路毕竟是有限的，在幼儿活动过程中，教师会指导个别幼儿进行创作，并且既不会对集体产生干扰，也不会限制其他幼儿的创作，是对幼儿创作的推动。

四、幼儿园常见的绘画类作品

(一)线条画类(简笔画)

幼儿最初的绘画表现大都是以线条画的形式出现。线条画(简笔画)是通过目识、心记、手写等活动，提取客观形象最典型、最突出的特点，以平面化的形式和简洁大方的笔法，表现出既有概括性又有可识性和示意性的绘画。常见的工具是各种单色的硬管笔或类似的工具，难易程度可根据幼儿情况调整。

(1)　(2)　(3)　(4)　(5)

图 3-14　线条画作品

(二)彩色铅笔画类

彩色铅笔是一种表现技法多样的绘画工具，用力的大小可以使颜色有深、浅不同的变化，而多种颜色的交错融和可以创造无限的色彩效果，表现细腻的层次与空间。实操活动时用易于掌握的着色方法表现形体，比较熟练后幼儿可以较轻地配置出微妙的色彩，这对于锻炼幼儿手的控制能力非常有好处。

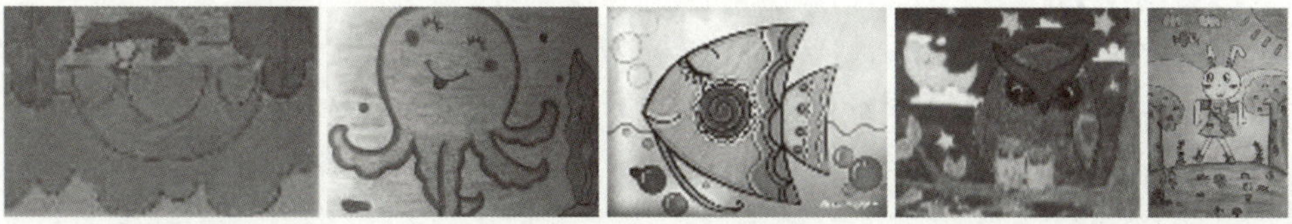

(1)　(2)　(3)　(4)　(5)

图 3-15　彩色铅笔画作品

(三)油画棒类

油画棒是一种油性彩色绘画工具，与蜡笔外表相似，但其纸面的附着力、覆盖力更强，能展现油画般的效果。油画棒手感细腻、滑爽、铺展性好，叠色、混色性能优异，和其他辅助工具结合使用更能充分地展现绘画效果，满足不同年龄班幼儿各种绘画技巧和难度需求。

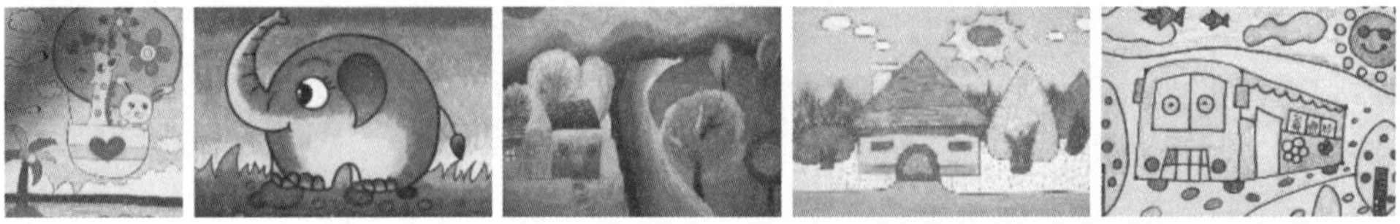

(1)　(2)　(3)　(4)　(5)

图 3-16　油画棒作品

(四)水彩、水粉、油画棒混合类

生活中的水和油脂类是不相容的，此种画法就是利用三种材料不同的性质进行混合使用后产生的特殊效果，令幼儿产生好奇，进而提高他们的作画兴趣。

(1)　(2)　(3)　(4)　(5)

图 3-17　水彩、水粉、油画棒混合作品

(五)吹画类

吹画是将需要的透明水色或水彩颜色滴一些在纸上，一般用嘴吹或借助小管子来代替画笔作画。它不仅非常简单易学，而且作画过程也趣味盎然，与此同时，幼儿也可以根据自己的创意、喜好等即兴作画。

(1)　(2)　(3)　(4)　(5)

图 3-18　吹画作品

(六)刮画类

刮画又名刮蜡、刮美卡，是一种比较新潮的幼儿绘画方式。除了用竹笔在刮画纸上进行绘画创作以外，还可以配合其他工具进行作画，丰富画面效果，如牙签、用完墨水的水笔、圆珠笔、竹筷、回形针等。尖的用来画细线条表现细节，扁平的、有一定宽度的工具可以用来画粗犷的线条或者面。刮画纸是一种双层艺术类纸品，幼儿教师有能力也可以自己制作。上层主要为黑色，下层为单色或迷彩色，刮去上

层的黑色便露出下面的彩色，色彩亮丽，对比强烈，有着良好的视觉效果，深得幼儿喜爱。刮画不适合反复修改，因此，可以锻炼幼儿果断的作画习惯。

(1)　(2)　(3)　(4)　(5)

图 3-19　刮画作品

(七)水彩笔类

水彩笔是幼儿常用的绘画工具。水彩笔的优点是色彩丰富、鲜艳，一般适合画彩色线条画、卡通画等，也可以做涂色练习，而且颜色变化丰富，比较适宜幼儿书画的创作，能提高涂画效果，利于幼儿展开活动，提高作画兴趣和水平。

(1)　(2)　(3)　(4)　(5)

图 3-20　水彩笔作品

(八)棉签画类

棉签画就是利用棉签吸水量大的特点，能够使颜色沾得比较多，在涂染时颜色比较饱和、均匀。幼儿园利用棉签进行作画，能够锻炼幼儿大面积涂色的能力。

(1)　(2)　(3)　(4)　(5)

图 3-21　棉签画作品

(九)指点画类

指点画是利用手的不同部位粘上相应的颜色，在合适的位置转印、排列、组合，形成一种特殊的效果，非常适合幼儿绘画活动。

(1)　(2)　(3)　(4)　(5)

图 3-22　指点画作品

(十)水墨画类

水墨画是由水和墨经过调配不同浓度所画出的画，是中国传统画之一。线条有中锋笔、侧锋笔、顺锋和逆锋，点染、皴擦、破墨、泼墨等技法，墨以加清水的多少引为浓墨、淡墨、干墨、湿墨、焦墨等，画出不同浓淡(黑、白、灰)层次，墨与水的变化分为五色。而完成的作品集诗、书、画、印于一体，就是一张完整的水墨画作品。

(1) (2) (3) (4) (5)

图 3-23 水墨画作品

本章小结

绘画类活动是幼儿艺术活动的重要组成部分，是幼儿表达情感的重要方式，是幼儿健康心理形成的重要方面。由于幼儿的生理机制尚不完善，手、眼、脑三者的配合尚不十分协调，所以画出来的形象通常不合常理，但这正是幼儿绘画作品的可爱之处。“对于幼儿来讲，艺术就是一种游戏，只有幼儿从中获得欢乐和愉快的体验时，艺术才能真正成为幼儿的需要，并且被幼儿接纳。”因此，教师应珍惜和爱护他们的这一特征，不要总在“形”上做文章，评价“像不像”“美不美”，应该遵循他们年龄发展的规律，循序渐进、善于理解和尊重他们的心理特征。只要他们在绘画的过程中是愉悦的、投入的，教师就不要过分挑剔。本章介绍了3～6岁的小、中、大班幼儿绘画类活动的不同种类与发展特点，解析了幼儿绘画类活动的基本目标与要求，并结合案例指导与评价了不同年龄班幼儿绘画类活动的组织实施与指导策略。

关键术语

绘画类活动　装饰类绘画活动　命题类绘画活动　意愿类绘画活动

思考题

1. 命题类绘画活动对不同年龄班幼儿发展有哪些好处？
2. 教师如何引领不同年龄班幼儿意愿类绘画活动？
3. 教师应如何指导不同年龄班幼儿装饰类绘画活动？

建议的活动

尝试设计一个任意年龄班的绘画类活动案例，并能写出比较详细的评价总结。

拓展阅读

《幼儿园美术活动指导与设计》，张念芸著，北京师范大学出版社，2010 年。该书介绍了幼儿绘画的发展规律及其特点，并详细阐述了绘画、拼贴、剪纸等不同类型活动的指导与设计策略，提供了相关活动方案，对于广大幼教工作者开展幼儿美术教育具有实践指导价值。

第四章　幼儿手工类活动

学习目标

1. 了解不同年龄班幼儿手工类活动的发展特点。

2. 知道不同年龄班幼儿手工类活动的目标与要求。

3. 熟悉不同年龄班幼儿一般性手工类活动的组织实施与指导。

4. 明白各年龄班命题类手工活动、意愿类手工活动、自制玩具类手工活动的组织实施与指导。

5. 掌握各年龄班手工与五大领域相结合的活动案例设计、指导与评价。

学习导图

- 幼儿手工类活动
  - 幼儿手工类活动的内涵
    - 手工
    - 幼儿手工类活动
  - 不同年龄班幼儿手工类活动的发展特点
    - 小班幼儿手工类活动的发展特点
    - 中班幼儿手工类活动的发展特点
    - 大班幼儿手工类活动的发展特点
  - 不同年龄班幼儿手工类活动的目标与要求
    - 小班幼儿手工类活动的目标与要求
    - 中班幼儿手工类活动的目标与要求
    - 大班幼儿手工类活动的目标与要求
  - 不同年龄班幼儿手工类活动的组织实施与指导
    - 小班幼儿手工类活动的组织实施与指导
    - 中班幼儿手工类活动的组织实施与指导
    - 大班幼儿手工类活动的组织实施与指导

案例导入

教师：大家知道现在是什么季节吗？(秋季)教师出示之前和幼儿一同采集到的各种树叶、树枝，以及秋天落叶飘落范例图片，让幼儿观察落叶的情景，感受秋天的独特风景。

教师：叶子宝宝随着秋风飘落下来，纷纷离开了妈妈。一群小朋友把这些可爱的树叶及小树枝捡起来带回了家。你们知道他们把叶子宝宝带回家能做什么吗？（幼儿自由发言、表述。）

教师：老师和小朋友们一样，非常喜欢秋天的叶子宝宝，因此就把它们收集起来，根据叶子的形状和颜色，加上一些修剪归类之后，把它摆一摆、拼一拼、贴一贴，形成美丽的图画，你们想看吗？（教师出示树叶贴画作品，如金鱼类贴画和葡萄类贴画等。）这样用树叶贴出来的画叫作树叶贴画，你们想不想也用树叶做贴画呢？

以上对话呈现了教师引导幼儿进行树叶拼贴活动的场景。活动中，教师引领幼儿认识几种常见的树叶，强化幼儿印象，教师将几个树枝、几片树叶拿在手里端详，可以发现不同的树枝或树叶从不同的角度望去能想象成不同的物体，只要稍微经过加工整理，就能配合幼儿园开展手工类活动。教师利用自然界各种材料与其他材料进行组合，开展各个年龄班、不同形式的手工类活动，在实操中启发幼儿展开联想与想象，让他们以作品和玩具的方式呈现出来，这对幼儿来说具有实际意义。

第一节　幼儿手工类活动的内涵

幼儿园的手工制作是幼儿喜闻乐见的一种活动，通过一些生活中常见物的简单取舍、黏合、连接、建构等，使原有物品发生变化，以引起幼儿的兴趣和参与热情，特别受到幼儿的喜爱。

一、手工

手工，顾名思义就是指非机器设备批量生产，而是由人用手进行制作、加工生产的过程。中国传统的手工活动源远流长，生活中以手工劳动制品最为常见，有时由于做工精细、风格迥异，还形成了具有独特艺术风格的工艺美术品。现代民间的手工艺指的就是纯手工或借助简单工具制作的产品，也可以使用机械工具，但前提是工艺师直接的手工操作仍然是成品的最主要环节。生活中常见的最朴素的手工艺品更多的是由自然材料制成的，此类产品实用、美观，具有一定的可塑性、艺术性和创新性，作品本身能传达民族和地方文化内涵，富有装饰性、功能性和传统性。

二、幼儿手工类活动

幼儿手工类活动是指在教师的引领和指导下，幼儿利用一定的材料，并借助简单辅助工具，发挥自己的想象力和创造力，再通过简单的动手操作，制作出有一定空间的、可视的、可触摸的成型作品的一种活动。手工类活动的过程就是幼儿不断地遇到问题、学会探索、尝试解决问题的过程。

幼儿手工类活动与时俱进、品种多样，一般可以分为纸艺类手工、泥艺类手工、自然物废弃物类手工三大部分。幼儿园手工活动内容无论是室内展示作品还是区域玩具作品，抑或户外活动玩教具等，其基本的分类如下：按领域可以分为健康领域、语言领域、科学领域、社会领域、艺术领域等；按活动区、角可以分类为体育类、角色游戏类、科学类、建构类、益智类、角色表演类、美劳类等；按材质可分为木质类、塑料类、橡胶类、纸质类、钢铁质类、泥质类、玻璃类、布制类、综合制作类等。幼儿手工类活动是一种手、脑、眼并用的实践操作活动。多种多样的工具和材料可以引发幼儿的操作欲望，促使他们开展创造性的活动。因此，教师应尽可能多地给幼儿提供丰富多彩的操作材料和工具。例如，给经验不足和年龄较小的幼儿提供的材料应以成品材料为主，半成品材料为辅；随着幼儿年龄的增长逐渐减少成品材料，增加半成品材料和零件材料；而给大班或经验比较丰富的幼儿提供的材料应以零件材料为主，半成品材料为辅。需要特别强调的是，无论教师提供什么样的材料，都应该是安全的、复合型的、可操作的，并能让幼儿用感官探索、用手操作，最好具有潜在美的内涵。

想一想

现代民间手工艺的基本内涵是什么？

【答案要点】现代民间手工艺指的是纯手工或借助简单工具制作的产品，也可以使用机械工具，但前提是工艺师直接的手工操作仍然为成品的最主要环节。生活中最常见、最朴素的手工艺品更多的是由自然材料制成的，此类产品实用、美观，具有一定的可塑性、艺术性和创新性，作品本身能传达民族和地方文化内涵，富有装饰性、功能性和传统性。

幼儿园教师资格证考试·要点分析

幼儿的手工类活动按区角和材质分类，都包括哪些？

【答案要点】按活动区角可以分为体育类、角色游戏类、科学类、建构类、益智类、角色表演类、美劳类等；按材质可分类为木质类、塑料类、橡胶类、纸质类、钢铁质类、泥质类、玻璃类、布制类、综合制作类等。

第二节　不同年龄班幼儿手工类活动的发展特点

不同年龄班的幼儿在不同阶段对手工类活动的态度不一样，各有自己的特点，掌握这些特点对教师有针对性地开展活动具有重要的参考意义。

一、小班幼儿手工类活动的发展特点

3～4 岁的小班幼儿由于入园时间较短，对幼儿园里的一切事物都充满了好奇，特别是在小班下学期，在熟悉和适应了周围环境之后，看到新鲜、好奇的东西时，总喜欢摸一摸、动 动、玩一玩，想亲自参与、尝试一下的愿望特别强烈。美术手工活动中的泥艺类、纸艺类、自制玩具类及综合创意类中的各种实操活动正好给幼儿提供了很多可能，能够满足幼儿的基本愿望。小班幼儿由于能力、经验不足，手、眼、脑之间的协调能力差，所以，在小班下学期正式开展类似的活动时，教师应在实操中尽可能为他们提供一些能够掌握的简单易学的制作方法和技能。

二、中班幼儿手工类活动的发展特点

4～5 岁的中班幼儿因为已经有了小班的一些经验，各个方面都有所发展，首先表现欲望开始强烈，并喜欢尝试使用一些新工具和新材料进行活动，有了初步的手工类活动制作意图，在泥艺类活动上能利用一些黏土或橡皮泥的可塑性逐渐展开各种尝试，能学会利用简单的搓、团、压、捏等技法塑造物体的简单部分和基本特征，也会使用一些简单的辅助材料帮助完成一些小任务。在折纸活动中也可折叠出比较简单的单个物体，利用工具剪、撕等手段做出自己需要的简单图形，能用一些材料进行粘贴，初步掌握直线或弧线、曲线等线条的特点并能用在造型上。由于能力有限，所以中班幼儿纸艺类活动的作品还比较粗糙，如折、剪的物品不是很工整，折叠的效果还有待进一步提高等。在综合制作类手工活动方面，幼儿能利用现成的各种废旧材料经过教师点拨、启发简单加工出某些作品，但由于还不是很熟练，特别是表现在驾驭各种工具、材料以及运用各种技能、技巧上，所以作品往往还显得比较粗糙和幼稚。

三、大班幼儿手工类活动的发展特点

5～6 岁的大班幼儿除了基本具备中、小班幼儿的动手经验和特点外，知识经验比较丰富，大脑功能也不断趋向成熟，特别是在大班下半学期，幼儿手的精细动作进一步发展，剪、折、贴的技能逐步提高，因此，他们往往喜欢用更多的辅助材料表现较复杂、难度较大的作品，追求对物体的主要部分乃至细节和情节的表现。教师此时应当引导幼儿在仔细观察、积极思考的基础上，自己探索尝试，完成手工活动的制作任务，鼓励幼儿更独立、更大胆地将自己的认识和情感表达出来，使他们在探索中积极思考，既动手又动脑，获得更多的发展和审美体验。

第三节　不同年龄班幼儿手工类活动的目标与要求

不同年龄班的幼儿手工类活动的目标和要求各不相同，小班幼儿从下学期开始，手工类活动逐渐增多，目标与要求也比较初级。通常大班幼儿各种经验相对小班要丰富很多，因此，目标与要求也有所提高。

一、小班幼儿手工类活动的目标与要求

认知目标：初步熟悉泥工、纸工等的材料和工具，了解泥的可塑性质，了解纸的性质。

情感目标：通过玩泥、撕纸等活动，体验手工活动的快乐。

技能目标：掌握泥工中团圆、搓长、压扁等基本技能；学习撕纸、粘贴，初步撕出简单形状并粘成画；初步学会用自然材料(石子、豆子、树叶等)拼贴造型；学会用印章、纸团、木块等材料蘸上颜色在纸上敲印。

创造目标：能大胆运用印章、纸团、木块等在纸上意愿压印。

小班幼儿手工类活动具体的目标与要求是：

第一，引导幼儿乐意参加手工活动，愿意尝试准备好的手工工具材料，体验手工活动的乐趣；

第二，引导幼儿学习用糨糊、胶水等粘贴沙子、芝麻、麦片、橘子皮等材料及教师准备好的简单物体图形；

第三，要引导幼儿初步学习撕纸、折纸、染纸的最简单技能；

第四，要注意引导幼儿体验泥的可塑性，学习用搓长、团圆、压扁、和泥的技能塑造最简单的物品；

第五，引导幼儿学习在原形物体上进行简单粘贴，制作出最简单的玩具或者其他物品。

二、中班幼儿手工类活动的目标与要求

认知目标：进一步熟悉泥工、纸工及自制玩具的工具和材料。

情感目标：通过泥工、纸工及自制工具的活动来积极投入手工作品的创作，并培养儿童对手工活动的兴趣。

技能目标：能正确使用剪刀剪出方形、圆形、三角形及组合形体，并拼贴成画；掌握折纸的基本技能，折出简单的玩具；学习用泥塑造出物体的基本部分和主要特征；掌握撕纸的基本技能，撕出简单的物体轮廓。

创造目标：能大胆地运用各种泥类按照意愿塑造；能大胆地用纸按意愿撕、剪

出各种物体轮廓。

中班幼儿手工类活动具体的目标与要求是：

第一，要引领幼儿较熟练地使用合适的工具，具有一定的立体造型的想象力和制作能力；

第二，要引导幼儿比较熟练地使用和选择手工工具和材料，创造性地表现自己的意愿；

第三，要引导幼儿学习用多种点状材料拼贴物象，表现简单的情节；

第四，要引导幼儿学习用多种技法将纸折出物体的各个部分，组合成整体物象；

第五，要引导幼儿学习用目测的方法将纸等面状材料分块剪、折叠剪，拼贴平面的物象或制作立体的物象；

第六，要引导幼儿学习用拉伸的方法并配合其他泥工技法塑造结构较复杂的物象，表现其主要特征和简单细节。

三、大班幼儿手工类活动的目标与要求

认知目标：了解各种纸张的不同性质，知道不同性质的纸张具有不同的表现效果；对自制玩具的材料加以分类，以获得选择、收集这些材料的经验。

情感目标：体验综合运用不同手工材料制作作品的快乐；喜欢用手工表达自己的想法和情感。

技能目标：用泥塑造人物、动物等较复杂结构的形体，能表现物体的主要特征和细节，能集体分工合作塑造群像，表现某一主题或场面；能用各种纸张制作立体玩具；能用无毒、安全的废旧材料制作玩具并加以装饰。

创造目标：能综合运用剪、折、撕、粘、接等技能独立设计制作玩具。

大班幼儿手工类活动具体的目标与要求是：

第一，要引导幼儿较熟练地选择和使用手工工具和材料，创造性地进行手工操作活动，表达自己的手工意愿。

第二，要引导幼儿自己收集各种常见的自然材料和废旧材料，进行手工操作活动。

第三，要引导幼儿综合运用所掌握的泥工技能，进行立体塑、捏及平面泥的粘贴活动，启发幼儿逐渐探索泥工的技巧，创造性地表现各种物体的形象，并获得塑、捏成功的快乐。

第四，要引导幼儿运用对边折、对角折、集中一角折、双正方形折、双三角形折、四角向中心折等技巧，折出简单玩具和物品，并将折纸活动与绘画、粘贴、环境布置结合起来。

第五，要引导幼儿在中班撕纸和染纸的基础上，撕出自己喜欢的物体的轮廓和形象(可以是现实的，也可以是想象的)。用渍染和点染结合的技能，将喜欢的生活

用品纸形正确折叠后进行染纸。

第六，要注意引导幼儿用目测的方法折叠、剪出各种窗花、拉花以及自己喜欢的形象或想象中的形象等。

第七，要引导幼儿综合运用各种美术技能技巧，对自然材料和废旧材料进行简单加工改造，制作出各种简单玩具或其他物品。

第四节　不同年龄班幼儿手工类活动的组织实施与指导

幼儿手工类活动按照材料分主要可分为泥艺、纸艺、自制玩具三类，其中，自制玩具中可用到的材料涉及自然物类、废旧物类等，从形式上又分为命题类手工活动、意愿类手工活动、自制玩具类手工活动三种类型。教师可以根据当地及本班幼儿的实际情况和发展特点选择不同形式、内容的活动方式。

一、小班幼儿手工类活动的组织实施与指导

（一）小班幼儿泥艺类手工活动的组织实施与指导

小班泥艺类手工活动可供选择的材料很多，有各种彩色轻质黏土、黄泥土、胶泥、红泥、白泥、橡皮泥、面团等，这些材料容易买到而且价格低廉，经济方便。使用这些基本材料需要注意的是，在备用时最好用塑料袋密封以免风干后造成不必要的浪费。

1. 适当添加简单辅助工具帮助塑造

教师可以根据每次塑造物品的需要，为幼儿针对性地准备一些简单辅助材料，如用于某些细节装饰的小豆子、小树枝、小木棍等。对于这些辅助材料教师可以因陋就简，就地取材，但要特别注意安全、卫生。例如，在小班幼儿会团圆塑造后，教师可以引领幼儿以小组的形式，将泥艺类活动的团圆技能引向深入，可要求每个孩子都分别拿出一个小圆球来，教师可以提供给幼儿一个小木棍，将这些小圆球串联起来，就形成了幼儿常见的糖葫芦形象。如果幼儿感兴趣，教师可以将此类活动用一个时间段延续下去。例如，引领幼儿用不同的压力使搓条的粗细产生变化，之后稍加点缀可变成具有一定特征的某些实物的形状，如萝卜、黄瓜等。压扁是在团圆或搓条的基础上，手掌用力向下压使之变成扁平状。例如，可压成简单饼干、小盘子等形状。幼儿学会基本动作之后，教师可以让他们自由活动。对于进步快的幼儿教师可以引导他们学会添加一些简单辅助材料，或利用黏土的性质，教给他们一些简单黏合、粘贴的办法，并鼓励幼儿把几个简单部分黏合成一个整体。

2. 与其他类型活动相结合强化综合理解

有经验的教师会将小班下学期的手工活动和绘画活动有机地结合起来。在活动

前，教师可将一些幼儿熟悉的简单实物放在一定位置上，或分发给幼儿，给他们提供充分的各种观察和触摸的机会，以唤起他们用手工材料表现这些简单实物的兴趣和愿望，然后再引导他们进行具体的塑造过程。实践发现，小班幼儿在塑造过程中，观察的实物越多、越翔实，了解物体的基本结构越多、观察越仔细，当用材料表现它们时，就越容易把握形状、结构，而且也容易表现得更好。

3. 活动内容力求简单、有趣

幼儿泥艺类活动在小班开展时要简单明了、造型性强和内容多样，活动的开展形式能符合小班幼儿的特点，生动活泼，充满游戏的情趣性等，满足了这些条件自然就会获得他们的喜欢。也只有这样小班幼儿才能以此为契机，在泥艺类手工活动中真正进行富有创造性的大胆表现，才能有利于他们动手能力和个性的全面提高和发展。

图 4-1　泥艺类手工《好吃的饼干》

小班幼儿泥艺类手工活动花样繁多，内容丰富多彩，教师可以借助于现代化的各种材料，满足幼儿捏、揉、把玩的需要。通过活动，幼儿了解各种泥的性质，为具体制作打下基础。

(二)小班幼儿纸艺类手工活动的组织实施与指导

纸艺类活动是小班幼儿手工活动中的重要组成部分之一，是一种幼儿手、眼、脑的相互结合，并需要自己的想象和将各种感受到的信息首先转化成自己的心理意象，再通过一定的美术媒介和手段把它表现出来的操作活动。这一过程包括心理操作和实际操作两个方面。

幼儿在小班时期，其心理发展处于象征思维向直觉的半逻辑思维过渡阶段，主要受直觉表象的控制，表现在小班幼儿的手、眼还不是很协调，精准度还比较差，不能达到随心所欲的程度，肌肉遵循着早期的大肌肉动作，逐渐到小肌肉动作，再到精细肌肉动作的顺序发展。因此，在组织小班幼儿的纸艺类手工活动时，教师应根据幼儿的具体情况围绕教育目标，为他们精心设计活动类型，使幼儿在这些活动中通过实际的操作，把自身对美的感受传达给他人。因此，教师引导幼儿初步学习一些符合他们年龄特点的纸艺类活动，如撕纸类、撕贴类的活动以及借助于一些最简单的工具，在保证安全的情况下，培养对纸艺活动的兴趣，引导幼儿知道各种纸的性质，学习一些简单的折叠方法，如对边折、对角折、向心折等，并培养幼儿良好的操作纸艺类活动习惯，促进幼儿小肌肉的发育和手眼协调动作的发展。

为了满足幼儿的成就感和活动的兴趣性，教师还可以根据情况教会幼儿简单的粘贴、折、叠、撕、剪等方法，也可以借助简单工具进行操作。在纸艺类活动操作过程中，教师可结合活动具体内容有意训练幼儿手部小肌肉群的发育，手指、手腕的配合，手、眼、脑的协调等，让小班幼儿对多种美术材料和工具从好奇到会使用，再到逐渐变得熟练。

图 4-2　纸艺类活动《小雪花》

小班幼儿纸艺类活动一般从最简单开始，循序渐进。经验不足的幼儿可以首先采用撕纸的办法，强化了经验之后，教师可以让幼儿利用一些小工具，协助进行简单的裁剪，以达到更好的结果。

(三)小班幼儿自制玩具类手工活动的组织实施与指导

小班幼儿自制玩具类手工活动主要包括自然物类自制玩具和废旧物类自制玩具两种。小班幼儿的美术自制玩具类手工活动在下学期进行最好。在传统的幼儿自制玩具类学习活动方式中，有时教师会过分地突出和强调机械模仿及知识的接受与技能的掌握，幼儿的学习活动被控制在"你说我听，你示范、我模仿"的被动接受过程中，学习的积极性、主动性被忽视。因此，如何才能与时俱进地尝试开展小班幼儿自制玩具美术教育活动，从实操的经验总结来看可以从以下几方面进行。

1. 用新的观念不断更新教育活动理念

教师要确立以"幼儿发展为本"的教育观念，满足年龄班幼儿不同差异的需要，鼓励幼儿积极动手参与活动，引导他们拥有独立的、自发的艺术倾向和意愿，进行不同形式的小创造活动。在小班自制玩具类教育活动中，废旧材料如各种纸类包括纸巾筒、纸盒、一次性筷子、冷饮棒、废报纸、塑料袋、塑料杯等，以及树叶、石子、沙子等生活中常见的自然物废旧物，都有可能变成自制玩具类手工活动的材料，为初步培养小班幼儿创造力提供必要的物质条件。教师还要注意在各个环节中培养幼儿创造性的思维品质和良好习惯，丰富和积累幼儿各种经验和感受，扩大幼儿知识面。例如，可利用小故事、儿歌或顺口溜等和各种丰富的观察实践活动相结合，引导小班幼儿欣赏多种形式的类似作品，开阔他们的思路、扩展他们的视野；教师不失时机地在简单实操活动环节及时点拨、启发小班幼儿，把初步的想象变为现实。

教师在展开此类活动时，需要营造充满自制玩具类手工活动的艺术氛围。良好的氛围能够使幼儿将虚拟的构思转化为具体的形象。教师可以尝试有意识地创设具有开放的、新形态的、充满创意氛围的活动环境，使之成为幼儿开展自制玩具类手工活动的切入点。为幼儿营造各种各样的轻松氛围还可以提升幼儿操作的灵感。教师在组织实施小班幼儿自制玩具类活动时，根据小班幼儿的特点尽量让他们以小组的形式合作进行。小班幼儿通过同伴之间的语言交流或模仿、借鉴等形式，可以激发自己初步的创造思维。教师还可以设置一些班级小型展示栏或对外开放的作品展示架等，每次活动之后可以随机展示幼儿的成果，为幼儿成就感的增加和阶段性的自制玩具类成果提供平台，也可以为幼儿创设一方艺术交流的天地。

2. 用家长设计灵感，在亲子类活动中为幼儿开辟展示舞台

除了孩子，家长也可以成为幼儿园此类活动的参与者。幼儿园可以利用这样的机会，开展适合的家、园自制玩具等美术类活动大赛，可提出一些条件，如要求是家长和幼儿用生活中的废弃环保材料构思、制作的。有条件的幼儿园还可以专门设置一个作品展示厅，展示历届家长与幼儿的自制玩具类作品。这些展品一是可以对以后的年龄班活动有启迪，二是可以作为幼儿园资料的一种陈列，三是可以用定期开放巡展的方式，对外做一些具有特色性质的广告宣传。

3. 用幼儿能够理解的抽象类、半抽象类作品激发他们的灵感

小班幼儿由于年龄尚小，对一些抽象艺术作品不甚理解，这并不重要，教师可以通过画面中的色彩、构图、造型和结构等，加上教师的各种演绎，使幼儿逐渐喜欢、理解。例如，教师可以借题发挥，利用放大、夸张、演绎某些作品的某些特点等，使之富有情趣，适合小班幼儿理解。教师还可以营造各种富有情趣、具有感染力的环境。比如，在某些画着世界著名画家的抽象画作品艺术走廊上，让幼儿直接与大师对话，从作品的点滴或局部感知某些抽象艺术的魅力，使之从小具有良好的审美情趣。

4. 用标新立异的自制玩具类活动环境诱发幼儿尝试和参与

小班幼儿各种能力有限，所以进行类似活动时，团队形式就显得十分重要。对于一次稍微复杂的活动，教师可以分配给能力不同的幼儿，让他们最后完成一个共同合作的作品。有条件的幼儿园可以发挥工作坊的优势，如色彩坊、泥塑坊、手工坊、水墨坊、纸工坊等。每个工作坊里都有一张大工作台，放着各种不同的材料，有颜料、毛笔、绳、珠、棒等，鼓励小班幼儿运用多种艺术手段，简单表达内心的初步感受。小班幼儿对各种自制玩具类活动的工具、材料的喜好是不一样的，所以幼儿园尽量创造条件经常变换工具和材料，让各种新材料、新工具唤起幼儿的兴趣和热情。幼儿园还要提供多样的、开放的材料和工具，让幼儿有选择的机会，也有助于创造出多样的表现形式，有助于他们在操作中学会使用多种工具和材料，感受不同工具和材料带来的不同效果，增添乐趣，增加美感经验。另外，教师要学会创设宽松的心理环境，鼓励小班幼儿自由地进行各种创作活动。宽松的心理环境、自由的实操活动方式，有利于幼儿思维的激活和大胆的表现；平等的师生关系，也有助于幼儿树立自主表现的意识，使作品呈现出个性化。幼儿园里的泥工吧、创意坊、我型我秀等，都是幼儿喜爱的活动。其宽松自由的氛围、浓郁的操作环境，有利于幼儿大胆表达与表现。

图 4-3　自制玩具类《节日灯笼》

在小班幼儿自制玩具类活动中，教师可以围绕时令性的季节设计内容，这样的活动既能够使幼儿熟悉节日的来历，又能够了解和节日有关的风俗习惯，还能够废物利用，变废为宝。

(四)小班幼儿自然物类手工活动的组织实施与指导

自然物是取之不尽的活动材料，所以幼儿园要根据自己所在的地域特点，将各种自然物品利用起来，让幼儿在学、做、玩的过程中感受自然物制作带来的快乐，同时也促进各方面能力的发展。

1. 利用所在地区的常见自然物引起幼儿做和玩的兴趣

首先，教师需要常带幼儿走出教室，走进大自然，让幼儿有充分、多样的认识和表达机会，借此引起幼儿做和玩的兴趣。其次，教师在让幼儿利用自然物进行简单加工制作的过程中，巧妙地创设游戏情境。例如，在扮演“青蛙妈妈”的活动中，教师告诉幼儿田野里害虫太多了，“妈妈”一个人忙不过来，请小朋友们想办法消灭害虫。这样就自然引出幼儿利用教师提供的诸如青椒、萝卜等自然物材料来做简单的小青蛙形象。在制作过程中教师结合语言表述，激发幼儿做和玩的兴趣。另外，在做和玩活动结束以后，制作的作品可在其他活动中当作游戏的道具等。例如，幼儿用菱壳和果子核做的哨子，可作为长期使用的玩具；再例如，幼儿用茭白和茭白叶子等做成的小飞机，可带到户外场地上玩开飞机的游戏，从而使幼儿享受成功的喜悦。类似的成功活动反复出现自然就培养了幼儿将自然物制作成活动材料进行活动的兴趣。

2. 利用当地自然物在做和玩中发展小班幼儿手部精细动作

动作的发展被认为是幼儿全面发展的一个重要方面。幼儿动作的发展按由粗到细的规律发展，较早出现的是抬头、坐、爬、站立、行走、跳跃、攀登这样一些使用大肌肉群的大幅度的粗动作；较晚才出现摆弄物体、剪东西、捏面团等这些使用小肌肉群的精细动作。幼儿期小肌肉群正在发育，此时，幼儿的小肌肉群是否发育好，取决于幼儿动手、动脑的活动形式与内容。在手工活动中很多材料是以原始的自然物出现的，如南瓜、萝卜、土豆、赤豆、扁豆、鸡毛、树叶、橘皮、丝瓜筋、瓜子壳等物。幼儿需要在教师的引领下参与加工、制作。在加工制作的过程中，幼儿通过切、捏、撕、剪、剥等简单而比较精细的动作，无形中发展了动手能力。幼儿的双手也在做和玩的活动过程中，化平淡为神奇，他们可以把自然物做成朴素的艺术品。例如，用瓜子壳构成“小蝌蚪找妈妈”，用萝卜片制成“金鱼戏水”，用橘皮制成“秋菊含苞”“春花争艳”等画面。他们也可以把自然物构建成一幅幅优美的立体画。例如，用萝卜、茭白叶、大蒜叶、各种树叶等制作成最简单的海洋景观，蓝色的海面上千帆竞发，星罗棋布的小岛上树木葱郁、野果累累。

3. 利用当地自然物在做和玩中积累认知经验

小班幼儿在做和玩的过程中，不仅发展了动手能力，同时也积累了认知经验和观察方法等。例如，在引领幼儿采集自然物的过程中，幼儿就会了解到该物叫什么，生长在什么季节，有什么用途等。比如，路边小河旁种满了黄豆，教师要求幼儿带一些豆荚到幼儿园时，幼儿会发现每个豆荚中的黄豆有多有少，黄豆和豆荚之间还有一层白色的软软的东西，它会有什么用呢？嫩嫩的黄豆不但可以吃，还可以做成自己喜欢的各种小动物的形象。教师在活动中充分利用各种能接触到的自然物优势，将取之不尽的自然物作为幼儿美术活动制作的材料，让幼儿感受到自制玩具类活动的快乐。

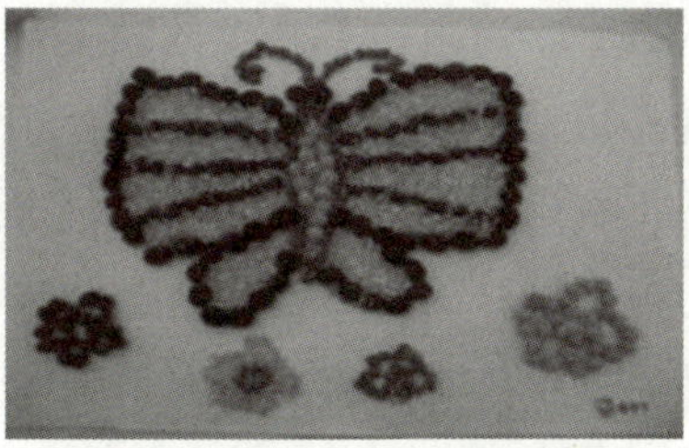

图 4-4　自然物类手工《蝴蝶》

小班幼儿自然物类手工活动，材料易得，便于制作，简单的工具材料就能取得满意的效果。因此，教师要善于发现生活中各种可取的材料为我所用。

(五)小班幼儿废旧物类手工活动的组织实施与指导

手工活动关系到大脑的发育，手的动作和思维活动有直接联系，手的活动越复杂，就越能刺激大脑相应皮层上相应运动区的活动，从而使思维活动水平越来越高。心理学家朱智贤[①]指出：“幼儿从 4 岁开始，精细动作技能已开始发展，主要表现在

---

① 朱智贤，字伯愚，江苏省赣榆县(今江苏省连云港市赣榆区)人，心理学家、教育家，中国现代心理学的奠基人之一。他于 1930 年毕业于中央大学教育系，赴日本任东京帝国大学研究员，抗战开始后回国任江苏教育学院、四川教育学院、中山大学教授，香港达德学院教务长兼中山学院院长。中华人民共和国成立后，他任中央出版总署教育组组长、人民教育出版社副总编辑。他于 1951 年调入北京师范大学，曾任教育系主任、儿童心理研究所所长、《心理发展与教育》主编。他是国务院公布的首批博士研究生导师，培养了新中国第一位心理学博士林崇德。

手部上，同时这一时期幼儿的观察力、想象力等也都发展起来。”因此，教师要从这个年龄段的幼儿开始，挖掘幼儿巨大的学习潜能，通过开展丰富多彩的废旧物类的手工活动，让幼儿掌握多种技能，从而最大限度地发挥幼儿的想象力和创造力。

1. 进行废旧物的撕、贴类手工活动可以发展小班幼儿手部灵活性

废旧物的撕、贴类手工活动是发展幼儿手部肌肉灵活性的有效形式。此方法比较简单，对刚入园不久、没有经过美术训练的幼儿来说比较容易掌握，可作为首先选择的教学内容。例如，可让小班幼儿从简单的撕纸条到撕、贴苹果及苹果树。教师首先画好苹果及苹果树的图样，并准备红色纸撕成细长条形，让幼儿练习把长条纸撕成小碎块，然后粘贴在苹果树上。从撕到贴，需要幼儿手的灵活、协调。幼儿对撕、贴类的手工活动很感兴趣，撕得快，贴得牢，虽然都将苹果树贴满了苹果，但出现的效果却不一样，有的画面杂乱无章，有的画面却一目了然，每个小苹果都贴在恰当的位置。在幼儿有了撕、贴类活动的经验后，教师可以加入稍难一点的撕、贴类教学活动，比如撕、贴秋天的大树、简单的热带鱼等内容。教师示范后让幼儿自己完成撕、贴类活动的整个过程，幼儿都表现出较高的学习兴趣，不但小手越来越灵活，而且撕、贴类手工活动的技能也逐步提高。

2. 进行剪纸类教学活动是培养小班幼儿创造力的较好手段

各种废旧的不同性质的纸张，用来做剪纸类的教学活动往往被认为是中、大班幼儿的手工活动内容，因为小班幼儿刚开始根本不会使用剪刀。但有些时候情况可能不是这样的。教师可以根据自己年龄班幼儿的实际情况，逐渐教会小班下学期幼儿正确使用剪刀，初步进行废旧纸张的练习活动，教师可以给小班幼儿提供一些花边剪刀，随意让幼儿进行活动练习，掌握方法。开展剪纸活动时，教师可先让幼儿剪直线，即教师可以在纸张上折出痕迹或画出直线，让幼儿沿着折出的痕迹或画出的直线进行练习，如剪长方形、正方形、三角形等。当幼儿会使用剪刀操作后，教师可让幼儿按画好的轮廓线剪纸。例如，教师在彩色纸上画好星星或各种几何图形的轮廓让幼儿先沿线剪后，再贴在剪好的月亮旁边，组成一幅“星星和月亮”的画面。为了让幼儿熟练使用剪刀，还可要求幼儿回家后在旧图书上找自己喜欢的图样把他们剪下来贴在一起组成一本“画书”。在一些特有的节日里，为了增加节日气氛，教师可以教幼儿进行最简单的剪窗花活动。在实操时重点放在引领幼儿最简单折叠的方法，如对边折、对角折等，因为折是剪的基础，然后，再引领幼儿用最少的刀数去剪，如一刀剪或两刀剪等。经过几次练习后，大多数幼儿都会掌握较好。在最简单的剪纸过程中，幼儿的手和脑并用，想象力、创造力和动手能力都得到了有效的发展。

3. 进行染纸类教学活动可发展小班幼儿对色彩的感知力

染纸类教学活动是幼儿园常见的一种用各种性质的废旧纸张进行染色的活动，在操作上稍显复杂。通过废旧的纸张进行的染纸类活动可以让幼儿体验到颜色的奇

妙变化，发展幼儿对色彩的感知及兴趣，激发幼儿学习色彩的积极性。在最初进行染纸类活动时，可先让幼儿做“染纸玩色”的游戏。例如，为幼儿准备废旧的吸水白纸，几种简单的红、黄、蓝等颜料，以及毛笔等辅助工具和材料。教师先示范，在白色纸的一边用毛笔任意蘸上三种颜色，然后将纸对折压平打开后神奇地出现了一幅美丽的图案。幼儿被这种有趣的形式吸引，很快就能投入自己动手操作中去。教师启发他们在纸上按不同方向涂不同颜色，在涂色过程中动作一定要尽量快一些，不然颜色干了再对折压平就无济于事了。幼儿经过练习，一般都能掌握和染出许多画面，有的像机器人，有的像一件毛衣、一把扇子、一棵古老的树等。幼儿的想象力和创造力完全体现在他们的染纸类作品中。

4. 进行废旧物类再制作活动，培养幼儿对手工的兴趣，提高幼儿的智力

很多人认为3～4岁的幼儿年龄小、动手能力差，只能做一些简单的泥工活动，如搓一根小棒，压一个圆形饼干等。教师可以对废旧泡泡泥材料进行再利用。混杂在一起的各色废旧的泥类，虽然用处不大，但其性质柔软容易揉捏，而且易于保存。教师可以发挥这些废旧泡泡泥的巨大价值，让幼儿用它做自己想做的形象，从而促进小班幼儿的思维发散和大脑的发育，使幼儿智力通过随意的玩泥活动得以提高。教师还可以借此多设计一些游戏性的主题类活动，让幼儿在游戏中掌握各种简单的基本技能。例如，“请娃娃来我家”的活动，以游戏形式让幼儿用废旧泥类任意做各种简单的点心招待娃娃，就比只做一样简单糕点更能发挥他们的积极性。幼儿在游戏中就可掌握利用这些废旧泥制作东西的基本技能。教师还可根据某些节日的特点，从制作节日食品入手，将废弃的泥和有趣的内容相结合，让幼儿在玩中不断掌握和巩固团、压、捏、柔、串等多种泥工技能。例如，在中秋节可选择用各色废旧泥类和模具结合制作多彩的月饼。类似的时令性活动开展多了，幼儿的想象力就会得到发挥。以上活动既培养了幼儿动手制作的兴趣，又大大提高了幼儿的动手能力。

总之，小班幼儿下学期开展各种简单废旧物类手工教学活动具有一定的可能性和必要性。能否使幼儿的小手更灵巧、想象力更丰富、色彩感更强、兴趣更高并取得良好的效果，需要教师有目的、有意识地去培养。教师应该让小班幼儿多参与各种简单手工的练习活动，让幼儿在手工活动中充分表现自己，勇于实践、大胆尝试，从而达到培养幼儿良好习惯、促进幼儿智力发展的目的。

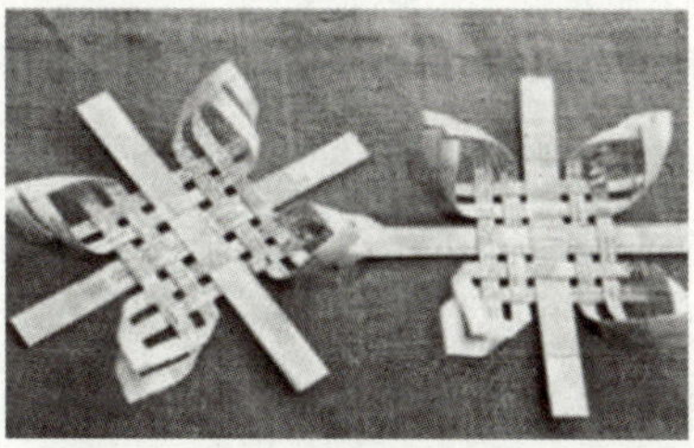

图 4-5　废旧物手工《花瓣》

对于小班幼儿废旧物类手工活动，教师可以利用身边很常见的资源通过简单整合、组织，形成新的形象，满足幼儿活动需要。

（六）小班幼儿命题类手工活动的组织实施与指导

幼儿园比较正式的小班简单命题类手工活动大部分在下学期开展并逐渐增多。如何设计活动内容和组织实施小班幼儿简单命题类活动，还需要教师认真对待。

1. 命题时尽量贴近幼儿生活，并与当地教育相吻合

小班幼儿简单命题类手工活动依据幼儿的兴趣来选择有关的教育活动内容，这是一种较有效地激发学习动机的方法。因此，教师要深入幼儿的生活，了解他们的各种经验和需求情况，从幼儿的现实需求和兴趣出发来选择命题类手工活动的内容。比如，教师可结合当地大纲及课程单元组织幼儿开展简单命题类手工活动。幼儿一般会根据初步经验和教师的命题制作出自己喜欢的物品、圆圈、三角形、正方形等最简单和基本的形象。另外，教师可在幼儿的兴趣点上，引导小班幼儿生成自己想制作的东西，逐渐丰富幼儿的生活经验。

2. 在活动中让小班幼儿在自主观察和游戏的体验中学习简单技能

小班幼儿还处于无目的的感知材料阶段，教师应采取多种游戏的方式，引发其对简单塑造活动的兴趣，鼓励他们大胆操作材料，体验活动的快乐，并提高对操作材料的了解与认识。例如，设置简单游戏情境能让小班幼儿尽快参与活动，依据本班幼儿的特点及水平，教师应更多地为其提供充分的活动材料和玩耍的机会。在开展泥艺类命题活动之前，教师可以首先让幼儿对材料产生兴趣，当他们拿到一团泥时，他们会反复弄着玩，一会儿揉捏，一会儿敲打，一会儿拉长、分块，这样在不间断反复的玩泥游戏中，体验到各种性质的泥通过自己的手会发生变形、变化。纸艺类和其他杂物类的命题活动也是如此。了解了各种材料的基本性质以后，教师可适时提出简单的命题要求，如团成一团或排列一对等。在此环节教师如果能更多地用问题引导幼儿去发现泥的可塑性和制作的对应物最好。经过更多的摆弄、操作后，特别在小班的下学期，幼儿由无目的的动作会逐渐呈现出初步有目的的尝试。

3. 要时刻注意观察幼儿操作状况，及时给予介入和指导

小班幼儿在进行命题类手工活动时，教师更多的是观察活动中的每名幼儿情况，捕捉幼儿在实操活动中的情感、行为等信息，并做出正确的评价与分析，适时地、有针对性地给予幼儿指导和帮助。这样的观察与分析过程也让教师静下心来去解读幼儿在制作活动中的发展过程，懂得尊重幼儿的兴趣和发展特点，做到放手而不撒手，自主而不放任。有些幼儿善于观察事物的细致特征，并积极运用已有经验大胆再现，教师应及时给予他们肯定和表扬。对于常在活动室四处走动、干扰他人、不能融入伙伴中间、我行我素的散漫型幼儿，教师可以以伙伴身份诚挚地邀请幼儿一起完成活动。一些幼儿遇到问题时，往往会观察同伴的做法，然后模仿同伴，参照他们的做法丰富自己的制作活动。还有少数幼儿的制作过程没有一定的规划，只是

漫无目的地照搬他人做法。针对这些，教师要用鼓励的语言和动作，给予幼儿操作的动力。在幼儿制作难以坚持时给予适时的帮助，引导其坚持完成活动，让他们体验成功的快乐，这也是教师的指导策略有效性的最好体现。

4. 引导幼儿结合语言边操作边讲解，在表达中提高活动的表现力

在活动中让幼儿有充分的机会和教师、同伴互动和沟通，让幼儿大胆表达自己的所想、所感，充分表达自己对客观世界的认识，有利于教师读“懂”幼儿的作品，引导幼儿继续进行类似的活动。例如，先让幼儿简单说说作品，互相欣赏，互相讲评，哪怕是只言片语。教师可以整理提炼，着重点出作品的独创之处，以诱发幼儿的联想，拓宽思路。同时，教师逐渐让小班幼儿学会赞赏别人，为别人的成绩感到高兴。这样让幼儿从评价中逐步学会客观地、全面地、独立地看待问题，学会尊重别人，让他们分享和交流创作的快乐。有些小班幼儿的作品可能在幼儿语言讲述之前根本看不出是什么，但听完他们的语言讲解，会发现越看越有意味，有时会惊叹他们的创造力和制作技能。这种注重探索过程中和活动后的自我表述和只言片语的互评方式使幼儿在问题的解决过程及活动实操过程中，认识得到满足，自我能力得到肯定，逐步养成敢想、敢说、敢做的品质，特别能够激起幼儿参与命题类手工活动的兴趣。

5. 让家长欣赏和重视幼儿的活动作品，增强幼儿自信心

心理学研究表明，幼儿往往是为了得到父母和教师的认可而学习的。因此，家长和教师的认可、评价是非常重要的，也是必不可少的环节。教师应指导家长学会了解幼儿、观察幼儿，学会用幼儿的眼睛去看世界，用幼儿的思维方式去思考，学会因势利导。当成人了解了幼儿，并能站在幼儿的角度去欣赏他们的作品时，情况就会大不一样了。对小班幼儿的命题类手工作品给予及时的肯定和赞扬，能够激发幼儿再次表现的欲望。对于作品中某些不理解的内容，教师应指导家长并和家长一起与小班幼儿探讨，以开拓幼儿的想象力和创造力为目标，促使幼儿的潜能在命题类手工活动中得到更进一步的发展。教师在指导小班幼儿此类活动时，一定要最大限度地留给他们自主创作的空间。另外，做好家长工作、争取家长配合也是开展好命题类手工活动的重要手段之一。在日常生活中，家长多带领幼儿走进大自然，走进生活，认识身边的各种不同材料及其性质，全面了解它们的特性，丰富幼儿生活经验，多给幼儿提供实操的机会，让他们在玩中学、学中玩，不断增强命题类手工活动的制作能力。

图 4-6　命题类手工《编织造型》

对于小班幼儿命题类手工活动，教师可以利用幼儿身边熟悉的形象进行演绎、加工制作，造型上可以夸张，让幼儿愿意做，乐意玩。

(七)小班幼儿意愿类手工活动的组织实施与指导

3～4 岁的小班幼儿比较喜欢按照自己的意愿进行随意的动手活动，但这类活动容易被教师忽视，认为幼儿是在“瞎玩”。其实不然，此类活动恰恰是小班幼儿年龄特点的表现。教师可以抓住这一特点，顺应幼儿的意愿，并对幼儿进行相关动手能力的培养。实践发现，小班幼儿意愿类手工活动不仅可以锻炼幼儿手部肌肉群的协调性和灵活性，而且还能培养幼儿耐心、细心的学习态度及创造能力。

1. 贴近幼儿的生活经验，遵循由易到难、循序渐进的原则

初次设计这样的活动时，教师可以先安排幼儿进行任意地把玩各种物品。在此过程中幼儿熟悉和掌握不同物品的不同操作要领和技巧。通过几次活动，幼儿基本上都能掌握基本的方法了。以小班幼儿的意愿类撕纸活动为例，教师从幼儿会撕长条纸(长方形)入手，先引领撕面条，为每组幼儿准备一个盆子，把撕下的面条装在盆子里，要求幼儿能撕开变长条就可以了；渐渐地在以后的活动中教师逐步提高要求，不但要撕成长条，还必须粗细均匀，保证中间不断开等；熟练之后可以让幼儿进行简单纸条粘贴、组成各种图案等。在撕长条纸并进行粘贴的这一阶段目标活动实施过程中，教师也动脑设计不一样的范例以增加趣味性。例如，贴横道线、贴彩旗、贴围巾、贴风车等。这和幼儿的生活经验也比较贴近。幼儿虽然在学习同一技能，但每次具体内容都不一样，参与的兴趣也会提高，相应的撕纸的方法和能力也逐步掌握。在学会了撕长条纸的基础上，幼儿再练习撕正方形、三角形。幼儿有了前期一定的经验，学起来也比较快。教师遵循了由易到难的原则，活动开展起来就比较顺利。尽量将周密的计划有步骤地实施，保证意愿类手工活动能够顺利开展。

2. 动手操作的同时注重培养幼儿初步的创造意识

随意地撕纸活动可以培养幼儿的创造能力，因此教师有意识地在小班就开始注意培养，让幼儿有这方面的意识。教师还可以经常鼓励幼儿创作出形态各异的意愿类作品。小班幼儿动手能力一般较弱，因此，教师要着重在这方面加以引导，让幼儿的意愿类手工活动能力在每一例活动中充分体现出进步的痕迹。

3. 以游戏为主，活动形式多样化

小班幼儿意愿类手工活动是以幼儿发挥自己的想象、再用一定的物质材料简单塑造出来的活动。因此，教师在活动中如何用游戏的方法引导幼儿、激发起他们学习的兴趣、唤起他们的简单生活经验就显得十分重要。所以，在组织每一次活动时，教师尽量以游戏的形式来组织。例如，在撕面条的意愿类手工活动中，教师就可以设计小动物要过生日了，小朋友们要准备面条送给他们。在粘贴类意愿活动——“人行横道线”活动中，幼儿和教师先玩“过马路”的游戏。贴风车时，幼儿边玩风车边学操作，等等。总之，活动要有趣一些，吸引幼儿主动参与。这样幼儿就不单单是学习某项技能，同时还可以掌握其他知识。

提高活动质量，分阶段进行意愿类活动的作品展示，帮助幼儿在体会成功的同时其技能也得到提高。对于幼儿来说，自己的每一幅作品都是最漂亮、最成功的。教师掌握了这一心理特点后，总是把每一次的作品展示出来，让大家一起来欣赏，并把幼儿的意愿类作品进行积累，可以从中了解幼儿每一次的进步。

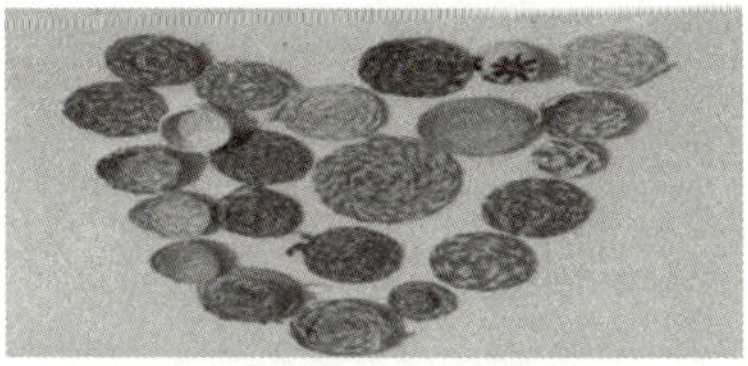

图 4-7　意愿类手工《盘绕彩条》

对于小班幼儿意愿类手工活动，教师可以为幼儿提供尽量多的材料，可采用灵活多样的方法，就地取材或因陋就简，结合幼儿的生活经验，促成幼儿的想法，满足幼儿活动需求。

（八）小班幼儿手工和五大领域相结合的活动案例及指导与评价

美术是一种世界性的活动语言，幼儿园五大领域的活动都可以和幼儿的手工类活动很好地结合。手工类活动还可以补充和完善各领域活动的某些空白，是一种最理想的活动。

1. 小班幼儿泥艺类手工活动

小班幼儿泥艺类手工活动一般都很简单，因此，了解和掌握泥艺类材料性质的泥类活动就显得非常突出和多见。教师可以按照教学活动要求，有机地将小班幼儿泥艺类活动和五大领域相结合，在幼儿小班活动中循序渐进地开展。

(1)泥艺类手工和健康领域相结合的活动案例及指导与评价

拔萝卜

【活动设计背景】

小故事《拔萝卜》中的“非真实世界”带给幼儿的真实力量也是成人无法揣度的。故事似乎永远是幼儿最喜欢听、且百听不厌的。故事中的情节性、人事物的关系、时空的转换、场景的变化，具有较强的动态感、表演性，适合幼儿角色扮演，让幼儿进入亦真亦幻的虚拟世界，体现了幼儿的游戏精神。每次讲故事时，幼儿的眼神就仿佛闪亮的灯光，投射在教师身上，随着情节的起伏，想象的翅膀带着幼儿在故事的国度里飞翔。结合幼儿的兴趣及季节特征，于是教师就设计了《拔萝卜》的主题活动，进而引出一系列丰富多彩的活动。

【活动目标】

①体验人多力量大，同伴之间应该相互合作；

②能够根据故事情节模仿各种角色进行简单语言表演；

③用彩泥再现自己心目中的大萝卜。

【活动准备】

老公公、老婆婆、小姑娘、小黄狗、小花猫、小老鼠等头饰若干；萝卜头饰若干。《拔萝卜》伴奏音乐、小托板、各色轻质黏土、辅助工具等。

【活动重点】

认识泥的性质，学会基本技法。

【活动难点】

简单塑形。

【活动过程】

①导入：教师出示萝卜头饰，引出故事主题。

教师：看，这是什么啊？（教师出示萝卜头饰。）

教师：这个是昨天有一个老公公种的一个萝卜。老公公每天都给它浇水、施肥，萝卜越长越大。后来老公公想把萝卜拔出来，可是怎么拔也拔不动。后来发生了什么事情，你们想不想知道呢？现在老师给你们讲一个故事，就是有关这个萝卜的故事，小朋友们想不想听？

②展开：教师讲述故事，提出问题，引导幼儿正确回答。

教师：老公公拔不动萝卜，我们看看，老公公会用什么办法拔萝卜呢？（老婆婆、小姑娘、小黄狗、小花猫、小老鼠。）

教师：最后萝卜拔出来了没有啊？那是怎么样拔出来的呢？有谁一起拔的啊？

教师：这么多人，人多是不是力量很大啊？（教师再一次讲故事，请个别小朋友进行角色表演。）

教师：我们现在也一起来拔这个萝卜好不好？我请小朋友们当老公公、老婆婆、小姑娘、小黄狗、小花猫还有小老鼠，一起来表演这个游戏好不好？（教师请个别小朋友上来表演，请小朋友试着和老师一起讲，主要掌握"××来啦，来啦""'嗨哟，嗨哟'，拔呀拔，还是拔不动"这两个句子。）

教师：人多力量真是大！小朋友们想不想再拔一次这个萝卜呀？那好，现在我们一起来把这个萝卜拔出来！（教师引导全班小朋友一起分角色表演这个故事。）

③结束部分。

教师引导全班幼儿一起表演故事。故事表演完毕之后，教师将各色彩泥、小托板分别发放给幼儿，以结组的形式制作，教师巡视指导，最后一起展评。

【指导与评价】

幼儿园泥艺类手工活动方式灵活多样，种类也多。在平时的教学活动中，小班幼儿最喜欢能表演又很具有趣味性的小故事。小故事《拔萝卜》是一个趣味性与表演性相结合的故事，是将人物和动物串联起来以此引发幼儿的兴趣。它告诉幼儿"人多力量大"的道理；同时，也让幼儿知道萝卜这种蔬菜对人的健康生活的好处，还告诉幼儿遇到自己解决不了的困难时，可以寻求他人的帮助。

在讲故事环节，教师特地注意加重了“拔、拉、帮”的读音，加上多次地重复，幼儿很快便学会了这三个关键词。在做“拔”的动作时，他们都纷纷主动站起来，模仿教师做拔萝卜的动作。通过表演故事，幼儿对故事情节、内容有了深刻的认识和理解，知道了萝卜对人类身体健康的重要作用。其中的图片都是以小故事的形式出现的，丰富多彩的画面、生动的人物形象深深地吸引了幼儿的注意。在强化观察的表演环节，幼儿都争先恐后地举起小手。他们强烈的反应，充分表现出对观察、表演、模仿活动的兴趣及喜爱。表演时幼儿可以自由扮演自己喜欢的角色。表演有利于提升幼儿的自信心，强化观察的形象概念，为立体的再现活动做好铺垫。在最后的彩泥手工活动的指导和巡视阶段，教师根据每个幼儿的情况分别进行了不同的启发和介入。由于活动比较简单，大部分小班幼儿都可以塑造基本的结构。在评价阶段，教师做简要评价，指出在一些操作细节上应该注意的问题。例如，萝卜的身体形状的塑造和手的力度的关系，萝卜的叶子与拍、压力度的大小等。

(2)泥艺类手工和语言领域相结合的活动案例及指导与评价

摘果子

【活动设计背景】

爱动是幼儿的天性。讲故事相对来说是一项比较枯燥的内容，很多幼儿对内容不理解，或者不会表达，想象不够丰富。为了让幼儿对读故事、讲故事有更好的兴趣，本次活动比较具体，给出具体的果子数量。幼儿具有注意力时间不长的特点，因此在活动中安排了律动，让幼儿劳逸结合。

【活动目标】

①在活动中学习故事，了解动物摘果子的不同方法；

②能用肢体语言表现动物摘果子的不同方法；

③知道小动物在摘果子的过程中果子数量由多到少的变化；

④学习用彩泥团圆，能力强的可在此基础上做糖葫芦。

【活动重点】

在活动中学习故事，了解动物摘果子的不同方法；知道小动物在摘果子的过程中果子数量由多到少的变化。

【活动难点】

能用肢体语言表现动物摘果子的不同方法；将圆圆的彩泥穿在小竹签上。

【活动准备】

背景图、小动物图、音乐播放器、彩泥、小竹签、小木板台面、其他辅助物。

【活动过程】

①学习故事。

教师：刚才我们摘了果子，现在有一只小老鼠也来摘果子了。(出示小老鼠图片和果子图片。)

第一，树上一共有多少个果子？(幼儿点数说出总数 6 个。)

第二，请幼儿观察：谁来了？(小鸟。)小鸟是怎样摘果子的？(请幼儿模仿小鸟摘果子的动作。)小鸟摘了几个果子？树上还剩下几个果子？(幼儿点数。)小老鼠能用小鸟的办法摘果子吗？为什么？

第三，又来了一只长鼻子的动物。它的长鼻子一伸就卷走了一个果子。猜猜这个长鼻子的动物是谁？(出示大象图。)大象是怎样摘果子的？(请幼儿模仿大象摘果子的动作，强调大象是用长鼻子卷果子。)

第四，教师模仿猴子的动作，请幼儿猜猜是谁来了？小猴子会用什么办法摘果子呢？(幼儿自由发言。)小猴子会爬树，它爬上树摘下了一个果子。让幼儿一起学小猴子摘果子。

第五，(出示鳄鱼图片。)让幼儿看又有谁来了？它能摘到果子吗？它用什么摘果子？它的长尾巴扫下了几个果子？

第六，刚才哪些动物摘走了果子？它们分别用的什么办法摘果子？摘了几个果子？(请幼儿回答。)

教师：你们看树上还有几个果子？(与幼儿一起数数。)

幼儿：还有两个果子了。

第七，完整听一遍故事。

教师：它是怎么摘到的呢？

幼儿：……(海豹帮助它。)

教师：对，是海豹帮助了小老鼠。海豹是怎样帮助小老鼠的？它把小老鼠放在它的鼻子尖上顶上去的。(一起模仿海豹顶的动作。)

教师：小朋友们，你们最喜欢哪一种动物摘果子的方式呢？请小朋友们来学一学。(请个别幼儿上台表演。)

第八，模仿各种动物的本领。

教师：还有这么多的小朋友都想来模仿，我们就一起来吧！(播放音乐同幼儿一起模仿。)

②手工制作。

幼儿开始做团圆练习，教师巡视指导。幼儿将做好的圆形彩泥球分别穿在小竹签上，最后整合成一串一串的小糖葫芦。教师及时点评，幼儿相互欣赏。

【指导与评价】

本次活动利用了直接进入主题的方式，幼儿对内容感兴趣，能够完全跟着教师的思维，积极回答问题。其中大部分幼儿思维活跃，为小动物找出了很多摘果子的方法。最后模仿小动物时，幼儿更是兴趣浓厚，把浅显易懂的故事内容表现了出来，更丰富了幼儿的想象，加深了幼儿对故事内容的理解。本次活动做到了有效性，师幼互动得非常好。如果再开展这一活动，教师可尝试放手让幼儿去看图、读故事，给幼儿更大的空间。

(3)泥艺类手工和科学领域相结合的活动案例及指导与评价

小蜗牛

【活动设计背景】

在一天的日常活动中，教师带领幼儿到小花园进行自由玩耍。有两个幼儿发现了一只小蜗牛，大家顿时围了上去，你一言我一语地谈论起来，情趣盎然。教师见此情景联想到了其他教育活动中的有关小蜗牛的话题，不失时机地说道："我有一个关于小蜗牛的故事，你们愿意听吗?"幼儿顿时欢呼雀跃，于是教师趁机设计了泥艺类手工与科学领域相结合的活动。

【活动目标】

①会运用搓长、由内向外盘的技能用彩泥制作蜗牛；

②有喜欢小动物、爱护小动物的情感，了解小蜗牛的生长习性。

【活动重点】

能搓成粗细一致的泥条。

【活动难点】

将搓成的长条彩泥进行有秩序的盘绕。

【活动准备】

彩色油泥、泥工板每人一份，火柴头、红豆若干，背景图：蜗牛的家，视频材料、多媒体投影机。

【活动过程】

①教师演示，激发幼儿学习兴趣，初步了解蜗牛的制作过程。

先出示长条的彩泥，让幼儿猜猜像什么动物。

教师：(教师从一头开始卷，要卷得紧一点儿。)猜猜这又像什么动物呢?

教师：对了，这是蜗牛，这是蜗牛的身体，这是它的壳。(最后用火柴插在小蜗牛的头部做触角，用红豆做眼睛，蜗牛就做好了。)

教师：这个蜗牛是用什么材料做的?刚才老师是怎么做出来的?(幼儿讨论并回答。)

②幼儿操作，教师指导能力比较弱的幼儿。

③游戏：蜗牛搬家，渗透幼儿保护动物的意识。

【指导与评价】

在活动中教师先出示长条的彩泥，让幼儿猜猜像什么动物。小班幼儿有的说像小蛇，有的说像毛毛虫，有的说像小蜗牛……只要合理，教师都可给予肯定。接着教师示范如何制作小蜗牛，在示范的时候，教师提出了两个要求：一是从一头开始卷，要卷得紧一点儿，不然的话就会松开；二是幼儿带来的豆子有红豆、绿豆、黄豆、黑豆都混在了一起，请幼儿在做小蜗牛眼睛的时候颜色是一样的。幼儿做的小蜗牛的形态各不相同，有的小蜗牛是瘦瘦的，说它是蜗牛妈妈，很苗条；有的蜗牛是睡着的，说它累了，在休息；有的蜗牛是小小的，说它是蜗牛宝宝……幼儿参与活动的积极性都很高，并且都将做的小蜗牛赋予了生命。在本次活动中教师相信幼儿，让幼儿充分发挥自己的想象，体现了幼儿的主体性。由于幼儿在制作自己所想的蜗牛，所以实操时显得特别愉悦，也就是在这样的气氛中产生了很多的创意。

(4)泥艺类手工和社会领域相结合的活动案例及指导与评价

你知道吗

【活动设计背景】

幼儿社会领域的目标是能主动地参与各项活动，有自信心，乐意与人交往，学习互助合作与分享等。小班幼儿入园时间短，对幼儿园的环境存在陌生感，幼儿之间也不知道如何交往。因此，教师设计了一例活动，既让幼儿更快地适应幼儿园的生活，又能和简单的美术活动结合起来，让幼儿在活动中学会与人交往的基本方法，愿意与同伴友好相处。

【活动目标】

①愿意与同伴交往，学说短句“嘿嘿，我们是朋友”；

②学会识别红、黄、蓝三种颜色橡皮泥。

【活动重点】

知道我们都是朋友，互相帮助；知道橡皮泥是柔软的、可塑的。

【活动难点】

熟悉彩泥，能按自己的意愿简单捏、塑。

【活动准备】

动物、娃娃等毛绒玩具若干，红、黄、蓝三色水果玩具若干，音乐带、彩色橡皮泥。

【活动过程】

①小客人导入活动，激发幼儿活动的兴趣。

教师：今天我们请来了许多小客人，可是它们很害羞，我们先向它们打个招呼吧。(教师出示动物、娃娃等毛绒玩具，请幼儿分组或自由向小客人打招呼。引导幼儿说一说自己是如何向小客人打招呼的。)

②学说短句“嘿嘿，我们是朋友”。

教师：刚才小朋友们都用不同的方式和小客人打了招呼，老师也和它们打声招呼吧。“嘿嘿，我们是朋友。”引导幼儿学说短句“嘿嘿，我们是朋友”。(教师和幼儿说短句，幼儿与幼儿之间学说短句。)引导幼儿说一说还可以怎样和好朋友打招呼。

③鼓励幼儿主动与同伴交往，以动作表示友好；引导幼儿说一说谁是自己的好朋友；引导幼儿主动和好朋友拉拉手、碰碰头、抱一抱。音乐游戏：《找朋友》。在活动中让幼儿识记红、黄、蓝三种玩具颜色，并和对应的橡皮泥颜色配对，根据情

况可以多做几次练习，让每个幼儿都能参与。

幼儿在音乐声中尝试找朋友的游戏，拉拉手、碰碰头、抱一抱。

④教师小结：我们都是好朋友，好朋友之间要友好相处。

【指导与评价】

在这个活动中，教师对幼儿进行了一系列引导，以玩具的颜色为载体。通过活动，幼儿首先基本掌握了同伴之间交往的方法，如打招呼，有礼貌地示好(拉拉手、抱一抱等)。教师以此作为引导，将幼儿引领到美术活动中。例如，让幼儿认识橡皮泥和颜色，另外尝试让幼儿将玩具颜色和橡皮泥颜色配对，既练习了颜色识别，又让幼儿了解了橡皮泥的性质，对于刚入园不久的幼儿，活动自然，因此，大部分幼儿比较适应。在活动中，教师对幼儿进行情感和态度培养的同时，还注重了幼儿语言能力的培养等。在活动的延伸部分，号召家长在社区或公共场所鼓励并帮助幼儿与同伴友好相处。

(5)泥艺类手工和音乐相结合的活动案例及指导与评价

大猫小猫

【活动设计背景】

幼儿对歌唱活动有一定的误解，以为唱的声音大就是唱得好。因此，教师设计一个案例，让幼儿通过实际练习，并和简单的泥艺类手工活动相结合，培养小班幼儿养成良好的歌唱习惯。

【活动目标】

①尝试用声音的强弱、动作幅度的大小感受和表现歌曲的力度；

②学会用简单的图形模具拓印出彩色、简单图形。

【活动重点】

简单的声音练习，手工活动的工具材料识别。

【活动难点】

手工活动实操过程。

【活动准备】

大猫、小猫胸饰分别为全班人数的一半，小猫印模具、彩色橡皮泥每两个幼儿一套。

【活动过程】

①开始部分：火车音乐背景进场。

教师：今天，火车带来了一位神秘的朋友，(喵喵喵喵喵)是谁呀？

谁会像猫咪一样唱歌？(带领幼儿学唱喵喵喵喵喵。)

教师：看，猫来了。听听看，有几只猫。(出示图片，模仿大猫和小猫的叫声。)你们能听出来有几只猫咪吗？它们的声音有什么不一样？

教师：声音大的猫咪是哪一只？(大猫。)声音小的猫是哪只？(小猫。)

教师：请你们听两段音乐，听听是大猫先来，还是小猫先来呢？

②基本部分(简单学唱歌曲)。

教师：你们学得可真棒！我们一起来听听大猫和小猫是怎么介绍自己的，好吗？(教师完整演唱歌曲。)

教师：大猫是怎么介绍自己的？大猫的声音是怎样的？小猫呢？(教师带领幼儿做动作表演学唱。提醒幼儿大猫和小猫的力度不一样。)

教师：谁愿意来扮演大猫和小猫？

③手工制作部分。

教师及时根据幼儿的观察热情，为幼儿提供小猫模具和各色橡皮泥，让幼儿自愿结组，拓印各色小猫头像。教师巡视、辅导，活动结束后让幼儿养成学会收拾玩具的习惯。

④活动延伸。

教师：你们还想邀请什么动物朋友来我们班做客？(小鸭、小鸡等。)

教师：鸭子的叫声是怎样的呀？大鸭怎样介绍自己，小鸭呢？我们把它请到我们的歌曲里，好吗？

⑤结束部分。

教师：小猫走路是怎样的？我们学小猫走路，轻轻地去卫生间小便、喝水吧。

【指导与评价】

通过这次泥艺类手工和音乐相结合的活动，幼儿不但唱歌兴趣得到了极大的满足，而且也学会了简单的拓印橡皮泥的方法，还学会了识别大动物和小动物，同时，把大猫和小猫引进了歌曲，还可以自己创编歌词把其他小动物都请到歌曲里面，幼儿的学习热情高涨，目标完成得也很好，基本符合了不仅要让幼儿“学会”而且要“会学”的精神，流程也比较完整。

2. 小班幼儿纸艺类手工活动

小班幼儿纸艺类手工活动形式和内容多种多样，小班幼儿纸艺类手工活动游戏性很强，一般也都很简单，教师可以按照教学活动要求和五大领域的内容特点，在小班循序渐进地开展此类活动。

(1)纸艺类手工和健康领域相结合的活动案例及指导与评价

折小兔子

【活动设计背景】

幼儿对纸艺类活动非常有兴趣。在小班幼儿之前练习的基础上，依据幼儿的经验，教师开展了简单制作立体纸艺活动《折小兔子》，让幼儿在原有基础上有所提升。

【活动目标】

①能按照步骤图，通过画、剪、折、贴，制作立体小兔子；

②喜欢纸艺作品，初步对纸艺作品产生兴趣；

③提高幼儿动手操作的能力和欣赏能力，并能根据观察到的现象大胆地在同伴之间交流。

【活动准备】

卡纸、勾线笔、剪刀、胶水、制作好的立体动物造型；布置好小动物的家，事先制作好步骤图。

【活动重点】

通过画、剪、折、贴，制作小兔子的轮廓。

【活动难点】

能根据图示制作立体小兔子。

【活动过程】

①谈话引出主题：让幼儿欣赏立体动物造型作品，引发幼儿兴趣。

教师：你们看老师带来了许多动物，都是什么动物?

②欣赏立体的小兔子，让幼儿观察构造。

教师：这是谁?你发现它和我们平时做的手工有什么不一样吗?

教师：这个手工分三部分，一部分是小动物，一部分是立体纸筒。最后还有一个小尾巴。

③教师出示示意图讲解立体小兔子制作过程。

第一，先在画纸上画小兔子轮廓；

第二，剪下小兔子轮廓；

第三，在另外一张长方形的纸上画小兔子头部，剪下一半高度；

第四，两头粘贴；

第五，把头贴在纸筒上；

第六，剪一个椭圆形的尾巴，一端向上折，短的一端贴在纸筒上。

④幼儿制作立体小兔子。

⑤展示幼儿作品，幼儿相互欣赏。(教师引领幼儿拿着自己制作的小兔子到室外场地练习跳跃活动。)

【指导与评价】

折纸类活动是一种“寓教于乐”的智力游戏，深受幼儿的喜爱。在折纸过程中，幼儿手脑并用，观察、想象、概括和创造能力都得到了锻炼和提高。小兔子，是幼儿所熟悉和喜欢的小动物。在这个活动的导入阶段，当教师出示纸做的小兔子时，幼儿都感到非常好奇，不知道教师怎么用纸做出来的，他们想学的兴趣一下被激发出来了。因此，整个活动气氛活跃，幼儿都能积极参与。在学折小兔子时，教师先出示范例，激发幼儿兴趣，使他们知道要做什么，再让幼儿进行探索，发现问题集体解决，然后请幼儿个别示范。让幼儿了解是先折出双三角形，然后两斜边向中心线折、向下的两角向上翻折成兔子的两只耳朵，最后变成兔子。活动中重点放在向上翻折成耳朵这一过程，每折叠一步指明折纸的标准部位和中心，以利于幼儿自己检查是否正确。此次活动不要求幼儿画好兔子涂色，只要画好轮廓就行，为了让作品效果明显，可以提示幼儿把兔子画大一点，制作的立体兔子只要立住就可以。

(2)纸艺类手工和语言领域相结合的活动案例及指导与评价

可爱的小猫

【活动设计背景】

一只可爱的小花猫，一下子引起了幼儿的兴趣。有的说："这小花猫可真好看呀!"有的说："它叫的声音多好听呀!"还有的非常惊讶："这小花猫怎么像老爷爷那样长胡子呢?"有的弄不懂，小花猫吃了东西后，为什么老是用舌头舔脚、舔脸呢。

为了强化对小猫的了解，教师投其所好，不失时机地设计了一例将纸艺类手工和语言领域相结合的活动案例——可爱的小猫。

【活动目标】

①会用对折的方法折出小猫头，并简单添、画猫的眼睛"鼻子"嘴巴"胡须"。

②发展手部小肌肉群的灵活性。

③养成耐心完成任务的习惯，享受折纸活动的乐趣。

④结合作品，尝试用语言简单讲述有关猫咪的一句话。

【活动重点】

会用对折的方法折出小猫头。

【活动难点】

学习添画，画出小猫的特征。

【活动准备】

小猫图片，顺口溜《找小猫》，音乐《我爱我的小动物》，小猫折纸示意图、正方形彩纸、水彩笔、固体胶、绿色画纸若干。

【活动过程】

让幼儿认识小猫。

首先，玩听说游戏"看谁说的对"，引出小猫，激发幼儿的学习兴趣。

教师：我来说。

幼儿：我来听。

教师：想一想，猜一猜，什么动物咩咩叫。

幼儿：小羊小羊咩咩叫。

教师依此类推，分别替换小鸡、小鸭、小猫。

教师：小朋友们，你们爱这些小动物吗，那我们来唱首歌送给它们吧。放音乐并歌唱《我爱我的小动物》。

其次，让幼儿观看小猫图片，认识小猫脸部轮廓。

教师：你们唱得真棒，今天小猫到我们班来做客啦！小朋友们看看小猫是什么样的？拿出折纸范例，重点引导幼儿从小猫的耳朵、眼睛、鼻子、嘴巴及胡须进行观察描述。

②引导幼儿观察小猫的折法。

教师：小猫非常可爱，今天老师教你们一个新的本领——折纸小猫。(教师引领示范，幼儿仔细看老师是怎样折的。)

第一，将正方形对角折成三角形，抹平；第二，将三角形中间的角对着自己，将左右两边的角向下折；第三，将中间的角向上折；第四，折纸部分已经完成，将小猫脸翻过来，画上眼睛、鼻子、嘴巴和胡须，可爱的小猫就完成了。

③幼儿学折纸。(教师引导幼儿一边看示意图，一边折纸、添画；提醒幼儿角对齐、抹平等操作要领。)

教师巡回指导，制作完成后，让幼儿用简单语言表述一个有关小猫的句子，

教师对幼儿作品进行评讲。

语言顺口溜游戏——“找小猫”。

活动结束。

【指导与评价】

在活动开始部分，教师用语言对小猫外形进行了展示，幼儿简单语言描述，最后教师总结，并示范折纸的过程，培养了幼儿的观察能力及动手操作能力。

在结束部分，简单的步骤使幼儿不仅能体验到成功感，而且在活动结束后能够延续进行游戏，特别是在用简单语言表述小猫的过程中，幼儿之间的语言交流也增进了同伴间的友谊。

本次活动基本达到了让小班幼儿掌握简单三角形的折叠方法，大部分幼儿通过练习也都能够掌握。教师在此基础上还可以多开展小班幼儿纸艺类手工活动，强化动手能力，让幼儿得到更多的锻炼和体验。

(3)纸艺类手工和科学领域相结合的活动案例及指导与评价

剪面条案例

【活动设计背景】

对于小班下学期纸艺类活动，幼儿参与性逐渐增高，之前幼儿有过尝试使用工具的零散经验，教师想了解幼儿类似活动的能力，与科学探究活动结合，在环节设计上，幼儿提供各种纤维不同的彩色纸，通过实操，让幼儿了解这些不同纤维纸性质、特点，同时也想考查一下幼儿使用简单工具的熟练程度。

【活动目标】

① 通过教学活动让幼儿初步学习、使用剪刀剪直线、曲线；

② 发展幼儿小肌肉群和手指动作协调能力，体验剪纸的乐趣；

③ 喜欢参加艺术活动，并能大胆地表现自己的情感和体验；

④ 了解不同硬度不同纤维纸张情况，并能大胆表述。同时，培养幼儿初步的欣赏能力。

【教学重点】

让幼儿体验剪纸的乐趣，锻炼幼儿小肌肉群的灵活性和协调性。

【活动难点】

训练幼儿正确使用工具。

【活动准备】

剪刀，盘子，画有直线、曲线的旧报纸，各种不同纤维彩色纸，蔬菜叶，几个布娃娃，实物(各种各样的拉面图片)。

【活动过程】

①谈话导入。

教师：你们的爸爸妈妈爱你们吗？你们爱你们的爸爸妈妈吗？(幼儿自由回答。)请小朋友们说一说你们的爸爸妈妈喜欢吃什么面条？

②出示图片请幼儿看一看、说一说面条都是什么形状的。(幼儿自由发言。)

③引领幼儿边学说儿歌，边做剪、剪、剪、剪面条的动作，体验其中各种纸张的硬度、纤维长短、小剪刀进行剪切时的用力情况。

附儿歌：剪、剪、剪、剪出长长的面条，请谁吃呀，请布娃娃吃。剪、剪、剪、剪出宽宽的面条，请谁吃呀，请××吃(说出一个幼儿的名字)；剪、剪、剪、剪出短短的面条，请谁吃呀，请××(说出一个幼儿的名字)；剪、剪、剪、剪出弯弯的面条，请谁吃呀，请××(说出一个幼儿的名字)。

④出示布娃娃。

教师：今天我们班来了几位布娃娃客人，她们肚子很饿，小朋友愿意给布娃娃做好吃的吗？小朋友们准备给布娃娃做什么好吃的？(幼儿回应做面条。)

⑤引导幼儿使用剪刀的注意事项，幼儿自己体验不同硬度和不同纤维纸张在裁剪时感受。

⑥幼儿动手剪面条，并将剪好的面条放在盘子里，鼓励幼儿在做好面条上加上“佐料”“蔬菜叶”，同时让幼儿简单说一说不同硬度和不同纤维纸张在裁剪时的用力情况，教师解释其中的原因和简单科学道理。

⑦请幼儿互相比一比、看一看，谁做得面条最好。

⑧请幼儿把自己做好的面条端到桌子上，请布娃娃们吃面条。

⑨引领幼儿在别人需要帮助的时候，我们要热情去帮助他们，做一个快乐而有礼貌的好孩子。最后，教师指导幼儿学会整理物品，每样物品分类放回篮子里，纸宵放入垃圾筐。

活动结束。

【指导与评价】

本次活动的目标基本达到了。从反馈的信息来看，幼儿参与的兴趣很高，效果也很好。

但有些环节也存在一些小问题，有待改进。例如，给幼儿配的材料稍显不足，在导入环节也有一些地方需要改进。在教师教幼儿学唱儿歌环节，教师唱儿歌的第一句，后一句让幼儿唱出本班幼儿的名字，幼儿反应能力稍弱，教师若能首先示范、引领效果会好。另外，幼儿看见剪纸操作材料时积极性很高，再加上背景是椅子上的几位布娃娃客人，吸引了幼儿剪面条的兴趣，此环节教师应稍加导入会显得比较自然。对于在活动中剪面条比较慢的幼儿，教师最好能采取介入措施，或让幼儿结组，用以强带弱的方式让他们互相帮助。

(4)纸艺类手工和社会领域相结合的活动案例及指导与评价

折青蛙

【活动设计背景】

小班幼儿来源广泛，能力也参差不齐，为了激发幼儿手、眼协调能力和操作能力，也为了培养幼儿对自然界中事物的好奇心，培养幼儿热爱自然、亲近自然，保护动物，团结协作，并逐步学会如何与大自然和谐相处，教师针对性地设计了手工与社会领域相结合的纸艺类手工活动。

【活动目标】

①了解青蛙的生活习性以及蝌蚪变青蛙的过程；

②提高手眼协调能力，掌握双三角的折法，能较均匀地将左右两个角向同一方向折叠；

③养成对自然界中事物的好奇心，增强热爱自然、亲近自然、保护动物的情感。

【教学重点】

双三角的折法，蝌蚪与青蛙的变化过程。

【教学难点】

双三角的折法和青蛙前后腿的折法。

【活动准备】

青蛙玩具、青蛙图片以及蝌蚪变青蛙的科学短片，大范例一个，正方形纸若干，布置成池塘的展板一块，青蛙跳的音乐片段。

【活动过程】

①启发引导幼儿总结青蛙外形特点。

出示大范例，引导幼儿观察范例中前后腿的折法，播放蝌蚪变青蛙的小短片。

②教师分步示范折叠方法，重点讲解双三角的折法。鼓励幼儿大胆尝试，教师巡回指导，帮助幼儿掌握重点，体验成功感。

玩游戏《青蛙赛跑》。

③引导幼儿将“青蛙”放在“池塘里”。

教师：小青蛙玩儿累了，该到池塘里喝水、休息了。咱们把它们放到池塘里，让它们休息吧。小朋友们也要像青蛙一样，该喝水、休息了。

④活动延伸：幼儿回家教父母折青蛙进行游戏，一方面复习，另一方面增进亲子感情。

【指导与评价】

教师在整个活动过程中充分调动幼儿积极参与。每个小班幼儿都能完成一件简单的手工作品。幼儿在活动中的相互合作培养了幼儿的团结协作精神。在教学活动准备以及幼儿动手操作方面，教师也都考虑得非常周到。需要注意的是，在讲解和示范引领部分需要给小班幼儿多演示几遍，让幼儿能够看得清楚、听得明白，在以后的教学活动中教师还应注意对某些简单技法的传授，同时不断学习和探索创新，不断丰富自己的实践活动指导经验，创设出更多、更好的操作材料和良好的教学互动环境，给幼儿恰如其分的指导，融入幼儿当中，并以幼儿的心态、兴趣和目光去参与教育和开展活动。

(5)纸艺类手工和音乐相结合的活动案例及指导与评价

花蝴蝶

【活动设计背景】

在一个万物复苏、百花争艳的季节，教师在带领幼儿外出找春天的活动中，幼儿对花丛中飞舞的蝴蝶、蜜蜂产生了浓厚的兴趣。

教师结合主题活动《春天来了》以及小班下学期纸艺类活动特点，设计了本次活动。在环节的处理上，结合音乐观察蝴蝶的翩翩飞舞。除了让幼儿观察蝴蝶飞行的姿态，还通过折、撕、贴、画的手工活动，使幼儿感受到蝴蝶翅膀的对称、蝴蝶花纹的美丽，从而激发幼儿动手、动脑的积极性，以及对美术作品的审美兴趣。

【活动目标】

①练习将正方形纸对折，撕出两个相同的三角形，再拼贴成对称的翅膀，表现花园里美丽的蝴蝶；

②观察蝴蝶翅膀的形状，发现对称的特点；

③能够整洁、有序地进行拼、贴活动；

④结合音乐，尝试模仿蝴蝶飞舞的样子。

【活动准备】

正方形彩纸若干，作业纸、胶水、抹布等，带有音乐的视频、背景图及蝴蝶图片。

【活动重点】

观察蝴蝶结构特点，引领发现对称特点。

【活动难点】

实操过程。

【活动过程】

①导入活动，引起学习兴趣。

第一，教师出示一幅有花园的背景图及蝴蝶图片，并播放视频。

教师：春天到了，花园里的花开了，引得蝴蝶姑娘在花园里翩翩起舞，多美丽的蝴蝶呀。你们希望蝴蝶飞到你们的花园里吗？今天，我们就自己动手做漂亮的蝴蝶吧。

第二，师幼共同观看蝴蝶图片及视频，讨论其翅膀的形状及对称的特点。

教师：蝴蝶是什么样子的？蝴蝶的翅膀有什么特点？形状、颜色、大小、位置方向都对称。（引领启发幼儿，自由回答。）

②教师给幼儿引领示范简单制作蝴蝶的基本过程及方法。

第一，观察材料，启发幼儿思考如何得到两个相同大小的三角形。

教师：你们看看桌上有什么？（正方形纸。）怎样用这张正方形纸变成蝴蝶的一对翅膀呢？

教师示范引领：对角折后沿中间的线撕下，可以得到两个一样大小的三角形。（注意对角折时，角一定要对整齐，用力将边抹平，展开后，沿着中间的折痕撕，最后就得到了两个一样大小的三角形。）

第二，尝试用两个相同的三角形拼贴出蝴蝶的基本形状。

先依次在两个三角形背面均匀地涂抹胶水，注意大角对大角或小角对小角，将它们粘贴在有花园背景的图上。

第三，教师邀请幼儿用彩笔为蝴蝶添上身体、触须及花纹。

③幼儿操作，教师巡回指导。

第一，提醒幼儿撕三角形时要细心地沿中线撕。

第二，注意两个翅膀要对称拼贴。

第三，最后鼓励幼儿大胆地用圆点、线条给蝴蝶的翅膀上添画花纹。

教师表扬能对称贴蝴蝶翅膀的幼儿，并将幼儿的作品组合在一起，构成一幅大花园，再组织幼儿扮演蝴蝶，随着音乐节奏，在室内飞舞，最后飞出活动室进行户外游戏。

活动结束。

【指导与评价】

对于撕纸、粘贴蝴蝶这一类活动，幼儿都喜欢参与。从幼儿的活动情况来看他们也比较投入，大部分幼儿都能沿着折叠线撕纸，也了解了做蝴蝶的基本步骤。在粘贴过程中，有些幼儿没有找到相应的位置，这个环节需要教师在巡回指导时及时介入。还有的幼儿粘贴出来的蝴蝶没有蝴蝶的基本形状——对称性，教师也应该及时介入，帮助幼儿共同完成。

在让幼儿用笔添画触须、花纹这一环节，幼儿对装饰比较感兴趣，但他们平时的类似经验比较少，有些幼儿不知如何进行添画，这一部分，教师应适当演示、引领，帮助幼儿运用各种直线、圆形、圆点等进行装饰，效果会更好。在添画触须时，有一部分幼儿的方向性较差，两根触须的弯角都是同方向的，因此，教师在活动讲评活动时，重点让幼儿观察了蝴蝶的触须，让幼儿知道蝴蝶触须也是对称的。这一点做得比较好。

3. 小班幼儿自制玩具类手工活动

幼儿园自制玩具类手工活动也是小班幼儿非常喜欢的一种活动形式，取材广泛，内容多样，极大地满足了小班幼儿好奇、探索的要求，和五大领域内容巧妙地结合，特别能够体现此类活动的优势，深受小班幼儿的喜爱。

(1)自制玩具类手工和健康领域相结合的活动案例及指导与评价

给玩具找家

【活动设计背景】

幼儿园里的玩具很多，幼儿平时也很喜欢玩，但是每次玩完玩具后都把玩具乱扔，而且也不会分类将玩具装在篮子里。教师针对幼儿这一情况设计了一次“给玩具找家”的活动。教师和幼儿一起利用废旧物品做成各种小盒子，用来盛放不同的玩具，既能废物利用，还能让小班幼儿从小学会整齐、秩序的良好习惯。

【活动目标】

①能按标志图给玩具找家；

②知道玩了玩具要放回原位；

③养成收拾整理玩具的好习惯。

【活动重点】

养成收拾整理玩具的习惯，具体制作时的一些细节等。

【活动难点】

知道按玩具的种类进行分类。

【活动准备】

各种各样的玩具，各种玩具标志图，装玩具的篮子、废旧瓦楞纸板、黏结胶等辅助物。

【活动过程】

①教师以玩具娃娃的口吻哭着告诉幼儿：“我是积木娃娃，刚才小朋友玩了以后没把我送回去，我找不到家了。”启发幼儿想象：自己找不到家会怎么样？那玩具宝宝找不到家会怎么样？我们应该怎样来帮助它？

②教师出示各种各样的玩具，让幼儿观察认识它们的特征，并区别它们的种类。

③教师出示玩具标志图，让幼儿认识，并请幼儿说说哪些玩具最适合用这些标志来表示，让幼儿初步学会一一对应收放玩具。

④用瓦楞纸学习和教师一起做成一个一个的小格子，并连接在一起，使其更加

牢固。引导幼儿将标志图贴在对应的小格子上，然后请幼儿根据标志图将玩具分别放在对应的小格子里。

⑤游戏“给玩具找家”让幼儿迅速按玩具的种类把各种各样的玩具送回家，看哪些幼儿能又快又准地帮玩具找到自己的家。

⑥鼓励找得好的小朋友，并给予奖励。

⑦游戏反复进行。

教师小结：每个玩具都有自己的家，如果它找不到家了就会像小朋友找不到家一样很可怜，所以我们以后不管什么时候玩完玩具都要将玩具收拾整理好，不能到处乱扔，养成好的行为习惯，做一个人人喜欢的乖宝宝。

【指导与评价】

首先这个活动是幼儿在一日生活中发生的问题，所以这次活动更为贴近幼儿日常生活，特别适合小班幼儿的认知特点，幼儿能够理解和完成活动目标。

活动目标包含培养幼儿养成爱护玩具的好习惯，学习分门别类地、整齐地摆放玩具，渗透了教育幼儿自己的事情自己做这几个方面，在活动过程中体现为，让幼儿相互讨论，给幼儿自由发挥的空间，在情感上认同玩具宝宝的感受，让幼儿帮助它、爱护它。通过“给玩具找家”的教学活动让每个幼儿亲自操作体验，帮助幼儿改正到处乱扔玩具的坏习惯，让幼儿知道玩了玩具后学会收拾、整理玩具，要将玩具放回原位，不能到处乱扔，并知道玩具掉在地上要捡起来，让幼儿从小就能养成良好的行为习惯。在操作过程中多数幼儿能按要求给玩具找家，但还是有少部分年龄偏小的幼儿还不能正确地给玩具分类，这就需要教师在平时多引导他们，长此以往幼儿就会自觉养成好习惯，身心得到健康发展。

(2)自制玩具类手工和语言领域相结合的活动案例及指导与评价

两只小小鸟

【活动设计背景】

儿歌《小小鸟》短小、亲切，具有极强的趣味性，小班幼儿可以结合简单动作来进行活动。小班幼儿由于年龄较小，活动方式习惯于以游戏的形式展开，因此教师设计了这个案例，就是试图以小班幼儿的简单自制玩具形式，结合语言领域的特点，使幼儿通过游戏掌握简单的实操要领。

【活动目标】

①学习朗诵儿歌，丰富词汇“见面”“碰一碰”“飞”；

②通过玩手指游戏和结伴表演，理解儿歌内容，尝试仿编；

③体验与同伴合作表演的快乐。

【活动准备】

①足够的指偶小鸟、小蚂蚁、小青蛙等；

②请两个大班小朋友按照儿歌表演；

③乒乓球若干，小直筒若干，胶棒、彩笔及辅助材料等。

【活动重点】

各种杂物的有效组合。

【活动难点】

整体效果。

【活动过程】

①出示指偶小鸟。

教师：今天老师为小朋友们带来两个新朋友，我们和它们打个招呼吧。它有什么本领？

②借助指偶，朗诵儿歌。

今天这两只小小鸟遇到了，它们一起玩起了游戏。（教师边演示手偶边朗诵儿歌。）

教师提问：两只小小鸟做了哪些游戏呢？（点点头，碰一碰，亲一亲，飞走了。）

幼儿看教师的指偶动作猜儿歌，看指偶的动作跟教师念儿歌，跟随指偶一起朗诵儿歌；教师请幼儿套上指偶做动作，单独朗诵儿歌。

③边朗诵儿歌边表演。

教师：小朋友们瞧，这边飞来了两只小小鸟。

请两个大班小朋友示范表演。

幼儿自己尝试表演。

师幼共同表演。

幼儿两两表演念儿歌。

④仿编儿歌。

教师：真巧，两只小蚂蚁见面了，瞧！（教师示范：一只小蚂蚁，两只小蚂蚁，见面碰碰头。你亲亲我，我亲亲你，碰一碰，爬走了。）还有哪些小动物也会高兴地玩见面游戏呢？

邀请能力强的幼儿仿编、示范，其他幼儿尝试模仿创编，配合动作表演自己仿编的儿歌。

用简单的办法将小纸筒和乒乓球黏合，幼儿简单彩绘成自己喜欢的图案和装饰，然后幼儿尝试进行类似的角色扮演。

【指导与评价】

由于小班幼儿的注意力很容易分散，手指偶游戏是幼儿最感兴趣的活动，对开发幼儿智力、丰富幼儿生活具有促进作用。手指偶游戏活动注入儿歌元素，更显示出它浓厚的趣味性，符合小班幼儿好奇、好模仿、好动的特点。该活动将语言和自制玩具相结合特别能充分调动小班幼儿的积极性、集中小班幼儿的注意力。儿歌《两只小小鸟》篇幅短小、精炼，容易被幼儿接受，且随时随地自由结合，不用任何道具就玩得很开心。幼儿通过自身的参与、表演，感受与同伴、老师一起玩的快乐。小班幼儿通常意志较薄弱，如果活动过程不能激发他们的兴趣，使他们产生积极的情感体验，将很难引导他们真正全身心地投入活动中去。因此，从活动一开始，教师便出示两只指偶小鸟，让幼儿在与小鸟打招呼、问好的过程中，激发了他们参与活动的热情。尤其是当幼儿戴上自己亲手成功制作的指偶进行表演的时候，更激起了小班幼儿极大的参与热情。

(3)自制玩具类手工和科学领域相结合的活动案例及指导与评价

饮料瓶变变变

【活动设计背景】

喜欢玩玩具是幼儿的天性，玩玩具不但可以满足幼儿的需要，吸引幼儿，还可以寓教于乐。利用废旧材料自制玩具，旨在让幼儿感受各种不同的玩具类型带来的乐趣，探索自制玩具的玩法，培养幼儿在玩耍过程中养成讲卫生的好习惯。

【活动目标】

①练习用手捏豆子、拧瓶盖、拖拉玩具等动作；学会简单的手工打结活动，连接器皿。

②感受自制拖拉玩具的乐趣，体验不同的力量在捏、拧、拖拉等物体的反应结果，特别是顺时针和逆时针拧瓶盖的简单科学道理。

③养成讲卫生的好习惯。

【活动准备】

①清洗干净的饮料瓶、小碗、绳子、皮筋、黄豆、黑豆等若干，小绳子若干；

②室外布置小桥、草地、拱形门等场景。

【活动重点】

各种饮料瓶的筛选。

【活动难点】

最后效果和各种基本的功能是否和预想的一致。

【活动过程】

①幼儿听音乐《玩具进行曲》进入活动场地。

②谈话：请幼儿说说自己最喜欢什么样的玩具，引发幼儿自己做玩具的兴趣。

③教师出示饮料瓶，启发幼儿说说喝过饮料的瓶子可以做什么，可以怎样玩。

练习捏豆子、拧瓶盖等动作。

教师出示黄豆，和幼儿探索装豆豆，着重讲解拧、捏的动作，提醒幼儿注意豆子不能掉到外面。鼓励幼儿自己动手装黄豆，教师注意观察指导，帮助有困难的幼儿完成拧、捏的动作。注意，每一次只捏一颗豆子。引导幼儿有节奏地摇晃豆瓶，感知黄豆发出的声音，探索豆、瓶活动的玩法。分辨装有数量不同黄豆瓶发出的声音。继续拧开瓶盖装豆子，巩固拧、捏的动作，之后将几个小瓶子用绳子通过打结的方法连接起来，形成一个整体。

做游戏《摘苹果》，引导幼儿有节奏地晃豆瓶、唱苹果歌。

⑤指导幼儿自己动手尝试将连接好的各个小瓶子制作成拖拉玩具。幼儿完成后可以自由地玩拖拉玩具，并带领幼儿拉着拖拉玩具走出活动室，玩钻山洞、过小桥等游戏，以满足幼儿对游戏的兴趣。

【指导与评价】

在这个活动中教师通过让幼儿练习用手捏豆子、拧瓶盖、拖拉玩具等动作，锻炼了幼儿小肌肉群的发展；幼儿探索出用手捏豆子一下子不能捏得太多，多了容易撒到桌子上和地上，要遵循活动规则。豆瓶玩具可以晃着玩、转着玩、滚着玩等。让幼儿探索出往饮料瓶中装豆子多少与发出声音的大小有关，以培养幼儿的观察能力。有两个小环节特别好，就是幼儿把豆瓶变成了乐器，晃着来唱歌，既培养了节奏感，又认识到噪声与和谐音的美；还能在瓶口上套上绳子，豆瓶又变成了拖拉玩具。在这一小环节，幼儿还互相帮忙打结系瓶子，分享快乐，从而可以锻炼幼儿的团体协作能力。拖拉玩具还可以变成小车上山、钻洞过草地，其乐无穷，充分享受创作的满足感。

(4)自制玩具类手工和社会领域相结合的活动案例及指导与评价

安全过马路

【活动设计背景】

城市交通的不断发展促使我们加强安全教育，让幼儿了解一些危险因素，知道遵守交通规则的重要性，懂得如何保护自己。

【活动目标】

①了解一些基本的交通安全知识，知道红灯停、绿灯行的交通规则；

②知道过马路要注意安全；

③学会用自己熟悉的工具材料表现斑马线及简单的交通设施，如红绿灯等。

【活动重点】

形象地感知交通的常识——过马路要小心走斑马线，红灯停，绿灯行。

【活动难点】

日常生活中较自觉地遵守交通规则。

【活动准备】

红绿灯图片，画有十字路口(有斑马线)的图片，各种现成的小玩具汽车、人物等。

【活动过程】

①出示发生车祸图片，幼儿观看，并讨论为什么会发生交通事故。

②出示十字路口的图片提问：这是哪里？小朋友们在什么地方见过它？上面的白线叫什么？有什么作用？

③出示红绿灯图片提问：它们有什么作用？

④让幼儿讨论，如果没有红绿灯的地方怎样过马路？（幼儿表演）总结要做到一站二看三通过。然后进入实操练习。幼儿可自由结组，分别制作简单的斑马线、信号灯，并学会将行人和各种车辆按自己的构想排列。

⑤教师总结。

⑥游戏：红灯停、绿灯行。

【指导与评价】

现代社会出行工具越来越多，有时由于人们安全意识的淡薄经常会造成一些安全事故的发生。幼儿的年龄小，缺乏遵守交通规则意识，也不知具体要遵守哪些交通规则，因此，幼儿园有义务和责任帮助幼儿学会遵守交通规则，加强自我保护，提高危险防范意识。这次活动教师充分利用多媒体在视觉上、听觉上的直观性和感染力，给幼儿创设了一个体验的教学活动情境。首先，教师结合插图、演示，创设情境。在讨论交流中，要求幼儿不仅要用脑去想，更要用眼睛去看、用耳朵去听、用嘴去说、用手去做，即去亲身经历、去实践，用自己的心灵去体会、感悟，加强思想意识上的重视。其次，让小班幼儿在较好的活动中加深体验和认识，通过实践，充分调动幼儿实践和探索的积极性与主动性。另外，教师还结合幼儿自身的生活小经验，在幻灯片的展示和幼儿参与动手的简单制作过程中，逐渐认识交通设施及其作用。幼儿在了解交通安全知识的同时，增强了交通安全意识，从而自觉地充当交通安全小卫士，养成自觉遵守交通规则的好习惯。

(5)自制玩具类手工和音乐相结合的活动案例及指导与评价

小动物音乐会

【活动设计背景】

3～4岁的小班幼儿对各种动物都比较喜欢，但了解不深，对各种动物的叫声更是只有模糊的印象。他们最初获得的动物印象可能是从电视上或从父母给他们买的动物卡片上得来的。因此，教师可以设计一场以音乐会为载体的活动让幼儿参与，以提高他们的积极性。结合自制玩具类活动，一场小动物音乐会就有了雏形，让幼儿根据叫声来放回动物的自制图形卡片，以加深幼儿对各种小动物的印象。

【活动目标】

①认识各种小动物；

②学习和模仿小动物的叫声，提高倾听能力；

③养成要爱护小动物的情感。

【活动重点】

学习和模仿动物的叫声，把动物的叫声和小动物一一对上。

【活动难点】

在自己小卡片上简单描绘各种自己印象深的小动物。

【活动准备】

五种彩色头饰各一张、各种动物叫声的录音、几种动物的视频、各种彩笔和各型小卡片。

【活动过程】

①以唱儿歌的形式导入，激发幼儿的兴趣。

首先，教师和幼儿一起唱儿歌《我爱我的小动物》；教师请幼儿听出歌曲里有哪些小动物。（公鸡、小狗、小羊、母鸡和小猪。）

其次，教师让幼儿闭上眼睛，逐一请出这几种动物。

教师：小朋友们认识它们吗？（先让幼儿自己认识一下这几种动物。）

②学动物的叫声。

教师：小动物的叫声很好听，让我们一起来学学它们的叫声吧！

教师先学，幼儿跟着学一次。

教师：小朋友们学得都很好，我们让小动物来给我们表演一下它们是怎样叫的。（播放各种动物叫声的录音，幼儿学习各种动物的叫声。）

③播放这几种动物的视频，加深幼儿对它们的印象。

教师：小朋友们看见电视里有哪些小动物吗？（公鸡、小狗、小羊、母鸡、小猪。）

教师：公鸡是怎样叫的？（幼儿学一下，用同样的方法再学一下其他几种动物的叫声。）

④先播放一种动物的视频，让幼儿学习它的叫声。（用同样方法把几种动物的叫声和动物一一对上。）

实操部分。让幼儿将五种卡片纸按照自己印象最深的小动物，将它们的形象简单画下来，能涂上颜色最好，然后贴在额头上当头饰，进行下一环节的游戏。

游戏部分。教师分别找五名幼儿戴上五种动物的头饰，各自学习所戴头饰上的动物的叫声。（多找几组做。）

结束部分。游戏中的小动物要回家，播放动物的叫声的录音，对应地出示动物的头饰。

【指导与评价】

在整个活动过程中，幼儿的学习兴趣相当高，他们是在快乐中学习。教师设计的活动层次分明，请出几种动物的时候，幼儿精力很集中，保持了很好的学习兴趣。在活动中师生互动配合默契，教师为主导，幼儿为主体，给小班幼儿提供了足够的发挥空间。整个活动下来，幼儿学得开心，在玩中学、学中玩。教师在以后的活动中还要多让幼儿自主学习。比如，教师出示动物卡片后可以让幼儿先自己学一下动物的叫声。另外，可以在其中加一个小游戏。例如，一名幼儿戴上头饰，教师让他找朋友，幼儿在寻找其他动物的过程，无疑更好地加深了幼儿对动物的认识。

二、中班幼儿手工类活动的组织实施与指导

(一)中班幼儿泥艺类手工活动的组织实施与指导

中班幼儿泥艺类活动应该充分体现幼儿的年龄特征和本地区幼儿的实际情况。因此，教师要按幼儿身心发展特点和已有经验来制定阶段目标及活动内容。

1. 结合幼儿喜好选择不同泥类材料

教师在开展幼儿园美术教育活动时，应该专注于发展幼儿对美术世界的基本感觉，开拓幼儿的天然审美倾向，和乐于用事物的感性性质表达自己的思想。在众多的泥艺类手工材料中，现在比较流行的泡泡泥材料具有色彩鲜艳、质地柔软、可塑性强的特点，而且可以重复使用，既卫生又安全，还节省资金，特别是这些彩泥，对幼儿有一种天然的亲和力，是深受幼儿欢迎的手工塑造材料。喜欢玩泥是幼儿的天性，很少有幼儿视而不见。因此，教师可以选择适合幼儿天性的泡泡泥材料进行教学活动，为幼儿泥艺类手工活动勾画蓝图。幼儿将兴趣投入泥艺类手工活动中，可将各种色彩鲜艳、可塑性强的橡皮泥加入辅助材料中大胆塑造。同时，此类活动还能培养幼儿观察力、记忆力、想象力和创造力，锻炼幼儿小肌肉群，促进幼儿手指及手部精细动作的发展，可谓一举多得。

2. 教会幼儿利用简单辅助工具进行操作

中班幼儿泥艺类手工活动是依靠动手技能和简单工具对材料进行简单加工成型的一种造型活动。教师应根据中班幼儿的年龄特点和知识能力水平，在制定活动目标、安排活动环节以及难易程度上体现渐进性、易操作和可持续的特点。

通常教师可以幼儿常见的生活用品为主，采用内容归类、系列变化的练习方法，使幼儿逐步提高泥工活动的捏塑技能。例如，圆球系列，就是将团好的圆球通过简单的变形、添加，使之变成不同的造型。对幼儿的要求是乐于参加泥艺类手工活动，学习简单、基本技能，还要了解泡泡泥的可塑性，对泥塑活动产生兴趣；逐步认识泥艺类的材料和工具，知道其名称及用法；学习并掌握简单的泥塑技能，如团圆、压扁、搓条等，还能在教师的指导和引领下进行简单加工制作。随着幼儿能力的增强，教师可以增加较为丰富的内容，以塑造较为复杂的形象为主。教师可以提供多种辅助材料，引导幼儿学习一些整体造型的塑造，鼓励幼儿运用多种表现手法进行塑造。同时，教师还要积极投入泥艺类活动的创作，提高对泥塑活动的兴趣。对于中班幼儿，逐渐能运用多种基本手法及组合塑造简单的物体，并学习制作圆柱形、水滴形、空心造型，学会盘条、垒叠的组合手法，以此锻炼手部小肌肉群，初步发展想象力、创造力、观察力。如果幼儿进步较快，教师可以要求幼儿能够塑造出某些简单物体的主要特征，会使用一些简单的辅助材料表现简单的情节，能大胆地按意愿塑造。中班幼儿一般能够比较熟练地掌握泥艺类手工活动的简单工具、材料及使用方法，也有一定的自主能力。因此，教师要引领幼儿学习卷叠、挖、嵌、接、

配色等基本技能，并学习塑造人物、动物等较复杂结构的形体，能表现出物体主要特征和基本结构。

3. 培养幼儿对泥艺类手工活动兴趣的工作方法

幼儿在活动过程中积极思考、主动探索，在反复操作中逐渐形成知识和技能。怎样才能让幼儿积极参与泥艺类手工活动呢？教师应该在如下方面做一些工作。

首先，了解中班幼儿对泥艺类手工活动的生理、心理特点以及技能发展轨迹。教师可以在实践中制定相应的基本技能目标，中班幼儿不仅要掌握团、搓、压等技能，使手腕与手指动作逐步灵活，而且要学习挖、折边、粘接、抹光等技能。因环境和心理发展不同，每位幼儿都存在个体差异，对基本技能的理解和运用的水平都会有所不同，所以在具体设计活动时，教师还应该根据每位幼儿的实际水平做适当的调整。

其次，学会积极思考，钻研磨课，利用各种现代化的教学手段来辅助教学。在了解本班幼儿的实际发展水平、兴趣等因素后，教师就要进行积极思考，寻求教学活动中的新的契机，不断吸引幼儿加入活动中来。由于泥艺类手工活动本身就是一个操作性较强的活动，所以教师要注意保持并引导幼儿的兴趣。这也要求教师在示范引领的过程中要注意教法灵活、手法多样化。例如，可以让幼儿集体讨论某些具体的做法，然后再动手尝试，还可以让幼儿尝试操作某些局部的捏法，尝试过之后再来总结，这也是教师在活动设计过程中需要考虑到的。

最后，做好记录或心中有数，同时做好活动设计的后期整理和评估。每位教师在组织完一个教学活动以后，都应做好活动效果记录，并针对自己组织的这次活动遇到的问题和疑惑进行记录。在泥艺类手工活动的实施当中，教师之间要积极开展教研活动，对活动中出现的情况及时开展研讨活动，并定期进行教研总结，经过群策群力尝试、修改，可以积累一些优秀的泥艺类手工活动设计方案。

4. 教师要学会泥艺类手工活动的简单评价方法

教学活动的评价既是本次活动的终止，也是下次活动的起点，对教师实施和指导教学活动有着十分重要的作用，因此，在活动后都会进行一系列评价。幼儿园中班的泥艺类手工活动在评价上可以有以下参照。

首先，幼儿和幼儿之间的互相评价。每个幼儿在活动中的观察方式、探索思维和动手技能都是不一样的，因此制作出的泥艺类手工活动作品也会是各有特色的，因此教师可以在活动结束后引导幼儿相互欣赏、介绍、评价同伴的作品，学习好的方法技巧，以不断完善自身的操作技能。

其次，教师对幼儿活动的评价。教师可以根据记录内容对幼儿活动情况进行评价，以此作为分析幼儿情况和修整下次目标的依据。

最后，教师的自我评价。对教师来说自我反省是很重要的，所以在每次活动后，教师都需要对自己本次活动的实施过程、指导方法、活动效果等做出评价，以此来提高活动实施能力，寻求更适合幼儿的教学方法或内容。

图 4-8 泥艺类手工彩泥制作《好吃的冰糕》

对于中班幼儿泥艺类手工活动，教师可以在小班幼儿的基础上逐渐提出新的要求。例如，需要有一些细节，需要有简单的相互关联等，在制作上要求具有物象的基本结构、特征。

(二)中班幼儿纸艺类手工活动的组织实施与指导

在中班幼儿纸艺类手工活动方面，教师要学会引导幼儿认识基本的空间方位，建立各种形体概念，发展和完善幼儿手的动作，培养目测能力。在小班幼儿折纸的基础上，不断提出新的要求，学会更加复杂的折叠方法。幼儿园纸艺类手工活动是启蒙的，重在激发幼儿的兴趣和探究欲望，因此，幼儿的学习活动过程应该是主动探索的过程，教师应让幼儿运用已有的经验，通过各种感官，亲自动手、动脑去尝试和探索，并发现问题，且通过互动来解决问题，享受活动和成功的乐趣。

1. 尽量给幼儿创设宽松、适宜的纸艺类手工活动环境

环境是幼儿园教育中不可忽视的重大资源。蒙台梭利曾大力提倡环境带给幼儿的教育作用，也有许多教育家都说过“环境即教育的思想”。古代的孟母三迁也正说明了环境的重要性。

首先要营造良好的物质环境。教师要学会给幼儿提供欣赏空间，让幼儿参观一些有关的纸艺类手工活动作品，从而对活动的特点、色彩之间的美感、造型的互动和蕴含的古老文化有所了解，以此来提高幼儿的审美能力；还要及时给幼儿提供丰富的活动材料。当幼儿对活动有了一定认识以后就要自己动手去做了。尽量让幼儿根据自己的需要来选择材料，这不仅能美化他们的作品，满足他们的需要，更有利于幼儿在探索中获得知识经验。

其次要营造良好的精神环境。若幼儿心情愉悦，做什么事就等于先成功了一半。所以给幼儿营造一个宽松、愉快的创作空间就显得很重要。教师要从心理上以宽松的心态来对待幼儿，不给他们施加各种压力，不想方设法地让幼儿去学习他们不想学的东西，而是边看、边引领、边融入、边体会、边引导。幼儿也解放了他们的手、眼、脑、嘴，他们用眼睛来随意观察自己感兴趣的事物，充分利用自己的大脑去想自己想要的形象，与伙伴进行无拘无束的交流，并用自己的小手来通过各种方式进行创造。同时教师要学会用肯定的态度来评定幼儿创作中所蕴含的价值，使他们在获得经验的同时，更加有创作的欲望和热情。在中班下学期可以比较系统地尝试开

展一些简单的看图例折纸教学活动。

2. 让幼儿学会和掌握一些基本的折叠方法

幼儿园的教育活动应以循序渐进为原则。在纸艺类手工活动的实践中，应该始终遵循由简到繁、由浅入深、由易到难的原则。刚开始幼儿先学习对边折、对角折，然后学习四角中心折，以及双三角、双正方形折等。在幼儿学习某个基本折法时，教师可以提供一些与这一折法相关的多种图例。例如，学习折双三角时，教师可以为幼儿提供宝塔、皮球、兔子等图例，使幼儿得以巩固。

3. 面向全体幼儿，因人施教

由于每个中班幼儿的折纸水平不同，在目标、方法及其使用上教师要学会灵活对待和指导的策略。例如，在折纸活动“叠茶壶”过程中，教师就确立了三个发展目标：首先，幼儿可以在教师的指导下进行折纸，其次，幼儿学会看范例，在拆和折的过程中进行折纸；最后，幼儿独立看图例折纸。在方法上教师也采用了集中教学和个别教学相结合的形式。例如，在学习新的折纸方法时，采用集体教学的形式。在某些区域活动中，对于能力强的幼儿要求他们独立克服困难完成作品，而且作品要工整、美观。对于能力较弱的幼儿，可以通过与其他小朋友互相帮助，或由教师引导、示范，或取一范例，让其拆开再学折等方法逐步培养幼儿独立完成作品的能力。能力强的幼儿已具有看简单图示进行纸艺类手工活动的能力。每次进行折纸活动，当教师刚出示图示时，这些幼儿便跃跃欲试，对于他们来说这是一种挑战，不管成功与否，他们很喜欢教师这么相信他们。

中班幼儿对学习纸艺类手工活动有很大的兴趣，有着内在的求知欲望。因此，教师要善于研究幼儿的某些想法，在观察、分析中知道幼儿的需要，知道他们是怎样学习的，这对引领幼儿的活动非常重要。

图 4-9　纸艺类手工彩色海绵纸拼贴《坐火车》

中班幼儿纸艺类手工活动形式简单，小工具的介入使活动内容更加精细，同时也锻炼了幼儿手、脑的协调能力。

(三)中班幼儿自制玩具类手工活动的组织实施与指导

中班幼儿在自制玩具类手工活动方面，可以从简到繁逐渐进行，材料和方法很多，在一些幼儿园也常用到。

1. 图形粘贴类活动

教师事先剪好各种图形(最好是幼儿生活中经常见到或接触到的)，然后让他们自由摆在纸的适当位置，并分别抹上糨糊粘贴，细小的部分还可以用水彩笔添画。这种粘贴类活动，有助于发展幼儿简单的立体构图能力，增强学习的自信心。粘贴比较简单，所以即使是动手能力比较弱的幼儿也能完成。

2. 自然物粘贴类活动

让幼儿在生活中搜集各种废旧物品，如好看的树叶、石子、沙子、小木棍等，把它们处理好、擦干净，并压平整，然后根据树叶的不同形状加以剪修，加工成自己需要的不同形象，按照预想进行粘贴。在粘贴之前教师可以首先引导幼儿欣赏一些大班幼儿或成人的各种粘贴类作品，熟悉粘贴的材料性质及特点，教会幼儿涂抹糨糊、胶水或双面胶等操作方法，并使他们知道怎样保持作品的整洁。在粘贴时，教师要引导和启发幼儿添画一些细节，使构图更加完美。

3. 撕、贴类活动

在幼儿不借助工具的情况下，教师指导和引领他们按照某些意图用手撕出一定的形状，然后粘贴出一定的图案。例如，用长方形纸撕出小草、树叶等，把正方形的纸去掉四角和中心撕成花朵和车轮，把方形纸对角或对边进行折叠，任意去掉一部分，撕成各种窗花等。

4. 剪贴类活动

幼儿在中班阶段已经基本具备了使用剪刀的正确方法，教师可以提高他们控制剪刀的能力，如张开、合拢等，此外，还要使他们掌握一手拿纸，把纸放在剪刀之间的动作练习。

5. 折纸类活动

折纸是一项比较古老的活动，富于变化，十分有趣，同时，也是开发幼儿智力的有效手段。一张普通的纸，经过一番折叠就可以成为极其概括的物象，有的可以成为装饰品、游戏道具，有的甚至还可以直接成为生活的某些代用品。因此，折纸活动是简便易行而又深受中班幼儿喜爱的手工制作活动之一。折纸类活动可以训练幼儿的目测力，训练他们手、眼、脑的协调配合和想象空间能力，增强他们的形体观念和方位观念。折纸类活动的准备工作比较简单，一般根据所折物的需要，分别发给幼儿若干张三角形、正方形、长方形的白纸或彩色纸等，然后就可以进行折纸活动了。

6. 染纸类活动

染纸是吸收我国民间印染工艺而形成的一种手工制作活动，所使用的工具和材料很简便，大部分中班幼儿都能很好地掌握。教师在引导幼儿做此类活动时要注意安全和卫生，以及活动后的好习惯。

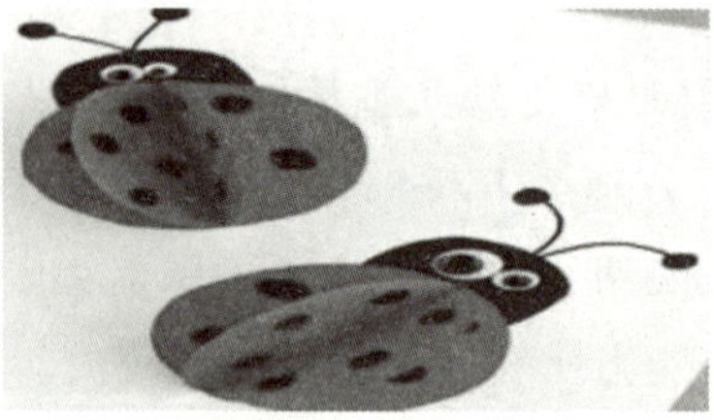

图 4-10 自制玩具硬彩纸插接《小瓢虫》

对于中班幼儿自制玩具类手工活动，教师可以顺应幼儿的喜好，简单制作、整合，使形象更符合幼儿的要求，成为幼儿游戏时的道具或器皿。

(四)中班幼儿自然物类手工活动的组织实施与指导

中班幼儿自然物类手工活动是他们特别喜爱并愿意参与的一种活动，也是培养和锻炼幼儿动手、动脑、手眼协调，启发幼儿创造性思维及良好品质的重要手段。大自然赋予了我们各种花草树木、各种果实种子、沙土石子、海边随处可见形态各异的贝壳……这些大自然馈赠于我们的独特的礼物，既环保又富有很强的可塑性，只要我们稍做一下装饰、点缀，在眼前就会呈现出一件件精美的作品。

1. 教师要学会多种途径搜集资源，以此加深幼儿的认知

教师利用园内幼儿家长来自各个不同行业的优势，在不违反原则的情况下，发动家长帮忙搜集更多的自然材料。例如，有些家长带来了玉米皮、棉花壳、果壳、小石头、麦秆……教师分类整理、清洗、消毒后进行手工制作。还有一些幼儿园所处地理位置也会带来“财富”。例如，有的幼儿园周围有农贸市场、建材市场及社区花园、人工湖、小清河，这也为我们提供了优质的资源。带幼儿参观农贸市场，认识不同季节水果、蔬菜及其颜色、特征后进行蔬菜拓印、用胡萝卜片拼摆毛毛虫、太阳等。带幼儿去花园感知季节变化，同时也搜集不同的材料。春天发芽的柳枝可用来拼摆出不同图形，编织成的花环在户外时还用来套圈等；夏天各种水果的果核用来拼摆、涂色处理后创作出一件件作品；秋天将搜集到的各类树叶进行树叶粘贴、树叶拓印，制作树叶画、树叶皇冠等；冬天冻冰花、用黏土、彩纸和树枝制作《小树的新衣》等作品。在建材市场带回的木块下脚料用来拼摆，用刨花、木屑制作《妈妈的卷发》《给小羊穿新衣》等作品。

2. 教师要学会充分挖掘自然材料的多维价值，使其“活”起来

在活动中教师要尝试多角度地挖掘材料的内在价值，探索材料所蕴含的教育功能，使其在自然物类手工活动中更具生命力，绽放更多精彩。例如，教师可以注重各个领域间的渗透。新时代下成长起来的幼儿长期居住于高楼大厦，缺少了与大自然接触的机会，对自然界中万物生长规律的认知比较匮乏，导致他们在利用自然材料进行手工制作过程中，对部分材料不熟悉、不认识。例如，有些幼儿看到教师清洗后暴晒的玉米皮问：“这是什么？能吃吗?”老师回答“不能”后，幼儿继续问：“那

煮煮能吃吗?”教师可以此为契机，在引导幼儿进行手工制作的同时渗透有关玉米生长过程及玉米用途等知识，在进行树叶粘贴过程中引导幼儿观察，让幼儿了解树叶有不同的形状及颜色等，还可以简单渗透树叶的结构特点。在“小树的新衣”手工制作活动过程中，让幼儿了解常青树及落叶树，在进行豆类粘贴过程中引导幼儿认识不同种类的豆类及用途。

3. 教师在活动中要学会借用各种材料的独特优势

教师在活动中灵活运用各种材料，并根据材料的颜色、形状等不同，充分调动幼儿生活经验，让其进行巧妙地改造、组合、创作。例如，让幼儿在观察核桃壳的特点后，教师借助黏土等辅助材料引领幼儿创作出了小乌龟、小帆船等作品，用松果制作出了憨态可掬的小熊，用树枝和毛线缠绕出了蜘蛛网等。在活动中教师进行适时的引导，幼儿也会根据自己所需选择材料，逐步学会抓住材料自身的特征，进行艺术的想象与构思。陈鹤琴先生说过：“大自然、大社会都是活教材。”大自然向我们展现无穷魅力的同时也为我们提供了“取之不尽，用之不竭”的自然材料。我们应充分挖掘自然资源，有效开发、合理利用，让幼儿在手工活动中回归自然、学会创作，引导幼儿学会用心灵去发现和感受美，用自己的方式去表现和创造美。

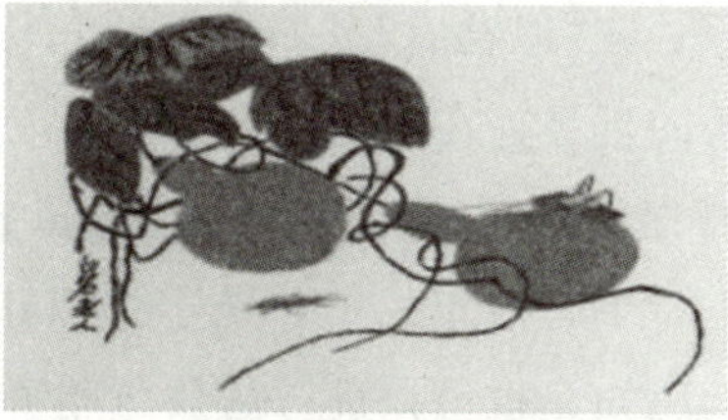

图 4-11　自然物彩砂拼贴《小葫芦》

中班幼儿自然物类手工活动内容非常广泛，大自然的很多材料都可以作为自然物类手工活动用之不竭的来源。因此，发现新材料并进行巧妙地组合，是中班幼儿手工活动非常重要的一个环节。

(五)中班幼儿废旧物类手工活动的组织实施与指导

幼儿往往对某些物品爱不释手，一个不起眼的小盒、小罐，甚至一些废旧物品也同样能使幼儿从中找到乐趣，打开他们心灵的窗口。自制玩具在操作上有更大的自由度，教师尽量配合教育、教学活动内容，满足教育、教学的活动需求，将适时性、针对性和创造性等特点引入幼儿自己制作各种玩具中。这些加工制作的作品有时代感，能反映时代需求；体现现代教育观念，具有适时性；也能充分体现设计者的思路和使用者的要求，具有针对性；同时还能反映制作者的制作水平，具有创造性。幼儿利用现有的废旧材料制作出具有地方特色、现代特色的玩具，既能节约资源、节省经费，还能消化废旧物品，而且在自制玩具成功的过程中，还能体验成就感，进而增强幼儿的自信心。

1. 利用废旧材料的多元化特点引领幼儿参与

教师在引领中班幼儿进行废旧物品的制作活动中，要学会把握让幼儿积极参与的原则。平时教师就要注意收集各种废旧物品，如一次性纸杯、奶盒、碎布头、毛线、蛋糕盘、旧光盘等，经过简单加工装饰，将其变成美丽废旧物类的作品。例如，教师指导幼儿用树叶、旧毛线、布头和种子等物品粘贴的组合废旧物类作品，形象逼真，颜色自然。旧光盘制作的毛毛虫、小花等物品粘贴在活动室的墙上非常逼真、生动。还有毛线粘贴画、各种废旧纸盒粘贴的玩具，以及废旧彩笔拼成的动态人物都引起了幼儿的关注，也让幼儿兴奋不已。他们会主动把家中的一些废旧物品带来和教师一起制作，这样的废旧物制作活动既环保又经济，既培养了幼儿的动手能力和创造力，也能使幼儿体验成功的快乐，养成节约的好习惯。

2. 结合废旧材料的性质和功能，开展各种区域活动

在通过改造废旧物品开展的区域活动中，教师要时时处处做有心人，心中要时刻有变废为宝的意识，要积极利用身边的废旧物品，为幼儿树立一个良好的榜样。在某些区域活动中，教师可以将废旧物品进行改造，做成成品或半成品玩具投放到活动区，供幼儿游戏。例如，在"娃娃家"活动中，教师和幼儿一同尝试用海绵和碎布缝成包子、馒头、饺子等；在"理发店"区域中，幼儿从家中带来的洗发水瓶、化妆品瓶子成了他们百玩不厌的玩具；在"操作区"里，可以将果冻盒涂上不同的颜色，让幼儿按颜色和大小进行排序；在"计算区"里，还可以投放塑料瓶盖子、扣子等，让幼儿练习数数和学习分类。平时搜集的塑料瓶子可以让幼儿进行颜色、大小、高矮、粗细分类，训练幼儿的感知，也可以进行瓶盖与瓶子配对练习；在"美工区"里，教师可以引导幼儿用瓜子壳、碎布、旧报纸装饰成漂亮的画和手工作品等；在"音乐区"可以用油漆桶做成小鼓、果冻盒做成碰铃、方便面桶做成铃鼓等。幼儿在学、找、玩中学到了更多的知识，同时也提高了动手能力和学习兴趣，从而促进了幼儿全面发展。无论哪个区域，投放的废旧物品要得到及时更换，以保证废旧物品的多样操作性。

3. 利用废旧材料的可塑性特点实现一物多玩

教师要引领幼儿利用废旧物品开展各种形式多样的活动。《纲要》指出，幼儿园应为幼儿提供健康、丰富的生活环境和活动环境，满足他们多方面发展的需要，使他们在快乐的童年生活中获得有益于身心发展的经验。开展多种有趣的综合活动，特别是户外的、大自然的活动，可以培养幼儿参加各种练习的积极性，并提高其对环境的适应能力。正常的幼儿户外活动时间一天要保证在1～2小时，其中包括早操（课间操）、户外游戏、户外散步、体育活动等。教师要注重幼儿的户外活动时间，充分利用户外丰富的教育资源开展类似的教育活动。例如，废旧的瓶子、易拉罐、挂历纸、纸筒、奶盒等，这些平时看起来并不起眼的东西却能变成幼儿好玩的玩具。为了丰富幼儿的户外活动，使户外活动器械及材料得到优化，教师要学会制定方案。

具体的做法是有效利用废旧材料制作小型活动玩具，充分挖掘各种简单器械的潜力，以物代物，一物多玩。例如，酸奶瓶用松紧带连接成拉力器，增强幼儿的臂力；易拉罐做成了梅花桩，让幼儿练习平衡；旧布和棉花做成飞镖，让幼儿进行投掷活动；奶粉桶做成小推车，锻炼幼儿走、跑能力；薯片桶做成跨栏，锻炼幼儿的跨、跳能力；等等。多样化的自制玩具类活动器械，多样化的玩法，特别能激发幼儿参与各种活动的兴趣，满足幼儿探索和发展的需要。在收集多种材料过程中，为了形成幼儿有条理地收拾和整理的习惯，教师可以引导幼儿给这些材料做记号，分门别类地放好。

4. 利用废旧物大部分来源于生活的特点改变家长观念

利用废旧物品简单加工，改变家长观念。现在的家长一般比较重视买来的玩具，忽视自制的玩具，重视孩子的学习，忽视对孩子动手能力的培养。其实幼儿天生的权利就是玩，学会玩，在玩中学，玩泥团、捏泥人、用硬纸板做面具、用沙子堆城堡、用手脚作画、用旧物改做玩具等。教师要将这一特点介绍给幼儿的家长，转变家长的教育观。例如，可以请家长和幼儿共同利用废旧物品制作玩具，使用牙膏盒做机器人，用一次性纸杯做狮子、老虎，用红茶瓶做小汽车等。总之，家长在一次次利用废旧物品制作玩具时，就会发现废旧物品对孩子的教育价值，制作过程既培养了幼儿的动手能力，又培养了幼儿的想象力和创造力。家长看到幼儿的进步，就会改变以往的买现成玩具的观念，真正地把一件件废旧物品变成宝贝，倍加珍惜。总之，幼儿园中班废旧物类活动坚持“变废为宝”“贴近生活”的原则，多渠道收集各种废旧物品，自制成玩教具并充分运用到幼儿园活动中，这样不但能增强幼儿的环保意识，使幼儿养成勤俭节约的美德，还能促进幼儿不断探索、玩出新花样，发展幼儿的动手能力、想象力和创造力。同时，这类活动大大减少了教师的工作量，也能为幼儿园节省资金，真正体现低投入、高效益的教育理念。

图 4-12　废旧物瓦楞纸拼贴《天鹅》

在中班废旧物类手工活动中，教师可以利用身边很多有价值的东西，如废纸箱、废打包带、泡沫板等，经过简单切割、组装，形成新的形象，非常适合幼儿园手工活动。

(六)中班幼儿命题类手工活动的组织实施与指导

中班幼儿命题类手工活动要求幼儿根据教师提供的内容，结合自己的已有经验和特点，用手工活动的表现形式体现自己的主观判断。

1. 命题类手工活动要与幼儿真实生活紧密相连

在命题类手工活动中，内容如果是幼儿喜欢的、感兴趣的，他们就会调动全部的智慧，去探索、去研究、去尝试，构建新的知识体系。因此，教师要设计一些尽量贴近幼儿生活实际的内容。在日常生活当中，教师要及时发现幼儿的需求和爱好，注意抓住幼儿生活中的热点问题，根据幼儿的生理特点，以生动、活泼的形式进行活动设计。例如，国庆节的到来，让幼儿知道祖国妈妈要过生日了，联想到现在的方式，过生日的时候都要吃蛋糕，于是幼儿也制作了简单的大蛋糕献给祖国妈妈，同时这一主题活动，也让幼儿了解了很多知识。比如，几个世界之最，国旗、国歌、国徽等。教师结合活动课程计划，可以将这些小知识用图、文结合的形式贴在幼儿容易看到的地方，进一步巩固幼儿对这些知识的了解，同时也对幼儿识字有很大帮助。在了解完这些知识后，教师还可以引领幼儿用手工活动形式塑造天安门广场、长城等。这样，幼儿在亲身活动中学习各种知识，了解了一定的探究方法，获得了真正的知识体验。

2. 在互动中教师成为幼儿学习活动的合作者，提供适宜的帮助与引导

在中班幼儿命题类手工活动的指导和实施过程中，教师既是活动的支持者、引导者、观察者，也是活动的合作者、研究者、学习者、欣赏者；幼儿是活动的学习者、参与者、评价者。教师在指导幼儿命题类手工活动中，首先要注意设定的题目要和幼儿的已有经验和能力相结合。例如，“香香的小手”“扫地”“擦桌子”等，是幼儿比较熟悉的生活情节，从命题类手工活动的展开和实施，到主题的总结，整个过程不墨守成规，给予了幼儿充分自由探索、尽心表现和共同实践的机会。命题类手工活动的最大价值在于师幼之间共同有深度地探讨一个主题，通过自主探究等多样化的研究性学习活动形式，丰富幼儿自身学习生活的经验，培养幼儿自主探究的意识、习惯与能力，发挥幼儿的主动性，促进幼儿主动探索与学习，引导幼儿在愉快的体验中获得成功与发展。在中班幼儿命题类手工系列活动中，教师要始终坚持幼儿是活动的主人。因此，特别是在中班下学期，大到主题环境的创设，小到区域材料的投放，如果有可能，幼儿园都尽量放手让幼儿自由设计。例如，鼓励幼儿大胆出点子布置活动室，增强他们的自信，让幼儿觉得“我能干”“我能行”。在命题类手工活动中，幼儿把自己观察到的、听到的以及想到的根据要求用粘贴、黏合、插接等方法表现出来，充分地表达了自己的想法。在活动中，教师要学会扮演一个热情而积极的鼓励者、支持者、合作者，有效而审慎的引导者。

3. 利用命题类手工活动的形式多样性激发幼儿的游戏兴趣

要保证幼儿园命题类手工活动呈现良好的状态，关键在于组织形式和师幼互动的多样化。例如，可以组织各种各样的“今天我知道”活动，让幼儿把自己通过爸爸妈妈及其他人了解到的知识告诉大家；借助对实物、教玩具的探索和观察活动，让幼儿通过看、闻、摸、想、问、说等得到感性认识。在时令性的命题类手工活动“运动总动员”中，教师让幼儿操作各种运动工具，在游戏中让幼儿了解不同运动工具的不同功能、造型、用途、结构等特点，同时也让他们发现了许多问题和可能。通过手、脑的协调进行的手工活动有很多，如幼儿与家长用纸筒做成的举重器械，用纸皮做成的各种各样的球拍等。在命题类手工活动开展的过程中，教师要创设满足幼儿需要的环境，从以往关注知识点的传授，转变到关注幼儿主动探索与创造的过程，创设一个心理自由和心理安全的环境，着力于创设问题情境，并提供数量充足、种类齐全、可操作性强，具有探索价值、难易适度的活动材料，满足中班幼儿命题类手工活动的要求。

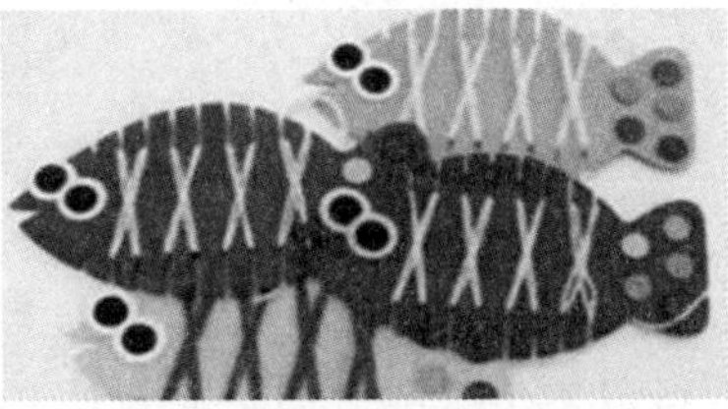

图 4-13　命题类手工《穿线小鱼》

在幼儿园中班命题类手工活动中，教师可以根据幼儿的已有经验，寻找他们喜欢的题材，让幼儿学一学、做一做、玩一玩，在游戏中学会方法，掌握技能。

(七)中班幼儿意愿类手工活动的组织实施与指导

中班幼儿意愿类手工活动是幼儿喜闻乐见的一种活动形式，最能够发展幼儿的各种潜在能力。如何创设具有教育性、兴趣性、探索性、创造性、操作性和自由的、宽松的意愿类学习环境？让幼儿在活动中充分表现自己的能力，通过摆弄物体，自由操作，观察和实验而认识物体的特征和物体之间的关系，解释事物现象，发现问题，解决问题，从而发展幼儿的思维能力并形成智慧，发展个性，培养自信，促进每个幼儿全面发展。

1. 幼幼互动是中班幼儿意愿类手工活动开展成败的关键

首先在中班幼儿意愿类手工活动过程中，教师应该注意增进幼儿之间的相互交流。因为幼儿彼此间是平等的，他们可以毫无拘束地自由交流、讨论。在这样的交流互动中，幼儿既放松，又保持了独立性，这是教师直接指导所达不到的。因此，在组织幼儿类似活动的前期阶段，教师要善于引导幼儿相互讨论，充分尊重幼儿游戏的权利，允许幼儿在游戏中按自己的意愿大胆表现，并做好及时的观察与指导。

2. 选择适合的游戏是活动顺利推进的途径

在班级活动室内创设各种活动区域或区角，提供自由活动场景，利用自由活动时间，开展幼儿自选活动，也是幼儿园开展意愿类手工活动的一种重要形式，这种教育活动形式可最大限度地发挥幼儿自主探索与学习的积极性。在某些区域活动中，教师应该根据幼儿的兴趣、特长及能力提供各种符合幼儿意愿类手工活动需要的游戏材料、工具等，并给他们提供宽松的氛围，让他们在没有心理压力的情况下，获得充分的活动机会，并体验成功的喜悦。

3. 合理创设区域活动的空间位置，满足意愿类手工活动的需要

选择最佳空间布置意愿类手工活动区。例如，教师可以把图书区放在采光较好的地方，并自制小书架供幼儿整理、摆放图书。自然角放在朝阳的地方，无土栽培、水培植物和泥土栽培的植物归类摆放整齐，方便幼儿管理和记录。建构区由于幼儿操作起来相对嘈杂，所以建构区放在宽敞的地方，并给予幼儿展示作品的空间，使他们的成功感容易得到满足。表演区和体育活动区也需要很大的空间来展示幼儿的才能，所以可以设置在教室外的走廊上。幼儿的手工类意愿活动区域需要的地方较大，提供的工具材料也很多，确定好空间位置，教师就要想办法收集意愿类活动区域的各种材料。

4. 充分利用家长资源，收集区域活动材料

负责接送孩子的家长，有时不太理解要让孩子收集废旧纸盒、瓶瓶罐罐的要求，为此，在与家长沟通中教师可以宣传这些废旧物品对幼儿活动的价值(可以作为幼儿小制作的半成品；可以制作成幼儿区域活动中的操作材料，可以作为幼儿游戏中的辅助材料等)，并以实物展示的方式，直观地呈现在家长面前。当家长了解了废旧材料的好处后，他们就会主动帮助孩子收集材料，并积极出谋划策，这也会令幼儿活动积极性大大增加。这样的活动一般家长都非常配合。

5. 根据意愿类手工活动的开展，创设多样互动性的活动形式

意愿类手工活动创设是教学活动的延伸。所以在某些区域开展意愿类手工活动时，教师一定要根据幼儿的已有经验和某些社会热点，包括当地幼儿的兴趣点，同时要注意引领和启发的问题有一定的开放性，内容及时填充和更新。教师在创设中要开动脑筋，根据幼儿的兴趣和需要，采取多种形式，真正发挥此类活动的互动性和幼儿参与的有效性。例如，有些幼儿园就结合角色扮演活动“我的家”，在环境区域中放置了抹布、扫帚、围裙、帽子、桌子、椅子。在进行意愿类手工活动之前，幼儿在此类环境区域游戏中，扮演哥哥、姐姐的幼儿让弟弟、妹妹坐在干净的椅子上，做哥哥、姐姐的幼儿就分工合作，有的扫地、有的擦桌子等。在充分体验角色的过程中，中班幼儿既积累了知识，又感受到了游戏的快乐。在接下来的意愿类再现手工活动中，每个幼儿就会结合自身特点，将自己感兴趣的事物，用自己掌握的手工活动表现出来。幼儿园类似的活动很多，如“小猪变干净了”“小熊拔牙”等。在活动中教师可以引导幼儿自己选择材料、自制简单道具，学习与同伴一起表演故事。表演的过程加深了幼儿对故事的理解，在后面进行的意愿类实操手工活动中，幼儿自己就会选择相应的工具和材料进行再现。

6. 在材料的投放上注意体现多层性、多样性

幼儿都来自不同的家庭，存在个体差异，因此要最大限度地满足不同幼儿的不

同需要，允许甚至鼓励他们与众不同，引导每个幼儿在发展水平上，缩短与其他优秀幼儿的距离。根据意愿类手工活动的不同发展需要，教师可以在活动区域内投放多种供幼儿练习的游戏物来帮助幼儿获得经验和体会，为意愿类的手工再现活动打下基础。例如，在用筷子夹实物(黄豆、绿豆、赤豆、弹珠等)的活动中，能力弱的幼儿可以夹黄豆，因为豆类中黄豆相对比较大，表面不是很光滑，容易被夹起。能力中等的可以夹弹珠，因为弹珠大，但是它比较光滑，不易被夹起。能力强的孩了，可以把赤豆和绿豆混在一起，然后进行分类，因为赤豆和绿豆比较小，很难夹，对幼儿是一种挑战。这些活动对幼儿体验生活、为意愿类手工活动积累经验很重要。

7. 在中班幼儿意愿类手工活动中，幼儿需要教师的指导

中班幼儿意愿类手工活动，并不是幼儿自己进行操作就算完了，而恰恰更需要教师的指导和引领。当前提倡的素质教育是让幼儿主动学习，让幼儿成为学习的主人，只有这样，幼儿的潜能和个人能力才能被充分地发挥出来。因此，在中班幼儿意愿类手工活动中，教师的及时点播和启发就显得十分重要。恰到好处的启发和引领，特别能够使幼儿在活动中按照自己预设的思路去表现。在幼儿意愿类手工活动的实操过程中，教师尽量不直接干预幼儿，在一旁关注幼儿的表现，了解幼儿的兴趣、需要和发展状态，再根据这些信息，做出相适宜的反应和适当的隐性帮助。

8. 中班幼儿意愿类手工活动后的讲评

中班幼儿已经能够做一些特别简单的总结和归纳。在每次的意愿类手工活动后，教师可以先让幼儿介绍自己做了些什么(观察幼儿的表达能力是否完整。)，在整个意愿类手工活动中碰到了什么困难，是怎么解决的(如果还没有解决，幼儿可以共同帮助，讨论解决困难的方法。如果解决了，幼儿可以讨论还有什么方法帮助解决)。最后，教师总结幼儿在活动中都掌握了哪些本领，鼓励没有动手操作的幼儿都去尝试一下，同时还要特别提醒运用方法比较单一的幼儿，多动脑筋、多看一看其他幼儿的动手情况，以此作为参考。

图 4-14　意愿类手工《纸条灯笼》

中班幼儿非常乐于参与意愿类手工活动，在活动中可以无拘无束表达自己的感受，而且在意愿类手工活动中教师给提供的材料都是复合型的，满足了幼儿自由表达的愿望。

(八)中班幼儿手工和五大领域相结合的活动案例及指导与评价

中班幼儿泥艺类手工活动和五大领域相结合，如何在此类活动中标新立异、突出特点，是很多一线教师反复琢磨的问题。中班幼儿又是一个承上启下的年龄阶段，所以求新、求异、求变，是幼儿中班泥艺类手工活动阶段的主要特点。

1. 中班幼儿泥艺类手工活动

(1)泥艺类手工和健康领域相结合的活动案例及指导与评价

小厨师

【活动设计背景】

现实生活中我们常常看到：幼儿有时习惯于只吃自己爱吃的食物，不喜欢的食物则一口也不吃。因此，教师以泥艺类手工活动为载体，帮助幼儿了解均衡摄取营养的重要性。这次活动教师针对性地设计了让幼儿尝试自己制定食谱，亲手制作美味营养的晚餐，了解科学、合理、丰富的配餐才能使身体更加健康，从而促进幼儿养成良好的饮食习惯。

【活动目标】

①学习合理地搭配食物，制定食谱；

②与同伴分工合作制作食物，体验做厨师的快乐；

③学习用各色橡皮泥按模具形状拓印出各种食物或熟悉的蔬菜。

【活动准备】

①环境准备：生活体验馆——大城小厨。

②物质准备：食材及对应的食材图片。五谷类：米饭、面；蔬果类：苹果、香蕉、圣女果、火龙果、青菜、胡萝卜、黄瓜；肉蛋奶类：肉、虾仁、鸡蛋、酸奶、牛奶；油脂类：植物油、芝麻。工具及材料：各色橡皮泥、小面板、拓印模具、辅助工具等。

【活动重点】

使用模具拓印。

【活动难点】

各种简单形象最后的调整完成。

【活动过程】

①谈话导入：引导幼儿回忆午餐吃的是什么。

教师：小朋友们，你们今天中午在幼儿园吃的是什么饭呢？(幼儿回答。)真是好丰富呀，有饭、有菜、有肉，还有汤，你们喜欢吃吗？

教师：那为什么我们的一顿饭要吃这么多种食物呢？(幼儿回答。)

教师小结：所以小朋友们各种食物都要吃，缺少了哪一种都不好，我们每天都要搭配着吃东西，不过有些食物要多吃，有些食物要少吃。

看分类表说一说：什么食物要多吃，什么食物要少吃。

教师：只有吃饭，我们的身体才会更加健康！(引导幼儿回忆午餐吃的是什么。)

②食材分类。

首先，幼儿将食材图片进行分类。

其次，教师与幼儿一起整理分类。

教师小结：现在我们已经有了很多种类的食材，今天小厨房的食材真是既营养又丰富。(为下一步设计营养丰富的食谱埋下伏笔。)

③简单设计食谱。

首先，引导幼儿说说自己想做的食物。

其次，教师和幼儿一同协商勾画菜单。

再次，教师调动幼儿观察，并将自己喜欢吃的食物用各种形状的食物模具进行橡皮泥拓印，按实物规律摆放、排列，做成简单套餐。

最后，教师小结。教师引导幼儿说说制作时所需要的材料，幼儿根据所需要的材料选择图片并将拓印出来制作好的橡皮泥食物按要求放置在食谱上，如肉＋面＝肉饼等。启发幼儿将橡皮泥食物按自己的要求和意愿制定合理的配餐，拼成完整的一份份晚餐食谱。(将所有的食材搭配成一套合理的晚餐。)

④幼儿熟练之后，教师可以让幼儿分组尝试制作橡皮泥类的美味大餐。

首先，幼儿根据意愿，自由组合。

其次，幼儿自主操作，教师巡回指导帮助，教师引导幼儿根据自己的意愿，自选食材与工具。

⑤分享环节。

教师：多么丰盛的晚餐呀，色香味俱全，让我们一起来分享吧！幼儿体验成就感及与同伴分享的快乐。

⑥收拾整理厨房。

【指导与评价】

对于厨师的概念，幼儿比较陌生。随着教师的引领、示范、讲解，幼儿对厨师有了初步的了解。经过对厨师的基本描绘，并组织学唱儿歌《小厨师》，幼儿对厨师有了大致的印象。在手工活动的具体实操中，幼儿以结组的方式，拓印、制作成功了自己喜欢的食品，并分门别类地放置在一起，不但锻炼了幼儿的动手实操能力，也锻炼了幼儿之间团结协作的能力。在本次活动中中班幼儿对厨师有了一定的了解，并知道尊重、接纳厨师。通过与同伴以及教师的互动，幼儿在情感、态度、能力、知识、技能等方面也得到了自主发展。

(2)泥艺类手工和语言领域相结合的活动案例及指导与评价

美丽的太阳

【活动设计背景】

“太阳是绿色的”“不对，太阳是红色的”，还有的说“太阳是彩色的”……幼儿争先恐后地抢着表达自己心中太阳到底是什么颜色的。对于太阳，每个幼儿都知道，而说起太阳是什么样子的，他们的回答却异口同声。这是幼儿最直观的感受，也是他们生活中接触最多的太阳的形态。在幼儿的世界里他们心中的太阳就是五颜六色的。于是，在这些想法的启发下，教师设计了“美丽的太阳”这一彩泥手工活动，和幼儿共同探讨太阳、表现太阳。艺术活动是需要创造的，创造基于敢想、敢说，教师希望幼儿绘出属于自己的太阳形象，而不是千篇一律的，从活动中帮助幼儿感受艺术活动的夸张性，体验艺术活动中大胆想象和创作的快乐。

【活动目标】

①通过故事去发挥想象，大胆用各色彩泥作品表现自己喜欢的太阳；

②学会用多种颜色彩泥的实操方法，感受色彩美，提高大胆运用色彩的能力。

【活动准备】

①经验准备：了解关于太阳的粗浅知识，欣赏过有关太阳的美术作品。

②物质准备：各色彩泥、幼儿操作的其他辅助材料。

【活动重点】

语言描述自己心中的太阳。

【活动难点】

彩泥加工设计过程及各种不同的细节表现。

【活动过程】

①讲故事、导入课题。

教师：今天我给你们带来了一个好听的故事，故事的名字叫《太阳的颜色》。

②让幼儿谈谈对太阳的认识和感受。

教师：小白兔明白了，小朋友们，你们明白了吗？那你们想一想太阳到底是什么颜色的呢？(幼儿自由回答。)

教师：你们真聪明！(原来太阳有这么多美丽的颜色啊！)那请你们再想一想，如果没有太阳会怎样呢？

幼儿：没有太阳，花、草、树木，它们都会死掉；没有太阳我们也会生病。

教师：说得真好！如果没有太阳，不仅小花、小草、树木都会死，而且我们的身体也会生病。太阳对我们有这么大的作用，那你们想不想用彩泥，表现一下自己心中最美丽的太阳啊？

③教师讲解，并请幼儿一同操作塑造太阳。

教师：请两名幼儿示范练习，塑造彩泥太阳。

教师：引导幼儿用多种彩泥表现太阳，增加幼儿对色彩的认识。

教师：这两个小朋友制作的太阳都很漂亮，那你们心中最美的太阳是什么样子的呢？

④幼儿操作，教师巡视指导。

鼓励幼儿大胆地表现心中想象的太阳，越夸张、越拟人化越好。

⑤引导评价、互相欣赏。

【指导与评价】

教师在第一个环节主要利用多媒体课件导入与小故事相结合的方式，图文并茂地为幼儿讲解，直观地让幼儿感受、熟悉太阳的几种美术表现形象，更能激发幼儿参与活动的兴趣和积极性。教师在活动中以拟人化的口吻来问幼儿，小兔子说："他明白了，那你们明白了吗?"此问题的设置，既为下一个环节做了铺垫，又让幼儿带着问题去思考、去倾听，更能培养幼儿的倾听能力。第二个环节主要是为幼儿创造一个自由讨论的空间，使他们敢说、想说，活动中主要让幼儿自己谈谈对太阳的认识，鼓励幼儿在集体面前大胆地说出自己的想法，不仅培养了幼儿的语言表达能力，更能锻炼幼儿的胆量。让幼儿在说的过程中理解如果没有太阳会怎样，加深幼儿的感官意识，为接下来的幼儿彩泥实操活动做了铺垫。第三个环节为活动的难点，再次强调太阳的制作方法，让幼儿上台示范表现太阳，让幼儿来当老师，把机会留给幼儿，给幼儿一个自由表现的机会，这样幼儿的自信心和胆量都得到了提高。通过教师简单的讲解和个别幼儿示范太阳的制作方法，幼儿对表现太阳已有了更深的认识，为接下来的整体操作活动做了铺垫。在第四个环节，幼儿的泥艺类手工活动能力是在不断地练习过程中逐渐发展起来的，教师应为幼儿提供自由表现的机会，鼓励幼儿大胆、勇敢地表现自己的情感，和对美术的理解和想象。在活动中教师放手让幼儿去操作，自己充当一个引导者，帮助幼儿解决在实操练习中遇到的问题，及时给予帮助与介入，提升幼儿的泥艺类手工活动的艺术创造力。教师在最后的环节为幼儿创设了互相展示作品、交流的机会。虽然有的幼儿在这一环节中作品还没有完成，但在他们在操作过程中都付出了努力。教师应当尊重幼儿在发展水平、能力以及动手操作等方面存在的个体差异，因人施教，使每个幼儿在活动中都能体会满足感和成功感，从而不断激发幼儿对美术活动的兴趣和热情。

活动以"故事"为线索，引导幼儿大胆畅想，用已有经验，大胆说出不同形态的太阳形象。在活动中首先通过故事导入，让幼儿在听、说、讲的过程中了解太阳的颜色。紧接着让幼儿带着问题去思考、了解太阳到底是什么颜色的，这个过程充分展示了幼儿的想象力、用语言大胆表述的能力，也为下一环节埋下了伏笔。接下来教师结合了课件太阳的图片让幼儿观看，让幼儿感受色彩美，通过太阳的七种颜色的美和色彩带来的心里感觉，激发了幼儿的想象力和学习美术的兴趣。在美术活动中感受色彩美为下面的彩泥实操活动做铺垫。整个活动给幼儿创设了一个自由宽松的环境，让幼儿放手去操作，从而帮助幼儿感受艺术活动的夸张性，体验在艺术活动中大胆想象、创作的乐趣，萌发对艺术创作的兴趣。

(3)泥艺类手工和科学领域相结合的活动案例及指导与评价

橡皮泥会浮起来

【活动设计背景】

橡皮泥一放到水里就沉下去了，但橡皮泥也能浮起来。怎样让橡皮泥浮起来呢?

这一定能让好奇心强的幼儿雀跃不已。此项活动是利用中班幼儿常玩的橡皮泥，突破他们原有的经验，激发他们探究的欲望，借此培养他们大胆动脑、动手和主动探究的习惯。

【活动目标】

①能运用多种方法，使沉在水里的橡皮泥浮起来；

②知道改变物体的形状可以改变物体的沉浮；

③练习动手制作各种形状的造型。

【活动准备】

①经验准备：知道物体在水中有沉、浮的现象；

②材料准备：水槽、塑料插片、橡皮泥、泡沫板、石头、木块、塑料瓶盖、铁钉、铁块、材料袋、船的图片、其他辅助物。

【活动重点】

演示橡皮泥及其浮力。

【活动难点】

橡皮泥的简单塑造。

【活动过程】

①开始环节：不同物体沉浮的小实验导入，吸引幼儿的注意力，帮助幼儿回忆已有经验。

教师：哪些物体会沉下去？哪些物体是浮起来的？

幼儿：泡沫、塑料插片、塑料瓶盖、木块会浮起来，石头、橡皮泥、铁质的东西会沉下去。（幼儿猜完以后，进行实验。）

②基本环节：提出问题，尝试实验。

教师：你们刚才发现橡皮泥是沉在水底的，但孟老师有一次发现橡皮泥是浮在水面的，你们相信吗？

通过尝试，分享收获。

③船与铁块对比，联系生活经验，引入改变沉浮的问题。

（出示船的图片。）

教师：这是什么做的？在水中是沉是浮？

（拿出铁块，进行对比。）

教师：铁块也是铁做的，它在水里是沉还是浮？

讨论：同样都是铁，为什么铁块会下沉，而铁船也足够重，却可以漂浮在水面上？

小结：铁船是把铁块的形状发生了变化，铁船漂浮在海面上。

④猜想。

教师：如何改变橡皮泥的形状，使它漂浮起来？

⑤验证：幼儿实验，教师观察、指导个别幼儿。

⑥分享收获。

教师：尽量捏薄些，像小船的样子，这样容易漂浮。橡皮泥边缘的薄厚一致，如果一边重，一边轻，不平衡，就会下沉。

经过实验我们发现，有些物体可以通过改变形状浮起来。

【指导与评价】

通过这次活动最深的感触就是，幼儿对实验的内容会产生认知冲突，然后发现问题、分析问题、解决问题，这一过程是幼儿高度感兴趣的环节，也是探究精神充分体现的过程。在活动开始教师利用以前的小实验，帮助幼儿回顾已有经验，同时引入活动的主题。之后提出了见过橡皮泥浮起来的现象，让幼儿自己尝试，验证这样的现象是不是真的存在。这个小实验也是在观察幼儿对橡皮泥材料的了解和幼儿认知冲突的建立。这个实验只有少数幼儿成功了，但让其他幼儿相信了这种可能性。接着教师利用船与铁块的对比，让幼儿将生活经验迁移。在最后的实验环节中，教师直接提出了很明确的实验目的与要求。所以幼儿在一次又一次反复的实验中，提出了质疑，发现了问题，了解了可以改变沉浮的事实，并最后探索出改变的方法。

(4)泥艺类手工和社会领域相结合的活动案例及指导与评价

美丽的花朵

【活动设计背景】

泥艺类活动是我国传统的民间艺术，深受幼儿喜欢。通过活动幼儿可以了解民间文化艺术，同时受到潜移默化的艺术审美教育，更重要的是能在参与的过程中感受创作的快乐，体验成功的乐趣。根据中班幼儿的年龄特点和现有水平，教师提供丰富的操作材料，引导幼儿观察、欣赏，运用团、搓、压、围合等技能大胆塑造形象，从心灵上给幼儿美的熏陶，为幼儿提供动手创造美的机会。

【活动目标】

①学习用卷、穿的方法制作花朵，发展立体造型能力；

②运用剪的方法制作花瓣，培养手眼协调能力；

③在制作活动中建立自信心，养成善于动脑和爱护环境的品质。

【活动准备】

自制课件《美丽的花朵》、彩泥、竹签、泥工板、竹刀、剪刀等。

【活动重点】

均匀地剪出花瓣。

【活动难点】

①用恰当的力度在竹签上卷成花朵；

②采用的教学方法是视、听、讲结合法，游戏法，多媒体辅助教学。

【活动过程】

①引导幼儿欣赏用橡皮泥塑造的花朵。(教师出示花朵范作，通过欣赏美丽的花朵激发幼儿制作的兴趣。)

②教师和幼儿一同探索花朵的制作步骤与方法。(在共同探索、教师示范演示的过程中，幼儿学会花朵的制作步骤与方法。)

③引导幼儿尝试用彩泥制作自己喜欢的花朵。(在制作前再次提出制作要求与注意点，能够培养幼儿良好的手工制作习惯。在制作过程中，教师的个别指导与提示也是帮助幼儿提高技能技巧的有利因素。通过制作活动幼儿能巩固以前学过的泥工技能。)

提出制作要求与注意事项：使用剪刀时，一定要注意安全；在剪花瓣时，要注意剪的深度与粗细；组装花朵时，要注意先后顺序。

教师观察了解幼儿的制作情况，进行个别辅导，鼓励幼儿积极动脑、大胆操作，增强幼儿自信心。请做好花朵的幼儿给花枝上色(卷上绿色贴纸)。

④游戏：开花店。(在游戏中，提高幼儿欣赏、鉴赏美的能力，并继续激发幼儿对制作花朵后续活动的兴趣。)

【指导与评价】

活动中大部分幼儿按照计划完成了制作，但是也有少部分能力较弱的幼儿没有按要求完成，需要教师在难度系数上降低要求，或教师在活动中介入。幼儿对此类活动非常有兴趣，实操部分充分锻炼了幼儿对冷暖色调的感知。在活动过程中也有一些不足之处。例如，在操作时，有一些幼儿没有搞清活动的要求，没有用压印的方式来装饰，而是采用涂抹的方式，纸团在揉成球的环节也容易出现问题。因此教师需要注意给幼儿提供的材料要能够满足简单设计要求，还要注意印泥里面的颜色要容易上色，尽量让幼儿方便装饰；在花朵的装饰上，样子和花色要多一些，可以在活动之前，给幼儿彩泥装饰的样式作为参考。这样引领操作时出来的效果会更好。最后在欣赏环节，教师可以做一块花园的展板，把每个幼儿的作品展示出来，呈现一种综合的整体感觉，这样活动会更加完美。

(5)泥艺类手工和音乐相结合的活动案例及指导与评价

音乐与手工的交融

【活动设计背景】

教师发现，有时幼儿在进行手工类活动时，特别喜欢有音乐陪伴，有的音乐还能激发他们手工活动的创作灵感。

生活中，人们也常常把音乐称作“流动的画面”，把美术称为“凝固的音乐”。因此，教师设计了这次活动，让音乐和手工活动有机结合，伴随着音乐渗透美术手工活动教学内容，这对促进幼儿这两方面能力的发展都有很大帮助。

【活动目标】

①感受美学熏陶；

②通过泥工的形式理解歌曲内容，初步学唱歌曲；

③在感受歌曲活泼、欢快的节奏后，通过泥工的形式创编歌曲内容。

【活动重点】

能唱，能操作，二者的结合。

【活动难点】

通过泥艺类手工活动理解歌曲内容。

【活动准备】

①风琴或电子琴及乐谱；

②动物及其他图片；

③彩泥、小操作板、辅助工具等人手一份，音乐。

【活动过程】

①开始部分，欣赏歌曲：《小手歌》；教师提问："你们听到歌曲中小手做出了什么？"

②律动《母鸭带小鸭》，练声《我爱我的小动物》。请幼儿仔细听，边听边用小手来跳舞，听完后用彩泥制作出来。

③理解歌曲内容，学唱歌曲。教师引领(幼儿可以边欣赏音乐边用彩泥制作各色小手)。

④幼儿相互欣赏作品，教师总结。

【指导与评价】

在活动开始部分，教师引导幼儿结合常听的音乐学做喜欢的小鸭动作，使幼儿能较好地投入活动。教师所采用的泥艺类手工活动形式和配合的歌曲内容，激发了幼儿兴趣。在活动目标的制定上，教师若侧重于让中班幼儿进行彩泥创编会有更好的效果。这样更能体现幼儿通过活动后，在彩泥手工活动技能方面的提高。教师在活动中要仔细观察幼儿的反映，灵活调整教学活动，最好不要完全照搬原有方案，也不要凭借主观预设而完成教学活动。同时，教师还要有效地提高幼儿的泥艺类手工活动的技能，使幼儿在创作中更能展示各种简单技巧和能力。另外，教师还要通过教育情境，把要让幼儿学的活动内容转化成幼儿愿意学的活动内容，使幼儿积极、主动地参与学习并对学习活动有兴趣。

2. 中班幼儿纸艺类手工活动

中班幼儿有了小班纸艺类手工活动的经验和体会，所以在纸艺类手工活动上进步很快，有些幼儿的进步还出乎意料。因此，在中班幼儿的纸艺类活动方面，教师要审时度势，对进步不同的幼儿分别提出不同的要求，使每个幼儿都能通过活动体会成就感。

（1）纸艺类手工和健康领域相结合的活动案例及指导与评价

折纸船

【活动设计背景】

中班幼儿手工折纸船的制作活动之前开展较少，所以教师这次特别先将一个简单的幼儿折纸船的活动作为切入点，迎合了中班幼儿喜欢手工折纸的情况。

【活动目标】

①掌握纸船的折法，能较均匀平整地将纸张向左右两个方向对折；

②提高动手操作能力，手、眼的协调能力，以及小肌肉群的灵活性；

③感受集体协作精神，激发创新意识及好奇心。

【活动重点】

纸船对折的步骤。

【活动难点】

纸船翻折成形的方法。

【活动准备】

小船玩具、图片，纸船范例一个，长方形纸若干张，布置成池塘的展板一块，音乐片段。

【活动过程】

①教师用多媒体出示各种各样的船，激发幼儿的好奇心；启发、引导幼儿观看及总结船的外形特点。

②教师出示范例，引导幼儿观察范例中纸船的折法。

③教师分步示范折叠方法，最后重点讲解纸船翻折成形。

④教师鼓励幼儿大胆尝试，巡回指导，帮助幼儿掌握重点，体会成功感。

⑤开展游戏《划龙船》。

⑥教师引导幼儿将“纸船”放在“池塘里”。

⑦教师口头帮助幼儿复习纸船的折法，再引导幼儿进行讲评。

⑧活动延伸：要求幼儿回家教家人折纸船，既能复习，又能增进亲子关系。

【指导与评价】

教师在教学活动过程中调动了幼儿的积极性，每个幼儿都能完成一件手工作品。幼儿之间能相互合作，体现了团结协作精神。在教学准备、幼儿动手操作等方面，教师考虑得比较周到。在具体操作方面，如纸船对折方法的步骤在讲解示范过程需要节奏适中，让幼儿听得清楚、看得明白。通过这次活动，教师在以后的教学活动中不但要注意知识和学习方法的传授，还要不断学习和探索，不断丰富、完善自己的实践经验，只有这样才能成为合格的一线幼师。

(2)纸艺类手工和语言领域相结合的活动案例及指导与评价

盖房记

【活动设计背景】

纸艺类手工活动是中班幼儿学习的重点，折纸被誉为童年十大经典玩耍游戏之一。它就如美轮美奂的魔术，将一张纸在手中经过巧妙的折、翻、粘贴、描绘等手段，变换出一件件形象夸张、富有趣味的作品。在折纸活动中，通过幼儿动手、动脑，手脑的协调配合创作活动，能有力培养幼儿的创造力、想象力、审美能力、形象思维和空间思维能力。漂亮好看的小建筑物一直是深受幼儿喜爱的，让幼儿以兴趣为主，在做中学到本领，因此教师设计了本次活动。

【活动目标】

①学习折纸房子，并能和同伴一起欣赏幼儿文学作品《盖房记》；

②不断地尝试探索，体会折纸的乐趣和成功感。

【活动准备】

①语言类绘本PPT《盖房记》；

②白色、彩色的纸张若干，记号笔、水彩笔等。

【活动重点】

了解绘本意图，练习基本折法。

【活动难点】

熟练方法，规范效果。

【活动过程】

①导入幼儿文学作品《盖房记》(激发幼儿兴趣)。

教师：小朋友们，你们在建构区里搭建房子，你们还想不想盖房子？

②教师教授折纸房子，引导幼儿探索尝试。

第一，教师出示房子的折纸示意图，探索房子的操作步骤；

第二，幼儿尝试操作折房子；

第三，尝试解决折房子中的问题；

第四，再次尝试折房子；

第五，幼儿再次挑战和尝试。

③分享作品。

【指导与评价】

这次活动的流程是让幼儿一边探索一边研究图示进行操作，使幼儿能在这样的氛围里自主地表达、探索和研究，能更好地引导幼儿自主学习，掌握一定的技能。在活动之前要做好各种准备，如材料、电脑设备等以及一些简单辅助物，以防在活动的过程中有不确定的事情。在纸艺类手工学习的过程中，教师不仅和幼儿互动，还可以引导幼儿与幼儿互动，相互学习、相互借鉴，用小组合作的方式进行作品创作。幼儿可以自主选择示意图进行操作，也可以用不同的形式创作作品。幼儿在整个活动中也会自主表达，和小伙伴们大胆地分享自己的作品。通过这次纸艺类手工活动，幼儿的折纸技能有了一定的提高。

(3)纸艺类手工和科学领域相结合的活动案例及指导与评价

神奇的纸

【活动设计背景】

冬天到了，教师发现很多幼儿都爱流鼻涕，尽管在幼儿园教师会帮助幼儿擦鼻涕，但有些家长为了以防万一，还是会在他们包里放一些卫生纸，以备不时之需。但有的幼儿喜欢在座位上坐着把纸撕成一小块一小块的。虽然教师提醒过幼儿不要撕纸，但好像作用都不太大。于是教师就此问题设计了一场以纸艺类为主题的活动来告诉幼儿纸的用途以及满足幼儿对纸的了解的需求。

【活动目标】

①通过活动，简单了解纸的制造流程、工艺以及种类与用途；

②积极想象并提出问题。

【活动重点】

了解不同材质的纸张。

【活动难点】

通过小技巧达到预想结果；让幼儿掌握纸的用途和基本的实操方法。

【活动准备】

面巾纸、白纸、报纸等，带拎把的瓶子(里面装水)，人手一个魔术棒、图片。

【活动过程】

①出示魔术棒，让幼儿闭眼睛，变出与纸有关的图片，让幼儿睁开眼睛，引发幼儿的兴趣。提问：小朋友们都看见了些什么？

②引导幼儿通过观看制造纸的简单流程，接触、发现各种纸的不同。

③组织幼儿简单讨论。

小朋友们还见过哪些纸？还知道哪些纸呢？

它们有什么不一样和一样的地方？

这些纸都可以用来做什么呢？

④教师引领环节。

由魔术棒变出纸张，教师展示各种纸，介绍它们的名称和用途。

引导幼儿在教室里寻找和老师手里一样的纸，提升幼儿的观察力。

⑤幼儿游戏环节。

教师出示面巾纸和瓶子。游戏规则：用一张薄薄的面巾纸把瓶子拎起来，不可以直接用手拎，只能请面巾纸来帮忙。

幼儿尝试，教师巡视。

教师邀请幼儿展示拎法，并讲评。

⑥组织交流：为什么有的小朋友能拎起来，有的小朋友在拎的时候面巾纸就断了？

分男女角色尝试面巾纸不同方向的卷法，再拎一拎。男：顺着短边卷。女：顺着长边卷。再互换尝试。

组织交流：你发现了什么秘密？（长边的承受力大。）

⑦结束部分，鼓励幼儿回家探索，发现其他纸的用途。

【指导与评价】

教师设计的这次活动，提高了幼儿的观察力和实际动手操作的能力。实践证明，只要给幼儿提供充分的探索空间，他们的发现是无穷无尽的。幼儿只有亲自在实践中探索发现，才能对获得的知识掌握扎实。同时，通过实操教师也深切地感受到家园配合的重要性与便利性，家长把自己知道的知识传给幼儿，再让幼儿转述给教师和小朋友，这个过程也增强了他们的自信心。

(4)纸艺类手工和社会领域相结合的活动案例及指导与评价

节日的礼物

【活动设计背景】

新年的味道越来越浓了，幼儿也盼望着新年快快来临。这次活动设计结合中班幼儿的已有经验，谈一谈过年的习俗，做新年礼物——贺卡，使幼儿在制作的过程中感受过年的快乐，同时也提高幼儿在纸艺类活动中的动手能力。

【活动目标】

①让幼儿了解春节的一些风俗，加深对中国传统节日的认识；

②幼儿能利用各种材料制作贺卡，学习拖拉画法及粘贴的技巧；

③使幼儿乐于参与活动，学习合作、交往。

【活动重点】

①学习拖拉法；

②学习制作贺卡。

【活动难点】

学习拖拉法。

【活动准备】

幻灯片、卡纸、棉线、各色颜料、固体胶、油画棒等。

【活动过程】

①引起兴趣，介绍过年习俗。

播放"鞭炮声音"，观看烟花图片，引起幼儿兴趣。

教师：漂亮的烟花和鞭炮声使你想到了什么？（引导幼儿结合已有经验进行讲述。）

教师小结：过去在各种喜庆的场合都要放鞭炮或烟花，特别是过新年的时候，家家户户都要放鞭炮或烟花。

②了解过年习俗。

教师：除了放烟花和鞭炮外，我们还会做哪些事情？(引导幼儿自由发言表达自己的想法，讲到一种习俗时就欣赏幻灯片：穿新衣、互相拜年、吃年夜饭、贴春联、送贺卡等。)

教师小结：我们过年除了放烟花爆竹，一家人还要一起吃年夜饭、贴春联、穿上漂亮的衣服、相互拜年、送新年贺卡等。

③观看幻灯片，学习制作过程。

首先，教师出示自制贺卡请幼儿欣赏，并引起制作兴趣；

其次，观看幻灯片，教师介绍材料及制作过程，学习制作。

④幼儿动手制作贺卡并学会相互赠送。

第一，幼儿制作贺卡(过程中引导幼儿学习合作)。

第二，同伴之间互赠贺卡并送祝福语，学习交往。

⑤活动延伸：向周围人说新年祝福语。

【指导与评价】

本次活动对于中班幼儿来说难易程度是可以的，中班幼儿对于过年习俗已经有了一定的印象和了解。活动中教师让幼儿讨论过年的习俗，幼儿能够按照自己的印象和经验来交流。在制作过程中教师让幼儿自主选择材料和图案，充分按照自己的审美观点进行设计和创作。每个幼儿的发展水平不同，通过幼儿自主创作我们可以看出此次活动比较重视幼儿的个别发展。教师需要考虑在活动过程中，对动手能力比较差的幼儿及时启发和介入。在整个操作活动中，教师以观察者的身份让幼儿自己创作，充分尊重幼儿的自主性，促进了幼儿的发展。在介绍制作过程时，教师总结完过年的习俗后，先让幼儿讨论如何制作贺卡，然后进行实操效果会更好。

(5)纸艺类手工和音乐相结合的活动案例及指导与评价

亲亲

【活动设计背景】

鼓励幼儿大胆地表达自己的想法和感受，激发幼儿对儿歌的兴趣，让他们体会到学习儿歌的快乐。

【活动目标】

①学习理解儿歌，对儿歌进行简单仿编；

②合作表演儿歌，幼儿体会儿歌游戏的快乐；

③学习折叠简单小鱼、小猪、小狗、小猫等形象。

【活动重点】

①对儿歌进行仿编；

②学习简单的折纸方法。

【活动难点】

①合作表演儿歌；

②折叠小动物。

【活动准备】

小鱼、小猪、手掌、小鸡、小鸭、小狗、小猫、小青蛙图片。

【活动过程】

①导入。

教师：小朋友们，现在老师要和你们玩一个好玩的游戏。我先请一个小朋友上来和我一起玩(亲小朋友三下，发出大的响声)。刚才我们玩的游戏叫亲亲游戏。我们玩的时候，都发出了怎样的声音啊？(幼儿回答，模仿。)

②欣赏及创编儿歌。

教师：现在我要请小朋友们看看这些图片上有什么？他们在做什么？(出示小鱼、小猪、手掌……的图片。)它们会发出什么声音呢？看一幅图说一句话。

首先，欣赏儿歌。

教师：现在请小朋友听老师把这首儿歌念一遍，老师念的时候，小朋友的小耳朵可要听仔细了，待会儿我要请小朋友和我一起念。

其次，师幼一起念一遍儿歌，然后提问：有没有小朋友会念的？(若有，请小朋友念；若没有，全体师生一起再念一遍。)

教师：好了，刚才小朋友们和我一起念了这首儿歌，那现在老师请小朋友们和我一起来玩这个亲亲游戏好不好(幼儿回答好)。那我现在就要请坐得好的小朋友来玩，看看谁坐得最好。(分两次进行，第一次师幼；第二次三对幼儿。注：两个幼儿组合的时候注意强调规则，谁当妈妈，谁当宝宝。)

教师：小朋友们觉得这个游戏好玩吗？其他的小动物看见小朋友们玩得这么高兴，它们也想和你们一起玩这个亲亲游戏，你们看看都有谁啊？(出示：小鸡、小鸭、小狗、小猫、小青蛙图片。)我们一起来把它们编进游戏里吧。

小鸡亲亲小鸡，叽叽叽；

小鸭亲亲小鸭，嘎嘎嘎；

小狗亲亲小狗，汪汪汪；

小猫亲亲小猫，喵喵喵；

青蛙亲亲青蛙，呱呱呱。

最后，编完后，全体幼儿一起做这个游戏。

教师：小朋友们真棒，把这些小动物都编进了儿歌里面。现在，请你们和老师一起来念念你们编的儿歌。(念两遍后)老师请小朋友们一起来做这个游戏，请你们赶快找好自己的好朋友，我们一起来做这个游戏吧。

③动手操作环节。

教师发给幼儿各色纸张，一起练习基本折纸方法。幼儿熟练后，教师引领幼儿折叠游戏中出现的小动物。教师在活动中巡视指导，最后即时点评。

【指导与评价】

在活动过程中，幼儿对折纸小动物比较感兴趣，也很配合，但是本次活动在环节设计上，还需要改进。比如，游戏环节的设计还是显得比较单一。在儿歌创编环节，可以让幼儿先自己想想有哪些动物，它们亲亲会发出什么声音，拓展他们的思维；在折纸的操作环节，由于幼儿比较感兴趣，完成较好，教师在细节和质量上对此可以提出更高的要求；最后的活动环节还可以改成延伸形式，让幼儿用作品当道具或玩具，进行自由活动，同时可以鼓励幼儿到生活中去发现还有什么我们没有提到的动物，这可以作为家园联系的一个平台。

3. 中班幼儿自制玩具类手工活动

中班幼儿自制玩具类手工活动也是幼儿非常喜欢的一种活动，其形式、内容的多样性能满足幼儿好奇、探索的需求。教师在活动设计环节要挖掘题材、内容特点，和五大领域内容巧妙地结合，以体现此类活动的优势。

(1)自制玩具类手工和健康领域相结合的活动案例及指导与评价

玩具蜻蜓

【活动设计背景】

本次活动是在主题“有趣的昆虫”背景下的一堂自制玩具类活动。教师发现幼儿对蜻蜓特别感兴趣。他们在区、角活动时，也会在美工区画蜻蜓，在舞蹈区学蜻蜓飞等。教师利用幼儿对蜻蜓的喜欢，设计了一些关于蜻蜓方面的主题活动，而玩具蜻蜓就是其中的一节，目的是让幼儿通过亲手操作，对蜻蜓有更深的认识和了解，也能锻炼幼儿的动手操作能力，体验成功制作带来的满足和快乐，能够让幼儿更好地掌握蜻蜓的相关知识，有利于他们主动去探索、挖掘更多、更好的昆虫知识，丰富他们已有的认知经验，形成系统、有序的昆虫知识。

【活动目标】

①在认识蜻蜓的基础上进一步掌握制作蜻蜓的基本特征；

②通过说、做、玩，体验制作蜻蜓和自制玩具活动的快乐；

③在实操过程中提升满足感和成就感。

【活动重点】

认识昆虫，掌握其特点。

【活动难点】

①材料的链接与组合；

②通过说、做、玩，体验制作蜻蜓的快乐。

【活动准备】

彩色吸管、彩色卡纸、剪刀、胶水、记号笔、背景音乐、蜻蜓图片、制作图。

【活动过程】

①谈话讨论。

教师：最近，森林里的小动物们在举办一场昆虫玩具比赛，老师准备了一件作品去参加。

让幼儿猜猜准备了什么昆虫玩具？

蜻蜓是益虫还是害虫？为什么？

组织幼儿重新观察，说出蜻蜓的身体组成部分。（出示蜻蜓图片。）

小结：蜻蜓眼睛大大的，翅膀细细的、长长的，身体也是细细的、长长的。

②制作蜻蜓。

翅膀和眼睛：卡纸对折，用记号笔在上面画上一个细细长长的翅膀，把它剪下即可，眼睛采用同样的方法。（出示制作图。）

动作示范吸管的使用：左手捏吸管，幼儿用剪刀剪，尾巴可以做什么动作呢？（幼儿自由探索）提醒幼儿小心使用剪刀，个别指导。

③成功体验。

带领幼儿到室外操场上边念儿歌边玩蜻蜓。

【指导与评价】

《纲要》指出，“要尽量创造条件让幼儿实际参加探究活动，使他们感受科学探究的过程和方法，体验发现的乐趣”。因此，教师要成为引领者和支持者，使幼儿获得乐学、会学的经验。整个自制玩具活动以游戏化、情节化的形式展开。活动中，教师首先创设了良好的游戏情节，提供了丰富的、开放性的自制类教具，充分调动了幼儿学习的主动性，使他们始终在积极的状态中自主学习。此次活动改变了以往传统的教学模式，更加注重对幼儿能力、习惯及情感等非智力因素的培养，并体现了“以幼儿为主”的新理念。在教学活动的内容上源于生活，缘于兴趣。那么，选择这个“自制玩具蜻蜓”活动内容，既是幼儿熟悉的，又基于幼儿的生活经验，只要动手操作，就会有体验、有收获，同时又有挑战性。幼儿这种积极参与活动的态度，是幼儿终身发展所要具有的。因此，这次活动设计的教学内容不仅是可行的，而且是有价值的。

(2)自制玩具类手工和语言领域相结合的活动案例及指导与评价

水果屋

【活动设计背景】

水果是幼儿熟悉的、容易从生活中感知到的东西，在日常生活中幼儿经常能看到并且也吃过。因此，活动内容贴近生活，有益于教学。在这个活动中，教师根据幼儿已有的经验，在理解故事内容的基础上，让幼儿重点学习，利用“我用……

盖……”等语言词汇，让幼儿丰富想象，发散思维。

【活动目标】

①幼儿能够根据教师的要求回答问题；

②幼儿能够进行简单的语言组织，学会“我用……盖……”的句式；

③练习撕、剪或揉、搓、团等动作，制作自己熟悉的水果。

【活动重点】

对幼儿语言的组织能力的锻炼；利用工具撕或剪、揉搓成自己在实操中的熟悉的水果。

【活动难点】

学习“我用……盖……”这一句式，让幼儿丰富想象，发散思维，发现各种水果的特点。

【活动准备】

①《水果屋》的教学挂图、各类彩纸或杂物及辅助物、水盆、清水等；

②水果玩具(不同种类)。

【活动过程】

①观看教学挂图，让幼儿观察水果屋，直接引出课题。

教师：小朋友们，你们看，这是什么呀？

教师：它漂亮吗？你觉得哪里漂亮？

②观看课本，理解故事内容。

教师：你知道这么漂亮的水果屋是谁盖的吗？

教师：谁来说说看这水果屋是谁盖的？(幼儿回答。)

教师：他们为什么要盖水果屋。

重点学习“我用……盖……”的句子。

教师：熊妈妈是怎样盖房子的？(用苹果盖屋顶。)

教师：怎样的苹果？

(红红的苹果。教师马上补充“盖屋顶”。)

教师：用什么盖墙壁？

(用紫紫的葡萄盖墙壁。)

③集体交流。

教师：小朋友们，这上面盖的房子真漂亮，我请小朋友来说一说，“用……盖……”。

④幼儿玩水果玩具：用……盖……(不同的水果小屋)。

教师：熊妈妈盖的房子真漂亮，小朋友们想不想也来盖房子。

教师：你们看后面有好多房子，现在它们不够漂亮，小朋友们把它们盖得更漂亮些好不好？

在实操过程中，幼儿将各色彩纸撕成细条，用手沾水后将各色彩纸通过团圆、挤压等动作形成各色小纸球水果，教师巡回指导时提醒、点拨幼儿将彩色纸球放置在小盘子里，并将采集来的树叶梗插在彩色纸球上。

⑤教师及时总结、点评。

【指导与评价】

语言能力是幼儿综合能力的一种表现。它的发展与幼儿情感、思维、社会参与水平、交流技能、知识经验等方面是联系在一起的，因此教师要注意幼儿的差异，尊重幼儿的个性。教师在本次活动中始终把握自己是启发者、引导者、参与者、欣赏者这一身份，让幼儿大胆清楚地表达自己的想法和感受。在活动中幼儿能够根据教师提问，回答比较完整的句子，再动手实操练习。在活动过程中幼儿的积极性很高，撕纸开展得很顺利。在团、压、捏等塑造中由于有些幼儿力度的差异，松紧度有一些不尽如人意，教师可及时介入帮助指导幼儿正确用力，使各色纸团水果更规范一些，最后帮助幼儿将水果的小梗插在适当的位置上，使其更加形象。

(3)自制玩具类手工和科学领域相结合的活动案例及指导与评价

好玩的传声筒

【活动设计背景】

来自幼儿生活中的探索内容是幼儿既感到熟悉又有强烈探索兴趣的玩具。为幼儿提供丰富的材料，让幼儿通过眼、脑、手等多种感官去发现问题，使幼儿变被动者为主动学习者、探索者，从而萌发幼儿爱科学的情感。科学活动的目的也是让幼儿能运用各种感观，动手自制玩具、动脑探究问题，以及培养幼儿对周围事物的兴趣、好奇心和求知欲。设计、开展借助这一生活化、趣味化、又具有一定探索价值的材料，在开放式的活动环境中激发中班幼儿大胆提问的意识，让幼儿在活动中真正体会到了玩中学、玩中乐、玩中发展。

【活动目标】

①通过操作，感知空心传话筒和实心传话筒的声音特点；

②自己能用简易材料学习制作传话筒；

③在活动中积极参与并大胆表达，学习与同伴协作活动，增强合作意识。

【活动重点】

幼儿能在教师的指导下进行游戏。

【活动难点】

通过操作，让幼儿感知空心传话筒传出的声音清晰、响亮，实心传话筒传出的声音模糊、不响亮。

【活动准备】

①空心传话筒人手一个；

②实心传话筒人手一个；

③拟人化的“小问号”符号一个；各色硬纸、广告纸、小剪刀、双面胶等辅助物。

【活动过程】

①幼儿根据兴趣自由玩空心纸筒；

②引导幼儿把空心的纸筒和实心的纸棒做对比，自己发现纸棒当“传声筒”，和纸筒的区别，自由结伴玩游戏；

③发现问题，和“小问号”交朋友，幼儿自由提问；

④玩传声筒，观察比较空心的与实心的不同之处；

⑤游戏“长长的传声筒”，体验与同伴一起合作的乐趣。

【指导与评价】

通过对探究过程与结果的表达和交流，幼儿由于有亲身的经历和体验，因此也乐于表达和交流。本次活动的成功之处还主要体现在以下几方面。第一，活动环境体现自由性。幼儿在看一看、玩一玩、比一比中自由探索，从而发现问题然后解决问题。第二，活动内容凸显生活性。活动的所有内容都是来自幼儿生活中的内容。第三，活动过程呈现轻松性。幼儿在整个活动中都比较轻松，打破了以往的教与学的固有活动模式，活动策略多样。第四，教师的角色转变。在以往的活动中，教师主要是以引导者、组织者的角色来进入活动并开展活动的，在这次活动中若运用此方法与幼儿会有一定的距离。因此，教师这次尝试着以幼儿的玩伴这一角色进入活动，和幼儿一起玩、一起发现，让他们感到教师是他们的大朋友，从而进一步激发幼儿探索的兴趣，使他们能大胆地来提问。在实施的过程中教师发现自己能和幼儿走得很近，每个幼儿都愿意说、乐于说，而且效果较好。

(4)自制玩具类手工和社会领域相结合的活动案例及指导与评价

舞龙

【活动设计背景】

龙是中华民族的象征，是中国人心中神圣的形象，教师以自制玩具为载体，结合社会领域设计了一个以“龙的传人”为主题的墙面装饰。舞龙也是众人皆知，并广为流传的民间体育运动。每逢春节期间，百姓自发组织的舞龙活动深受人们，尤其受小朋友们的喜爱。

【活动目标】

①通过故事了解舞龙的来历，知道自己是中国人，是龙的传人；

②尝试用各种杂物制作龙的某些部位；

③体会热爱家乡、乐于助人的情感，并在合作游戏中锻炼团结协作的能力，体验舞龙的快乐。

【活动重点】

龙的不同部位装饰点缀。

【活动难点】

舞龙游戏的活动。

【活动准备】

①饮料瓶、绸带、胶棒、两个塑料筐、卡纸等物品制作的一条龙。

②歌曲《金蛇狂舞》，舞龙视频。

【活动过程】

①谈话引出课题，激发幼儿兴趣。

教师：（出示自制玩具“龙灯”。）我们盼望已久的“龙”已经做好了，看看和你看到的有什么不同？（让幼儿说说自己印象中看过的龙灯。）小朋友是不是很想亲自舞一舞？

②讲述故事《耍龙》，了解中国民间舞龙的来历。

教师：我们平时把舞龙还说成什么？（组织幼儿讨论：跳龙灯、耍龙。）你们知道舞龙是怎么来的吗？这里有一个好听的故事，听完你们就明白了。（教师讲故事《耍龙》。）

提问：故事的名字叫什么？故事讲了一件什么事情？人们为什么要记住青龙？（因为青龙帮助他们过上了好日子。）他们用什么方式来记住青龙的呢？（用纸、竹篾做成青龙敲锣打鼓、走街串巷。）

③欣赏舞龙图片，讲解龙的构成（龙头、龙身、龙尾）、舞龙的动作（左右摆臂、上下抖动、后面的人紧跟着龙头做动作）。

教师：现在人们不光在过年的时候要舞龙，有重大节日、庆祝活动的时候也会舞龙来表达欢庆，让我们一起来看看人们是怎么舞龙的。

播放视频：舞龙表演。

组织幼儿认真观看舞龙队的表演，数一数一般有几个人舞一个龙灯？感受舞龙灯带来的热闹气氛，教育幼儿学会尊重别人的劳动成果。

进一步了解舞龙的方法，知道龙头、龙身、龙尾不能分开，一定要跟着龙头摆动。

教师讲解视频中的精彩片段：彩龙旋转、灵龙戏珠、首尾合一、神龙转世、蟠龙入海，进一步激发幼儿对舞龙活动的兴趣。

④让幼儿讲讲他们过年过节时看到的舞龙场景和大家的穿着打扮。

⑤手工装饰龙。

教师：刚才小朋友们看了别人的龙都很漂亮，想不想把我们的龙灯也打扮得更漂亮些呢？

首先，教幼儿动手用各种彩色纸张交叉装饰龙灯。

其次，对大胆选择自己喜欢的彩色纸张进行装饰的幼儿给予鼓励。

最后，组织幼儿交流自己的想法和看法，体验劳动的快乐。

⑥体验舞龙的乐趣。

教师先把幼儿分成四组，讲解练习时的花样动作，并充当龙头给幼儿做示范动作。

根据自制龙灯，每组为12个人，让幼儿知道龙头要找个强壮一些的幼儿来舞，要碎步起跑，一个追着一个跑。龙头举高，后面的人跟着把龙灯举高；龙头放低，就蹲下来舞龙，并记住一定要双手握紧胶棒，左右舞动180度。

播放音乐《金蛇狂舞》，组织一个组的幼儿拿起自制龙练习舞龙的动作，重在练习协调地舞起“整条龙”。

另外三组幼儿围成一个大圆圈当观众，活动中教师指挥并给予一定的帮助。每组的幼儿都轮换着练习舞一次。

⑦比一比哪个组舞得最好。

首先，帮助幼儿感受民乐中热烈欢腾的气氛；

其次，引导幼儿了解和喜爱我们的民族文化；

最后，理解合作的重要性。

【指导与评价】

每年春节，幼儿都能看到大人们舞着龙灯走街串巷，所以他们对舞龙灯比较熟悉。活动中教师只要简单说一下游戏规则，其他可以放手让幼儿自由发挥、自由想象、自创玩法。整个活动既融入了语言和体育知识，又渗透了数学和艺术知识，有机地整合了各种教育因素，让幼儿在游戏活动中学会合作与分享，学会表现，从而喜欢上我们的民族文化。

这次的户外游戏幼儿很感兴趣。走大圆形和双圈时教师利用了户外做操的不同颜色的大小双圈，幼儿在听口令玩游戏环节做得非常好。后面的走队形游戏是整个游戏的难点，先由教师带领幼儿进行示范性游戏，然后再让幼儿自己分组，听教师口令变换队形和速度进行舞龙游戏。游戏不仅让幼儿感受到队形变化的乐趣，体验集体走队的乐趣和震撼，还让他们了解中华民族传统文化与自强不息的精神，知道舞龙象征着吉祥喜庆、欢乐幸福，表达了人们对美好生活的向往。

(5)自制玩具类手工和音乐相结合的活动案例及指导与评价

小毛驴

【活动设计背景】

小动物非常讨幼儿喜欢，特别是小毛驴的形象非常直观、可爱。教师为了加深幼儿对小毛驴的印象，结合儿歌《小毛驴》简单明了的旋律，将自制玩具类活动和音乐相结合，尝试用欢快的音乐节奏和旋律，特别是利用其中拟人化、简单、风趣的词语，让幼儿了解小毛驴的习性，强化认知，借以增加幼儿的感性认识，为后面的自制玩具类活动做铺垫。

【活动目标】

①熟悉乐曲的旋律与风格，学习歌唱乐曲《小毛驴》。

②体验乐曲热烈、欢快的气氛，并用动作表现出来。

③用各种材质的复合材料加工制作小毛驴造型，供游戏玩耍。

【活动重点】

综合材料的加工制作。

【活动难点】

幼儿学会这首歌，理解小毛驴的心情；用身体语言结合自制玩具的道具，表现小毛驴主人被摔的样子。

【活动准备】

①给幼儿提供描画好的小毛驴纸型，小剪刀、双面胶及辅助物。

②创设“小毛驴出去吃草”的游戏环境。

③钢琴乐谱。

【活动过程】

①以谈话引题。

教师：春天到了，天气变得越来越暖和，小朋友也需要经常到外面晒晒太阳，不信，你们看，小毛驴和他的主人正在草地上晒太阳呢。

②熟悉歌词，学说歌词。

教师念歌词，幼儿熟悉。

教师：现在就让我来说说小毛驴的故事吧！

幼儿集体念歌词。

教师：小朋友们也把小毛驴的故事学一学、说一说吧，听听谁说得最好听！（幼儿跟说歌词 2～3 次，教师适时鼓励。）

③熟悉旋律。

教师：想学就和我一起来吧！（幼儿慢唱旋律一遍。）

教师：我是一只可爱的小毛驴，主人对我有意见，说我跑得太慢了，我觉得自己应该加油，看我现在跑得快吗？你们可以和我一起来！（教师和幼儿一起快速哼唱旋律。）

教师：主人又说我跑得太快了，你们能不能帮帮我，让我跑得不快也不慢，成为人人喜欢的小毛驴呢？（中速哼唱旋律一次。）

④引导幼儿用轻快的声音学唱歌曲。

教师：真高兴，我现在在小朋友们的帮助下成为一只可爱的小毛驴主人，我高兴地一边拿着皮鞭一边唱起歌来！（教师清唱歌曲。）草地上小毛驴真多啊，我一个人都忙不过来了，你们也来帮帮我吧，高兴吗？高兴就一边赶毛驴一边唱歌吧！（幼儿集体演唱歌曲数次，教师适时鼓励，并请个别幼儿上来带领演唱。）

⑤自制玩具阶段，让幼儿将提前描画好的小毛驴纸型按自己的意愿先撕或剪下来，然后自行添加或整理形成各具特色的各种小毛驴形象。

让幼儿进行角色游戏或将玩具当游戏的道具，分角色表演。

【指导与评价】

《小毛驴》是一首活泼的儿童乐曲。教师从作品本身的意境出发，在引子引出一段快节奏旋律时，让幼儿想象小毛驴的主人是怎么对它的，并感受到小毛驴在外面吃草的快乐。音乐牵动了他们的心，注入幼儿的心田，使幼儿情不自禁地跟着快乐起来、兴奋起来。虽然小毛驴和它的主人都只有一个，但是音乐已经引起了他们的心理共鸣，激发了幼儿的快乐情绪。这次活动通过让幼儿学习歌曲、学习表演，幼儿被诙谐、幽默、曲调欢快的音乐深深吸引了，他们能积极参与到活动当中，对歌曲和节拍掌握较好。

三、大班幼儿手工类活动的组织实施与指导

大班幼儿手工类活动包括泥艺类、纸艺类、自制玩具类三部分，从形式上有命题类和意愿类两种，每个部分都各有其特点。多种多样的手工类活动拓展了幼儿的视野、丰富了幼儿的想象，能够为他们以后立体观察事物、立体再现事物打下基础。

(一)大班幼儿泥艺类手工活动的组织实施与指导

泥艺类手工活动是大班幼儿手工类活动的重要组成部分，它具有具体形象性、可操作性、富有变化性等特点。“玩泥”是幼儿的天性。当幼儿手中握住一团泥，对他们来说是多么愉快。泥艺类手工活动的开展既培养了幼儿的技能技巧，同时还开发了幼儿的智力和团结合作的精神。苏霍姆林斯基说：“儿童的智慧，在他的手指尖上。”这句话充分说明，在泥艺类手工活动中培养幼儿的创造力离不开幼儿动手动脑。

1. 引导幼儿进行基本动作的练习

大班幼儿泥艺类手工在操作内容上离不开揉、捏、团、压、拍、拉、搓、粘等基本技能的训练。在实操中，教师首先要引领幼儿在中小班基础上，进行更复杂的基本技能训练，让幼儿了解单个形体捏法，如圆形、长方形、正方形、三角形、椭圆形、圆柱形等。当幼儿掌握了常见的基本形体后，过渡到由各个形体演变的单个物体形象就容易多了。例如，圆形捏成小水滴，再用水滴捏成辣椒等物体。

2. 借助简单工具塑造复杂形体

在大班幼儿泥艺类手工活动实操方面，教师要注意适当的训练，学会借助简单工具以及捏泥的简单技巧进行塑造。因为工具的介入，会使作品的效果更加完美，尽量留给幼儿创造的空间多点。对于能力不足的幼儿，教师在示范引领的时候，应做出动作示范，但不能对他们的作品进行统一要求，更不能用“像不像老师的”来要求幼儿。

3. 利用评价作品环节鼓励幼儿交流

《纲要》指出，要为幼儿创设展示自己作品的条件，引导幼儿相互交流、相互欣

赏、共同提高。教师要肯定和接纳他们的审美感受和表现方式，分享他们创造的快乐。幼儿喜欢显示自己的成果，因为这些活动成果出自自己的脑和手，是自己创作心血的结晶，最能体现自我价值，从而使他们获得真正的满足。成果展评是幼儿提高认识的过程，是培养他们审美能力的过程，更是他们体验创造乐趣的过程。幼儿不会独享个人的成果，他们总要想方设法与他人分享，让别人接纳，并期待得到别人的赞许。教师应该审时度势开展幼儿自评、小组互评、全体讲评等形式评选有创新的作品，对有创新意识的作品及时给予肯定，激发幼儿创新意识，使他们的创新能力得到进一步培养，从而使他们体验成功的欢乐，逐渐树立创新的信心，并能主动进行创造性劳动。对于做好的泥艺类手工作品，教师还应养成良好的习惯。比如，放到展板或封存袋里，然后贴上幼儿的姓名，供幼儿和家长欣赏，这样就能大大提高幼儿的鉴赏能力，还让幼儿在观摩、欣赏中不断学习、不断提高，同时也让家长及时了解孩子的发展状况。当幼儿得到夸奖后，他们学习和创作的欲望也就更加高涨。

图 4-15 彩泥类手工《可爱的小鞋子》

对于大班泥艺类手工活动，教师在开展时要注意，适当地对幼儿提出进一步的要求，如保持干净、规范，结构特征要准确，整体效果要有童趣等。

（二）大班幼儿纸艺类手工活动的组织实施与指导

经过小班和中班的学习，大班幼儿的思维方式和动手能力都得到了有效的锻炼。教师要多组织各种各样的纸艺类手工活动，进一步激发大班幼儿的兴趣，提高幼儿的思维能力。

1. 引领幼儿用分析比较的方法提高幼儿的思维水平和能力

通常在开展纸艺类手工活动前，教师都会对纸艺类手工活动进行讲解。比如，折叠一个纸船，教师会首先演示一遍，然后会对幼儿讲解各种折叠方法，再让幼儿自己进行折叠，熟练后可以自由发挥。尽管每个幼儿折叠水平不同，最后通过教师的讲解和引领，这个过程锻炼了幼儿的思考能力和理解能力。另外，纸艺类手工活动还可以发散幼儿的思维。大班幼儿的发散思维正处于形成阶段，因此开展纸艺类手工活动正当时。例如，教师在引领剪一个三角形活动的时候，很多幼儿都对三角形有不同的理解，尽管三角形是三个角，但是对于哪个角大、哪个角小，哪个边长、哪个边比较短等，幼儿是可以自由发挥的。因此，幼儿的发散性思维得到进一步锻炼。

2. 努力改善条件，为大班幼儿创造丰富多彩的纸艺类手工活动区域

要开展大班幼儿纸艺类手工活动，就要创造丰富的纸艺类手工活动场所。在创设纸艺类手工活动场所的时候，可以选择教室的一角。这个场所可以是临时创建的，也可以是长久存在的。在创设纸艺类手工活动区域的时候，要尽量让大班幼儿进行参与，这也是锻炼幼儿动手能力的方法之一。在纸艺类手工活动区域，要放上剪刀、纸张、胶水等各种辅助物，让幼儿顺手就能拿到，而且各种不同性质的纸张数量和品种要足够多，以便供幼儿使用。除了放置纸张之外，还可以放纸杯、纸箱等纸类用品。如果长久都是安排的一种操作，幼儿也会失去兴趣，所以各种性质纸类的物品一定要丰富。

3. 纸艺类手工活动要尽量贴近幼儿的生活

大班幼儿纸艺类手工活动内容要贴近生活，只有贴近生活才有乐趣，才不至于变得单一无趣。比如，中秋节很多幼儿园都自己做月饼，教师就可以引领幼儿通过纸艺手工活动进行剪月饼；有的幼儿过生日了，教师可以让幼儿剪蜡烛，看看哪个幼儿剪得好、剪得像；有些幼儿喜欢过圣诞节，教师可以让幼儿剪一个圣诞老人的帽子；等等。艺术来源于生活，用生活中的点滴来培养幼儿乐于观察、热爱生活的习惯。总之，幼儿大班纸艺类手工活动要尽量贴近生活的实际，不能空洞地设计一些与幼儿不相关的东西，这样激发不出幼儿的兴趣，久而久之幼儿就会厌倦剪纸活动。

4. 教师要适时介入活动

纸艺类手工活动尽管没有任何风险，比较容易操作，但并不意味着教师对幼儿的活动放任自流，反而更应该有效地引领和介入，待幼儿熟练后再视情况放手让幼儿自由去操作。教师在布置完后，要在一旁认真地观察每个幼儿的操作步骤，并且进行适当的指导和表扬。如果教师不进行适时的指导，有的幼儿就会因为不知道怎么操作而无所事事，还有的幼儿感觉难度较大，就放弃操作，这样就无法激发幼儿的参与兴趣。如果教师能进行适时恰当的指导，就会让幼儿豁然开朗，这样不仅有利于让幼儿养成爱思考、善于想办法的习惯，还进一步激发幼儿在纸艺类手工活动中探索的兴趣。

图 4-16　纸艺类手工彩色卡纸《插花》

对于大班幼儿纸艺类手工活动，教师可以引领幼儿利用简单辅助工具操作，使作品更加精细。另外，教师还要注意作品的整体效果，让幼儿与同伴通过对比互相欣赏、评价。

（三）大班幼儿自制玩具类手工活动的组织实施与指导

在大班幼儿自制玩具类手工活动过程中，由于每个幼儿的能力和经验不同，有的幼儿不知道下一步应该怎么操作，他们会对教师说："老师，我不会做了。"根据这种现象，有经验的教师会用多种办法。例如，尝试把自制玩具的过程编成一首朗朗上口的儿歌，幼儿一边做，一边念儿歌，不仅生动有趣，而且还加深了他们对制作步骤的印象。例如，在制作"荷包蛋"时，教师在示范引领的时候一边做一边说："白手工宝宝做蛋白，搓圆压扁锅里煎；黄手工宝宝做蛋黄，搓圆压扁盖蛋白；蛋黄要比蛋白小，荷包蛋就煎好了。"幼儿十分喜欢跟着老师一起念顺口溜，而且他们在制作的时候也会一边做一边念，这样就让自制玩具类活动变得有趣多了。

在每次活动结束后，要展示自制玩具类手工活动作品，以激发大班幼儿创作的愿望。不管幼儿制作的作品是否优秀，教师都可以为每个幼儿准备一个盒子，里面有一个一个的格子。每次做完一个作品，幼儿就把这个作品放入一个格子内。在自由活动的时候，他们就会讨论"这个是我做的""我做了多少个作品"之类的话题，这说明展示幼儿的作品，会让他们富有成就感，会激发他们再次进行创作的欲望。

1. 要从幼儿的生活实际出发，由简到繁，循序渐进

从最熟悉、最简单的物体入手，让幼儿掌握某些单个形体的基本制作方法。幼儿在"手工游戏"中都会激起强烈的学习欲望，但是毕竟经验和技法有限，经过一段时间的搓来捏去等加工之后，做出来的东西都差不多，诸如葡萄、萝卜、汽车、足球等。这时候，他们都急不可待，希望教师能教给他们新的内容、新的技法。有经验的教师在自制玩具类手工活动中不能仅仅只按照幼儿的要求去做，而要灵活运用教育技巧，激发幼儿的思维向纵深发展，即猜测幼儿在想些什么，琢磨出他们的思维处于什么阶段、思维活动中还存在什么矛盾。唯有如此，教师才能根据幼儿思维特点进行相应的指导，鼓励其自己操作。有时幼儿不能一下子运用经验产生创造思维，他们就会经常主动提出要求："老师，小山羊怎么组合呀？""老师，是这样做的吗？"教师可以因势利导，从他们熟悉的小动物开始，先让他们思考小动物是从哪里来的。例如，关于小鸭子的成长过程，教师就可以先用自制的面团或胶泥，搓成一个鸭蛋形，再捏的时候就可以从蛋形身体上拉出长脖子，再捏出扁嘴巴，最后长出双脚和尾巴，眼睛的部位可以用豆类进行粘贴。这样，一只蹒跚学步的小鸭子就出来了。做好以后幼儿往往会将小鸭子放在桌子上端详半天，然后拿去与别人分享。教师可以进一步启发幼儿：小鸭子与小鸡有什么不同之处？通过比较分析后，幼儿学习捏小鸡时，就熟练多了。类似的内容有很多，教师在安排自制玩具类活动时，也都是把相同或相似类型的物体安排在同一个主题单元里进行练习。经过这样一系列的分析比较练习后，幼儿不但比较方便地掌握了同一类型或相似类型物体的基本制作方法，而且也提高了他们的观察能力和分析能力。

2. 学会组合形成一个小情节，鼓励幼儿表达

让大班幼儿尝试将各个单一的形象有机地组合在一起，并且能配上一个动听的

故事，这也是一个不错的办法。

大班幼儿的特点是求新、求异性强，有些幼儿在大班下学期特别喜欢表现自己的与众不同。教师应该抓住幼儿的特点，满足他们的需要。幼儿是天生的艺术家，他们稚嫩而新颖的创造性表现需要教师以真诚、喜悦之心去发现、去接纳、去欣赏，更需要引导他们不断地创新。在自制玩具类手工活动的组合过程中，教师可以让他们按下列步骤去想、去做：谁？在哪里？干什么？周围还有哪些东西？按这个按顺序去制作安排，大部分幼儿都能一边做一边随口念出故事来。例如，在一次活动中，幼儿在短短 20 分钟的时间内发挥自己的想象，各自创作出了《鸟妈妈》《拥抱》《恐龙系列》等主题不一、形象生动的自制类手工作品。特别是《鸟妈妈》这一作品令人叫绝。其造型是一只鸟背上有个鸟窝，鸟窝里有两三个鸟蛋，还有几只小鸟，想不到的是鸟窝上还有几个透气的小孔。他们做得虽然很简单，但都是全身心投入的，做得很认真。最后教师让他们对着自己的作品，编出一个故事讲给大家听。有的作品虽然看似简单，但是被幼儿讲起来，却很长很动听，这说明他们制作时，都是用“心”去做的。通过这样的自制玩具类手工活动，在不断提高动手制作能力的同时，也锻炼了幼儿语言表达能力，同时也锻炼了他们的形象思维能力和逻辑思维能力。

3. 教师要为幼儿演示方法，引领、讲解制作技巧和关键步骤

自制玩具类手工活动需要有序进行操作，教师的讲解、演示以及示范十分重要。教师讲解、示范的速度要根据幼儿的反应来控制，对较难的环节要用幼儿能够理解的语言反复讲解，操作环节要让每个幼儿都能看得清楚、看得明白。教师还可以为幼儿提供清楚的操作步骤图，供幼儿自己探索与操作。在制作过程中，教师要进行小组及个别指导，对幼儿的新创意应该支持与赞美。

4. 教师对幼儿活动作品的处理给予肯定和鼓励

教师对其作品的重视、积累和应用，是对幼儿能力的一种肯定，处理方式多种多样。例如，有的可作为玩教具，有的可作为艺术品装饰环境，还有的可作为礼物送给家人或客人等。总之，要使幼儿的努力与创造体现出相应的价值。每个幼儿生来都具有创造潜能，自制玩具类活动能充分调动幼儿的创造热情，对创造力的培养有很大的促进作用。幼儿在活动中充分发挥他们的主动性和创造性，在游戏中不断探索、不断发现，并不断变化游戏的玩法，在交流、欣赏和快乐学习中体验成功的乐趣。

图 4-17　自制玩具卡纸与皱纹纸《小折扇》

大班幼儿自制玩具类活动要贴近幼儿的生活，让幼儿在自己身边寻找灵感进行再现。每个幼儿生活经验和背景不一样，只要大班幼儿努力，都会制作出比较满意的作品。

(四)大班幼儿自然物类手工活动的组织实施与指导

教师将当地自然物资源和大班幼儿手工相结合是一个非常好的选择。有些幼儿园本身的地理位置就赋予了得天独厚的优势。例如，在有些农村和城郊接合部地区，大自然赋予了各种花草、树木、植物的种子，还有农作物的秸秆，河边到处可见形态各异的蚌壳、螺丝、飘荡的芦花……这些独特的材料可塑性强，稍做加工点缀就是一件惟妙惟肖、生动逼真的作品。因此，教师巧妙利用手工活动和当地自然资源相结合，使活动充满乐趣，并增加了幼儿热爱家乡的情感。

1. 丰富的自然资源是大班幼儿开展手工活动的好材料

大自然是丰富多彩的，只要你走进大自然，你就会发现山林间的树叶、毛竹、野果，田野里的瓜果蔬菜、稻草麦秆，沙滩上的沙子、石头……这些都是取之不尽、用之不竭的手工活动制作材料。这些天然材料以它们独特的优势遥遥领先于市场上的商品手工制作材料。从来源上它们也具有天然优势。首先，采集方便。特别是在一些农村地区，一年四季的瓜果蔬菜，植物种子长年不断，竹、木、花、草、石、泥不用花钱，随手可得。例如，秋天来了，教师可以结合大班幼儿的特点，带他们去野外拾落叶、捡稻穗、采野果，可以从自家地里拔萝卜、挖红薯，还可以跟爸爸妈妈去河边摸河蚌、找螺蛳，可谓其乐无穷。其次，这些自然物加工方便。例如，萝卜、藕、菱角、薯类、瓜类，肉质鲜嫩，便于雕刻造型；麦秆、草茎呈条形状，又加上柔韧性好，是编织的理想素材；树叶、干花经过处理，便于粘贴；小粒干果因其粒小，粘贴时非常便于操作。最后，在造型上，石头、蛋壳类绘上五彩缤纷的色彩就可以塑造栩栩如生的人物、动物；一些鲜嫩的豆类、瓜果、菱角，由于质地脆嫩，尤其便于穿刺，利用竹签进行三维搭建十分便利，艺术效果非同凡响。幼儿的天性是喜欢新事物，对同一种物品的专注时间很短。他们时刻在搜寻不同的东西。在幼儿眼里，永远是没玩过的东西最有吸引力，哪怕是一个小纸片、一个瓶盖。因此，活动材料需要经常更新换代，而利用一些自然物类物品来充当活动材料，既经济实惠，又能满足他们的好奇心，增加他们对活动的兴趣。例如，农作物收割后的秸秆、稻草，干果的一些外壳，鸡蛋壳、鹅蛋壳、鸭蛋壳等各种蛋壳，来料加工所剩余的小材料、碎布头，等等，都是幼儿手工制作而又不花钱的好材料。

2. 充分利用自然资源，激发大班幼儿的制作热情

自然资源多姿多彩，不仅为幼儿提供了广阔的联想空间，拓宽了幼儿的视野，更能激发幼儿无限的创作热情。因此教师要经常带领大班幼儿走出活动室，亲近大自然，让幼儿感知自然界的无穷奥秘，充分挖掘自然材料的有用价值，有效地激发幼儿的创作欲望。例如，春天来临，万物复苏，教师可以带幼儿去田野采野花、放

风筝，挖一挖小草的根在哪里；夏天，还可以到河边去观察、挖掘鲜嫩的莲藕、形态各异的河蚌；秋天来临，又可以带领他们去树林拾落叶，去果园摘果子，去野外拾稻穗、挖芋艿；冬天，带幼儿堆雪人……在玩耍、寻觅的过程中，教师可以启发他们思考：你找到的物体像什么？可以变成什么东西？幼儿会欣喜万分地各抒己见。此时，置身于自然界的幼儿思如涌泉，他们奇特丰富的想象力往往会令成人预料未及、赞叹不已。例如，对于一片树叶，有的幼儿说像书签，有的说像雨伞；对于一块表面光滑、圆溜溜的石头，有的说像太阳，有的说像小动物的头。此外，麦秆像游戏棒，玉米像花瓣，鹅卵石像打击乐器，黄瓜像鳄鱼的身体……可见，在无拘无束、自由广阔的大自然里，他们的想象力是多么丰富。

3. 巧用自然材料培养动手能力

自然界各种事物千姿百态，各具特色。据此，教师可以审时度势启发大班幼儿从多角度思考手工制作的造型，设计丰富多彩的美工活动。例如，河蚌造型、麦穗粘贴、玉米制作、蔬果造型、鲜藕印画、麦秆编织等。教师可以巧妙利用自然形态引领幼儿塑造形象。自然物品种繁多，相应地，其形状也五花八门。例如，洋葱是圆的，萝卜是长长的，莲藕是一节一节的，麦秆是空心的……因此，在活动中，教师要引导幼儿根据物体的主要特征进行广泛的联想，认真琢磨，精心制作。例如，在蔬果联欢会的活动中，幼儿找来茄子，由于茄子表面光滑，自然弯曲，其形状犹如海狮，可根据其特点稍加修饰，再在头上安装一个小橘子，就做成了惟妙惟肖的海狮顶球；把一对河蚌壳打开，贴上花纹，装上触须，一只美丽的蝴蝶就振翅欲飞了；把一对蚬子壳竖放，贴上黑色的耳朵、眼睛、四肢就是一只憨态可掬的熊猫；等等。

为了更好地开展手工制作活动，有效发挥手工制作活动在教育、教学活动过程中的作用，教师要学会从多个角度思考手工制作的造型，并考虑如何对手工制作活动予以拓展延伸。例如，在制作活动中，幼儿利用大白菜、苹果、梨子、南瓜、西红柿等制作果蔬娃娃，还可以利用手头的其他自然物剪贴头发、眉毛、眼睛、嘴巴，从而将这些果蔬娃娃制作得栩栩如生、俏皮可爱。

图 4-18　自然物蛋壳拼贴《标识》

大班幼儿自然物类手工活动可以采用生活中的常见物，如蛋壳、石子、沙子、树枝等。它们被简单整合之后，都可以成为幼儿喜闻乐见的作品。

(五)大班幼儿废旧物类手工活动的组织实施与指导

幼儿认识世界的主要途径和学习方式是玩耍、游戏和操作。教师要引领大班幼儿利用现有的废旧材料制作出具有地方特色、现代特色的玩具，既能节约资源、节省经费，还能消化废旧物品，而且在玩具制作成功的时候还能使幼儿体验到成功的喜悦，进而增强幼儿的自信心。

1. 变废为宝，适时性制作

在幼儿园自制玩教具展评活动中，总有几件和时代联系紧密、让人耳目一新的作品。例如，北京奥运会那年的"五福娃"就是利用废旧泡沫板和旧纸箱制作的，再通过教师和幼儿的手工彩绘装饰，不比市场上买到的福娃玩具成品品质差；一些教师结合当地资源，利用废旧轮胎制作的"智力拼图"。一件件作品都融入时代的主旋律，紧跟时代步伐，有些还反映了某些社会现象。

2. 变废为宝，针对性制作

利用废旧物类制作玩教具，不但要注重教育教学活动的内容、形式，还要注意结合幼儿各年龄段的特点，从幼儿兴趣出发，从废旧物要利用、资源要节约、成本要降低的观点出发，充分体现节约办园的理念。比如，"多功能操作板"就是在分析幼儿对颜色感兴趣的基础上设计的。教师从多方角度选择、设计合理的内容，多方面收集废旧材料和幼儿共同操作完成，以努力引导和激发幼儿的好奇心和求知欲，鼓励他们积极参与教育教学活动。通常幼儿园都有明确的课程活动设计，自己动手制作玩教具要以课程学习内容和发展目标为基础，用于结合五大领域的教育活动。例如，"奇妙的水车"可用于科学探究活动，"多功能操作板"可用于数学活动，"健康组合"可用于体育活动。又比如，"燕子来了"是设计者根据创造性语言活动的特点而设计的，不仅具有各个领域教育活动所需要的基本形象，还具有可操作性和开放性，能随时增加活动所需的各种材料，满足幼儿语言讲述、创编故事的多种需求。大班幼儿对事物的兴趣和认识有很大提高，教师要学会根据大班幼儿的年龄特点，引领他们制作相应的废旧材料玩教具。例如，"小动物回家"就是针对大班幼儿的年龄段特点设计的，其特点符合这一年龄阶段幼儿平时游戏的特点，还能满足幼儿集体活动、发展社会认知的教育教学需求。再比如，"平衡木"是利用棍棒类废旧物品制作的，同样适合大班幼儿。这类废旧材料易找、易做，利用价值大。幼儿园利用废旧物制作玩教具的主要作用是对幼儿提供支架式教育帮助，促进幼儿的思维水平向前发展。通过玩教具的直观设计，帮助幼儿认知情境，模拟操作活动，拓展幼儿语言讲述能力和各种智力活动。幼儿园在自制玩教具类活动中，针对幼儿思维发展的具体形象性、直观能动性的特点，利用手工活动优势，在图片形象中融入直观展示的成分，使之成为可操作的、立体的形象材料，让形象和直观两个层面有机地结合在一起，有助于幼儿语言表达能力的发展。

3. 变废为宝，创造性制作

幼儿园利用各种废旧物制作的玩教具，在结构设计上更具创造性，有些是在商品化玩具的基础上模仿改造的，有些是完全自主创造的。例如，“有趣的飞盘”的设计是将原有的桌面智力玩具拓展成多功能的运动类玩具，可满足幼儿开展体育活动的需求。直观层面的形体玩具，是在主要框架和材质不改变的情况下，设计者对原有桌面智力玩具的相关因素进行重新设计和改造。改造后的玩具增加了运动性设计元素，幼儿在开展智力活动的同时可开展玩跷跷板、走平衡木、滚球、投篮等多种复合性项目。幼儿在玩中探究着，在操作中获得发展。

图 4-19　废旧物手工《小台灯》

大班幼儿废旧物类手工活动可用生活中常见的一次性水杯、方便面桶、饮料瓶等进行简单加工组合，通过装饰、染色等手段，使其焕发出新的光彩。

(六)大班幼儿命题类手工活动的组织实施与指导

大班幼儿命题类手工活动不仅要重视知识能力的发展，同时也要重视动手能力的提高。不同形式的命题类手工活动是幼儿园教学活动中提高幼儿动手能力的一种有效方式。针对幼儿能力的发展，教师不仅要从文化角度出发讲解知识，还要针对幼儿的动手能力开展相应的手工活动。

1. 活动中教师的介入和指导非常重要

幼儿的发展水平往往会呈现出两种不同的形式：第一种是其在自行解决问题方面所表现出的水平；第二种是通过教师指导表现出的解决问题的能力。教师的首要任务就是从幼儿的全面发展出发，正确认识教师指导在幼儿教学中的重要性。教师指导在幼儿园大班的命题类手工活动中主要体现在两个环节，首先是讨论环节。这一环节中教师的指导工作主要是针对命题类手工所规定的内容进行以图片方式为主的示范引导，并可以针对图片的细节提出相关的问题，进而让幼儿对图片进行更加细致的观察。其次是操作环节。在这一环节中幼儿是主体，教师的指导主要是针对幼儿具体的手工实操活动过程。

2. 命题类手工活动教师应优化选择内容和途径

合理选择命题类手工活动的内容，虽然从幼儿的年龄层次考虑，开展手工活动应当选择相对简单的内容，但无论其内容的难易程度如何，从教学活动层面来看，内容的选择都应当具有教育方面的重要意义，并对幼儿的审美能力、创新能力、动手能力等能起到促进、提高的作用。这就需要幼儿教师根据幼儿的特点与命题类手工活动的目的，选择相应的教学内容。同时，教师也需要充分考虑现实中的客观因素，以保证活动的顺利开展，进而实现幼儿的多元化发展。针对幼儿园大班命题类手工活动的教学目标构建，教师在设计时一方面要适应幼儿所处的年龄阶段所具有的总体水平，与其身心发展的特征和规律相适应；另一方面要从审美能力、创新能力、动手实操能力等方面出发，实现幼儿的全面发展。教师还要在大班命题类手工活动中进行多样化途径的运用。

首先，幼儿园大班命题类手工活动在日常生活中渗透。这种方法是对传统课堂教学活动的有效转变，在活动中更加重视幼儿的全面发展，并充分利用幼儿对生活的熟悉，充分利用幼儿与幼儿之间、幼儿与教师之间的互动，在提高幼儿活动兴趣的同时培养其动手能力，在实现活动与生活有效结合的同时优化指导形式。

其次，幼儿园大班命题类手工活动与其他教学活动的整合。这种方式是对以往教学方式的拓展，实现活动、教学、生活三者之间的有效融合。例如，绘画教学也可以尝试融入命题类手工活动，以促进幼儿绘画能力、审美能力、动手能力等各方面的共同发展。

针对幼儿园大班命题类手工活动的评价，教师也应当从幼儿的发展特点出发，针对幼儿的不同方面进行科学评价，进而实现教师在指导手工活动中的优化。针对大班幼儿命题类手工活动的这些特点，教师应当根据幼儿的各方面能力采用适当的评价方式，并以促进幼儿的全面发展为目标进行科学有效的评价，进而提高幼儿园大班命题类教学活动的整体质量。

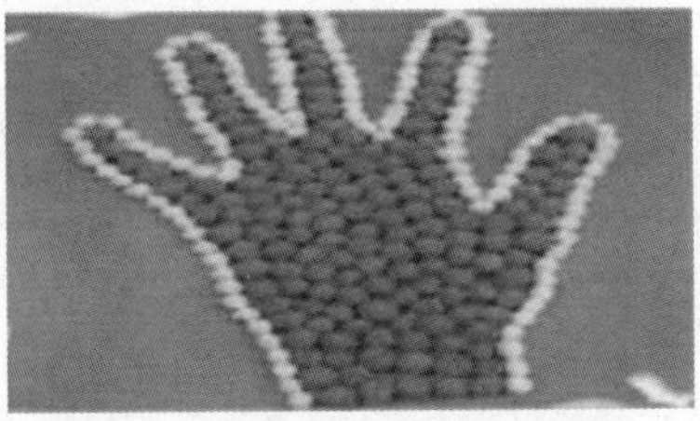

图 4-20　命题类手工《纸球粘贴》

对于大班幼儿命题类手工活动，教师可以引领幼儿发现一些兴趣点。例如，用自己的小手画出外形，再用一些熟悉的材料进行填充就是一个很好的活动，幼儿参与的积极性也高。

(七)大班幼儿意愿类手工活动的组织实施与指导

意愿类手工活动是大班幼儿喜闻乐见的一项内容。由于其随意性极强，幼儿在活动中可以发挥自己的主观能动性，制作的作品有时特别出乎意料，在反映幼儿的个性特点上也非常明确。

1. 提供多种工具、材料，让幼儿合理选择

在幼儿意愿类手工活动教学过程中，教师还需要给予他们更多的独立创作空间，同时能够结合幼儿的年龄特点和动手能力，合理平衡大班幼儿意愿类手工活动内容，难易程度由幼儿自行决定。考虑到手工活动属于一项实践性和创造性比较强的形式，所以教师不应当固定于某种模式，而要加强对周边各种资源的利用，以此使幼儿自主的意愿类手工活动更加具有趣味性和多样性。意愿类手工活动是幼儿创造性教育的方式，教师要启发幼儿创造性思维，内容可丰富多彩，形式多样，编织类、剪纸类、染纸类、泥工类、布贴类等，是主要的形式。在幼儿园意愿类手工活动中，幼儿可以大胆想象，随意构思，勇于创造。此外，幼儿还可以利用拼接、剪裁等方式对各种材料进行再利用、再加工，通过改变某些材料形态发挥其价值。这样的废旧材料再利用不仅节约了资源，还开发幼儿智力，培养了幼儿的想象力，对培养幼儿节约意识和良好习惯也有重要作用。一张旧挂历纸、一块布、一个纸盒、一片树叶等，都可以拿来随意制作。例如，在进行大班活动“瓶盖花瓶画”时，教师谈话导入，“小朋友们，在你们的家中，你们发现了哪些废弃的物品?”引导幼儿发现和利用废旧材料，并引导幼儿进行意愿类手工制作。

2. 尊重幼儿循序渐进的活动规律

每个生命个体对新事物的接受都是依照一定的规律展开的，大班幼儿意愿类手工活动的技巧自然也不例外。幼儿之间认知能力的差异也是客观存在的。因此，在意愿类手工教学活动的引领过程中，教师应该严格遵循幼儿自身的发展特点，做到因人而异、由浅入深、由易到难、循序渐进地提出要求，从而使每个幼儿都能够得到不同程度的发展。例如，教师可以先组织动手能力相对较弱的幼儿，尝试裁剪、制作一些相对单一的物体，然后再从单一的物体发展到较为复杂的物体，让他们在实践操作过程中能够掌握一些手工操作的基本技巧。熟练之后，教师就要尊重幼儿的认知规律，放手让幼儿大胆尝试意愿类手工活动的实践，让所有幼儿都能在手工操作过程中，得到应有的发展。

3. 鼓励幼儿自由创作

意愿类手工活动在培养幼儿的动手能力、启发幼儿的智力等方面发挥了重要作用。在手工活动教学过程中，教师需要正确地进行引导和启发，鼓励幼儿发挥想象力，自由创作。在以往的手工活动中，幼儿通常是根据教师的操作步骤进行作品的制作，为了充分发挥意愿类手工活动教学的价值，教师必须学会转变教学手段，为幼儿提供更多的创造空间，鼓励他们自主操作，体会意愿类手工活动的乐趣。例如，在母亲节或者父亲节等节日来临时，为了能够送给爸爸妈妈一个礼物，表达自己的爱，教师可以开展如下意愿类手工活动。首先，让幼儿对母亲节和父亲节做到基本认识；其次，让幼儿想好向爸爸妈妈说的话；最后，开始进行类似手工活动的创作。在此活动中，教师给予一定的提示和引导，向幼儿提供丰富的制作素材。幼儿可以随意选择，每个幼儿都会按照自己的想象和意愿进行活动。

4. 重视安全意识教育

在幼儿意愿类手工活动过程中，幼儿肯定会使用一些工具，如剪刀、胶水、橡皮泥等，如果稍微使用不当，便会对他们的身体造成伤害。例如，幼儿在使用剪刀时，不小心割到自己的手指，或不小心吃到橡皮泥等。因此在实践教学活动过程中，教师必须重视安全教育工作，使幼儿能够形成良好的自我保护意识和安全意识。首先在手工活动开始之前，教师详细地讲解各种器具的使用方法和注意事项，也可以利用视频短片的方式，使幼儿有更为直观和深刻的认知。例如，剪刀的使用可以结合视频《不能玩大剪刀》中的小点点，指导幼儿如何正确使用剪刀，不能使用剪刀伤害自己和他人。其次，注重幼儿秩序感的培养。在意愿类手工活动中，教师的作用不是批评和责备幼儿，而是营造出良好的氛围，以身作则，使幼儿在无形中形成良好的秩序感。幼儿只有能够在意愿类手工活动中遵守秩序，才能够安全顺利地完成学习任务。良好的秩序感对幼儿的未来成长也具有重要意义。

幼儿园中的意愿类手工教学活动作为幼儿教学内容的重要组成部分，对提升幼儿的实际动手能力与创造能力、想象力起着很大的作用。因此，重视幼儿园的手工制作活动是十分必要的。教师在幼儿园意愿类手工教学活动中发挥着重要的指导作用。因此，教师应尽量做到给幼儿自由表现的机会和空间，鼓励每一个幼儿用自己的想法大胆创造，肯定和接纳他们的审美感受和表现方式，分享他们的快乐。

图 4-21　意愿类手工肥皂雕刻《龙》

对于大班幼儿意愿类手工活动，幼儿可以利用身边随手可得的材料，随心所欲地加工、造型，教师的任务是视幼儿的情况采取启发、点拨、介入等方式引领幼儿完成活动。

(八)大班幼儿手工和五大领域相结合的活动案例及指导与评价

各个领域给大班幼儿手工活动提供了一个很好的平台，教师可以根据活动内容需要，使大班幼儿的手工活动与各个领域整合。

1. 大班幼儿泥艺类手工活动

大班幼儿泥艺类手工活动和五大领域相结合，如何在此类活动中标新立异、突出特点，是很多一线教师反复琢磨的问题。大班幼儿对手工活动的要求是求新、求异、求变，其心理特点非常明确。因此教师在设计类似活动时要仔细研究，如何才能使五大领域内容和美术教育活动的各种形式有机结合。

(1)泥艺类手工和健康领域相结合的活动案例及指导与评价

吃水果的奶牛

【活动设计背景】

为了保证幼儿的健康成长，教师在设计本次活动时，首先让大班幼儿多听几遍小故事，加深印象，并学会在故事中发现线索，尝试、体验帮助别人的快乐。

其次在制作环节的设计上，强化幼儿简单的泥工技法，并保持愉快心情，培养幼儿热爱生活的态度和快乐生活的积极情感。最后，在赠送牛奶水果的环节设计中，让幼儿了解水果营养全面，爱吃水果身体棒，并初步学习控制自己的情绪，做到难过或疼痛时坚强面对。

【活动目标】

①多吃水果有利健康，初步建立关心、帮助他人的意识；

②尝试用圆形、方形、三角形等形状表现几种常见水果的特征；

③通过手工活动来表达自己的想法，并能用语言描述出来。

【活动准备】

范例大奶牛背景画一幅，小奶牛操作硬纸型人手一份，彩色橡皮泥、辅助工具。

【活动重点】

塑造细节部位。

【活动难点】

利用工具配合制作。

【活动过程】

①小故事导入：一个长满水果的果园里，住着一头神奇的牛，它能产奶，又很善良，喜欢帮助别人，村里的人都很喜欢喝它的奶，大家一起快乐地生活着。可是有一天，村里的人都得了一种病，吃什么药都没有用。后来医生说是因为大家都没有吃水果，要用水果奶才能拯救村民。

②抛出问题：怎样能产出水果奶？

③幼儿思考，得出答案。

出示奶牛图片，教师演示，如何能让奶牛产出水果奶？（得出答案，给奶牛吃水果，就可以产出水果奶了。）

奶牛吃水果：尝试添加各色橡皮泥，运用不同颜色的彩泥，表现不同的水果。

一起给奶牛吃草莓，提炼出草莓的形态特征，让幼儿观察发现草莓的形态特点：红色、三角形、小黑点、小叶子。

请幼儿说一说，还可以给奶牛吃什么水果？根据生活经验回忆出水果的种类：草莓、苹果、梨子、橘子、葡萄、樱桃……请幼儿观察，归纳总结出说过的水果的基本特征，并运用彩色橡皮泥塑造出水果，如圆形的苹果，很多圆组成的葡萄，橙色的橘子，让幼儿充分感知水果的基本形态特点。

④拯救大行动：喂奶牛吃水果。

教师：村里生病的人实在太多了，奶牛实在没办法产出那么多的水果奶，于是它请了很多奶牛兄弟来帮忙。下面就请小朋友们给奶牛们吃很多很多的水果吧！

每个幼儿在自己的奶牛肚子里任意添加自己制作的各色彩泥水果，注意排列整齐有序，由幼儿自己决定水果的种类、水果的数量。

⑤交流与分享：请幼儿讲讲给奶牛吃了哪些水果。

完成故事讲述，奶牛吃了水果，挤出了水果奶，村民们喝了水果奶，病都好了，大家也爱上了吃水果，从此健康快乐地生活着。

【指导与评价】

大班幼儿对操作性强的手工活动都很感兴趣，如撕、粘贴、揉搓、团泥等。只要有丰富的操作材料，幼儿都显得很积极。本次活动教师先以一个故事《爱吃水果的奶牛》导入，引起幼儿的兴趣，幼儿能够很积极主动地思考有哪些种类的水果，并回忆水果的形态。在喂奶牛吃水果的环节，教师以游戏化的形式进行示范，用彩泥引领出圆形、椭圆形、三角形等形状。游戏化的示范更利于幼儿认识基本的图形，并抓住水果的基本特征让幼儿进行操作。在大班幼儿制作彩泥水果的过程中，教师分组进行巡视和观察，发现通过之前的活动练习，幼儿制作出了一些水果的基本特征，如小西瓜、小苹果和小樱桃等。但他们难以制作出切开的三角形西瓜，后来在老师的引导和介入下，大部分幼儿基本都能塑造出来，并在奶牛肚子里添加了很多水果。很多幼儿都用了不同的颜色塑造各色水果。教师环顾了一周，发现班上的每个幼儿塑造的水果数量、形状、大小、颜色都各不一样，相比以前的彩泥塑造活动，有了很大的进步。这次活动通过这样的小故事引导提升活动的趣味性，并以喂奶牛吃水果的健康游戏活动相结合，使幼儿更专注地发现水果的形态、特点以及构图关系，这些具体的实践活动的效果是教师仅用平淡的语言讲述达不到的。所以，教师在以后的泥艺类手工活动中，如何通过小故事、小游戏，或者操作彩泥等材料来提升活动的趣味性，抓住幼儿的注意力，增加活动的有效性，是需要教师更多思考的内容。

(2)泥艺类手工和语言领域相结合的活动案例及指导与评价

合作力量大

【活动设计背景】

大班幼儿在手工活动上都有了一些自己的初步经验，教师也了解到幼儿对寓言小故事《天鹅、梭鱼和大虾》都非常有自己的想法。

为了强化一些关键词语，如挖、叼、推、拉、拖等动作，教师特别设计了将这些语句和自制玩具活动相结合，着重强化语言和动作之间的关联，在实践环节，还有意识地设计、安排了鼓励幼儿，以结组的方式活动，相互借鉴、取长补短，尝试合作的力量。

【活动目标】

①懂得做事情要齐心协力才能成功的道理；

②学习动词：挖、叼、推、拉、拖。

③学习用彩泥，简单塑造小动物的挖、叼、推、拉、拖的简单动作。

【活动准备】

①装饰好的纸箱1个，大海的背景图1张，写字卡若干，箱子、梭鱼、虾、天鹅、大象图片各1张，各色彩泥、小木板、辅助工具等若干；

②幼儿有过推、拉、拖东西的经验。

【活动重点】

知道齐心协力在生活中的表现形式。

【活动难点】

各个造型的简单塑造。

【活动过程】

①体验游戏“谁的力量大”。教师提供装满物品的纸箱，要求幼儿想办法把纸箱运到指定的地方。

②谈话分享。让幼儿自由讲述刚才自己是用什么方式、什么办法来搬运物品的。讲述中教师注意引导幼儿重点关注挖、叼、推、拖等动词的用法。

③引导幼儿完整欣赏故事后提问。(教师出示箱子、背景图、动物卡片等把故事完整讲述一遍，帮助幼儿加深对故事内容的理解。)

提问：当梭鱼发现漂流的箱子后，请大虾用什么方式来开箱子？天鹅打开箱子了吗？最后他们三个决定用什么办法把箱子弄到岸上，成功了吗？他们为什么会不成功呢？

教师小结：我们做事情一定要齐心协力才能够成功。

④实操环节。让幼儿根据自己的切身体会，尝试用彩泥塑造几个简单动作，教师巡视指导。

【指导与评价】

此活动取材于一个经典的寓言故事《天鹅、梭鱼和大虾》。通过活动，幼儿可以理解故事的内容，并借助教师生动的讲解感受角色的特点。更重要的是，活动引导幼儿体悟、理解故事中蕴含的一个千古不变的道理——合作力量大，并让幼儿明白，合作也要讲求方式、方法，只有齐心协力才能成功，否则是白费力气。在实操环节，教师引领大班幼儿利用各色彩泥，对自己理解的几个动作进行简单塑造，强化了对故事中主要角色特点的认知，寓言故事结尾又给幼儿提供了想象的空间，活动充分利用这样的结尾，引导幼儿结合彩泥的塑造，创编、拓展小故事，不但发展了幼儿的语言能力和想象力，包括塑造形象的能力，也让幼儿较好地掌握了知识，达到预设目标。

(3)泥艺类手工和科学领域相结合的活动案例及指导与评价

海底世界

【活动设计背景】

培养幼儿的创新精神和创造能力是泥艺类手工活动的重点所在。生活中的各种形象都可以成为彩泥塑造形象的好素材。《海底世界》结合幼儿日常生活兴趣点，本着理解教材、深化教材、创造性使用教材的原则，遵循大班幼儿的认知发展规律，让幼儿充分地感受美、发现美、创造美。

【活动目标】

①学会运用泥工的多种技能表现海洋中的动物与植物；

②学会用小棒雕刻的方法来表现细小的部分；

③发展观察力，初步的表现力和创造力。

【活动准备】

每人一个透明的金鱼缸或造型各异的瓶子，每人一个垫板、小棒、各种彩泥块若干，海底世界的视频。

【活动重点】

掌握新的泥工技巧。

【活动难点】

利用工具塑造细节。

【活动过程】

①组织幼儿观看海底世界的视频，导入主题。

教师：小朋友们，我们在视频看到海底世界有哪些动物和植物？

教师再放一次视频，观察海底的动物是什么样子的，重点观察各种水草、鱼类、乌龟、虾的外形特征。

②教师讲解制作要求，重点讲解简单塑造方法。

教师：今天老师请小朋友们来塑造出海底世界的景象，请小朋友们将你们想做的动物及植物用泥雕在鱼缸表面，做完后为了让小动物们更加形象，你们还可以利用这些小棒在动物或植物的表面雕刻出相应的花纹。

③幼儿动手操作，教师巡视指导。

教师指导能力较弱的幼儿首先确定主要内容，制作出简单的动物形象，利用小棒简单雕刻。

教师指导能力强的幼儿表现出有情节性的画面。通过制作，水纹波及草等画面更加完整。

④展示作品。

教师：在瓶子里装上蓝色的水，你们制作的海底世界就更美丽了，我们一起来欣赏吧。

教师：你最喜欢哪一个？为什么？

【指导与评价】

泥艺类手工活动“海底世界”，主要的操作材料是橡皮泥、装满水的塑料瓶、垫板。操作方法是：首先，请幼儿在垫板上捏制出自己设计的各种小鱼；其次，将捏制的小鱼贴到装水的瓶子上；最后，再添上一些水草等装饰物，这样一个立体型的海底世界就出现在我们面前。在制作过程中，幼儿用自己喜欢的方式制作小鱼和水草。因为这次活动是分组进行的，所以在活动过程中也培养了幼儿的协作能力。幼儿享受整个制作过程，都认真积极地参与其中，最后呈现出来的作品漂亮、美观。幼儿的兴趣是最重要的，海底世界这一活动，激发了幼儿对海底世界的兴趣。

（4）泥艺类手工和社会领域相结合的活动案例及指导与评价

美丽的家

【活动设计背景】

教师在这次活动中结合当地文化，设计了"美丽的家"主题活动。在许多幼儿园开设的艺术活动中不难发现音乐欣赏及美术欣赏活动，但有些内容由于设计者的原因，活动的薄弱性和不全面性会限制幼儿艺术能力的充分发展。因此，教师根据自身特点准备了一段具有浓郁新疆民族特色的泥艺类手工活动与社会领域相结合的案例，发展幼儿的创造性，引导幼儿用身体动作进行恰当表现，同时培养幼儿的泥工和社会相结合的综合艺术感受能力。

【活动目标】

①欣赏音乐，能用身体动作进行恰当地表现；

②用彩泥及杂物简单塑造民族特色的简单物品；

③培养热爱家乡的情感，提高艺术感受力和审美能力。

【活动重点】

引导幼儿欣赏音乐，并用身体动作进行恰当的表现，利用彩泥体现事物。

【活动难点】

培养幼儿的艺术感受能力，具体的操作环节和步骤。

【活动准备】

关于新疆的视频，音乐《新疆亚克西》《花园》《我们新疆好地方》；

白纸、水彩笔、底板、彩色橡皮泥、小盒子、火柴、碎布头以及辅助工具若干。

【活动过程】

①幼儿在音乐《新疆亚克西》的伴奏下进入活动室。（此环节运用鼓励语言"爆竹"庆祝。）

②了解新疆：新疆的美景、新疆的变化、新疆的特产、新疆的特色美食。

教师：刚才的音乐好不好听？这是我们新疆著名的歌曲《新疆亚克西》。你们觉得我们新疆漂不漂亮？下面让我们一起简单地了解一下新疆。（观看视频。）

教师：看了这个视频之后，你们想到了什么？又感受到了什么？

教师：我觉得我们新疆人民太了不起了！我为我是新疆人感到自豪！

③欣赏音乐。

教师：今天老师给你们还带来了一首好听的维吾尔族音乐《花园》。（此环节运用鼓励语言“亚可西”。)

教师提问：听了这段音乐你们有什么感受？想到了什么？

④再来欣赏一遍音乐，把刚才创编的动作编成舞蹈跳起来。

⑤手工实操活动：美丽的家(背景音乐：《我们新疆好地方》)。

教师：我们新疆是多民族的地区，我们要互相团结、互敬互爱，不光我们新疆要搞好民族团结，全世界人民都要和平共处，共创美好的家园。下面你们就可以用自己的小手来创造你们心目中美丽的家园。

操作环节，彩色碎布头与彩泥相结合，可用竹签穿起，做羊肉串，橡皮泥制作烤馕，盒子及火柴制作当地胡杨木类小摆件等。

幼儿操作，教师巡回观察并给予指导。

展示幼儿作品，幼儿互相观看、欣赏。

教师小结。

【指导与评价】

教师对此次活动做了充分的准备，并对活动做了反复修改，满足了大班幼儿对泥艺类手工活动的基本要求。通过调整，教师能按照修改后的计划较好地完成目标，而且能调动幼儿学习的主动性和积极性，现场气氛也很活跃。教师在活动时做到了提醒在前、个别示范在前、及时自然地介入。具体到这次活动情境中，教师首先请几名幼儿先示范探索，不仅可以对其他幼儿，尤其对一些容易兴奋又缺少自控能力的幼儿，起到直接或间接的提醒或暗示的作用，还可以提高大家对“任务目标”的重视程度，更加明确“怎么做”。因此这次活动也给教师一个提示，要学会尊重大班幼儿的兴趣或想法，同时用夸张的语言、体态或者教具等吸引其注意力，帮助幼儿回到活动中来。另外，这一活动证明，备课非常重要，活动前不仅要思考教法、学法，还要预想到突发状况和相应的处理方法，如出现混乱怎么办、幼儿对活动缺乏兴趣怎么办等。只有做好一切准备，才能高效地完成每一次活动。

(5)泥艺类手工和音乐相结合的活动案例及指导与评价

理发店

【活动设计背景】

教室里的美工区放了很多的工具、材料。有一天全班幼儿在进行操作的时候，一个幼儿用小剪刀无意中把另一个幼儿的头发剪了一块。事后教师思考既然小朋友喜欢剪头发，何不利用泥艺类活动“理发店”来对幼儿进行不乱剪别人头发的教育呢？同时还可以利用音乐区、角游戏活动，让幼儿体验理发的过程和快乐。

【活动目标】

①能积极、愉快地参加歌唱活动并能用轻快的声音演唱歌曲；

②明白不能乱揪、剪别人的头发，可以在游戏中塑造各种发型。

③体验在角色游戏中和同伴友好相处。

【活动重点】

学会并能用轻快的声音演唱歌曲；知道彩泥、蛋壳的性质。

【活动难点】

能够扮演好理发师的小顾客的角色，能够利用蛋壳和彩泥设计制作几款发式。

【活动准备】

①角色表演区；

②表演用的剪刀、小镜子等，各色彩泥、鸡蛋壳及辅助工具。

【活动过程】

①以谈话导入。

教师：小朋友们经常到理发店去理发，你们知道在理发店里是谁帮我们理发吗？(叔叔阿姨)他们用什么来理发？(幼儿自由回答。)(出示剪刀操作。)听，剪刀发出什么声音，用小嘴巴来学一学！(咔嚓咔嚓)我们一起来说说，咔嚓咔嚓……

②熟悉歌词，学说歌词。

教师念歌词，幼儿熟悉。(教师通过讲故事的形式让幼儿熟悉歌词。)

幼儿集体与教师念歌词。

③熟悉旋律，学唱歌曲。

教师扮演理发师慢速哼唱旋律。

幼儿扮演理发师慢速哼唱旋律。

教师：哎呀！顾客对我们有意见了，说我们剪得太慢了，要求我们快一点！(教师和幼儿一起快速哼唱旋律。)

教师：顾客又说我们剪得太快了，你们能不能剪得不快也不慢，成为人人喜欢的理发师？(中速哼唱旋律。)

引导幼儿用轻快的声音学唱歌曲。

分组加上动作演唱歌曲。

④自选道具，分角色表演结束活动。

首先，为幼儿介绍角色区和理发工具。

其次，对幼儿进行教育，不能用剪刀伤到别人和剪别人的头发。

教师：请小朋友们来当理发师和顾客，前面有两种道具，想扮成顾客的小朋友拿上镜子坐到椅子上，想扮成理发师的小朋友拿剪刀站在顾客身后理发，决定好了，请慢慢地过来拿。(可交换角色，没有表演的小朋友唱歌曲。)

⑤实操部分。

让幼儿用鸡蛋壳作面部，利用各色彩泥在蛋壳上塑造各式发型，教师可巡回指导。教师点评，幼儿互评。

在活动延伸部分，请幼儿利用其他时间和同伴、家长一起扮演理发师的游戏。

【指导与评价】

《理发店》是一首贴近幼儿生活的乐曲。教师在活动设计中以幼儿有时乱揪、剪别人的头发和作品本身的意境出发，在教师扮演理发师讲故事的时候，让幼儿想象理发店叔叔、阿姨工作的情景(理发的工具推子、剪刀不停地交换使用，以及头发剪好后用刷子)。音乐和故事使幼儿情不自禁地兴奋起来。活动采用了教师示范法、师幼合作法和幼儿与幼儿合作法，使幼儿参与活动的状态非常积极，特别是布置好的角色表演把整个活动推向了高潮，让幼儿体验了一把当理发师的快感，也培养了幼儿的合作意识。由于幼儿有了前期的经验储备，因此在彩泥塑造环节进行得比较顺利，每一组幼儿都能够按照自己的设想完成几个简单的发型设计。同时，通过活动也对幼儿进行了教育，让幼儿明白了不能乱用剪刀剪别人头发，那样做既不安全，又不礼貌。

2. 大班幼儿纸艺类手工活动

大班幼儿纸艺类手工活动和五大领域相结合，特别能够满足幼儿的活动需要。各种性质不同的纸类来源广泛、造价便宜、适宜加工制作，是大班比较理想的活动材料。如何在此类活动中求新、求异、求变，是教师在幼儿大班纸艺类手工活动阶段主要关注的。

(1)纸艺类手工和健康领域相结合的活动案例及指导与评价

纸球真好玩

【活动设计背景】

纸球是一件具有很多可变性的小型健康类器械。正是由于它的可变性，特别能激发幼儿的奇思妙想。大班幼儿经过小班和中班的学习，在体育活动中积累了不少玩球的经验，尤其是男孩子，特别喜欢聚在一起玩踢球游戏，但是在合作玩球时不太懂得协商和谦让。于是，教师根据大班幼儿的这些特点设计了这个活动。

【活动目标】

①能够在探索纸球多种玩法的基础上，学习“用脚带球往前绕障碍物走”；

②发展用脚控球能力和目测力；

③能够积极思维、善于用脑、积极锻炼，与同伴团结协作。

【活动准备】

废旧报纸、透明胶带、水、胶水及辅助物等。

【活动重点】

将废旧报纸撕条、团圆。

【活动难点】

学习用脚内侧带球绕障碍物走。

【活动准备】

①障碍物：方形木块、雪碧瓶娃娃等若干；

②音乐(欢快热闹的音乐若干段)；

③幼儿已有用圆点合作拼字(数字或英文字母)的经验。

【活动过程】

①幼儿在教师引领下完成自制的“纸球宝宝”，人手1～2个。（将废旧报纸搓成一个纸球，用宽透明胶带缠紧，幼儿可根据自己意愿将纸球装饰成“纸球宝宝”。）

结合健康领域游戏韵律操《我和纸球宝宝来跳舞》活动身体。

教师：我们带着纸球宝宝一起来跳个舞，好吗？（在幼儿带纸球做操的过程中，同时进行队列变换训练：二路纵队—十字花—四小圆—四路纵队。）

②基本部分，幼儿自由玩耍纸球，探索纸球的多种玩法。

教师：纸球宝宝是我们亲手做的好朋友，我们请它来和我们做游戏吧。你可以一个人和纸球宝宝玩，也可以跟你的好朋友和纸球宝宝一块儿玩。我们来比一比，看谁的玩法最多，而且和别人玩得不一样。（幼儿分散练习，教师巡回观察，鼓励幼儿尽可能多地想出各种玩纸球的方法。）教师：你们的本领可真大，纸球宝宝都听了你们的话，做了你们的好朋友。那么谁来把你和纸球宝宝做的游戏表演给大家看呢？（请2～3个幼儿做出他们探索玩纸球的各种方法，如抛球、滚球、转球等。）

③引导幼儿探索用脚玩纸球的方法。

教师：我发现有的小朋友用脚和纸球宝宝做游戏时真像个神气的足球运动员。我们大家也一起来试一试，用脚和纸球宝宝来做游戏好吗？（幼儿自由探索各种用脚玩球的方法，教师巡回指导，帮助个别没有用脚玩起来的幼儿，使每个幼儿都能积极参加活动。）

教师：小朋友们真棒，用脚玩纸球的办法真多，我请你们来表演一下。（请2～3位幼儿表演用脚玩纸球的方法，如用脚夹球跳、用脚踢球等。）

④难点练习，重点指导。

教师：老师看见××小朋友的玩法和你们大家都不一样，我们请他来表演一下。（教师有目的地请这位幼儿示范“用脚带球往前走”的动作。）

教师：我们一起来试试，看谁的纸球宝宝最听话！（幼儿练习用脚内侧带球往前走的动作。教师注意观察指导，要求幼儿眼睛看好前方，让球从操场的一端滚到另一端。）

⑤增设障碍物，提出规则，要求幼儿带球走时，不碰到障碍物，并绕着障碍物带球向前走。（幼儿练习2～3次。）

⑥幼儿分四路纵队进行比赛。（游戏进行两次为宜。）

⑦结束部分。

听音乐，带纸球绕花坛和小树等障碍物回教室。

【指导与评价】

教师将这个活动设计得层次清晰、时间安排合理、过渡自然、动静交替。活动中教师对自己作为一个支持者、合作者和引导者的定位很准确，为幼儿创设了一个宽松、愉快的氛围，让他们大胆、自主地表达和实施自己的想法，并给予相应的信息反馈。在活动中教师积极地与他们交流情感，如摸头、微笑、竖大拇指等，在这样的互动中不是以从上而下“倾泻”或灌输的方式将知识传递给他们，而是一种哺育、一种滋润。教师的智慧应该是一种潜移默化的引导、一种巧妙的顺应和调整。如果教师能和幼儿同欢乐，永远站在他们的高度去预设和生成教育活动，那样的活动才能真正让师、幼都能成长。在整个活动中，幼儿始终兴趣盎然，这与活动设计科学合理、用材恰当、真正从幼儿兴趣出发是分不开的。整个活动气氛活跃，幼儿积极主动地投入活动中，非常圆满地完成了教育目标。

(2)纸艺类手工和语言领域相结合的活动案例及指导与评价

折纸鹤

【活动设计背景】

折纸是幼儿喜闻乐见的活动，它是培养幼儿动手、动脑，启发幼儿创造性思维的重要手段。它对培养幼儿认真观察、有意注意以及耐心细致的习惯，对培养幼儿的想象力和形成立体空间观念都有非常重要的作用。通过近一学期的观察，教师发现幼儿喜欢折纸飞机，甚至纸风车，具有一定的折纸基础和兴趣。在此基础上教师设计了“折纸鹤”活动，以更好地激发他们的学习兴趣，体验成功的喜悦。

【活动目标】

①认识纸鹤，知道纸鹤寄托的是美好的祝愿，并尝试讲一个有关纸鹤的句子或小故事；

②在活动中体会折纸的乐趣；

③认识折线、初步基础形和小鸟基础形，最终完成纸鹤的折叠。

【活动重点】

通过学习一些基本的折纸技巧完成折纸作品。

【活动难点】

通过观察和判断完成初步基础形到小鸟基础形的折叠。

【活动准备】

①折好的纸鹤，人手一只；

②手工折纸每人两张；

③纸鹤的制作步骤示意图。

【活动过程】

①出示作品，引起兴趣。

教师：你们看老师今天给你们带来了什么？

(幼儿观察，教师向幼儿介绍纸鹤作品。)

有一个古老的传说，说用心折出的纸鹤能给爱的人带来幸福与好运。现在我们就动手来折叠美丽的纸鹤吧，将我们的祝福折叠进每一只飘飘欲飞的纸鹤里。

②提出问题，开始折叠。

教师：这只纸鹤很漂亮，老师能将它折出来，也是因为一个好帮手的帮助。我们来看看这个好帮手是谁？（教师示范如何将手中的纸鹤轻轻地打开。幼儿在教师的指导下，将自己桌上的纸鹤轻轻打开。教师引导其发现折痕。）

学习基本的折纸方法。幼儿在认识折痕的基础上学会“上折法”，并练习一手按住纸张，另一手将纸张压平的基本技巧，示范初步基础形的折法，幼儿练习。

③观察图示、完成折叠。

教师出示纸鹤的折纸示意图，幼儿通过观察完成作品，指出示意图的顺序，用简单的语言提示学生观察。难点部分为初步基础形到小鸟基础形的过渡，教师通过示范动作让幼儿学会用两个大拇指往中间推压的技巧。作品完成后，教师对幼儿给予肯定和表扬。

④活动延伸：让幼儿在活动后运用刚才学到的技巧进行其他的折纸创作。

【指导与评价】

从活动效果看，这是一次有意义的尝试。在活动中，幼儿充满热情，认真观察，积极思考，学习气氛热烈，学习效果好。教师在指导类似的活动中还要注意，一是在操作的过程中，需要把学有余力的幼儿资源很好地利用起来，如果能即时发现这些“小能手”并让他们当“小老师”参与到活动中去，应该能更好地促使幼儿之间互相帮助、互相学习。二是活动延伸部分设计的其他折纸创作，不一定要强调是其他，也可以是再折一只纸鹤，并鼓励他们送给爸爸妈妈或者小伙伴。当幼儿用稚嫩的小手捧着自己折出的纸鹤送给别人时，应该更能体会折纸的乐趣和纸鹤的意义。

(3)纸艺类手工和科学领域相结合的活动案例及指导与评价

神奇的纸

【活动设计背景】

大班幼儿在各方面都有了一定的发展，但他们在纸艺类方面的动手能力还是不足，个别幼儿不合群，为了锻炼他们对纸艺类活动形式和内容的理解，以及各方面的灵活性和动手能力，教师设计了本次活动。

【活动目标】

①探索纸类不同的折法与承受积木重量的关系；

②能主动参与讨论，表达自己在操作中的发现；

③能与同伴合作，较细致地进行操作活动。

【活动重点】

幼儿会折纸，学习画折痕的简笔画、写数字。

【活动难点】

尝试纸上能放几块积木，根据纸的强度选择用多大的纸。

【活动准备】

科学活动前的准备也是教师自己科学探究的过程，对于幼儿将要做的实验，教师自己反复多次地进行尝试，这样教师才能尽量多地预测到实验中可能遇到的问题。

①铅画纸若干(教师多备一些，可以用废旧的纸，但要平整)。

②积木多块、小组记录表、粘纸小标记(贴在全班放积木最多的格中)。

③每人四张纸。

第一张：尝试让纸站起来。(试过后大部分是不能再放住积木的。)用于猜测，纸折叠后可摆放积木吗?

第二张：折起来尝试放积木。(有人放得多，有人放得少。)用于分析比较，怎么样才能放得多。

第三张：用折两折的方法把纸折好。用于猜测，折叠后可摆放积木的数量。

第四张：备用。

科学活动材料准备非常重要，教师既要考虑幼儿的使用情况，准备充足的材料，同时也要养成节约材料的好习惯，因此，在准备材料时要进行推理和测算。

【活动过程】

①设置问题情境，引出“让纸站起来”的话题。

首先，幼儿坐桌边，四人为一桌，两人为一个小组。(这样既让幼儿都能看到教师的操作台，也便于后面活动时，幼儿能方便地分组，快速找到同伴。)

其次，教师出示纸，了解幼儿生活经验。

教师：这是什么?纸有什么用?

教师：你们能不能让纸站起来呢?每个人从桌上拿一张纸，想想办法，让纸自己站起来。(纸是幼儿生活中常见的材料，这个话题兼顾了幼儿的日常经验，同时又给了幼儿从另一个角度思考纸的机会，引出了探索主题。)

最后，幼儿每人一张纸，尝试折、卷等方法，自由探索着让纸站起来的不同方法。

教师：刚才小朋友们用不同的方法让纸站起来了，看看谁的纸站得最稳。(教师在指导中有意识地把个别幼儿的操作法传递给全体幼儿，与此同时，教师的指导语中也透露出鼓励幼儿想出不同的方法让纸站起来，哪怕只是折的次数不同，这也为后面的活动埋下了伏笔。)

②再次设置问题情境，引导幼儿探索。

第一，引导幼儿猜测纸折叠后能摆放积木。

教师：站起来的纸上能摆放积木吗?

(幼儿猜测后，教师拿一块积木尝试，全体幼儿发现纸上是可以放积木的。)

第二，进一步引导幼儿猜测纸折叠后可摆放积木的数量。(教师每一次提问之后，都不急于动作，而是留给幼儿思考的空间和时间。)

第三，鼓励幼儿尝试。

第四，教师出示记录表，提出规则和要求。

教师：两人一组试一试，每组一张表格。让我们把纸折的样子画在这个表格中，猜的数量都记在"?"号的格子中。两人商量一下，一个记，一个放，也可以轮流放。

第五，幼儿将自己的猜测记在格子里。

分组尝试将纸折叠后可放多少块积木。探索性的科学教育就是让幼儿像科学家一样去研究，而记录正是这种活动的标志。通过记录，可以了解幼儿的原有经验和真实想法。让幼儿对实验前后的记录做对比，更加有冲击力。

③讨论，再次进行实验。

首先，出示不同幼儿折的纸，引导观察比较。

教师：怎样才能放更多的积木？（这次的讨论对后面的实验以及实验会给幼儿带来的惊喜有很重要的作用，因此，要集中幼儿的注意力，排除不必的干扰，形成讨论的氛围，从而将个体的经验转化为集体的经验，让幼儿获得新信息，修正自己的操作方法。）

其次，设置挑战，再次尝试。

④幼儿之间互相交流，用自己的方法对结果进行记录。

教师：把纸的折法记下来，把放积木的结果也记下来。（幼儿的年龄特点决定了他们总是希望自己的猜测是对的，一旦发现自己的猜测出错，往往不愿意面对，因此在培养幼儿的科学素养中很重要的一点就是，对科学实事求是的态度。）

表达自己的实验结果与发现。

【指导与评价】

对幼儿而言，最好的学习方法是在最直接的体验中学习，在动手中去发现。在这个活动中教师选择了生活中最为常见的材料纸和积木给幼儿进行操作实验，把有关力的科学转化为幼儿可亲自操作的游戏。依托幼儿熟悉的、直观的材料，让幼儿在富有挑战的活动中感受生活中那些让人惊讶的科学现象，努力让幼儿从探究游戏中感受快乐，获得智慧。

让幼儿在活动中感受神奇，产生探究欲望和兴趣，并不断体验神奇，增加新经验。选择幼儿最常用的学习用品（纸张）和游戏用品（积木）进行操作实验，其结果是让幼儿想象不到的：一张薄薄的纸，经过变形居然能放上那么多的积木。

感受经历。鼓励幼儿亲身经历实验的过程，感受物体变化带来的心理体验。活动不是一种事先安排、因果必然的过程，而是以游戏的形式，让幼儿经历探究的过程，体验成功的感觉。

感受兴趣。对幼儿来说感受科学的趣味，比"懂得科学"更重要。让幼儿体会实验是有趣的，像游戏一样，从而感受科学的趣味，观察自己和同伴的不同实验结果，激发幼儿的竞争意识。

提炼经验。纸张的变化与力的关系，这方面的经验是幼儿所缺乏的，在自然状态下即使看到也想不到。幼儿从最初的自由操作中提取经验，过渡到与同伴交流经验，再到进行有一定要求的实验，在操作中逐渐积累经验，从而发现实验结果的神奇。

提炼习惯。成功来源于好的习惯，养成良好的操作习惯为幼儿入小学后的持续发展打下基础。教师将活动设计成具有挑战的游戏，通过游戏规则的要求，提出科学实验中的习惯要求，为大班幼儿的健康成长打下基础。

(4)纸艺类手工和社会领域相结合的活动案例及指导与评价

剪窗花

【活动设计背景】

要过新年了，为了使幼儿园充满新年的气氛，同时也让幼儿体验中国人贴窗花、迎新年的传统过节方式，体验中华民族的传统艺术，教师设计了“剪窗花”活动。

【活动目标】

①欣赏窗花，了解窗花里的祝愿，初步感受中国剪纸艺术之美；

②自主探索剪窗花的方法，能正确使用剪刀，提高动手能力；

③体验探索的乐趣，发展想象力。

【活动重点】

工具和材料的驾驭熟练程度。

【活动难点】

剪掉和剩余的比例分配，让幼儿发现窗花是对称的。

【活动准备】

①多媒体设施及课件《美丽的窗花》；

②纸制房子四幢；

③色纸、剪刀、筐子等工具和材料若干。

【活动过程】

①引导幼儿欣赏环境布置和课件《美丽的窗花》，让幼儿初步感受剪纸艺术的美，激发幼儿对剪纸的兴趣。

②幼儿第一次探索剪窗花。

教师：你知道窗花是怎样做出来的吗？

(幼儿自由讨论制作方法。)

请幼儿欣赏美丽的窗花。

教师：剪窗花是我国劳动人民的智慧结晶，是我国的传统艺术，它的左边和右边的图案大小、样子都是相同的。

③学习剪窗花。

教师示范讲解剪窗花的方法。幼儿学习剪窗花的技能。

④幼儿制作窗花。教师可将幼儿根据能力分成小组，一组幼儿自己折纸、画图、剪纸。二组教师把纸折叠好，他们自己画、自己剪。三组教师折叠好、画好，幼儿自己剪纸。

⑤幼儿展示作品，并示范讲述制作方法。

教师：小朋友们，你们是不是认为自己剪的窗花就是最漂亮的啊？谁想展示一下自己剪的窗花？

⑥互评窗花。

教师：你们想不想让大家欣赏你的窗花？下课后，可以贴在后面的展示区，也可以为你喜欢的窗花画上小笑脸。

【指导与评价】

本次活动以欣赏窗花进行导入。教师引导幼儿欣赏黑板上粘贴的窗花，还从网上下载了各种类型的民俗窗花，通过多媒体引导幼儿欣赏，幼儿了解了窗花里蕴含的美好祝愿，知道了剪纸是中国人发明的。

欣赏完窗花，幼儿对动手剪窗花充满了期待。于是教师引领、示范剪窗花，幼儿动手尝试练习剪窗花。幼儿剪窗花时教师给他们的指导是，剪刀像走迷宫，绕过来，绕过去，可以剪出不同的形状和花边。幼儿基本能顺利剪出各种各样的窗花。有的幼儿剪完一张又一张，兴趣浓厚。展示幼儿作品，请幼儿说说剪的方法和形状，怎样剪出的这样的图形。教师发现幼儿剪窗花的胆子还不够大，主要原因是幼儿怕剪断，剪坏，不敢下手，后来通过教师个别指导及适当的鼓励，幼儿逐渐放开手脚，剪出了更加丰富的图案。剪窗花活动可以作为纸艺类手工教学活动的延伸，延续幼儿的兴趣，完成活动中没完成的目标，或者作为教学活动目标的提升。同时自由、宽松的空间，足够的探索实践，以及教师有针对性的指导，更利于幼儿操作与探索，也更利于达到目标。

(5)纸艺类手工和音乐相结合的活动案例及指导与评价

折纸风车

【活动设计背景】

艺术活动是一种情感和创造性活动，幼儿在艺术活动过程中应有愉悦感和个性化的表现，不要把艺术教育变成机械的技能训练。为此，教师设计了一例以大班幼儿纸艺类活动为载体、与音乐活动相结合的案例，目的是通过引导幼儿自由拆解折纸作品，探索学习风车基本折法，培养幼儿仔细观察、大胆操作的能力，发展幼儿手、眼、脑协调和小肌肉群的精细动作，最后结合音乐的起、承、转、合，配合风车展开相应的活动。

【活动目标】

①通过自由拆解折纸作品，探索学习风车的折法；

②发展手眼协调能力、精细动作能力和观察力。

③敢于大胆表现自己。

【活动重点】

关键部位的折叠方法。

【活动难点】

整体效果的处理。

【活动准备】

①正方形纸若干、风车作品若干，A4纸、胶棒若干；

②区域活动投放折纸灯笼、折纸风琴的成品、半成品以及材料(熟练掌握四角对中心折和撑开的技能)。

③大风车片头曲音乐。

【活动过程】

①听音乐、玩风车，激发兴趣。

教师：小朋友手里的风车可以怎么玩呢？(教师播放大风车片头曲音乐，幼儿跟着音乐按照自己的想法玩自己的大风车。)

②探索大风车的折法，形成步骤图。

首先，自主探索。

教师：这么好玩的风车，是怎么折成的呢？小朋友们自己试一下，一步一步拆开，然后一步一步折好，看能不能折成好玩的风车。(幼儿独立拆解，教师巡回观察，及时给予引导、鼓励。)

其次，共同探索。教师出示范例风车作品，同幼儿一起分步拆开并呈现每一步形状，形成拆解步骤图。

最后，整体示范。翻转拆解步骤图，形成折纸步骤图。通过提问让幼儿明确每一步的详细要求。

③按步骤图开始折风车。

按步骤图熟悉风车折法。鼓励幼儿按记忆结合步骤图进行独立折叠，完成风车作品。教师巡回观察幼儿制作情况，及时给予指导。

④探索风车的多种变化操作。

风车向背面对边折、对角折，形成风车的几个变化操作，如帆船、双船、鲨鱼嘴等。鼓励幼儿创造出独特的多种变化作品。

⑤装饰作品。

幼儿选出最喜爱的作品，用涂色、绘画、添画等自己喜欢的方式进行装饰。

⑥活动延伸。

区域活动。投放以风车为基础折法的变式风车、大丽花、纸盒、月亮船等几种作品步骤图，方便幼儿继续探索学习。

【指导与评价】

对于这次活动，教师首先设计、创设自主探索的操作氛围，鼓励幼儿主动探索克服困难，由自主探索到共同探索到示范强化，让每个幼儿充分体验主动学习的快乐。规范的操作方式，有助于幼儿养成看图示折纸的习惯。对风车有变化的强化操作，提高了幼儿的精细动作能力，进一步激发了幼儿对折纸的兴趣。教师还充分利用折纸作品本身所蕴含的教育意味，通过作品的多种变化，从不同的角度触动原有固化的折纸意象习惯，持续激发幼儿思维想象与操作尝试。另外，幼儿通过装饰折纸作品，使作品本身美化、个性化，使自己对折纸活动获得更加完整的经验。交流活动环节目的是达到“引导幼儿欣赏艺术作品，培养幼儿表现美和创造美的情趣”的教育要求。延伸的区域活动更是呈现了几种有难度的作品，目的是充分利用区域活动低结构性的特点，给幼儿提供主动探究、合作学习的自主发展空间。

这次教学活动强调幼儿主体的探索，以折纸作品本身有意味的形式吸引幼儿探究学习，形成了伙伴之间互相激发的群体氛围，丰富了个体的良好情感体验。幼儿对折纸的兴趣、敏感程度以及技能等方面的差异会影响幼儿的活动参与度，教师应当特别做好应对相应幼儿的准备，并在活动中给予有针对性的指导。

3. 大班幼儿自制玩具类手工活动

（1）自制玩具类手工和健康领域相结合的活动案例及指导与评价

好玩的盒子

【活动设计背景】

各种质地的盒子在幼儿眼里是百玩不厌的玩具，他们每天利用盒子捉迷藏、开汽车、做娃娃、搭建高楼大厦等。他们在与盒子的互动中发挥想象、自主探索，有些想法出乎意料。鉴于此，教师设计了本次活动，目的是培养幼儿的动手能力和创新能力。

【活动目标】

①以盒子制作成简单道具，自主探索玩法；

②有秩序地进行活动，遵守游戏规则；

③感受体育活动的快乐，体验同伴间的合作精神。

【活动重点】

幼儿在活动中要遵守游戏规则。

【活动难点】

培养幼儿的自主创新精神。

【活动准备】

各种废旧盒子人手一份、辅助物等。

【活动过程】

①出示盒子。

教师：小朋友们，你们知道这是什么吗?

幼儿：盒子。

教师：是的。这些盒子想和小朋友们玩游戏，看看哪个小朋友能想出更多好玩的办法来，好吗?

②幼儿用盒子制作成简单道具自由玩。

教师在活动中观察幼儿的玩法，找出一些新颖的玩法，让全体幼儿跟着学。

教师提醒幼儿除了一个人玩，还可以和同伴一起玩，让幼儿想出更多的玩法，初步尝试与同伴合作的乐趣。

③游戏前的准备。

教师：商店的售货员阿姨想请小朋友们帮她进货，你们愿意吗？在进货的路上，我们会沿着阶梯上山，再过一座独木桥，还要越过一条小河，才能到进货的地方。每组选出一位队长，先商量一下，然后用小朋友手里的盒子把进货的路摆出来，看哪组摆得又快又好。

在幼儿摆放的过程中，教师重点指导摆放的方法，在教师的引导下，让幼儿自己摆出正确的路。

④交代游戏规则，有秩序地进行游戏。

教师：经过小朋友们的努力，进货的路已经摆出来了。现在四组进行比赛，看哪组小朋友先把货进回来。在游戏前先听清进货的要求。在上山的过程中，我们要沿着阶梯，跳着上山，还要安全地走过独木桥，不踩湿鞋的情况下过小河，请你们想想，过河时怎么才能不把自己的鞋弄湿了呢？

（引导幼儿说出留两个盒子踩在脚底下过河。到了进货的地方，拿了衣服，从旁边返回，把盒子交给第二个小朋友。）

⑤针对每组完成情况进行点评，在放松运动中结束活动。

【指导与评价】

整个活动目标定位准确、具体，重点突出、过程清晰，从幼儿兴趣出发，突出“玩”字。

从单个玩到找朋友玩，幼儿始终处于“我想玩”“我要玩”的积极状态。教师适时、适当地加以指导和概括，使幼儿的活动经验得以提升和整合。活动中教师将尊重幼儿与培养规则有机结合，注意观察幼儿的活动情况，及时反馈活动信息，及时捕捉幼儿创新的火花，激励幼儿游戏的积极性和参与性。活动围绕玩盒子的不同方法进行，安排巧妙合理。幼儿不仅可以探索出许多玩法，也可在活动设计中感知盒子可以做操、拼小河、当小桥等作用。在介绍游戏的玩法时，如果教师先示范讲解，这样就能帮助幼儿理解游戏规则，减少犯规的次数。

(2)自制玩具类手工和语言领域相结合的活动案例及指导与评价

做做玩玩

【活动设计背景】

自古以来，成人在大自然中的劳作就是幼儿学习、模仿的对象。当今幼儿的玩具五花八门，却都远离了大自然，远离了人们的劳作。脱离自然的教育是贫乏的，因此幼儿园的自制玩具类活动应该充分利用本土资源，带领幼儿亲近大自然。

【活动目标】

①能利用斑茅草进行自制玩具活动操作；

②亲近自然，体验合作的乐趣；

③感受民间文化的多样性。

【活动重点】

引导幼儿根据材料展开联想，设计自己的作品。

【活动难点】

与同伴合作参与游戏。

【活动准备】

有关斑茅草的视频。

【活动过程】

①引入，播放视频，幼儿观看。

教师：刚才小朋友们看到的那些高高的、顶端开着狗尾巴花一样的植物是什么呢？对，它们是斑茅草。你们在哪里见过它们？（山上、路边、外婆家的屋子外……）你们听到了什么呢？（童谣。）童谣里都说了些什么？

斑茅花花，像条尾巴；斑茅秆，扯来玩玩；

编匹马马，跑遍天下；编颗糖糖，给你尝尝；

编把手枪，一起打仗；编只小鸟，带我飞得高又高。

教师：爷爷、奶奶在干吗？我们到山上去找斑茅草，好吗？（安全教育，紧跟队伍，不离队、掉队；远离悬崖，小心摔跤；带好自己的草垫。）出发。

②路途中，教念童谣、强调安全注意事项。（小心斑茅叶子割伤手和脸，不能跑得太远，可以和同伴一起合作等。）

③采集、整理斑茅秆。

教师：小朋友们，你们看那边，满山遍野的斑茅开花了，漂亮吧！来，我们把垫子放在这片空地上，准备去采集斑茅秆！

④讨论：我们可以用它来编什么呢？

⑤幼儿自由分组操作，教师巡回指导。

⑥作品展示。

⑦自主游戏。

⑧情感教育。

教师：斑茅草虽然样子很普通，但是很有用处。以前农民伯伯的茅草屋是用斑茅草盖的；人们喂养的牛羊是用斑茅草做饲料的，因为有了它，牛羊才长得壮壮的。今天我们还用斑茅秆做了这么多好玩的东西。斑茅草是不是很有用啊？所以我们要像斑茅草一样，做一个有用的人。

【指导与评价】

活动开展较为顺利，幼儿能积极参与活动，在实操中也发挥了各自的想象力，创造性设计自己的作品，充分体验到动手自制玩具活动和在大自然中游戏的快乐。在活动中，幼儿能互相帮助，共同制作斑茅玩具，体现了团队合作意识。此项活动除此之外还可以通过搭建、拼接或体能游戏等方式更充分地挖掘多种玩法，在活动中更有效地调动幼儿的兴趣，真正做到“益智益乐”。

(3)自制玩具类手工和科学领域相结合的活动案例及指导与评价

弹性物品

【活动设计背景】

晨间小活动时幼儿总是喜欢玩气球、皮球、拉力器等弹性玩具，但幼儿往往错误地认为有弹性的物品就是指那些掷地能跳起来的东西。为了进一步激发他们对弹性物品的探索欲望、获取正确的经验性知识，教师设计了一例自制玩具类活动与科学领域相结合的案例。

【活动目标】

①在探索活动中，感知弹性的特点，即物体受力时，它的形状会发生变化，不受力时，它又能回到原来的样子；

②能大胆讲述自己的发现，积极与同伴交流，感受成功的乐趣；

③分别用各种材料自己制作简单球类，试验一下，哪一种弹性高。

【活动重点】

感知弹性的特点。

【活动难点】

观察发现弹性物体受力时，形状发生变化；不受力时，又能回到原来的样子。

【活动准备】

气球、皮球、海绵球、小刺球、橡皮泥、橡皮球、木质球、小钢球等的照片图样及实物，以及泡沫块、彩色海绵纸条、废旧报纸、水盆、水等。

【活动过程】

①教师出示几种不同的球类玩具照片和实物请幼儿玩，激发操作兴趣。

教师：小朋友们，今天何老师给你们准备了很多好玩的玩具，有皮球、气球，请每位小朋友去找一件自己喜欢的玩具，想怎么玩都可以！开始吧！

教师：请小朋友们说一说，你们刚才玩了什么玩具？是怎么玩的？

幼儿自由回答；幼儿操作，初步感知弹性。

②教师导入自制玩具类活动，让幼儿结成小组分别制作橡皮泥球、废报纸球、泡沫块球等。

教师：现在我让你们再玩一次，边玩边仔细看看自己制作的这些玩具和原来的玩具都会发生什么情况、什么变化？你们可以把自己的发现轻轻地告诉你的小伙伴。(幼儿可以自由游戏，用各种球类自由玩耍探索活动。)

教师：你刚才玩玩具的时候，你发现了什么？(幼儿自由回答。)

为了强化印象，教师引领幼儿再次操作，完整感知不同材质的球类弹性。

③教师小结。

教师：像气球、皮球等弹性物品，我们一用力，它们有的会反弹很大，我们不用力了，它们反弹会很小；刚才自制的玩具和原有的玩具材质不一样，用力程度不一样，反弹高度也不一样。我们把物品这样的本领叫作弹性。

④结束部分。

首先，玩一玩，巩固对不同材质物品弹性的认识。

其次，手工制作。

教师：今天老师还想让小朋友们帮我一个忙，看看我手中的彩条，怎样把它变成一条有弹性的彩条？（幼儿制作毛毛虫，教师巡视指导。）

【指导与评价】

对幼儿在科学领域的教育是启蒙教育，重在激发幼儿的认识兴趣和探究欲望。教师要尽量创造条件让幼儿实际参加探究活动，使他们体验科学探究的过程，感受发现的乐趣。这次活动的设计思路是，以设疑激发兴趣，以操作突出重点，以激发幼儿的发散性思维来解决难点。

兴趣是幼儿学习的重要因素。因此，在活动开始，教师先把幼儿引入各种弹性玩具布置而成的“弹性世界”，让每一个幼儿都自主地选择一个玩具，可以试着用多种方法发现它们的秘密，以激发幼儿想玩、想探索的欲望。在此基础上，让幼儿进行了初步的操作。熟练之后，教师又通过自制玩具的形式，让幼儿尝试了多种多样的不同材质的球类弹性玩具，让幼儿通过自主探索，发现“弹性”这一科学现象，这是活动的重点。教师还为幼儿提供了充足的时间和自由，鼓励他们用材料任意自制类似球类形状玩具，自由地选择玩具，想怎么玩就怎么玩，从而调动了幼儿参与活动的积极性，提高了学习兴趣。另外，教师还随机引导他们讨论：“你玩了什么玩具，是怎么玩的？发现了什么？”这一环节通过幼儿亲自动手操作来感觉到自己有新发现，体验到发现的乐趣和求知的欲望。最后，通过集中交流统一认识，感知不同物体的弹性。在实操中幼儿对弹性产生了极大的好奇，但他们并没有真正地了解弹性的特点。教师因势利导，让幼儿进行了反复的操作练习，当幼儿通过实操有了一定的理解以后，教师让幼儿分组找出不同弹性的物品，简单表述原因，最后尝试用提供的材料制作带弹性的球类玩具，把活动推向了高潮。通过逐步递进式的探索活动，帮助幼儿弄清楚了真正的弹性物品。

在整个活动中教师运用了开放式的提问和具体操作自制玩具的方法，以此为载体引导幼儿积极探索、发现秘密。每个环节的设计都能为这个活动主题服务，拓展了幼儿的经验。在活动中教师尝试让幼儿用小组合作的形式进行探索，培养了幼儿的合作能力和创新意识。

(4)自制玩具类手工和社会领域相结合的活动案例及指导与评价

弹力娃娃

【活动设计背景】

教师发现有一群幼儿围在一起看上去很热闹，原来有一个幼儿带来一个弹簧玩具，用力按，玩具弹得很高，大家无比兴奋，都欢呼起来。看到小朋友们这么喜欢弹簧一类的玩具，教师因此设计了类似的活动。

【活动目标】

①尝试运用已有材料制作弹力娃娃；

②幼儿在教师的引导下能做到自己的困难自己解决；

③提倡互相帮助、互相鼓励、互相借鉴。

【活动重点】

了解各种材料性质。

【活动难点】

尝试和运用各种材料。

【活动准备】

酸奶罐、牛皮筋、海洋球、粘纸、皱纹纸、吸管、透明胶、双面胶、黄豆。

【活动过程】

①出示材料，让幼儿猜想。

教师：小朋友们，今天老师给你们带来了许多东西，我们一起来看看有什么？你们觉得用哪些材料，可以做成一件什么玩具？

②出示玩具，讲解做法，教师把这些材料合起来做成了一个弹力娃娃。

教师：看看这个弹力娃娃的身体是用什么做的？它是怎么做的？里面藏了什么？

弹力娃娃上面这条长长的是什么？它是怎么连在一起的？

海洋球上面的洞，老师已经帮你们扎好了，可以直接穿过去打结，但是在打结的时候需要注意些什么？

③幼儿自愿结组操作，鼓励幼儿相互帮助。

教师：老师帮每组的小朋友都准备了做弹力娃娃所需要的材料，请你们自己动手来做一做。做好的小朋友可以玩一玩自己做的弹力娃娃。

④作品展示。

教师：请小朋友们把做好的弹力娃娃拿到前面，放到展示桌上。说一说你在做的时候遇到了什么困难？怎样克服的？

【指导与评价】

本次活动教师准备了很多材料，通过尝试做成了一个弹力娃娃。教师考虑到要在制作中培养幼儿的创造能力，让幼儿通过“做中玩，玩中做”来获得启发，就要给幼儿提供表现创造性的环境、机会和材料。教师给幼儿准备的材料是比较丰富的，但是在给幼儿表现创造性的环境和机会方面做得稍显不足。教师是通过讲述、提问的方式来剖析玩具的做法，接着是幼儿自己动手制作，相对而言给幼儿的自制玩具发挥空间不是很大。虽然幼儿制作的成品还是比较漂亮的，但在创造性这一方面稍显欠缺。在帮助和引导幼儿"做"中表现创造性，使其得到发展的环节，"做""玩"都非常符合幼儿的年龄、能力、知识和经验，组织他们自己动手制作玩具，鼓励幼儿通过制作玩具表现自己的想法。每个幼儿看到一样材料，想做的玩具和制作出的结果都不一样，这正是美术求异性的最显著特点。所以在活动的开始部分，教师通过展示多种材料，让幼儿回忆曾经用到哪儿样东西做成了一件什么物品。在制作弹力娃娃时，幼儿通过自己的想法制作、装饰，所以制作出来的玩具有些还是比较有创意的。

大班幼儿自制玩具类手工活动是与"玩"紧密联系的，是"做"促进了"玩"的活动。教师要注意启发幼儿的思维和创造力，解放他们的手脚，让幼儿动手做玩具和游戏的辅助材料，自由地游戏，这样才能调动他们的主动性、积极性，充分发挥他们的创造性。在活动中让幼儿玩自己制作的玩具这一环节也存在很多问题。例如，有些幼儿牛皮筋打结没有打牢，所以在拉动皮筋的时候，皮筋从娃娃的身上掉出来从而玩不起来；有些幼儿在把两个废弃的酸奶罐粘起来的时候没有粘牢，以致有些黄豆从娃娃的肚子里跑出来撒了一地；等等。这些都是在幼儿玩时发现的，因此"做和玩"相结合，才能更好地发现问题和解决问题。

(5)自制玩具类手工和音乐相结合的活动案例及指导与评价

快乐的舞会

【活动设计背景】

思路来源于幼儿最喜欢、最感兴趣的动画片《喜羊羊与灰太狼》。通过耳熟能详的背景音乐烘托整个活动气氛，让幼儿以最高涨的热情快速投入游戏中。游戏的情节设计和装扮过程也是动画片"真人版与搞笑版"的体现，可谓"寓教于乐，妙趣横生"。

【活动目标】

①在熟悉乐曲旋律和结构的基础上学习集体舞，创编并合作表演挖陷阱、织网的动作。

②能比较迅速地变化队形，往圆心交替走和在圆上走，并结伴交换舞伴。

③体验集体舞中战胜灰太狼参加舞会带来的快乐。

④用废旧编织袋和绳子编织网。

【活动重点】

创编挖陷阱、织网的动作。

【活动难点】

步伐和队形。

【活动准备】

音乐《喜羊羊和灰太狼》、红黄花 40 朵，面具式样、小剪刀、双面胶、编织袋、绳子，各色彩笔、辅助工具、演出服装、简单道具。

【活动过程】

①师幼一同随喜羊羊和灰太狼音乐入场。

动画一，村主任说："小羊们，我们青青草原要开舞会了，我们还请了许多客人到我们青青草原来，你们慢慢去准备吧！"

动画二，灰太狼："羊村要开舞会了……"

教师：灰太狼要在开舞会的时候来抓我们，怎么办？你们想想有什么办法可以先抓住他呀？

②老师引导幼儿想办法，并创编简单动作。

首先，学习音乐的第一部分，打招呼、交朋友的动作。

其次，学习音乐第二部分，挖陷阱的动作。

最后，学习音乐第三部分，用编织袋绳子简单织网。

③完整地随音乐跳两遍。

教师：这灰太狼可不容易对付，我们要多挖几个陷阱它才会上当。

④教师：舞会快要开始了，灰太狼也快来了，我们要加油干呀！（幼儿跟随教师跳集体舞，放灰太狼录音。）

（舞会要开始了，一位教师扮灰太狼进入场地。）教师：我要吃掉你们，哎呀，我掉到陷阱里了，求求你们饶了我吧！

教师：快快，我们牵起双手把网拉紧。

⑤参加舞会。

教师：小朋友们真勇敢，哎呀，舞会快开始了，我们还没打扮呢。快快抓紧时间把自己打扮得美美的。（师生换装。）

【指导与评价】

在本次活动中，教师设计了一节大班集体舞活动，以《快乐的舞会》为载体，以简单自制玩具为道具。在活动中幼儿通过一些简单动作，能迅速变化队形，往圆心交替走和在圆上走；这次活动让幼儿体会到大家齐心协力战胜困难所带来的快乐。从目标的完成度来看，尤其是中间的难点环节，幼儿创编出了挖陷阱、用编织袋绳子简单织网，并结合动作和规定的标记迅速变化队形，往圆心交替走和在圆上走。对于挖陷阱这个简单的动作大班幼儿已经能够很快掌握，在实施中教师可以适当地根据进度减少练习次数。用编织袋和绳子编织网这一环节是难点中的复杂之处，教师在活动之前可让幼儿先实操熟练，再引导幼儿多花点时间练习。

四、幼儿园常见的手工类作品

(一)泥艺类

泥艺类手工活动是指以各种泥类材料及立体视觉艺术为载体的造型活动，是幼儿用各种可塑材料，创造出具有一定空间的可视、可触的简单形象，借以反映自己的实操能力以及审美感受、审美情感和审美理想。

(1)　(2)　(3)　(4)　(5)

图 4-22　泥艺类作品

(二)纸艺类

纸艺类活动通常是以各类不同性质的纸张，通过折叠、切割、粘贴、插接等造型手段，创造出具有一定空间的可视、可触的简单形象，难易程度好控制、易掌握，短时间内就可完成，深受幼儿喜爱。

(1)　(2)　(3)　(4)　(5)

图 4-23　纸艺类作品

(三)自制玩具类

幼儿自制玩具类活动一般是由幼儿或幼儿在教师引领下制作的简单玩具，主要以剪、画、缝、贴等多种形式制作而成，不仅新颖有趣、各具特色，更体现教师的教育观。自制玩具类活动开展的实操过程能够集中展示教师日常教学、工作中，以及幼儿自己生活经验中的简单创意设计，也更有针对性。

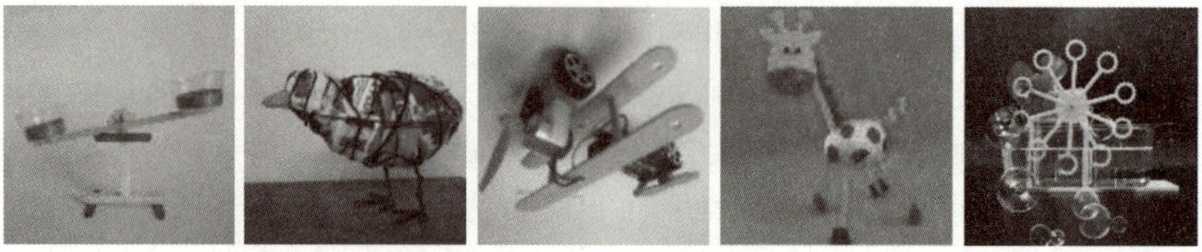

(1)　(2)　(3)　(4)　(5)

图 4-24　自制玩具类作品

(四)编织类

幼儿编织类活动是利用工具或者双手使线类物、条状物互相交错或钩连而组织起来，形成条形或块状类的编织工艺操作。编织作品中丰富多彩的图案大多是在编织过程中形成的。幼儿园常见的简单编织技法有编织、包缠、钉串、盘结等。

(1)　(2)　(3)　(4)　(5)

图 4-25　编织类作品

(五)布艺类

幼儿布艺类手工活动，通常是以各类不同性质的碎布头、海绵纸、棉花或彭胶棉等辅助材料，通过简单剪裁、捏合、粘贴、缝制等造型手段，创造出具有一定实体空间的可视、可触的简单形象，教师可视情况控制难易程度，采用 2 人或多人组合的方式完成活动。

(1)　(2)　(3)　(4)　(5)

图 4-26　布艺类作品

(六)插接类

幼儿园常见的插接类活动是将木质、纸质、塑料等，裁剪、切割成一定形状的物品，通过榫卯、沟槽、凹凸等进行搭接、插接，使之成为一定形状的玩具供幼儿游戏。插接类活动可繁可简，可单独进行，也可以小组的形式进行，特别能锻炼幼儿的逻辑思维能力。

(1)　(2)　(3)　(4)　(5)

图 4-27　插接类作品

(七)拼、粘贴类

拼、粘贴类手工活动在幼儿园里常见，教师可以组织幼儿根据不同材料采用不同的粘贴方法。此类活动主要锻炼幼儿的专注力、观察力、操作能力，难易程度和投放材料可多元化。

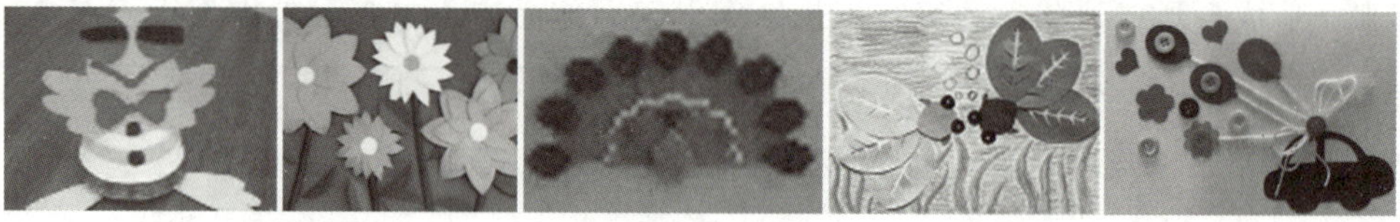

(1)　(2)　(3)　(4)　(5)

图 4-28　拼、贴类作品

(八)印、染类

印染类是使用吸水性比较强的纸张，裁剪成各种需要的形状，反复折叠并和水彩或透明水色相结合，出现一种渗透、晕染的花纹图案，打开后出现千变万化的对称图案。幼儿园的印染纸类活动可以和幼儿生活用品相联系。例如，纸类手绢、头巾、扇面、花裙、床单等，通过印染纸类活动，可以锻炼幼儿调配颜色的技能，以及表现美、创造美的能力。

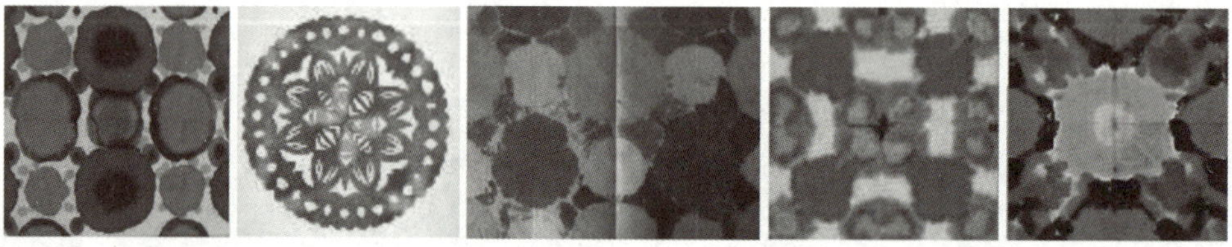

(1)　(2)　(3)　(4)　(5)

图 4-29　印、染类作品

(九)纸雕塑类

幼儿园简单的纸雕塑活动是以不同性质的纸张为基本材料，制作成具有三度空间的立体或半立体雕塑作品。纸雕塑更强调纸张的扩张力和形象的空间表现，含有更多的立体构成的因素，是立体构成的趣味化。

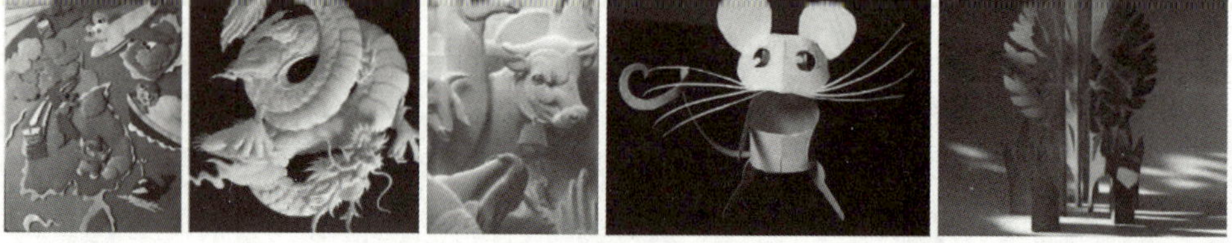

(1)　(2)　(3)　(4)　(5)

图 4-30　纸雕塑类作品

(十)剪纸类

剪纸艺术是中国最古老的民间艺术之一。剪纸是用剪刀将纸剪成各种各样的图案，如窗花、门笺、墙花、顶棚花、灯花等。通过一把剪刀、一张纸，就可以表达生活中的各种喜怒哀乐。幼儿从小学习一些简单剪纸，能够传承技艺，锻炼能力，增强爱祖国、爱民族的情感。

（1）　（2）　（3）　（4）　（5）

图 4-31　剪纸类作品

本章小结

幼儿园手工类活动的有效开展，为幼儿的想象力、思维方式、创造力提供了很大的发展空间。教师在活动中应通过各种途径积极地引导幼儿参与手工类活动，使其能更好地发挥教育作用。教师要充分把握好这类活动，促进幼儿身心全面发展，提高幼儿的综合素质，使他们的童年更加丰富多彩、充满乐趣。本章主要介绍了 3～6 岁的小、中、大班幼儿不同种类手工活动的发展特点、活动目标以及要求，各类活动的具体实施与指导，并结合活动案例，将具体的手工活动步骤、方法做了详细表述，对于教师在实操中如何判断和纠正出现的问题，本章也有详细的表述。

关键术语

手工类活动　泥艺类手工活动　纸艺类手工活动　自制玩具类手工活动

思考题

1. 不同年龄段幼儿泥艺类手工活动特点不同，如何在实操中运用这些特点开展活动？
2. 幼儿园大班的纸艺类手工活动和小班、中班有何区别？在引领时如何操作？
3. 开展不同年龄段幼儿手工类活动在材料的选择上应该注意哪些问题？

建议的活动

1. 结合泥艺类手工活动设计一例任意年龄班的教育活动方案。
2. 尝试使用一些生活中的自然物或废旧物制作几件手工作品。
3. 尝试用当地的自然材料就地取材制作几件时令性玩具。

拓展阅读

《超级美术教师的 100 堂课》，李立加主编，山东美术出版社，2014 年。该书按年龄段划分，以绘画、手工(设计)两个内容为主线，从欣赏、引导、探究、表现四个方面介绍了美术教育开展的相关问题。

第五章　幼儿欣赏类活动

学习目标

1. 了解不同年龄班幼儿欣赏类活动的发展特点。

2. 知道不同年龄班幼儿欣赏类活动的目标与要求。

3. 熟悉不同年龄班幼儿一般性欣赏类活动的组织实施与指导。

4. 明白各年龄班美术作品类欣赏活动、自然景物类欣赏活动、节日装饰类欣赏活动、环境布置类欣赏活动的组织实施与指导。

5. 掌握各年龄班欣赏与五大领域相结合的活动案例设计、指导与评价。

学习导图

- 幼儿欣赏类活动
  - 幼儿欣赏类活动的内涵
    - 艺术欣赏
    - 幼儿欣赏类活动
  - 不同年龄班幼儿欣赏类活动的发展特点
    - 小班幼儿欣赏类活动的发展特点
    - 中班幼儿欣赏类活动的发展特点
    - 大班幼儿欣赏类活动的发展特点
  - 不同年龄班幼儿欣赏类活动的目标与要求
    - 小班幼儿欣赏类活动的目标与要求
    - 中班幼儿欣赏类活动的目标与要求
    - 大班幼儿欣赏类活动的目标与要求
  - 不同年龄班幼儿欣赏类活动的组织实施与指导
    - 小班幼儿欣赏类活动的组织实施与指导
    - 中班幼儿欣赏类活动的组织实施与指导
    - 大班幼儿欣赏类活动的组织实施与指导

案例导入

一次欣赏类活动的对话正在进行中。

教师：小朋友们，你们看在他们的身后是什么？

幼儿：是海水，很蓝。

教师：蓝色带给你们什么感觉呢？

幼儿：很冷、很安静、很平静。

幼儿：我看到这里的沙子很黄、很柔软。

教师：其他小朋友说说看，你们还有什么感觉？

幼儿：沙子的确很柔软，也很温暖，天空有白云，很白。

幼儿：天空也很蓝，地面因为有沙子，很软，光着脚走很舒服。

从以上美术欣赏活动的对话中不难发现，幼儿对某一事物的认知不是唯一的、绝对的，这就为幼儿美术类欣赏活动提供了可以充分自由地联想、想象和创造的多元空间。对美术作品的解释不是完全的“什么都是”或“怎样都行”，是有一定的规律可循的。人们对同一种形状或色彩的感觉总是基本一致的。特别是对于写实性的作品，人们对画面所描绘事物的识别，对作品情感表现倾向的判定，也总是有一致性。在以上这段对话中，教师首先承认幼儿各种不同感觉的合理性，在允许幼儿对画面有多种感觉认知的同时，又在对话中鼓励幼儿表达各自的不同见解，使他们通过讨论和争辩，得出相对更合理的结论。讨论的目的在于引导和提升，而不是硬性灌输，更不是压制幼儿的想法，使幼儿丧失自信、迷信权威，不敢再大胆表述自己的看法。

第一节　幼儿欣赏类活动的内涵

幼儿欣赏类活动有助于丰富幼儿的审美经验，促进幼儿知、情、意、形和谐发展，促进幼儿想象力和空间感知力的发展；同时，对于培养幼儿观察力和创造力，也都具有积极的意义。

一、艺术欣赏

艺术欣赏是人类一种高级的、复杂的、特殊的精神活动。人们在不断发现美和创造美的精神活动过程中，认识自身并寻求自身的价值。最简单的例子是一个小男孩将一块石子投入水中，他看到水的涟漪不断扩大，他欣赏自己的创造，从中得到无比的欢喜……艺术欣赏一般将作品从整体构成上分为外层面和内层面，即外部形式结构和内在情感意蕴两个层面。以绘画作品为审美对象来说，欣赏活动初步形成的感觉印象是外层的视像感觉，如色调或明亮或暗淡，表情或宁静或躁动，笔致或飘逸或沉厚，意向形式或和谐或奔放，格调或质朴或华贵等。观者的视觉感受力主要是对“形”感觉的灵敏度。视觉形象感受，如斜三角形的运动态势、正三角形的稳定态感、垂直直线的肃穆、波浪线的起伏运动、锐三角形的冲击力、重复线形的交错、重叠、张力、对峙、疏密、均衡等构成的不同动势。如果创作者能结合内容的表达，制造和创作画面最基本的某种态势，就能唤起观者对画面的审美感受。

二、幼儿欣赏类活动

幼儿欣赏类活动是运用感知、记忆、经验、知识对美术作品进行感受、体验、分析、判断，从而获得审美感受和美术知识的过程。幼儿欣赏类活动不仅要感知作品的内容、线条、形状、颜色等要素，也要感知这些要素所表现的情感和意义。教师作为幼儿进行欣赏类活动的引导者和启发者，在引领幼儿进行类似活动时要注意以下要素。首先，要注意选择符合幼儿年龄特点的欣赏对象，内容能够为幼儿所理解和接受，色彩和形象等能够受到幼儿的欢迎和喜爱，其艺术境界必须能够使幼儿感到亲切和惊喜，并产生浓厚的兴趣，能够拨动他们心灵的琴弦。其次，要形式新颖、丰富多彩。教师不能只限于个人的欣赏趣味，而是要根据欣赏教学的目的来确定作品的形式。最后，要注意思想性和艺术性的统一。特别是对于不同民族、地域和不同年龄段的幼儿，他们在美术欣赏活动时是有各自的要求的。

例如，小班幼儿美术欣赏类活动的要求是，鼓励幼儿用一两句简短的话语大胆地表达自己的感受。中班幼儿美术欣赏类活动的要求是，引导幼儿欣赏并初步理解作品形象和作品主题的意义，初步欣赏并感受作品中形象的造型美、色彩的变化与统一美、构图的对称与均衡美。大班幼儿美术欣赏类活动的要求是，引导幼儿学习欣赏感兴趣的绘画、工艺、雕塑、建筑等艺术作品，培养他们初步发现周围环境和美术作品的美的能力，引导大班幼儿积极主动参与美术欣赏类活动，学习用语言、动作、表情等表达自己对作品的感受和联想，以及逐步学会欣赏、评价自己和同伴的作品。

想一想

面对不同年龄班的幼儿，教师在引领其欣赏活动时适宜采用什么方法？

【答案要点】教师在开展小班幼儿美术欣赏类活动时，应鼓励幼儿用简短的话语大胆地表达自己的感受；开展中班幼儿美术欣赏类活动时，应引导他们欣赏并初步理解作品形象和作品主题的意义，初步欣赏并感受作品中形象的造型美、色彩的变化与统一美、构图的对称与均衡美；开展大班幼儿美术欣赏类活动时，除了涵盖小、中班幼儿的内容外，还要引导幼儿学习欣赏感兴趣的绘画、工艺、雕塑、建筑等艺术作品，培养他们初步发现周围环境和美术作品的美的能力，学习用语言、动作、表情等表达自己对作品的感受和联想，以及逐步学会欣赏、评价自己和同伴的作品。

幼儿园教师资格证考试·要点分析

教师如何选择幼儿的美术欣赏对象？

【答案要点】选择符合幼儿年龄特点的欣赏对象，内容能够被幼儿理解和接受，色彩和形象为幼儿所喜爱，艺术境界能使幼儿感到亲切和惊喜，能够拨动他们心灵的琴弦。欣赏对象还要形式新颖、内容丰富多彩、思想性和艺术性统一。

第二节 不同年龄班幼儿欣赏类活动的发展特点

幼儿园小、中、大班幼儿的年龄不同，生理、心理及已有经验等各方面也有很大差距，所以教师对各个年龄班开展欣赏类活动时，在内容和形式的安排上要有所侧重。

一、小班幼儿欣赏类活动的发展特点

小班幼儿初入幼儿园，适应性的活动内容很多，通常到下学期以后，简单的欣赏类活动才逐渐增多。

(一)喜欢各种颜色及造型突出的作品

小班幼儿在感知各种对象的过程中，更容易被颜色鲜艳、差异显著的事物吸引。因此，在欣赏美术作品时，教师尽量选择幼儿喜欢的颜色、造型突出的作品。实践发现，小班幼儿更喜欢那些呈现他们已有生活经验中最简单、最常见的事物，如有关动物、人物、交通工具等作品。

(二)欣赏时对作品的理解更易受到情绪、情感的影响

小班幼儿在欣赏活动之后再现时，对同一个作品的表现有时大相径庭。虽然如此，但根据幼儿的语言解释可知他们对作品的理解并没有太大差别。这说明年龄越小的幼儿其知觉的目的性越容易受其情绪、情感的影响。在欣赏类活动中他们倾向于只看自己喜欢的、只说自己想说的。因此，他们从作品中看到的以及自己对作品的理解，都是从满足自己情感需要出发的。

(三)在欣赏的过程中能够发挥自己的想象力

小班幼儿美术作品涂鸦或所谓抽象性，也为幼儿的简单联想和表达提供了很大的想象空间。

(四)喜欢在模仿中体验欣赏的快乐

小班幼儿的注意力极不稳定，而且容易受他人的影响。因此，在小班美术类欣赏活动中经常会发现幼儿受到同伴的影响，表现出从众和模仿的行为，即将同

伴说的再说一遍，同伴做的再做一遍。在这个“再说”和“再做”的欣赏过程中，幼儿可以体验和同伴一起看、一起说、一起做带来的快乐。值得注意的是，在小班幼儿中开展美术欣赏活动时，教师的及时介入和支持显得尤其重要。教师在活动中应注重引导小班幼儿在感受、体验、分析、判断的过程中获取相关的艺术信息，提高小班幼儿对作品的敏感度，初步培养低龄幼儿的审美能力。

二、中班幼儿欣赏类活动的发展特点

幼儿园比较正式的欣赏类活动一般从中班开始，循序渐进地增多。教师在设计、安排中班幼儿进行类似的活动之前，必须了解中班幼儿的欣赏习惯和要求，结合当地实际，选择他们喜欢和能理解的欣赏类作品，这样才能收到良好的活动效果。通常，中班幼儿已经具备了一些简单的经验，视觉、听觉、触觉等迅速发展，教师可以引领中班幼儿欣赏一些能够看懂的、简单的、连续式的小故事类作品，或欣赏一些画面简单而不杂乱、各种物象比较完整(如人物、动物、生活用品等)的作品。在活动中教师可以采用问答、叙述、借题发挥或让幼儿畅所欲言、假设各种结果等形式进行引导。因此，在欣赏时，教师尽量选择那些造型结构简练、形象美观、色彩鲜明、情节简单明了的作品，借以引起中班幼儿的兴趣。同时，教师还要注意中班幼儿对能反映自己身边生活内容的作品感到特别亲切，在引领他们欣赏时，也更容易引起中班幼儿的共鸣。

三、大班幼儿欣赏类活动的发展特点

欣赏类教学活动是幼儿园美术教育三大内容(绘画、手工、欣赏)之一。大班幼儿高尚情操的培养需要通过一定的审美教育来实现，而欣赏类活动又是审美教育的一种必不可少的途径。

大班美术欣赏类活动发展特点是能够简单学习、欣赏感兴趣的绘画、工艺、雕塑、建筑等美术作品，并积极主动地参与美术欣赏活动，具有初步发现周围环境和美术作品中美的能力，能逐渐学习、欣赏并感受作品中形象的造型美，色彩的色调及其情感表现性，构图的对称、均衡、节奏与和谐美，还能了解作品的简单背景知识，进一步感受和理解作品的形象和主题意义，逐渐知道美术作品如何反映现实生活和人的思想感情，并学习用语言、动作、表情等表达自己对作品的理解、想象和情感，能够欣赏并学习从形式和内容的角度评价同伴的美术作品。

第三节 不同年龄班幼儿欣赏类活动的目标与要求

不同年龄班的幼儿发展水平存在差异性，对欣赏类活动的态度也不同，教师要审

时度势地对待不同年龄班的幼儿，根据其欣赏目标、特点采取不同的教育方式。

一、小班幼儿欣赏类活动的目标与要求

认知目标：从自然景物、艺术作品中能享受到视觉艺术之美。

情感目标：喜欢观看、欣赏艺术作品；对美术作品、图书中的各种形象感兴趣；初步体验作品中具有不同性格的线条；通过欣赏教师及同伴的作品培养其对欣赏的兴趣。

技能目标：初步学会运用线条表现力度、节奏感。

创造目标：初步运用动作、表情等表达自己欣赏后的感受。

小班幼儿欣赏类活动的具体要求是：

首先要引导幼儿愿意参加欣赏类活动，培养幼儿有意注意的欣赏习惯，体验欣赏类活动的乐趣。

其次要引导幼儿欣赏生活中常见的造型简单、色彩鲜明的物品和作品，逐步产生对欣赏类活动的兴趣。

再次要引导幼儿初步欣赏教师出示的范例、作品及自己和同伴的作品。

最后要引导幼儿展示美术作品，用自己的美术作品进行墙面等的装饰和美化，体验成功的喜悦。

二、中班幼儿欣赏类活动的目标与要求

认知目标：通过欣赏作品，了解作品的主题和基本内容。

情感目标：能够体验作品中线条、形状、色彩、质地等；通过欣赏与作品产生共鸣。

技能目标：能够感受作品的色彩变化以及相互关系；感受作品中形象的鲜明性和象征性，并体验其情感。能够感受作品的构成，体验作品的对称、均衡、节奏。

创造目标：通过欣赏说出自己喜爱或不喜爱作品的理由，并对作品做简单评价。

中班幼儿欣赏类活动的具体要求是：

首先要幼儿学会欣赏一些自己能理解的美术作品，如绘画、手工制作、民间工艺、自然景物、节日装饰、环境布置等，培养幼儿初步的美感经验和审美能力。还要选择一些符合幼儿特点的作品，要求教师要在诸多作品中进行认真比较和鉴别，选择符合幼儿年龄特点的作品供其欣赏。作品内容要能够被幼儿接受，色彩、形象等被幼儿喜爱，艺术境界必须能使幼儿感到亲切、惊喜，进而使之产生兴趣，拨动他们心灵的琴弦。同时要注意选择的作品形式新颖、内容丰富多彩。

其次思想性和艺术性要统一，要求作品具有一定的思想性，能够正确地反映现实生活，内容健康明朗、蓬勃向上，有利于培养幼儿良好的道德情感；还要具有一定的艺术性，形象生动逼真、色彩鲜艳和谐、线条流畅优美、构图优美别致，有利

于对幼儿美感的培养。

最后要注意对于为幼儿选择的欣赏类作品，教师不能根据个人的欣赏趣味，而是要根据欣赏教学活动的目的来确定作品形式，内容要丰富，切忌单调，最大限度地开拓幼儿的欣赏视野。

在欣赏活动的基本要求上教师应该注意，让幼儿通过欣赏作品，理解作品的主题和基本内容，能够体验作品中线条、形体、色彩。通过对周围环境和具体作品的欣赏活动，幼儿初步感受对称、节奏和谐之美，喜欢不同风格内容的作品；初步感受美术作品中的形象、主题、内容的意义，了解如何在美术作品中表现现实生活及作者的思想感情，通过欣赏能与作品产生共鸣；能够组织自己的语言与别人交流和评价成人或同伴的美术作品。

三、大班幼儿欣赏类活动的目标与要求

认知目标：通过欣赏了解作品的形状、色彩、结构等美术要素；了解作品的表现手法、艺术风格和创作意图。

情感目标：喜欢各种不同风格的美术作品，感受美术欣赏类活动的乐趣。

技能目标：能够感受作品的色调、色彩之间关系的变化；能够感受作品中形象的象征性、寓意性；能够感受到作品中的形式美。

创造目标：在欣赏和评价他人的作品时，能讲述自己独特的观点。

大班幼儿美术欣赏活动的具体要求是：

首先要求幼儿学习、欣赏感兴趣的绘画、工艺、雕塑、建筑等美术作品，并积极主动地参与欣赏类活动，具有初步发现周围环境和美术作品艺术美的能力。

其次要求幼儿学会欣赏并感受作品中形象的造型美、色彩的色调及其情感表现性，构图的对称、均衡、节奏与和谐美，了解作品的背景知识，进一步感受和理解作品的形象和主题意义，知道美术作品如何反映现实生活和人们的思想感情，并学习用语言、动作、表情等表达自己对作品的理解、想象和情感。

最后要求幼儿欣赏并学会从形式到内容的角度评价自己和同伴的美术作品。

大班幼儿已能够对自己和同伴的作品进行评价，除此之外，大班幼儿欣赏类活动的具体目标与要求与中班大致相同，只不过是比中班幼儿的内容有所加深，要求也逐渐有所提高。所以，在已有经验的基础上不断创新，不断挖掘和发挥他们的聪明才智，对大班幼儿来讲是一项新的挑战。特别是大班幼儿自己及同伴的作品，也是一种很有价值的欣赏类材料。教师可以在每次活动完成后或每当幼儿完成了自己的作品后，可以有意识地选择其中富有童趣、能体现当下幼儿创造精神的作品将其陈列展览，并组织引导他们进行正确的自我评价，同时也可以评价同伴的作品。

第四节　不同年龄班幼儿欣赏类活动的组织实施与指导

幼儿美术欣赏的内容很多，也很广泛，大致可以分为一般性欣赏类活动，民间工艺类、民俗类欣赏活动，自然景物类欣赏活动，节日装饰类欣赏活动，环境布置类欣赏活动，以及大班幼儿特有的欣赏、评价自己和同伴作品的活动。

一、小班幼儿欣赏类活动的组织实施与指导

小班幼儿的欣赏类活动一般都比较简单，也是最初级的，形式、内容比较单一，以了解、知道、感受为主。

(一)小班幼儿一般性欣赏类活动的组织实施与指导

在幼儿园各个年龄班开展的不同形式的美术欣赏活动，能够帮助幼儿感受周围环境及生活中美好的事物，以及美术作品中的形式美与内容美，能够丰富幼儿的美感经验，提高他们初步的审美情趣和审美能力。小班幼儿欣赏类活动是幼儿综合运用简单的感知、记忆、经验、知识等对美的事物及美术作品进行感受、体验、分析、判断，从而获得初步的审美享受和美术知识的过程。小班幼儿在现实的欣赏类活动中，相对于中、大班遇到的问题是多样的。因此，如何对小班幼儿开展有效的欣赏类活动，使其主动参与，这就要求教师不仅要熟悉小班幼儿在欣赏类活动中需要达到的认知目标和要求，也要理解小班幼儿在欣赏类活动中的特征以及表现。教师应注重引导小班幼儿在感受、体验、分析、判断过程中获取相关的艺术信息，由此初步培养小班幼儿的审美能力。教师在指导小班幼儿欣赏类活动时一般要注意以下事项。

1. 题材、内容的选择要与小班幼儿年龄和经验相吻合

根据小班幼儿的特点、兴趣、经验和接受能力，尽量选择幼儿可以理解的、贴近幼儿日常生活的题材和内容。如果有适合幼儿的名人名作，向幼儿做系列介绍欣赏则更佳。小班幼儿在感知物象时，容易被颜色鲜艳、差异显著的事物所吸引。因此，教师在小班美术欣赏活动材料上可以投其所好，选择那些直观性强、色彩鲜艳、形象鲜明的，能吸引幼儿目光的艺术作品。实践证明，来源于幼儿生活的内容则更易于他们熟悉和理解。歌德①指出："鉴赏力要靠观赏最好的作品才能培养成。"因此，教师可以有意识地在此类方面多做选择和尝试。例如，在幼儿熟悉的"圆点旅行

---

① 约翰·沃尔夫冈·冯·歌德(Johann Wolfgang von Goethe，1749 年 8 月 28 日至 1832 年 3 月 22 日)，德国著名思想家、作家、科学家，出生于美因河畔法兰克福。他是魏玛的古典主义最著名的代表。作为诗歌、戏剧和散文作品的创作者，他是德国最伟大的作家之一，也是世界文学领域一位出类拔萃的人物。他在 1773 年写了一部戏剧《葛兹·冯·伯利欣根》，从此声蜚德国文坛。1774 年发表的《少年维特之烦恼》，更使他名声大噪。1776 年，他开始为魏玛公国服务，1831 年完成《浮士德》，翌年在魏玛去世。

记”的欣赏活动中，教师可以尝试选择以欣赏日本画家草间弥生①的作品《波尔卡圆点》为载体展开欣赏活动。这幅作品运用了明度和纯度极高对比的圆点花纹，带给人们视觉绝对的冲击感，无穷无尽的圆点则孕育着源源不断的新鲜感，能使幼儿产生不同的感受与体验，易于幼儿与作品产生共鸣。

2. 提供美术游戏环境，创设有趣的欣赏活动情境

幼儿是美术欣赏的主体，欣赏类活动是对自我创作的一种肯定。面对小班幼儿开展的美术欣赏活动，教师要不断更新观念与时俱进，要把美术欣赏活动和幼儿喜闻乐见的游戏活动相结合，寓教于乐。特别是小班幼儿更离不开游戏。所以，创设一个良好的美术游戏欣赏环境对开展欣赏类活动是非常重要的。正如席勒②在《美育书简》中认为，艺术是一种以创造形式外观为目的的自由审美的游戏，充分揭示了精神上的自由是艺术创造的核心。小班初期的幼儿由于心理、生理正处于发育之中，他们的美术能力还处在涂鸦阶段，美术活动并不是为了描绘某个物体的形状，只是为了在涂鸦过程及欣赏中体现愉悦感。因此，在幼儿园开展类似“圆点旅行记”的欣赏活动，可以根据小班幼儿的年龄特点，创设“大圆点遇到小圆点”的情节，自然地引导小班幼儿进行欣赏、感受。另外，在“小鱼吹泡泡”的活动中，教师还可以针对性地创设小鱼跟着妈妈吐泡泡的情节，利用多媒体和现代化的声、光、电设备，把幼儿带入海底世界，使幼儿置身于一个特定环境中，在教师的引领下愉快地进行欣赏类活动。

3. 教师应扮演好引导者、支持者的角色

在美术欣赏活动中，教师的意义不仅是沟通幼儿和欣赏类作品之间的桥梁，更多的是扮演着引导者、支持者、观察者和倾听者的角色。而且作为引导小班幼儿与美术作品对话的中介，教师要尊重幼儿对作品的感受，特别是在共同欣赏、分析和讨论中，小班幼儿由于经验、认识能力有限，表达可能只言片语，有的想法可能不合常规，但只要是他们在对作品感知和体验的基础上产生的，教师一般都应给予尊重和认可。例如，在开展美术欣赏活动“小鱼吹泡泡”的过程中，教师将康定斯基③的作品《圆之舞》进行“切割”，首先由一个个独立的泡泡引发幼儿思考与联想，然后再铺开

---

① 草间弥生(Yayoi Kusama)，出生于日本长野县松本市，毕业于日本长野县松本女子学校。1956年，她移居美国纽约市，并开始展露她占有领导地位的前卫艺术创作，现居住在日本东京。

② 埃贡·席勒(Egon Schiele，1890年6月12日至1918年10月31日)，奥地利绘画巨子，师承古斯塔夫·克里姆特，维也纳分离派重要代表，是20世纪初期一位重要的表现主义画家。席勒受到弗洛伊德、巴尔等人思想的影响，其作品特色是表现力强烈，描绘扭曲的人物和肢体，而且主题多是自画像和肖像。在席勒的肖像作品中人物多是痛苦、无助、不解的受害者，神经质的线条和对比强烈的色彩营造出的诡异而激烈的画面令人震撼，体现出第一次世界大战前人们在意识到末日降至时对自身的不惑与痛苦的挣扎情感。

③ 瓦西里·康定斯基(ВасилийКандинский，格里历1866年12月4日至1944年12月13日)，出生于俄罗斯的画家和美术理论家。康定斯基与彼埃·蒙德里安和马列维奇一起，被认为是抽象艺术的先驱，但毫无疑问，康定斯基是最著名的。他还与其他人共同成立了一个为时不长但很有影响力的艺术团体——“蓝骑士”。康定斯基的绘画售价曾近一千五百万美元。所罗门·古根海姆美术馆是康定斯基作品的最大藏家之一。康定斯基还是现代艺术的伟大人物之一，同时也是现代抽象艺术在理论和实践上的奠基人。他在1911年所写的《论艺术的精神》、1912年的《关于形式问题》、1923年的《点、线到面》、1938年的《论具体艺术》等论文，都是抽象艺术的经典著作，是现代抽象艺术的启示录。

整幅作品的内容，进一步引导幼儿仔细观察作品。正是通过这样“由点到面”循序渐进地欣赏和解读，小班幼儿加深了对作品的理解。在此期间，教师应面对幼儿的体验给予适当的提示和补充，使活动完整，尽量不将自己的个人观点轻易强加给幼儿。

4. 教师应该注重对小班幼儿审美能力的培养

培养审美能力是幼儿艺术教育的基本目标之一。幼儿的审美愉悦包括感受美、发现美和表现美、创造美。其中审美感受贯穿整个美术活动的始终，小班幼儿欣赏活动的创造性，更多地是指其大胆地自由表达，教师要顺应其审美情趣和个性表现。幼儿的语言就是他们思考的过程。每个幼儿的观察角度是不同的，不同的生活背景和经验、不同的性情和审美情趣，只要表之所表，达之所达，也一定会有和别人不同之处的。因此，在小班幼儿欣赏类活动过程中，教师应该鼓励小班幼儿用简短的语言大胆地表达自己的感受，这既可以加深幼儿对美术作品的理解，又可以锻炼幼儿的语言表达能力。例如，在美术欣赏活动“小鱼吹泡泡”“圆点旅行记”中，教师为幼儿提供了充足的观察和交流时间，使幼儿尽情表达自己欣赏作品后的感受。此外，教师还可以利用时令季节和休闲、散步的机会，捕捉幼儿观察周围景色的心情，展开形式多样的户外欣赏活动，增加小班幼儿的生活经验，为欣赏活动提供经验支持。实践证明，来自大自然的各种“作品”特别能激发幼儿的兴趣，教师可以不失时机地让幼儿围坐在一起轻松、愉快地交流自己的感受，用各种形式大胆地表达自己的体验。所以，对于小班的欣赏类活动，教师要根据地域、民族及小班幼儿的年龄特点设计活动，保护幼儿对欣赏活动的兴趣，并且教师对蕴含在欣赏类活动中的多方面教育契机必须予以关注，及时发现可育之处、可育之时；利用自己突出的活动能力及想象力扩展内容，使幼儿易于理解，这样幼儿才会用愉悦的心情去欣赏生活中一切美好的事物，从而丰富他们的情感体验。

(二)小班幼儿民间工艺类、民俗类欣赏活动的组织实施与指导

中国的民间艺术源远流长，从战国到秦汉的石雕、陶俑、画像砖石，其造型、风格均具鲜明的民间艺术特色；魏晋后，士大夫贵族成为画坛的主导人，但大量的版画、年画、雕塑、壁画则以民间匠师为主，流行于普通人民之中的剪纸、刺绣、印染、服装缝制等更是直接来源于群众之手，装饰、美化、丰富了社会生活，表达了人民群众的心理、愿望、信仰和道德观念，薪火相传且又不断创新、发展，成为富有民族乡土特色的优美艺术形式。

民间美术与民俗类活动关系极为密切，如民间的节日庆典、婚丧嫁娶、生子祝寿、迎神赛会等活动中的年画、剪纸、春联、戏具、花灯、扎纸、符道神像、服装饰件、龙舟彩船、月饼花模、泥塑等以及少数民族民俗节日中的服饰、布置等。民间美术分布于各地，因地域、风俗、感情、气质的差异又形成丰富的品类和风格，但它们都具有实用价值与审美价值统一的特点。另外，它们的制作材料大都是普通的木、布、纸、竹、泥土等，但制作技巧高超、构思巧妙，擅长大胆想象、夸张，

且常用人们熟悉的寓意谐音手法，积极乐观、清新刚健、淳朴活泼，表达了对美好生活的憧憬与向往，富有浪漫主义色彩。

民间美术品种极多，且目的、用途各不相同。例如，有供赏玩的造型艺术，也有以实用为主的工艺品，总的来说大致可分为以下几类。

①绘画类，其中包括版画、年画、建筑彩画、壁画、灯笼画、扇面画等。教师在引领和指导活动时，可以结合自身特点和小班幼儿的特点，筛选几种幼儿熟悉的、当地常见的或者地域特色的活动，指导小班幼儿实践。例如，幼儿可以协助教师或成年人贴春联，参与一些灯笼画的局部添加、点彩，版画类活动中做力做所能及的协助等。

②雕塑类，有彩塑(奇观彩塑、小型泥人)，建筑石雕，金属铸雕，木雕，砖刻，面塑，琉璃建筑饰件等。在引领和指导小班幼儿进行此类活动时，主要以观察欣赏为主，有条件时可以让幼儿参观制作。如果幼儿接收较快或者很感兴趣，教师还可以尝试让小班幼儿触摸工具、材料，模仿一些简单操作程序等。

③玩具类，包括泥玩具、陶瓷玩具、布玩具、竹制玩具、铁制玩具、纸玩具、蜡玩具。小班幼儿对这类活动往往兴致较高。在引领和指导小班幼儿进行此类活动时，教师可以根据需要大量投放此类玩具，引导幼儿发现和尝试多种玩法，幼儿感兴趣之后，教师可以将一些安全系数高、实操步骤最简单的玩法让幼儿进行实践。

④刺绣染织类，包括蜡染、印花布、土布、织锦、刺绣、挑花、补花等。教师在引领和指导小班幼儿进行此类活动时，可以在观察活动完成后，找出一两件小班幼儿能够掌握的活动简单实践一下。例如，将蜡染改编成简单染纸类活动，既能锻炼幼儿颜色识别能力和动手操作能力，又可以强化爱家乡的情感。

⑤服饰类，包括民族服装、儿童服装、嫁衣、绣花荷包、鞋垫、首饰、绒花绢花等。教师在引领和指导小班幼儿进行此类活动时，主要以参与和观察为主。如果遇到一些重要节点，教师可以让小班幼儿参与民族服装和儿童服装的走秀活动，也可以将道具和民族服饰相结合，做一些亲子类活动或角色扮演类活动等。

⑥家具器皿类，包括日用陶器、日用瓷器、木器、竹器、漆器、铜器及革制品等带有装饰及艺术价值的器皿。教师在引领和指导小班幼儿进行此类活动时，可以简单讲解民族传统器皿的历史，让幼儿亲手摸一摸、亲眼看一看，某些花纹、图案、颜色和生活中的哪些熟悉的物品相近，并用简单语言表达。

⑦戏剧类，包括木偶、皮影、面具、花会造型等。教师在引领和指导小班幼儿进行此类活动时，可以结合地方特点。例如，每种地方戏剧从服装到化妆、动作和唱腔等都有自己的地域特点，教师可以通过语言讲解、零距离接触，到有条件地参与等形式，让幼儿通过亲身体验，欣赏其中的点滴。

⑧剪纸类，包括窗花、礼花、刺绣、刺绣花样、挂笺等。教师在引领和指导小班幼儿进行此类活动时，可以将其中的内容简化，变成符合小班幼儿的活动。例如，

教师可以将剪纸类活动改编为比较安全的撕纸类活动，幼儿结成小组，教师用命题类、意愿类等方式，鼓励幼儿折叠，撕出某一形状，开始时教师可以引领幼儿撕些圆形、三角形、四边形等，熟练之后，可以撕一些简单的生活用品和器皿，锻炼幼儿手脑协调性。

⑨纸扎、纸灯类，包括各种花灯、各种纸扎。教师在引领和指导小班幼儿进行此类活动时，以教师为主，幼儿可以在教师的引领下做一些力所能及的事，通过实操引领欣赏。例如，幼儿可以在活动中将一些物品分类、归纳，给教师传递一些物品，在最后彩绘阶段，让幼儿进行点彩等。了解了制作过程，幼儿在欣赏时对此类物品的鉴赏就更加全面。

⑩编织类，包括草编、竹编、柳条编、秫秸编、麦秆编、棕编、纸编等。教师在引领和指导小班幼儿进行此类活动时，可以寻找最安全最简便的方法。例如，教师将各色纸按照需要，裁剪成等宽的纸条，先引领幼儿观看类似的过程、成品结果以及美化环境的方式等，幼儿情绪比较高涨后，可以指导幼儿以小组方式简单进行经纬搭接，形成结果。这种边实操边欣赏的方式，最能够引起幼儿的兴趣。

⑪食品类，糕点模、面花面点造型、糖果造型等。民间美术贯穿于人民生活和精神世界的各个领域，直接反映劳动人民的思想感情和审美趣味，显示出他们的聪明智慧和艺术才能。教师在引领和指导小班幼儿进行此类活动时，可以结合当地民族的特点进行。例如，春节期间北方人喜欢蒸一些花馍、年糕之类的食品。对于此类活动，小班幼儿就可以尝试参与、熟悉过程，可以给花馍点红点，给小动物形象的花馍镶嵌眼睛等。

指导小班幼儿民间工艺类、民俗类欣赏活动的基本要求是：首先要欣赏、识别民间美术作品中的民族色彩，感受其色彩美；其次要引导幼儿集中注意力观赏具有鲜明色彩、造型独特的民间美术作品，培养其对欣赏活动的兴趣，养成良好的欣赏习惯。

教师在指导和引领小班幼儿进行类似的欣赏活动时，应该结合小班幼儿的特点和当地的风俗习惯进行活动。教师在指导时还应注意以下几点。

1. 尊重每个欣赏者对民间工艺作品的审美体验

教师在对幼儿美术欣赏活动进行指导之前，应对美术作品所蕴含的意义进行合理的解释，特别是对作品的特点、特色以及对艺术的表现形式有一定的理解与欣赏，并根据小班幼儿经验、理解能力等，做一些针对性的处理。例如，教师必须理解线条、形状、色彩、构图等形式语言可能的象征意义，理解对称与均衡、节奏与韵律、变化与统一等形式美的原理，用小班幼儿能够理解的语言或形式进行指导。虽然教师在引导幼儿欣赏美术作品之前，已有对作品意义的预期，但并不意味着幼儿必须无条件地接受教师的这种预期，他们仍可以有自己的理解。对于美术作品的理解没有正确与错误之分，只有角度的不同，欣赏者对艺术作品的审美体验和领悟都应当被尊重。

2. 提供更多欣赏的机会，拓宽小班幼儿相关活动的欣赏范围

教师应适当教给幼儿一定的美术欣赏的基本艺术语言与形式美的原理，使他们在美术欣赏中理解作者的用心，帮助他们加深对作品的理解。同时，教师在指导时给予幼儿充分体验的机会和时间，让他们反复多次地进行感知、体验，用通俗易懂的语言进行描述，充分调动和增强幼儿的观察力、艺术想象力与表达能力。小班幼儿学习生活的活动室或区、角等，是进行美术欣赏的重要场所，优美的环境可使幼儿受到民间美术氛围潜移默化的影响。因此，教师要对空间有计划、有目的地布置和划分，使有限的空间活起来，让幼儿欣赏大量的美术作品，让幼儿在感受美的过程中受到熏陶。在指导时，教师可以在活动室的主墙上设计制作一些反映真、善、美的故事图案，如《神笔马良》《司马光砸缸》等，还可以装饰一些色彩鲜艳的风筝、宣纸蜡染、刺绣织物等；在玻璃上剪贴一些栩栩如生的“喜鹊登梅”“松鹤同春”等图案；在民族工艺区摆放一些姿态各异的民族娃娃、精巧别致的陶制品、绚丽多彩的京剧脸谱等。为幼儿营造一个优秀、向上的人文环境，让幼儿在身临其境中观察、想象、追求美。

3. 引导幼儿用多种方式简单表达自己的审美感受

在幼儿进行民间工艺类作品欣赏时，教师应该引导他们运用边体验、边讨论的方式进行，让幼儿通过自己充分的感性体验后，再将这种感受表达出来。这种感受的表达方式是多样性的，可用最简单的语言表达，也可以结合身体动作进行等。例如，在欣赏年画《连年有余》时，幼儿会被深深吸引，设想自己就是那个可爱的胖娃娃，并且会用很多简单词汇描述现在的感受，如“高兴”“快乐”“开心”等。由于民间美术自身的特点，使得它可以与民间节日、民间文学、民间音乐、民俗等相结合，更好地对幼儿进行美术欣赏教育。对于小班幼儿民间美术类欣赏活动的具体开展，教师可以做如下设计和指导。

将民间工艺类欣赏活动与民间节日相结合。我国有许多民间节日，如元宵节、端午节、中秋节等。节日来临时到处张灯结彩，洋溢着节日的气氛。教师要抓住这些有利契机，对幼儿适时地展开欣赏教育活动。元宵节的时候，教师把教室布置得十分喜庆，在主墙上剪贴一幅《连年有余》的图画，还和幼儿一起在民乐伴奏下布置灯会，欣赏图案精美、色彩绚丽的花灯，提高幼儿对色彩的感知力，发展幼儿的想象力。

将民间工艺类欣赏活动与民间文学相结合。民间文学题材广泛，内容丰富，有神话传说、民间故事、民间童谣、民间童话等，反映了中国劳动人民的优秀品质和美德。在幼儿欣赏美术作品过程中，教师可以适当加入简单的民间文学的内容，帮助幼儿理解美术作品的内涵、丰富语言知识、了解民间文化。例如，在欣赏民间想象画《大禹治水》时，教师适当穿插故事，讲述大禹坚韧不拔的精神，在不知不觉中培养了幼儿的民族情感。在引导幼儿欣赏风格各异、绘制精美的风筝时，教师可以给幼儿介绍一首风筝谣：“三月寒食是清明，姐妹十人去踏青，捎带放风筝呀，大姐放了一个小张生……”这首风筝谣形象地描述了这项在全国广为流传的放风筝活动，加深了幼儿对民间美术的理解。

将民间工艺类欣赏活动与民间音乐相结合也是一个不错的设计。音乐是想象的翅膀，优美的乐曲令人产生激情。在欣赏民间刺绣《凤穿牡丹》《丹凤朝阳》《狮子滚绣球》等作品时，教师可为幼儿选取民族乐器琵琶演奏的乐曲；在欣赏陶瓷时，选取古筝演奏的乐曲；在欣赏剪纸时，配以喜洋洋的民乐曲。美好的氛围加上教师的引导，使幼儿对之产生了浓厚的兴趣，陶冶了情操。

将民间工艺类欣赏活动与民俗活动相结合。民间工艺类美术的内容与形式大多受到民俗活动或民俗心理的制约，这一点在泥塑、年画、剪纸中表现得较为突出。在欣赏此类作品时，教师可给幼儿讲一些民俗习惯，让幼儿了解民间艺人通过一些寓意或象征的图形，来表达祈求平安吉祥、多子多福的愿望。例如，泥塑中的《大阿福》《光顶娃娃》等，可以让幼儿体味民间美术的魅力。此外，教师还要充分利用各种现代化教育手段，如多媒体等，采取适宜的方法，如观察分析、讲解演示、形象比喻、丰富联想等，有力地提高幼儿的美术欣赏能力，以此激发小班幼儿对民间工艺类美术的兴趣，提高其审美情趣。

(三)小班幼儿自然景物类欣赏活动的组织实施与指导

对于小班幼儿来讲，大自然是非常神奇和神秘的，人们在领略、欣赏自然的时候所产生的一种愉快的心理体验就是审美。对于年龄尚小的幼儿来讲，教师或家长及时性的引领、点拨就显得十分重要。自然界的阳光、空气、水滋润着地球，养育着我们，也给人类以生的灵气，以绿色为主的自然植物更是把人类生存的地球和生活的环境装扮得妖娆多姿，美轮美奂。

现代人都具有崇尚自然的情结，亲近大自然更是幼儿身心健康的需要。闲暇时间休闲旅游已成为人们的爱好。同样，幼儿也需要鸟语花香的世界，渴望到大自然中与天地交流。在组织幼儿进行自然景物类欣赏活动时，教师引领小班幼儿走进自然看什么、怎么看，在活动之前需要周密设计和安排。幼儿园小班的自然景物类欣赏活动一般都很简单。例如，刮风、下雨、下雪、四季的变化、山水及自然风景都是小班幼儿欣赏类活动的内容之一。我国历来把欣赏大自然认为是“外供耳目之娱，内养仁智之性”的高雅文化活动。教师在引领小班幼儿观看欣赏名胜古迹时，让幼儿简单感受古代文化的气息、民族风土人情的演进和时代的变迁，从中找寻历史发展的脉络，探寻地方或民族发展的轨迹；欣赏名山大川可让幼儿体验自然的鬼斧神工，想象沧海桑田的变迁，感受大自然巨大而神奇的力量；看自然及其植物，体验自然生物的多样性，想象自然物种的起伏兴衰，从而感受自然创造生命的神奇过程，汲取人类生存的意义，激发幼儿保护自然、珍惜环境的意识。

小班幼儿欣赏自然景物活动的方式多种多样，无论是在幼儿园或在家里，具体的欣赏方法就很多。例如，周末父母就可以带着孩子去公园，去欣赏那里的微缩自然景观、亭台楼榭、花草树木、小桥流水、山石景观等，还可以欣赏动物园里天鹅伸着长长的脖颈，不时展开洁白的翅膀上下翻飞，显出高雅端庄；长颈鹿独自傲立，仪态优雅；敦厚的大象如磐石一般稳重；灵巧的猴子上蹿下跳，表现出灵长类动物所具有的特质；孔雀有意要与人比美，等待它展开那美丽的屏，你得煞费一番心劲；虎狮咆哮时显示出勇猛威武之美。所有这一切都需要细细品味，韵味无穷。

长廊和楼阁以及碑刻记载着历史，它们把社会和人类的发展题刻在里面，并沉淀着人类文化传承的经历，是历史的缩影。在假期父母还可以带着孩子去各地的名山大川，走进自然，去欣赏一般城市中、公园里难以见到的景观。教师或家长带领幼儿进行类似的活动需要有目的性。例如，亲历四季，感受春的盎然生机、夏的炽热、秋的舒爽、冬的寒冷，并理解四季因地理位置的不同而在变化。这些内容只有亲身经历了、感受了，才会认识得更加深刻。走近大山，突兀的山石，惟妙惟肖地形成人们熟悉的桂林象鼻山、石林地貌、喀斯特地貌等，能够使幼儿简单体会自然界妙手神功、倒海翻江、滴水结晶的神奇变迁。奔腾的大江大河，更显示出一种一往无前的气势，永不停息；湍急的山泉，潺潺的小溪，叮叮咚咚，音乐般的韵律美妙无比；再看山间那缭绕的云雾，似飘逸的白纱，缠绕着大山，时隐时现，使人浮想联翩，丰富想象力。

平时幼儿园或家庭最好还应购置一些适合小班幼儿特点的旅游类书籍，闲暇时翻翻可增长见识，引起幼儿好奇和探索的欲望；也可与幼儿一起看看《人与自然》《自然探索》《动物世界》《国家地理》等关于自然科学的电视节目，加强感性认识，了解国内、国外的自然知识。另外，外出时家长或教师最好携带摄像机、照相机等，通过图像记录、文字记录或语言记录，帮助幼儿增加自己的视觉形象材料的积累。在带领幼儿走进和欣赏大自然的时候，教师或父母都应该担当起“审美教师”的角色，要学会引导幼儿认识自然、欣赏自然、探美于林泉、陶冶性情、提高审美情趣。这样才能引领幼儿学习欣赏大自然之美，并从中感受生命的意义。

(四)小班幼儿节日装饰类欣赏活动的组织实施与指导

每个民族都有自己的特定节日，教师应该结合当地民族和地方特点，组织幼儿开展相应的节日装饰类欣赏活动，激发幼儿爱祖国、爱民族、爱家乡的情感。

1. 结合人类的社会生活开展传统节日和德育教育

幼儿生活在一定的社会环境里，和周围环境发生各种互动，接受社会上的各种影响。因此，教师应注重结合人类的社会生活开展传统节日和德育教育，并进行全方位的渗透。教师要学会做到相机而教、遇物而诲。传统节日以一年一循环的特点出现在幼儿的家庭生活和社会生活中。许多传统节日前夕，周围的社会生活中到处洋溢着节日的气氛，教师要树立随机教育的观念，充分贴近幼儿的生活开展类似节日的欣赏活动。

2. 在指导时将传统节日特色与欣赏活动紧密结合

根据各年龄段幼儿的不同认知特点，选择恰当的传统节日教育内容与要求，根据传统节日的进度表，结合传统节日的开展，有计划地对幼儿进行节日专题性教育活动。小班幼儿可以开展中秋节、春节、元宵节专题教育活动。每个专题可综合运用参观活动、谈话活动、行为辨析、情景表演、游戏活动、社会实践活动等多种形式，通过幼儿的认知与实践，感受传统节日的文化与习俗，丰富幼儿的社会文化知识。

3. 传统节日特色活动课程和各领域教学内容相融合

传统文化节日的活动内容和形式要生动活泼、新颖有趣，根据活动设计的特点，可以结合有关领域开展活动。例如，传统文化节日的活动与语言领域、社会领域、艺术领域、科学领域或健康领域相结合进行活动，或者将一个活动融合多个领域的内容，这样可以收到很好的整合教育效果。

4. 家园共育，重视家庭道德品质教育

尤其是在幼儿时期，家庭教育对子女的成长有着极为重要的影响。在幼儿期受到的良好的家庭教育，将会对人的一生产生长远的影响。因此以幼儿园为龙头，指导教师在传统文化的节日活动中发挥主导作用，并主动与家长进行沟通，为家长提供家庭教育方面的指导，结合社会环境中的积极因素，最大限度地发挥其功能，力争形成一种强大的教育合力。

（五）小班幼儿环境布置类欣赏活动的组织实施与指导

幼儿园的空间、设施、活动材料和常规要求等，应有利于引发、支持幼儿游戏和各种探索性活动，有利于引发、支持幼儿与周围环境之间积极的相互作用。教师应该结合当地幼儿园特点从生活的视角关注幼儿的各方面需求，开展适宜的环境布置活动，满足幼儿多元化的发展，促进幼儿各种能力的提高。

1. 要考虑区域环境布置的教育性

教师在指导各个区域的环境布置时，应使游戏环境布置的创设目标与幼儿园教育目标相一致，环境创设要有利于教育目标的实现，促进幼儿全面发展。游戏区域的环境布置与创设对幼儿的德、智、体、美、劳的发展要兼而顾之。各个区域游戏环境设置的形式对幼儿的游戏行为有显著的影响。例如，表演区域要相对独立，益智区、美劳区、建构角的空间设置要相对开放，这样幼儿活动积极性较高，活动时间较长，互相学习与合作的意识增强。为了满足幼儿环境布置欣赏的基本要求，教师在指导设计构思方面还要注重自然性特点。例如，在独立的空间、走廊的环境布置与创设指导上，在不同的区域，幼儿要有自主选择的余地，能够专注游戏，减少喧哗和干扰。环境布置只有满足了幼儿的实用要求才有意义。

2. 要注意区域间的相容性、设计的多样性和互动性

教师可以将幼儿园性质相似的区域设置在相邻的位置，使幼儿之间能够产生互动。例如，手工作坊和娃娃家、音乐表演区相邻，做好的作品可以放到家里供幼儿观赏，还可以送到表演区，给幼儿穿戴。益智区和建构角相邻，使幼儿动手与动脑结合，激发创意。环境布置设计还要注意多样性原则，满足幼儿求新求异的欣赏需求。例如，教师可以在每一个环境区域中，都提供分类架和游戏筐，使幼儿便于取放和整理。在益智区中教师可以把瓶罐、纸盒、积木分类放。在手工创意室，各种杂物很多，有报纸、一次性杯、盘等，在运动区域有沙包、皮球、毽子等，这些都可以用此类办法进行归类整理，分别做出明确标识。幼儿可以运用已有的知识经验综合性地取、放和游戏，提高幼儿的活动效率。教师还要注重互动性原则。首先，可以鼓励幼儿参与环境的创设，师幼共同收集材料，为活动提供开放式的环境。其次，让环境具有动态性。例如，在科学探索区域中，可以提供饲养栏，供幼儿饲养、观察各种小动物并常增添其他物种，幼儿会从亲自操作中得到乐趣。

3. 要注意环境布置的实用性与美观性相结合

环境中投放的适合幼儿年龄特点和审美特点的材料，使环境布置既实用又具有观赏价值。投放的活动材料应与幼儿的年龄特点相符，符合小班幼儿的审美需求，能引起幼儿游戏的兴趣。例如，有的幼儿园创设了适合小托班(娃娃家)以及适合小班的专用区域，手工创意室、艺术画廊、表演区、手工创意室、艺术画廊、构建活动室等，提高小班幼儿的参与性。投放的具有启发性、操作性、探索性、层次性、美观性的材料，让环境具有实用性及美感。例如，在探索区，教师可以为幼儿提供小动物和昆虫标本等。幼儿通过亲手种植、亲眼观察、亲自操作获得许多感性经验，从而萌发对科学探索的兴趣。教师还可以投放结合近期的教育活动目标的材料。例如，在环保主题活动中，教师为幼儿提供了许多报纸和尼龙袋，还有许多罐头盒，幼儿在教师协助下把它们制作成各种服装，并装饰漂亮的小花，然后送到表演区给小演员们穿上表演，充分发挥区域之间的互动和幼儿之间的合作，合作水平进一步提高。总之，实用与美观是创建与欣赏幼儿园环境布置的核心所在。

4. 要指导幼儿利用废旧物品进行综合创意类活动

对于综合创意活动室的环境布置，教师和幼儿共同收集了生活中的废旧物品，将它们变废为宝，制作成玩具及环保时装。一字排开式的柜子里面放满各种工具、材料供幼儿动手制作，制作的作品又能美化和装饰环境。在建构室，材料是幼儿自己收集的各类大大小小的饼干盒和各种罐头盒、鞋盒。教师为幼儿提供简单的小木板和小棍子，幼儿便能创造出最有创意的高楼庭院。在大眼睛书吧，环境布置以培养幼儿的阅读能力，创造一个安静自由的图书角，支持幼儿与同伴进行自主阅读，鼓励幼儿发表自己的观点。在科学探索区域的环境布置中，有各种实用的物品架、各种动植物、动植物标本。幼儿通过亲手种植、亲眼观察、亲自操作获得许多感性经验，从而萌发对科学探索的兴趣。科学自然角又成为幼儿获取知识、发现科学奥秘、热爱生活的重要一角。在艺术画廊的环境布置中，投放材料有课桌、椅子、绘画工具、画纸、展示栏、夹子、KT 板等，培养幼儿的观察能力、记忆能力、想象能力、审美能力和创作能力，增强其自信心、耐心、毅力以及专注力。在演艺区的环境布置中，各种多功能展示架展示各种脸谱制作成品及地方剧种剪辑，让幼儿体验京剧及地方戏剧的魅力。在活动区的环境中，有中型玩具组合，锻炼幼儿体质。在玩具间的环境布置中，有自制毽子、沙袋、皮球、跳绳等体育用品，运用各种体育用品锻炼身体。

5. 要利用多种形式指导幼儿进行丰富多彩的活动

功能全面的游戏区域布置与设计，不但有利于幼儿积极主动地参与游戏，还可以让环境布置这种无声的语言潜移默化地影响幼儿，使幼儿无时无刻都能受到美的熏陶。幼儿园的游戏类环境一般指建构类游戏区域，包括建构室、大型建构、小型建构、自然物建构；艺术类游戏区域，包括手工创意室、艺术画廊、角色扮演区和绘画、手工、美术欣赏区域；益智类游戏及科学自然探索区域，包括观察、探索、阅读；表演类游戏区域，包括表演区、音乐表演、戏剧表演；运动类游戏区域，包括活动区、玩具间。大的框架制定以后，教师在指导活动时，就可根据本班幼儿的发展水平、阶段性教育目标以及个体差异，拟订园内区域设置的具体内容。例如，适合小班的区域设置与布置，以生活、劳动、感官训练、建构、装扮与美工等为主。

(六)小班幼儿欣赏和五大领域相结合的活动案例及指导与评价

小班幼儿欣赏类活动和五大领域相结合，是教育大纲的基本要求。在具体实施中，如何标新立异突出特点，需要教师反复琢磨，精心构思。

1. 欣赏和健康领域相结合的活动案例及指导与评价

给水果宝宝穿衣服

【活动设计背景】

小班幼儿的年龄大多数是 3～4 岁，这个时期的幼儿美术活动处于涂鸦期阶段，喜欢随意涂抹刻画。教师应该抓住幼儿这个特点，给幼儿自由图画的空间，让幼儿大胆作画。

【活动目标】

①认识不同的水果，了解各种水果的营养价值；

②在涂色过程中感知色彩，培养幼儿大胆作画及动手能力，增加幼儿的生活经验；

③通过涂色，体验美术活动的乐趣。

【活动重点】

识别颜色和物体，大胆表现。

【活动难点】

正确的图画方法。

【活动准备】

苹果、香蕉、葡萄、菠萝等图片，印好等待涂色的水果图片，蜡笔或者水彩笔。

【活动过程】

①导入阶段。

从幼儿穿的衣服导入水果宝宝穿的衣服。

②展示各种水果图片，请幼儿观察这些水果宝宝的颜色。

首先，让幼儿先认识这些水果，不同的水果有不同的颜色；

其次，在观察水果颜色的同时，请幼儿也找到相同颜色的蜡笔。

③动手作画。

首先，教师示范正确图画和操作的方法，请幼儿观察；

其次，让幼儿正确握笔和教师一起图画；

再次，给每个幼儿一张水果涂色卡，让幼儿找到与自己手里拿到的水果涂色卡相同的颜色；

最后，让幼儿自己尝试作画，给不同的水果涂上不同的颜色。

④欣赏及评价。

首先，让幼儿把完成的画作放在展台上与其他幼儿一起欣赏；

其次，教师对幼儿的作品给予评价，并给予鼓励。

【指导与评价】

在这次活动中教师发现有的幼儿不是很活跃，还有很多幼儿看着图片说不出水果的名字，这就是小班幼儿缺乏生活经验导致的。在分辨颜色的时候，还有的幼儿不能正确地说出颜色，这是小班幼儿最主要的特点。教师可通过一次活动识别一到两种颜色，以积少成多的方式教幼儿认识颜色。整个活动气氛非常活跃，幼儿的表现和参与性都很好。在进行小班幼儿欣赏类活动看图片的时候有实物教学活动会更好。在幼儿自己练习的环节教师可稍加指导。例如，教师可以帮助他们掌握正确的握笔方法。大多数小班幼儿的想象力有局限性，需要教师启发指导。另外，还有少数幼儿胆怯，不敢上台给小朋友表述，需要以后多鼓励这些幼儿大胆表达自己的感受与体验。

2. 欣赏和语言领域相结合的活动案例及指导与评价

小蚂蚁搬豆

【活动设计背景】

小班幼儿天真无邪，他们会和娃娃自言自语，会对花草说悄悄话，在他们眼里万物都是有生命的。他们喜欢用动作与语言和它们交流，其中动物更是深受幼儿喜欢。教师发现幼儿上厕所或洗完手后，偶然发现在台阶下有小蚂蚁，他们对蚂蚁产生了浓厚的兴趣，而且天天“看望”蚂蚁，还会在一起讨论蚂蚁。这说明幼儿有了探究蚂蚁世界的欲望。鉴于此，教师开始收集相关资料，让幼儿更清楚地了解蚂蚁的外部特征，使幼儿学会简单勾画蚂蚁、欣赏有关的形象，从而进一步发展幼儿的观察能力、欣赏能力和绘画能力，培养幼儿关心身边事物的意识。

【活动目标】

①幼儿认识和欣赏蚂蚁的外部特征，并学会画出简单的形态；

②提高幼儿的观察能力，培养幼儿对绘画活动的兴趣。

【活动重点】

观察蚂蚁的外形和生活习性。

【活动难点】

根据自己的体会尝试说一句有关蚂蚁的话。

【活动准备】

视频材料、操作教具、油画棒、示范用大白纸；白纸、勾线笔人手一份；教师事先在黑板上画上一粒大蚕豆。

【活动过程】

①用小故事导入。

一天，天气晴朗，小蚂蚁丁丁准备出去玩。刚出洞口，丁丁突然发现在洞口不远的地方有一粒香喷喷的豆豆。丁丁高兴地想："这粒豆豆肯定很好吃，要是能把它带回洞里和大家一起吃，那该多好啊!"丁丁使劲地左推推右挪挪，可是丁丁的个头实在太小了，它怎么也搬不动这粒大豆豆。"这可怎么办？要是搬不回洞里，那真是可惜啦！有啦!"突然，丁丁开心地跳起来，它想出了一个好办法，赶紧跑回洞里叫上几个好朋友，大家一起使劲，"一，二，三!"终于，好朋友们把大豆豆抬回了洞里，大家一起开心地美餐了一顿。

②观看视频。

第一，带着问题欣赏。

教师：老师要播放视频《蚂蚁搬豆》，小朋友们想看吗？你们要注意看小蚂蚁长什么样？

第二，观看第二遍时把画面定格，观察小蚂蚁，小蚂蚁长什么样？它由哪几部分组成？（幼儿回答。）

第三，师幼共同小结：小蚂蚁由头、胸、腹组成，头上长着一对触角，一双眼睛，一张嘴巴，身体上长着六条腿。

③示范画法。

第一，教师出示操作教具，演示蚂蚁各种动态。

第二，教师示范画法，一边操作一边直接将教具贴在黑板上，并同时在大白纸上示范。

④幼儿作画。

第一，鼓励幼儿大胆作画。

第二，鼓励幼儿添、画自己喜欢的景物，使画面更加丰富。

⑤活动延伸：歌唱表演《蚂蚁搬豆》。

【指导与评价】

幼儿在语言活动中学习了顺口溜《蚂蚁搬豆》。由于其朗朗上口，因此，幼儿对认知蚂蚁的兴趣陡然增加，一有机会就围在台阶、墙角，观察、议论他们发现的小蚂蚁。

美术欣赏教育活动游戏化，非常适合小班幼儿特点。幼儿本身对小蚂蚁就有好奇心、亲切感，再加上教师参与到播放视频并且介入其中的角色，更增加了幼儿的兴趣与参与性。幼儿在观察活动中，了解了蚂蚁的结构、颜色、特点，为后面的模仿、简单再现、强化认知提供了基础。教师在欣赏活动中播放音乐，更为幼儿营造了一个愉快的欣赏氛围。

本次欣赏活动设计的初衷很好，既让幼儿欣赏、观察了蚂蚁的结构、颜色、习性特点，又能唤起幼儿初步的集体主义感。活动中幼儿兴趣高，主动积极，因此，该活动是一例比较成功的案例。但教师应在进行类似活动时稍加注意，让幼儿在积极参与活动的同时，强调观察物的一些主要特点，寻找规律。

3. 欣赏和科学领域相结合的活动案例及指导与评价

美丽的春天

【活动设计背景】

春天到了，教师想通过活动引导幼儿感知春天的气候和树木、花草的变化，初步了解春天的基本特征，感受春天的美，培养幼儿的观察能力、口语表达能力、动手操作能力和集体协作能力，因此，设计了这一活动案例。

【活动目标】

①引导幼儿感知春天的气候和树木、花草的变化，初步了解春天的基本特征，感受春天的美；

②培养幼儿的观察能力、口语表达能力、动手操作能力和集体协作能力；

③激发幼儿热爱大自然的情感。

【活动准备】

①提前带领幼儿外出感受春天的变化，准备歌曲《春天来了》。

②大背景纸一张，剪好的春天各种景色的小图片若干(太阳、云朵、燕子、布谷鸟、小草、各色花儿，柳树叶、蝴蝶、蜜蜂)。

【活动重点】

了解春天的基本特征。

【活动难点】

培养幼儿的观察能力、口语表达能力、动手操作能力和集体协作能力。

【活动过程】

①谈话导入：春天有什么变化？春天的美体现在哪些地方？

②欣赏歌曲《春天来了》，并讨论歌曲中的春天是什么样子的。

③把春天搬到画面上，教师在背景纸上示范贴出太阳、云朵和小燕子；幼儿自选并说出所喜爱的图片，粘贴到背景纸上。

④全体幼儿共同欣赏作品，教师鼓励幼儿大胆评价。

⑤和幼儿一起将作品贴到走廊的墙面上装饰环境。

⑥活动延伸。

第一，引导幼儿观察种子的发芽情况并做好详细记录。

第二，请家长利用休假日带领幼儿到野外寻找春天。

⑦环境创设。

第一，将活动室内墙饰环境布置换成“春天”。

第二，利用幼儿的作品装饰走廊。

【指导与评价】

大部分小班幼儿虽然对春天这个季节概念有点模糊不清，但通过观察种子发芽以及观察图片，能大胆说出图片内容，表达自己的看法。有的幼儿在看到种子刚刚露出尖尖小芽的图片时大声叫着：“种子冒尖了！”还有的幼儿在讨论种子发出的小嫩芽像什么时，说出像小虫子、枣核、小兔的耳朵。在到室外寻找植物发生的变化时，由于是初春，很少能发现植物的变化，但有些细心的幼儿还是通过草坪上的枯草缝隙发现了刚刚露出点点绿意的小芽。有的幼儿在泥土中发现了昆虫。通过教师的及时讲解，幼儿了解了春天气温逐渐上升，各种昆虫都会相继出来活动。在进行活动的时候，第一场春雨就淅淅沥沥地下了起来，教师马上组织幼儿在室内隔着门、窗进行观察、倾听，利用各种感官来感受沙沙的春雨。幼儿的积极性很高，争着往前看，伸手用手接。有了认识春芽和观察春雨的基础，幼儿在学习歌曲的时候很轻松就学会了。有的幼儿在学习歌曲的过程中，还能主动用动作表现出歌词中种子发芽部分的内容。幼儿都能够用声音、手势和动作表现出春雨的沙沙声和种子说话的声音。通过这个活动，幼儿基本上掌握了种子发芽是春天的主要特征之一。

4. 欣赏和社会领域相结合的活动案例及指导与评价

漂亮的花苹果

【活动设计背景】

小班幼儿入园时间短，各方面能力都显不足，为了使小班幼儿尽快适应新环境，使初步的美术活动能够逐步开展，教师设计、组织了这次活动。

【活动目标】

①尝试用油画棒练习最简单的色彩叠置，巩固在轮廓线内涂满色的技能；

②感受色彩叠置的美感，体验并感受创作的成就感。

【活动准备】

①幼儿已进行过油画棒的单色平涂练习，握笔姿势正确。

②实物苹果(一个单色，一个有色彩变化)、范画、油画棒、苹果轮廓图。

【活动重点】

再现自己心中的苹果，能在轮廓内涂满颜色。

【活动难点】

掌握色彩叠置的技巧、手的控制能力以及涂色的力度。

【活动过程】

①引导观察。

教师：(出示苹果实物)这是什么？这两个苹果一样吗？什么地方不一样？(引导幼儿发现两个苹果的色彩差异。)

②探索色彩叠置的画法。

教师：(出示范画)这个苹果漂亮吗？是谁让它变得这么漂亮的？神奇的画笔是怎样给苹果穿上彩色衣服的呢？

首先，幼儿讨论，并请个别幼儿演示自己的猜想。

其次，教师示范，引导幼儿发现叠置的效果，知道叠置的方法。

③幼儿尝试再现。

教师：你们想不想也给你的苹果穿上这样的花衣服呢？想一想，你给苹果选什么颜色才更漂亮、更好吃？无论给苹果涂什么颜色，都要涂满，还不能涂到身体外面去，不然甜味就跑走了。

幼儿创作，教师指导、帮助。

④欣赏与评价。

首先，请完成作品的幼儿把自己的图画放在图书架上展示。

教师：(出示小白兔玩具)小白兔吃多了青菜和萝卜，今天想吃苹果了。假如你是小白兔，你想吃哪一种颜色的苹果？为什么？

其次，教师小结，重点是颜色的选择和叠置的效果。

【指导与评价】

小班幼儿虽然认识颜色不多，但非常感兴趣，有些幼儿还对混合色以及色彩叠置产生了兴趣，因此，教师设计了通过实操引领欣赏的案例，也符合小班幼儿的特点。

为了让小班幼儿练习和巩固一两种颜色叠置的技巧，教师以小班欣赏类活动为载体，借用了和社会领域相结合的拉拉手情境，让幼儿相互借鉴、相互交流，学会最简单切磋。在操作环节上，教师还设计了不让苹果甜味跑掉的环节，借以强化小班幼儿的认知。

首先，让小班幼儿巩固在轮廓线内涂满颜色的技能，锻炼幼儿手、脑协调性，也以此检验情境创设是否有成效。通过实施发现，活动效能比较好。其次，教师又充分发挥自己的表达能力，只用了简单的语言情境引领，就帮助幼儿掌握了本次活动操作的重点和难点。大部分幼儿很自然地学会了几种色彩叠置的方法，效果也非常好。

5. 欣赏和音乐相结合的活动案例及指导与评价

小鸟的天堂

【活动设计背景】

小班下学期，教师用吴冠中大师水墨画《小鸟的天堂》为载体，以先静后动的呈现方式引领幼儿欣赏。为了增加幼儿印象，教师设计了结合音乐的形式，用综合的效果带给幼儿美好的享受。

教师在关注幼儿欣赏美的同时，兼顾画家的表现手法，引领幼儿细致观察的习惯和对水墨画表现手法的简单借鉴。设计的环节不仅能培养幼儿的观察能力、想象能力、数学思维能力和语言表达能力，还使幼儿感受水墨画的情趣和意境美，激发幼儿对水墨画的兴趣。

【活动目标】

①通过欣赏《小鸟的天堂》，感受画家的主要表现方法；

②通过观察、想象、交流、动作表现等多种形式，充分欣赏画面清新和欢乐的意境；

③模仿水墨画的创作风格，尝试进行最简单的再现，如画横线、竖线、圆线，并学会简单组合等；

④学会用简单押韵和有节奏的语言表达爱护环境、保护地球的初步情感。

【活动准备】

①音乐《云雀》。

②教学挂图：《小鸟的天堂》；改良版配乐朗诵《飞翔》。

③实物投影仪。

④棉签、颜料、画纸等辅助物。

【活动重点】

认识工具、材料，知道它们的简单使用方法。

【活动难点】

实操环节。

【活动过程】

①欣赏乐曲，引出活动。

教师：这首曲子你喜欢吗？讲的是小鸟的故事，你好像听到小鸟在干什么？那小鸟都在哪里呢？（自由回答。）

小结：在这首曲子里小朋友们听到了小鸟在树林里快乐地玩耍着。

②出示图片，分层次欣赏。

观察想象并让幼儿尝试动作模仿、表现画面中的小鸟，感受热闹、欢快的气氛。

教师：你们从哪里看出画的是小鸟呢？这些小鸟有什么不同？这些小鸟住在哪里？在树林里会做些什么事情呢？会说些什么话呢？（自由回答。）

小鸟们很开心，会做些什么动作呢？我们听着音乐来尝试模仿、表现这群快乐的小鸟吧！

③引导幼儿观察、表现树的不同造型，教师简单分析画家的主要表现方法。

教师：你们觉得这是一棵树还是许多树呢？从哪里看出来的？这些树长得一样吗？画家用了粗细不同、长短不同的线条画树，你会用动作来表现吗？你觉得哪一棵树离我们更近呢？

（幼儿自由回答。）

④欣赏整个画面，感受画面的欢快气氛。

配上改良版音乐《飞翔》，幼儿尝试随音乐模仿或表演，感受欢快的气氛。教师根据幼儿的熟练程度，可让一部分幼儿扮演树，一部分幼儿扮演小鸟，听着音乐模仿、表演。

教师：如果请你们给这幅画起个名字的话，你们会起什么名字呢？

⑤启发、引领幼儿爱护环境、保护地球的情感。

教师：你们喜欢这幅画吗？小鸟的天堂给小鸟带来了快乐，也给我们人类带来了欢乐，我们应该怎样保护小鸟和它们的家呢？

⑥引领幼儿尝试进行美术活动。

简单介绍作品的名称、画家及创作材料，加深幼儿对作品的印象，激发幼儿进行表现的愿望。

教师：刚才小朋友们起的名字真好听，画这幅画的画家爷爷叫吴冠中。他给这幅画起的名字叫《小鸟的天堂》，小朋友们想尝试画一画自己见过的小鸟吗？

⑦鼓励幼儿大胆尝试作画。

教师：今天，我们也来学学吴冠中爷爷，尝试画一画小鸟，好吗？（幼儿自由讨论表现方法。）

幼儿再现，教师巡视、指导，鼓励幼儿选择不同的表达方式，大胆进行创作。

⑧评价、欣赏。

活动结束。

【指导与评价】

教师不仅从美育的角度去设计、组织这个活动，同时，还注意将欣赏与音乐活动有效整合，全面提升幼儿的审美素质。

在《小鸟的天堂》这一活动中，教师设计的让幼儿一边听着乐曲《云雀》，一边欣赏吴冠中的笔墨丹青环节，在画面的引导下，结合音乐背景，引导幼儿自由地发挥想象，欣赏、感受着美术作品的无穷魅力。不仅培养了幼儿的观察能力、想象能力和语言表达能力，还能让幼儿感受水墨画的情趣和意境美，激发幼儿尝试学习此类绘画的兴趣。

这次活动教师自己也有一些心得。例如，在观察小鸟这一环节，当幼儿讲不出背面小鸟的时候，可以及时出现真实小鸟背面的图片，让幼儿观察、比较，并发现小鸟背面的特征，效果会更好。

二、中班幼儿欣赏类活动的组织实施与指导

中班幼儿各方面经验逐渐增强，眼界也开阔了很多，教师可进一步指导中班幼儿多观察和欣赏一些事物的某些细节和结构特点，包括这一事物和周边其他物体的简单关联，逐渐认识和欣赏更多的颜色，为幼儿的完整表达奠定经验和基础。

(一)中班幼儿一般性欣赏类活动的组织实施与指导

美术欣赏活动是幼儿园中班艺术教育的一个重要内容，欣赏的内容和形式也逐渐增多。通过美术欣赏活动，幼儿对美的事物进行感受、体验、评判和再创造，身心达到愉悦的状态，从而激发幼儿的表现力和创造力。在美术欣赏活动中教师要注重活动的整体性，通过多种途径满足中班幼儿在审美认知上的需求。中班幼儿联想和想象逐渐增多，在组织和实施中班幼儿欣赏类活动时要特别注意以下几点。

1. 选择适量的欣赏作品，欣赏前要做好准备事项

每次活动前，教师为幼儿选择的作品根据内容和复杂程度，通常1～3件为宜。过少不能满足欣赏要求；过多主题不明确，也不易集中幼儿的注意力。教师还要计划好何时出示欣赏的作品，以及以什么样的方式出示、放在什么位置、怎样引导幼儿欣赏等。

2. 组织形式要多种多样，欣赏过程要有顺序

欣赏活动可以分为专题欣赏、结合其他活动随机欣赏两大类。欣赏过程中教师还要排列好作品的先后顺序，使活动能够按照一定的顺序顺利进行。

3. 积极启发引导，欣赏要循序渐进

欣赏活动是一个循序渐进的过程，是一个从感知到理解、从理解到产生回忆、联想和想象，进而产生新追求的复杂审美过程。因此，教师要调动幼儿欣赏的积极性，启发引导幼儿朝着正确的方向发展。

4. 激发幼儿兴趣，欣赏中保持注意力集中

在欣赏活动中教师要注意激发幼儿对欣赏作品的兴趣，使他们注意力集中、认真观察作品，引导幼儿回忆与作品有关的生活体验，使之感到亲切，进而产生共鸣。

5. 结合语言加深理解，欣赏中要引导幼儿自由表达

教师要用简明扼要和生动的语言，勾画出欣赏作品的主要轮廓，加深幼儿的印象。幼儿对某些细节、内容难以理解或有所疏漏时，教师要给予恰当的提示，使欣赏活动顺利进行，同时教师还要引导幼儿去理解作品的内容，简单发表自己的见解和感受。

6. 引导幼儿学会观察的方法，欣赏中要关注幼儿的表达

在欣赏有人物的作品时，教师要提醒幼儿注意时间、地点、人物、事件，并引导通过观察人物的外貌特征，想象人物的身份、彼此之间的关系。在幼儿欣赏、评价、议论的过程中，教师要恰到好处地总结幼儿的想法，以便使幼儿认识更清楚、更准确、更完整。

7. 总结概括抓住重点，欣赏后要及时归纳提升

教师要启发引导幼儿对作品的内容与形式等加以概括，使之对作品形成由具体、直观，到抽象、概括地认识，从而学习抓住事物本质，掌握作品的主题和艺术特点。

总之，在进行幼儿美术欣赏类活动过程中，教师要考虑多方面的因素，为幼儿创造一片属于自己的欣赏空间，陶冶幼儿的审美情趣，感受美、表达美、创造美，并激发幼儿的想象力和创造力。

（二）中班幼儿民间工艺类、民俗类欣赏活动的组织实施与指导

幼儿中班阶段进行民间工艺类、民俗类欣赏活动的指导目标是：要求通过欣赏民间美术作品，让幼儿感知作品的色彩、造型、对称、均衡和韵律等形式美，初步学会从自我审美的角度进行评价。同时培养幼儿的审美能力，培养幼儿爱民族、爱家乡的情感。民俗文化源于生活，与中班幼儿的现实生活状态紧密相连，有条件的幼儿园让民俗文化走进园区，让中班幼儿从小感受到当地传统民俗文化的博大精深，增进爱家乡的情感。

幼儿园可以根据当地和自身特点，创设以民俗节日文化、民俗饮食文化、民俗工艺文化和民俗服饰文化等为内容的美术欣赏教育和体验活动，让民俗文化在幼儿的绘画、剪纸、泥工、欣赏中充分体现出来，增进幼儿对民俗文化的了解和对家乡的热爱之情。为幼儿提供富有民俗文化气息的教育环境，有利于促进幼儿熟悉和了解民俗文化。同时，还可以巧妙利用班级活动室的主题墙、活动区，园内的展板、壁挂、墙饰等，精心建构具有民俗风情的园所环境，让幼儿在尽情参与、探索、表现中加深对民俗文化的认识与理解、认同与喜爱，既能增强幼儿的民族情怀，树立民族自信心和自豪感，又能传承民俗文化。

1. 各类民俗、节日文化要在幼儿美术欣赏类活动中体现

民俗节日主要指节日中的民俗活动。各地的民俗节日丰富多彩，民俗节庆活动也很多。中国传统的民俗节日有春节放鞭炮、正月十五闹元宵，端午节划龙舟、吃粽子，中秋节赏月、吃月饼等，地方民俗节日有“三月三播种节”“五月五龙舟赛”“八月八唢呐节”“九月九的斗牛节”等。这些有趣的民俗活动能带给幼儿愉悦与新奇的感受，在这种活动的激发下，加之以游戏的形式开展民俗节日的实践活动，幼儿学习的主动性被充分地调动起来，从而能更好地学习民俗知识。幼儿园结合传统节日，深度挖掘，筛选适合 4～5 岁幼儿的欣赏类活动内容。例如，绘画活动“涌溪斗牛王”来源于我国涌溪乡苗族同胞在每年重阳节举行的盛大斗牛比赛场面；手工制作“漂亮

的河灯”源于龙舟节系列活动之一“放河灯”，幼儿可以将自己制作的河灯，放入河中，许下心愿，并体验放河灯过程的乐趣。

2. 各地的民俗饮食文化要在幼儿欣赏类活动中体现

我国各民族和各个地方都有着独特的饮食文化，幼儿园的欣赏类活动可以将当地饮食文化纳入其中，目的是让幼儿在“吃”的诱惑中更积极、主动地参与活动。这样既符合幼儿的年龄特征，又满足了幼儿操作的实践需求，让幼儿在欣赏、品尝以及亲手制作的过程中，对其品种、营养价值、制作过程获得不同程度的认识。在每一次的活动中，都可以让幼儿通过看一看、尝一尝、想一想、做一做的方法参与其中。例如，在“香香的糖麻圆”活动中，教师首先组织幼儿欣赏“糖麻圆”的简单制作过程，了解其名称及制作所需材料；其次像变魔术般地将视频中的“糖麻圆”呈现在幼儿面前，并让其品尝。幼儿在不知不觉中接受了知识，并有了亲自做一做的强烈愿望。诸如此类“吃”的系列活动，可以经常进行。通过欣赏类活动和幼儿园泥艺类手工活动中的捏、压、团、揉、搓、粘等多种技能相结合，幼儿的小肌肉群有了很好的发展，幼儿对民间饮食文化也得以融会贯通。教师也可以在班级活动区投放代表各种饮食的图片、模型或实物，以方便幼儿了解各种小吃的具体名称、种类、制作材料与风味特点等，并可以借助这些材料进行角色扮演、买卖等游戏。为了增加幼儿的兴趣和理解，教师最好能结合当地民俗谚语开展游戏活动，如油炸粑、糖麻圆等。

3. 各地各民族服饰文化要在幼儿欣赏类活动中体现

各地各民族服饰文化，最能体现民族的审美情感。有些幼儿园在少数民族聚集区，当地的少数民族就有很多地方特色浓郁的活动。为了让幼儿深入了解当地民族文化，教师可以将服饰文化作为主题之一，让幼儿了解不同民族服装的款式、颜色及图案所代表的意义，了解民族服饰文化的同时，并能大胆尝试设计更美的民族服饰。例如，有的幼儿园，在选择“苗族服饰”主题中围绕银饰(银冠、银项圈、银耳环、银手镯等)，引导幼儿在欣赏、研究后，设计出有幼儿自己风格特点的苗族银饰和服饰。在“侗族服饰”为主题的欣赏类活动中，由于侗族的服饰较苗族服饰简单、质朴，因此教师在引导幼儿观察图片、实物对比后，鼓励幼儿在风格各异的民族文化(色彩、图案、款式)中领悟多元文化，大胆运用自己的想象力创造性地表现民族服饰文化。同时幼儿园还可以开展一系列小型的欣赏与实践活动，让幼儿在活动中相互交流，共同欣赏、设计民族服饰，让幼儿在活动中观察、感受民族服饰的美。

4. 根据幼儿实际开展欣赏类活动的指导意见

民族文化源于自然，来自民间，内容丰富，具有游戏性、趣味性、教育性等，深受幼儿喜爱。因此，教师在指导时需要注意结合幼儿与当地文化自身特点等采用因陋就简、就地取材的多样方式进行指导。例如，可以让幼儿参与一些简单活动，帮助成人做一些力所能及的事情，也可以用亲子活动的方式进行一些具体的操作等。

学习和欣赏丰富多彩的民俗文化活动，不仅能够培养幼儿的创造力，而且也能潜移默化地使幼儿形成良好的个性品格，增进幼儿对家乡及周围人的积极情感。幼儿园应根据本园幼儿发展的兴趣与需要以及幼儿园的实际条件，创造性地利用这些丰富的文化资源，为中班幼儿的欣赏类活动创设一个多方面深入接触、了解、认识和熟悉民俗文化的环境，培养其对传统文化的认同感，增进其对家乡与祖国的热爱之情。

(三)中班幼儿自然景物类欣赏活动的组织实施与指导

《纲要》指出，要引导幼儿"能初步感受并喜爱环境、生活和艺术中的美"。我国地大物博，各地的风土人情和自然景物也各有特点。有些城乡接合部或农村地区的幼儿园，可以利用自然物开展欣赏类活动，广大农村地区的自然物为幼儿常见，由于它的直观性、可取性和神秘性更加受到幼儿的喜爱，因此，教师有效利用城乡接合部或农村自然物发展幼儿的观察能力和动手能力，以各种自然物为主题开展形式多样的美术欣赏活动，发挥各类自然物的教育功能，体现其独特的教育价值。

1. 引领幼儿有效利用当地资源，开展形式各异的欣赏类活动

走出教室，接近自然，欣赏和感受自然美。自然界千姿百态、纷繁变换的自然资源，决定了幼儿园美术欣赏活动尽可能追求教育内容和形式上的丰富多彩。例如，有些幼儿园位于公园内或某些自然景观附近，周边有秀美的自然景观，教师可积极引导幼儿观察自己身边的景物，到熟悉的环境中寻找美、欣赏美，在美术活动中创造美。春天万物复苏，小草开始探出了脑袋，树枝上长出了嫩芽，花儿也争相开放。在这春意盎然的季节里，教师可以带领幼儿走到田间，去寻找发芽的种子，观察花苞的绽放，呼吸春天的气息，让幼儿用手中的画笔描绘春天的景象。夏天，到处充满了旺盛的生命力。小树在一天天长高，蚕宝宝出来了，大蒜已开始长出了蒜苗。教师可以鼓励幼儿用美术的形式将这些变化记录下来。秋天，意味着丰收。教师带领幼儿到果园里去，去看那些挂满了枝头、又圆又大的水果，让他们去采摘、去品尝、去感受劳动的快乐和丰收的喜悦，从而激发他们创作的欲望，表现出一幅幅真实而又生动的作品。冬天，当西北风呼呼刮来的时候，幼儿去寻找冬爷爷。他们找到的冬爷爷有的在雪花里，有的在结着冰的小河里，有的在落满了霜的大地里……

2. 发掘大自然的欣赏类教育素材，发展幼儿的想象力和欣赏力

自然中处处皆教材，它不仅能激发幼儿学习、欣赏的兴趣和动机，而且使幼儿有了直接感知、理解和内化的环境，更主要是能培养幼儿对大自然美好事物的追求，加深对美的理解，同时得到美的熏陶。教师还可以结合各种当地特色的自然材料，通过美工活动强化幼儿的欣赏能力。例如，教师可以开展各种色彩类美工活动，指导幼儿欣赏。幼儿有强烈的好奇心，对于自然界的一花一草、青山绿水，他们无不喜欢，而且幼儿对色彩的敏感性特别强，他们用色大胆，颜色明快鲜艳，特别是中班幼儿，喜欢明朗的色彩游戏。因此，教师要尊重幼儿个性，开展各类相关的色彩活动，培养幼儿对色彩的感知能力、创造能力和欣赏能力。实践发现，幼儿染色类

活动就是非常行之有效的方法之一。在对自然物染色活动中，教师可以利用颜料对自然界中的树枝、树叶、花瓣等用画、浸、染的方法进行染色，然后将几种材料组合、扦插，幼儿在染色活动中，参与性高，并充分发挥了想象力，既锻炼了动手能力，又提高了颜色识别能力，同时在实操活动中还巩固和发展了欣赏能力。

3. 结合当地资源进行彩绘小石子活动，学会用多种途径表达自己的情感

各种小石子是自然界中常见的。教师开展和幼儿一同采集各种小石子的活动，对石子处理后让幼儿大胆涂色、装饰和彩绘，在这一过程中幼儿充分发挥自己的能力，在不同的色彩游戏中大胆地发挥自己的想象力，表达自己的情感，并逐渐提高了自己的鉴赏能力和欣赏水平。还有一些幼儿园结合拓印和喷画的技能，开展形式多样的欣赏类活动。拓印是利用自然物的自然纹理，大胆利用色彩进行拓印。在活动中，幼儿利用各种蔬菜切面等进行拓印，不仅感受到了玩颜色游戏的乐趣，还在玩的过程中通过说一说、想一想、做一做充分发挥了无限的创造力与想象力。喷画活动是把花瓣捡来(花瓣要大小合适，如月季花瓣、玉兰花瓣等)，在纸上拼摆出花的形状，喷画后，一朵朦胧的花跃然纸上；零星地散放几瓣，喷色后则是一幅更具诗意和想象力的作品。每当秋叶飘落时节，教师都可以带领幼儿把落叶捡来，拼摆出各种图案，供幼儿进行喷画操作。例如，柳叶摆成蜻蜓，枫叶摆成金鱼，各种树叶搭配拼摆出形态各异的小动物等。秋季是丰收的季节，教师可以收集花生壳、丝瓜种子等用于喷画活动。

4. 引导幼儿利用生活中的材料开展各类活动，提高幼儿的欣赏能力

《指南》指出，5～6 岁幼儿能用自己制作的美术作品布置环境、美化生活。有些幼儿园利用各种木材剩余的边角料、木屑等制作皮影画，装饰幼儿园的长廊或区角；利用木屑染色创作木屑画；用粉笔在沙皮上画画等。幼儿还利用收集来的各种大小的盒子制作不同的家具，并用彩纸、画笔、胶水、毛根等对其进行装饰和彩绘，这样由幼儿自己设计的各种作品就完成了。通过这一系列的活动，幼儿各方面能力都得到了发展，也体验了成功的乐趣。生活中的自然材料虽然很多，有时也方便得到，但教师在活动中也需要注意一些问题。

首先，在材料的收集方面，材料不是在需要的时候才临时收集的，需要随时提供和补充。有些幼儿园就在班级门口设立一个“自然材料收集箱”，教师和幼儿一起定期整理、归类收纳箱内的材料，以便需要时可以随时提供，这也能为教师开展主题教学活动提供了极大的便利。同时，在活动中教师要注意尊重幼儿。艺术活动是幼儿自我表达的重要方式。在活动中幼儿的创作是千姿百态的，有时甚至看上去和主题不着边际，但幼儿在创作过程中却能快乐地表述“这是什么”“那是什么”。因此教师一方面要足够“宽容”，允许幼儿自由发挥与“出错”，另外一方面也要及时和幼儿沟通，了解幼儿的想法，积极引发幼儿的自我表现。

其次，材料的选择要注意安全性。在材料的选择上教师要进行一定的筛选。例如，幼儿采集来了各种形状与颜色的叶子，其中有的植物叶子带刺，容易将幼儿手割破、刺伤，所以教师对材料也要筛选。在北方地区各种材料的季节性较强，因此，在收集之余教师还应注意学会收藏，在收藏之前建议先清洗干净并进行严格的消毒处理，然后将各种材料分类摆放。例如，植物种子归一类，贝壳归一类，干果核、皮归一类，以便下次需要时可以及时取出使用。此外，教师还应经常检查，及时更换各种变质、发霉的材料，特别是有关蔬菜、水果类的物品。学会按需分层、分类投放。在材料的投放上教师应注意按幼儿的实际水平，分层次投放材料。例如，在粘贴活动中按照幼儿的能力特点和不同经验投放材料。进步较慢的幼儿可以选择蔬菜和水果等大点的材料；比较熟练的幼儿则可以选择编织、种子粘贴等精细又难度较高的自然物类活动材料。

(四)中班幼儿节日装饰类欣赏活动的组织实施与指导

中国的传统节日较多，每个节日特点不一样，如何在中班幼儿中组织和实施不同的节日装饰类欣赏活动，对教师的生活经验和知识储备是一种考验。

1. 营造传统节日欣赏氛围，增加幼儿欣赏活动的兴趣点

节日活动是幼儿欣赏活动的重要资源，不同的节日内容和装饰、布置对幼儿起着潜移默化的作用。因此，在引导幼儿进行传统节日欣赏类活动时，教师应把握好这一教育因素，积极创设和利用节日环境，使节日装饰类的欣赏活动发挥应有的教育功能。根据幼儿的特点以及传统节日的内容，遵循科学性、时代性、渗透性、能动性的原则，通过让幼儿感知、体验各种传统民俗节日的氛围，初步了解各个传统节日的来历、意义和各地的节日风俗，教师可以将节日文化和幼儿园的环境建设相结合，为幼儿营造一个浓郁的传统节日氛围。教师和幼儿可以根据每个节日的不同特点共同布置具有对应节日特点的活动室装饰和园区环境装饰满足幼儿的欣赏要求。教师在搜集相关资料和装饰、设计、布置中，可通过展示每个传统节日的由来与传说、风俗习惯等，以图文并茂的版面、生动有趣的形式、形象真实的实物等，让节日装饰类作品产生“润物细无声”的教育作用，揭示民族发展的内在动力。

教师可以在楼道内的墙面和楼顶布置上，选取节日装饰类活动作为主题，每个年龄班组负责一个主题。例如，有的可以是春节和元宵节相关内容的装饰，还有的可以是端午节和重阳节相关内容的装饰，等等，让幼儿能够亲身体验到每个节日的主要元素和氛围。另外，在每一个节日里，教师还可以对全园的整体环境进行装饰布置，让幼儿在整个大环境氛围中体验节日的欢乐。例如，在春节前夕，教师可以在各楼层的走廊上悬挂自制的灯笼、鞭炮，让幼儿感受到节日的喜庆；端午节来临之际，又在幼儿园的区角创设和节日对应的节日装饰布置，收集不同式样的粽子，摆放出各种馅料。这些节日装饰类欣赏活动，不但拓展了幼儿的视野，扩大了知识面，而且还让幼儿知道了节日的由来和民间风俗活动。

2. 做好主题活动方案，开展传统文化与节日装饰类主题欣赏活动

每一个节日装饰类主题欣赏活动的开展都会让幼儿受益匪浅，因此教师需要做

好活动方案。例如，在元宵节时，教师可以设计画花灯、做元宵、吃元宵等系列活动。在开展端午节的活动中，教师可以要求幼儿收集大量的有关端午节的相关资料，有了这些丰富的材料和简单知识背景的储备，幼儿能更全面地欣赏和感知端午节。因此，幼儿应在自发自主收集材料的基础上，通过绘画活动、手工活动、语言活动、音乐活动、亲子活动、情景游戏等一系列不同的活动，在形式多样的各种节日装饰类欣赏活动氛围中尽情表现自己。

3. 充分利用家长资源，开展幼儿园传统节日文化教育

家庭教育是人生教育长河的源头，家庭是幼儿园重要的合作伙伴。教师应本着尊重、平等、合作的原则，争取家长的理解、支持和主动参与，并积极支持、帮助家长提高教育能力。幼儿园应该和每位家长共同架起一座节日文化的桥梁，使节日文化教育产生良好的教育效果。有的幼儿园采用“家园联系栏”“家长信箱”“主题墙”等形式，并在每个传统节日到来之际向每个家庭发放“节日调查表”来了解家长对传统节日的来历知多少，搭建家园之间相互交流的平台。在每个节日、节庆活动开展之前，给每位家长发放一封信，向家长介绍幼儿园节日、节庆的活动安排，邀请家长协助幼儿进行相关资料的调查及收集，丰富幼儿的相关经验，并让家长了解自己孩子在幼儿园里学习的内容以及如何配合教师教学。例如，让幼儿参与节日准备活动，让家长与幼儿一起采购节日货物，一起整理、装点家居，从而调动幼儿的主动性、积极性和创造性，使中班幼儿的节日装饰类欣赏活动选择性更多。

（五）中班幼儿环境布置类欣赏活动的组织实施与指导

中班幼儿的班级活动室是幼儿在家庭之外接触最多的生活环境，环境是一种无声的重要教育资源，对幼儿的影响是潜移默化的。良好的环境布置、创设与利用，会使幼儿在与环境的交互作用中获得各方面的发展。没有幼儿主体地位的物质环境创设，幼儿就没有多少选择的自由，就更谈不上尊重幼儿。因此，教师应该让幼儿能接触并欣赏环境布置的每一寸空间、每一件材料、每一面墙饰，并能在设计布置时根据目标灵活多变，让幼儿更多地参与进来，引发和支持幼儿通过与之相互作用而主动获取有益的经验。通过大量前辈教师各种活动的不断总结，中班幼儿环境布置类欣赏活动在指导要点上要注意以下方面。

1. 要通过环境的合理创设和科学利用，有效地促进幼儿的发展

对于教师来说，不同年龄班的环境创设问题可能还有很多的困惑。根据实践经验，幼儿园的各个年龄班的环境布置与创设，特别是墙面装饰和区、角的布置，存在着教师动手动脑多、幼儿动手动脑少，教师设想计划多、幼儿设想计划少，固定的多、变化的少等问题。环境的布置和创设失去了促进幼儿发展的教育价值，没有注意教育内容和形式之间的系统性。此类问题的产生是多方面因素影响的，主要表现在如下几方面。

首先，教师在环境布置和投放材料时有很大的盲目性，很少考虑幼儿的兴趣需要，同时，教师对环境材料的设置和投放要实现的教育目标和内容也很少研究。因此，教师也就无法判断幼儿当前的水平，无法有效地引导幼儿向更高的水平发展，更不能引导幼儿开展环境布置类欣赏活动。有些一线教师仍将墙面的环境设计与布置作为教育教学活动以外的任务来完成，从选题到制作的一切都是根据教师的喜好设计和安排的。深入幼儿中间去不难发现，他们喜欢的不是那些教师费心费力制作的精美的环境布置作品，而是更喜欢贴近自己生活、自己能够看懂、能够理解和能够引起共鸣的环境布置类作品。这类作品既有简单直白的教育意义又有欣赏价值。幼儿的想象力丰富，让他们更多地参与设计、布置环境最有意义，教师不应过多担心幼儿参与的效果如何。因此，教师要改变观念，为幼儿提供更多的参与环境布置的机会。

其次，幼儿不同年龄层次之间差异明显，对环境的要求也有所不同。如果不注意年龄差异，就会使一部分幼儿不能从环境中获得自身满足和发展的有利条件，就会出现很长一段时间环境布置是固定的多、变化的少。还有很多教师为了省事，以一劳永逸的心态一次性完成环境创设和布置，不考虑幼儿的发展实际及教学活动内在的联系性，这样固定的环境必然失去环境布置和欣赏的价值。鉴于此，教师应该准备和运用一定的材料，按照科学的原则来创设环境，发挥环境布置的教育作用及欣赏价值，促进幼儿德、智、体、美、劳全面发展。

2. 要根据幼儿的探索情况及时创设环境、提供相关材料

幼儿对周围客观世界的探索欲望是由自身的发展需要而自发产生的，这充分体现了他们的主体意识。但由于幼儿年幼，知识经验匮乏，因此，他们就需要教师的正确引导。这些引导有时可能在幼儿问题出现之初，也有可能在幼儿提出疑问的过程中，甚至在幼儿解决问题结束时。但无论是哪一个阶段，都需要教师为他们提供与探索活动密切相关的环境及操作材料。所以在幼儿自由探索时，教师要根据幼儿的探索情况及时创设环境、提供相关材料。例如，教师进行晨检点名活动，幼儿发现今天某个伙伴没到就纷纷议论："他怎么了？""他是不是生病了？""可能去旅游了。"缺勤的问题引发了幼儿间的讨论并产生了一个建议：我们应该有一个我们自己的，而不是给家长用的接送卡。接下来，幼儿自己设计了自己的"出勤卡"，教师作为参与者给幼儿提供了各种材料。最后，一个符合年龄班特点的"今天谁没来"的小墙饰就产生了。幼儿每天都主动地来这里打卡，最后还养成了好习惯。以上这个实例带给我们许多思考，如幼儿的主体性问题，教师的发现、引导及支持，布置、创设环境和材料范围的扩展等问题。从物质环境的创设中可看到，狭义空间范围的创设限制了幼儿更广泛的探索活动，幼儿园园内环境布置、创设的范围应包括幼儿所要到的各个地方。很多教师存在理解与实践的误区。例如，各个年龄班以主活动室、主墙面为主，认为主要的做好了，其他就不重要了，因此，教师需要通盘考虑、补充和完善。

3. 要全方位考虑幼儿园的班级环境创设

教师可以充分利用原有环境，发现和挖掘原有环境的特点，令其发挥有效的作用。例如，可以在原有环境的基础上进行加工改造、重新组合。教师还要根据幼儿个性发展的需要和各种教育活动的需要创设相应的环境。除了满足实际的需要之外，还要注意满足幼儿的欣赏需要。因此，应扩展和延伸环境创设的区域，由“大墙饰”向“小墙饰”扩展，由活动室扩展延伸到盥洗室和卧室，将创设内容同各室特点有机地结合起来，使其发挥相应的作用。例如，可在盥洗室中设置具有本园特色的“节约用水”标志；楼梯过道间设置安全标志；等等。由室内向室外扩展延伸。园内的绿化地带、小沟、水池、土堆、围墙、栏杆、楼梯等都是需要考虑的环境布置区域。

4. 要重视幼儿在环境创设中的主动性

教师在环境布置的创设中不能以包办代替制约幼儿主体性的发挥。幼儿园各个年龄班环境布置创设与欣赏的目的是引导和支持幼儿与周围环境互动。因此，中班幼儿应是环境布置创设中不可缺少的重要参与者。教师不能“我想怎样布置就怎样布置，我想怎样创设就怎样创设”，而应思考“我应该怎样启发、引导中班幼儿主动参与环境的布置与创设，幼儿应该以怎样的方式亲身参与，我能最大限度地为幼儿提供什么样的帮助和物质条件”。这样的参与是教师有目的、有计划地遵循幼儿年龄特点，组织幼儿参与设计、参与收集以及准备材料、参与布置、参与操作、参与管理的过程。

5. 要避免环境创设中华而不实的问题

在环境布置中不能盲目追求外在的“精美”与“华丽”，这样会降低环境布置创设与欣赏的教育性，也减少了幼儿表现自己、树立自信心的机会。教师最好透过表面形式去发现幼儿创意的美、感受的美，避免将重心过多地放在环境布置的色彩、质量、结构、布局等方面；还要注意应对幼儿的作品以及操作的材料等予以欣赏。教师可与幼儿一起根据作品的不同特点对其进行加工修饰。加工修饰的方法有多种，如边框修饰法，背景衬托法，删减增添法，创意组合法，空间位置(门、窗、角落、阳台、栏杆等)选择法，放置方式变化法(吊、贴、摆)等。

6. 要避免活动室环境长期固定不变的问题

环境布置与创设的内容，尤其是那种单一的创设手段，特别影响幼儿想象力的发展，减少幼儿欣赏与动手操作以及与周围环境之间积极相互作用的机会。有些幼儿园环境布置长期固定不变，如墙饰内容，区、角布置位置、摆设，投放材料数量、种类等，严重限制了幼儿对多样环境的体验。还有一些幼儿园创设、布置手段及表现形式单调，幼儿作品排排贴，墙饰主要是平面的粘贴，对内容也有一定的准入和限制，并且不能够和对应的活动结合，评比栏中的乖娃娃标记清一色的全是小红花。

幼儿园中班环境布置与创设和欣赏活动是一项复杂的系统工程，要搞好幼儿的环境布置创设与欣赏，就必须以“为幼儿提供相互作用的环境和材料”的教育理念为出发点，对中班幼儿的身心发展特点进行全面透彻的了解，充分认识环境材料可能蕴含的教育价值，并用科学的方法引导幼儿和环境材料相互作用，引导幼儿德、智、体、美、劳全面发展，使幼儿园环境布置、创设与美化欣赏活动在中班幼儿教育活动中起到至关重要的作用，最重要的是能使幼儿通过与环境材料的互动，培养其主动学习的能力，探究问题、解决问题的能力，以及同伴之间的交往能力等。创造性的环境布置与欣赏活动能够培养创造性的幼儿，教师应根据幼儿的发展特点在幼儿园环境布置的美化设计以及其他环境布置的欣赏活动上，有目的、有计划、有步骤地实施，为幼儿提供一个既能够欣赏，又有助于学习、生活的良好环境，让幼儿乐在其中。

(六)中班幼儿欣赏和五大领域相结合的活动案例及指导与评价

中班幼儿欣赏类活动和五大领域相结合，内容丰富多彩，形式多种多样，教师要学会结合自身特点，扬长避短，发挥自身优势，使此类活动内容更加具有自身特色。

1. 欣赏和健康领域相结合的活动案例及指导与评价

有营养的蔬菜

【活动设计背景】

幼儿进餐是幼儿园最重要的生活环节，教师希望幼儿不挑食、吃得好，但是有时幼儿却很难达到教师的期望。比如，有的幼儿在喝汤时，不吃里面的菜，在吃饭时把饭里的菜挑出来，或者趁别的幼儿不注意，赶快把自己不喜欢吃的菜放在别的幼儿碗里。针对中班幼儿出现的这种情况，有必要对幼儿进行健康教育，纠正中班幼儿挑食、偏食的心理与行为，培养他们养成不挑食的好习惯。

【活动目标】

①认识常见的几种时令性蔬菜，并知道识别的方法和蔬菜的主要特征；

②初步了解蔬菜对人体的作用，并知道爱吃各种蔬菜有益于身体健康；

③养成每天吃蔬菜、不挑食的好习惯。

【活动重点】

知道识别几种时令性蔬菜的方法和蔬菜的主要特征。

【活动难点】

养成每天吃蔬菜、不挑食的好习惯。

【活动准备】

①芹菜、萝卜、胡萝卜、黄瓜、青菜、葱、花菜、西红柿等蔬菜，篮子；

②丰富词汇，维生素。

【活动过程】

①问题导入，教师引导幼儿观察蔬菜。

教师：你们都认识它们吗？吃过它们吗？

②请几名幼儿各拿一种蔬菜，并说出它们的名称、颜色、形状。

分别找一找蔬菜的哪个部位可以吃(如萝卜吃根，卷心菜吃叶，西红柿吃果实，花菜吃花，芹菜吃茎和叶)，请幼儿将蔬菜放在相应的篮子里。

③与幼儿共同探讨蔬菜的各种吃法。(蔬菜可以炒、凉拌、做汤、包饺子，有的还可以像水果一样生吃，但必须洗净。)

认识各种蔬菜，启发幼儿讨论蔬菜对人体的作用。

教师：人为什么要吃蔬菜？不吃蔬菜会出现哪些不好的现象？(鼻出血、口角干裂、大便干结、皮肤干燥等。)蔬菜有哪些营养？(引导幼儿自由讨论，分别出示各种蔬菜，初步了解其丰富的营养。)

教师：这是菠菜，长得什么样子呀？(有绿色的叶子，红色的根。)谁喜欢吃菠菜？为什么喜欢吃菠菜？有什么营养？(菠菜里含有维生素，它能使我们的皮肤变光滑，小朋友经常患口腔溃疡，那是因为身体里缺少了维生素，所以小朋友要多吃菠菜才能身体棒。)你们知道还有哪些蔬菜里含有维生素吗？青椒、南瓜、油菜里也含有维生素，还有一种蔬菜里面含有维生素，你们知道是什么菜吗？请你们猜一猜。它是橘红色的，兔子非常爱吃。对！是胡萝卜。

教师：你们看，这是什么菜？(西红柿。)西红柿能怎么吃？西红柿里也有许多营养。例如，维生素C使我们的牙齿、骨骼变得坚固，还能防止牙龈出血。蔬菜里面还含有大量的纤维素，可以帮助我们消化，防止大便干结。

教师：蔬菜对身体有好处，不同颜色的蔬菜营养不一样，绿色蔬菜颜色越绿，营养价值越高。我们应该天天吃蔬菜，吃各种各样的蔬菜，多吃绿色蔬菜。

④蔬菜与卫生：怎样吃蔬菜才健康？引导幼儿交流。

教师：因为蔬菜生长在农田里，需要农药和肥料，所以做菜之前要把蔬菜洗干净，在水里多泡泡。特别是生吃西红柿和黄瓜时，一定要洗干净并且去皮。但也有一些蔬菜是农民用了先进的方法种植的蔬菜，不用给蔬菜喷农药，也不让环境受到污染，这种蔬菜叫作无公害蔬菜。

⑤活动延伸：让幼儿给各种蔬菜涂色。

【指导与评价】

在本次活动过程中幼儿讨论得较多，各种各样的蔬菜也吸引着幼儿，并且大部分幼儿愿意说、敢说、能连贯地说，活动气氛较活跃。这次活动不但整合了健康领域，还多少涉及了科学、语言领域，使幼儿得到综合性的学习。教师在活动过程中发现有个别幼儿语言表达的连贯性不够，还需在这方面进一步加强。活动中教师引导、启发幼儿对问题的理解，并注意让幼儿进行体验、感受和交流。中班幼儿在活动中能认识各种时令性蔬菜以及蔬菜对人体的有益之处，但仅靠一次这样的活动是不够的，还需要平时多引导幼儿观察以及家长的配合。幼儿通过参与活动，知道了蔬菜的种类很多，还知道不同的蔬菜有不同的形状、颜色和味道，从小要养成多吃蔬菜的习惯。有些幼儿不能大胆地表达自己的观点，教师在今后类似的欣赏类教学活动中，多让这些幼儿锻炼、尝试表达，培养他们的口语能力。这次活动也培养了中班幼儿参与活动的兴趣和认真做事的态度。

2. 欣赏和语言领域相结合的活动案例及指导与评价

布老虎

【活动设计背景】

布老虎是中国民间广为流传的一种布制玩具，作为一次布艺类手工作品和语言相结合的欣赏类活动，教师可以着重引导幼儿在布老虎的做工、造型、颜色等的选择，以及所表达的意味等方面进行活动。基于这样的理解，考虑到中班幼儿的年龄特点，在欣赏活动的环节上教师侧重欣赏布老虎的造型、装饰图案、色彩等方面，让幼儿在理解民间手工艺品的基础上，用以借型造意，引导幼儿思考。

【活动目标】

①了解布老虎的简单历史，感受中国民间玩具艺术的魅力；

②欣赏布老虎造型、色彩、图案之美，识别布老虎图案是对称的；

③能大胆表达自己的情感和体验，尝试参与创作，感受乐趣。

【活动准备】

布老虎实物若干、幻灯片；幼儿操作材料：布小鱼、布蝴蝶、拼贴图形、花片、记号笔等。

【活动重点】

布老虎的简单历史。

【活动难点】

识别布老虎图案是对称的，加深幼儿对对称的理解。

【活动过程】

①出示布老虎，引起幼儿的兴趣。

首先，出示“神秘礼物”，让幼儿猜猜，并打开看看。

教师：你们知道这是什么吗？它用什么材料做的？有什么用处？

其次，介绍与小结。(布老虎是中国特有的，是古时候小朋友的玩具。在古时候，大人希望布老虎能保护小朋友健康快乐地成长。)

②观看幻灯片和实物，交流、讨论、欣赏布老虎夸张的造型、色彩与图案。

教师：老师这里收集了很多布老虎的图片，我们来看看都有什么颜色的布老虎？什么颜色的最多？还有哪些颜色？这些颜色你们觉得怎样？

教师：布老虎身上红色、黄色最多，颜色是一块一块的，而且很鲜艳。

小朋友们真厉害，发现了布老虎的秘密，那布老虎头上又会有什么秘密呢？

教师：(布老虎图片和老虎图片对比观察)布老虎和老虎的头一样吗？哪里不一样？眼睛怎样？嘴巴怎样？(教师小结，布老虎的头、眼睛特别大，嘴巴特别大，特别夸张。)你们觉得这样的布老虎怎样?(一起学学可爱、神气、生气勃勃、威武勇猛的布老虎。)

③从图案角度欣赏布老虎。

教师:布老虎头上两边还有什么特别的地方?(教师小结:有图形、花草、动物等,头顶上有一个“王”字。如果从头中间分开,“王”字的一半在左边,一半在右边,图案这边一个或半个,那边一个或半个,两边是相同的,说明什么?说明布老虎头上两边是对称的。)

教师:布老虎头上两边是对称的,那身体两边是怎样的?(请小朋友们找找、看一看布老虎身体两边有没有相同的图案,教师小结,身体两边装饰的图案也是对称的。)

④讨论。

教师:你们觉得布老虎美吗?美在哪里?你们喜欢布老虎吗?(幼儿尝试创编一个有关老虎的小故事或简单几句话。)

⑤总结。

教师:布老虎是中国的民间艺术,夸张可爱的样子、鲜艳的颜色,特别是用两边对称的颜色、图案装饰的布老虎,让大家越看越美。我们中国人很喜欢,外国人也很喜欢,我们要好好地保存并传下去。

⑥活动延伸:体验创作。

教师:你在生活中有没有发现像布老虎一样用对称的颜色、图案装饰的东西?(蝴蝶、风筝、裤子、盆子、手帕、桌布……)

教师:运用对称的颜色、图案装饰的东西端庄、漂亮,让人们看了舒服。

操作活动,请幼儿设计一个布玩具,用对称的方法,自己喜欢的颜色、图案装饰。

第一小组,用对称的方法剪贴、装饰布小鱼;

第二小组,用对称的方法涂画装饰布蝴蝶。

⑦点评与欣赏幼儿作品。

【指导与评价】

在活动中教师就是幼儿活动中的合作者、支持者和参与者。在本次活动中教师通过制作的布老虎幻灯片、收集的布老虎实物帮幼儿搭了一架小梯子,让幼儿的“眼睛自然而然地越过围墙,看到了古老久远的中国民间艺术”。在欣赏布老虎的过程中,通过整体欣赏,幼儿认识了布老虎。通过分层欣赏,分别从颜色、造型、图案的角度欣赏布老虎,幼儿感受到了民间艺术的魅力。其中的自主探索发现、说说、学学,让幼儿用独特的方式表达自己的思想和情感。在创作体验环节,教师以借形联想为引导,让幼儿进行相关的思考、设计与创作,即平面布蝴蝶与立体布小鱼的创意活动,将一个载体(布老虎)转换成另一个载体(布蝴蝶、布小鱼),鼓励幼儿即兴联想和思考，使他们在无形中养成敢于创新、勇于冲破思维定势的良好习惯，获得快乐和成功的经验，这有助于培养幼儿对美术活动的兴趣，让幼儿在尝试创作中施展艺术天分、自由发挥创意。

3. 欣赏和科学领域相结合的活动案例及指导与评价

冰激凌

【活动设计背景】

炎炎夏日，幼儿最喜欢的解渴的东西就是美味的冰激凌。教师抓住幼儿最感兴趣的话题调动幼儿的想象力，充分挖掘和利用本土资源，“变废为宝”，抓住幼儿的心理特点，发挥想象，制作各种“冰激凌加工厂”，让幼儿的“梦想成真”。

【活动目标】

①简单设计、描画冰激凌，能从形状、图案、色彩等方面进行大胆的想象和创作；

②通过实践，体验和欣赏美术创作活动以及作品的乐趣。

【活动重点】

知道冰激凌和类似食品的形状、性质。

【活动难点】

大胆想象和创作一款自己心目中的冷饮。

【活动准备】

活动引领范画一张、冰激凌的图片若干张、幼儿作画工具及辅助物等。

【活动过程】

①导入阶段用小猫开商店引出课题。

教师：天气渐渐变热了，小猫咪咪开了一个商店。我们看看，她开了一个什么商店？（出示范画，引导幼儿观察冰激凌，认识各种各样的冰激凌。）

第一，你们喜欢冰激凌吗？

第二，你最喜欢哪个冰激凌？它是什么样子的？

第三，小猫咪咪还给小朋友准备了很特别的冰激凌，你们想看吗？（教师播放图片，问幼儿喜欢这个冰激凌吗？这个冰激凌上有什么？）

第四，小猫咪咪说，她商店的冰激凌都卖完了，想请小朋友们帮忙制作一些冰激凌。小朋友们，你们愿意帮助咪咪吗？

②作画制作冰激凌。

教师：你想制作一个什么样的冰激凌？老师也想帮咪咪的忙，我先来制作一个冰激凌。（教师在黑板上示范，注意提醒幼儿给冰激凌涂上漂亮的颜色。）

幼儿尝试练习作画，画出自己喜欢的冰激凌。教师鼓励幼儿大胆想象，帮助能力弱的幼儿，引导幼儿用不同的颜色给冰激凌上色。

活动最后教师将幼儿作品排列，幼儿共同欣赏自己和同伴的作品，教师讲评。

【指导与评价】

冰激凌是幼儿都很喜欢的一种甜食，冰激凌漂亮的颜色和形状各异的外形，是幼儿喜爱的一个原因。教师从幼儿的实际经验出发，让幼儿通过观察、欣赏冰激凌，知道冰激凌的特点及基本形状，再根据已有经验发挥想象，用美术手段设计、创造出自己喜爱的冰激凌，幼儿参与活动的积极性和主动性较好。此次教学活动设计，难易程度非常适合中班幼儿，活动气氛也不错。首先，制作的图样非常新颖，幼儿都很感兴趣；其次，该活动充分发挥幼儿的主动性，让幼儿有充足的材料可以选择；最后，教师利用本土资源，"变废为宝"，抓住幼儿的心理特点发挥想象，制作冰激凌加工厂，充分发挥了幼儿的潜能，从而达到教学的预期效果。在此类活动中教师需要注意的是，幼儿在手工区域操作用纸卷的冰激凌时候，动作可能会不太熟练，因此，活动之前要有类似强化动作的练习，在师幼互动的环节上，幼儿的语言表达不够清晰、流畅，教师也需要在此方面有意培养。中班幼儿欣赏类活动要坚持开放性的原则，让幼儿充分感知和操作，同时活动的题材必须来源于本土生活，这样的活动才真实和有价值。

4. 欣赏和社会领域相结合的活动案例及指导与评价

我会做伞

【活动设计背景】

树立正确的儿童观，从幼儿的主体性出发，培养幼儿的探索精神和创新能力——让幼儿学会学习，提高幼儿的审美能力、情感态度、手工技能水平、艺术综合素质以及与同伴交往的能力，使幼儿身心得到健康发展。

【活动目标】

①初步感受伞的多样性及不同图案的美；

②尝试用不同的色彩、图案、装饰、创作小纸伞；

③乐于和同伴交流，并体会与分享成功的快乐。

【活动准备】

雨伞、收集雨伞图片、两把自制的小伞、不同形状的蜡光纸、印章、印泥、各种图案、水彩笔、竹签、剪刀、胶水、展示板。

【活动重点】

感受伞的多样性及不同图案的美。

【活动难点】

用不同的色彩、图案装饰，并尝试创作小纸伞的过程。

【活动过程】

①活动导入，以猜谜等形式，引入课题，让幼儿观察并相互讨论。

教师：一种花，真奇怪，地上不开手上开，屋里不开屋外开，晴天不开雨天开。小朋友们猜猜看，这是什么？（说说伞的颜色、形状、图案。）

教师：瞧，这把伞多美呀！小朋友们仔细看看它是什么形状的，有哪些颜色，伞面上有什么花纹。小朋友们也带来了自己的小伞，请你们找找看，你的伞在哪里，和别人的伞一样吗？你们可以把自己的小伞介绍给小朋友和老师听。（幼儿自由讲述。）

教师：老师收集了好多不一样的伞的图片，有的雨伞很特别，我们一起去找找看看吧。（幼儿自由参观、讨论，讲述对不同的伞的认识。）

教师：小朋友们告诉我，你们最喜欢哪把伞，喜欢它什么地方？（出示纸伞，重点引导幼儿观察，并讲述有规律装饰和散点式装饰的排列方法及色彩搭配。）

教师：老师今天也带来了两把小伞，是我自己设计制作的，来看看它是用什么做的。（纸。）这两把伞的伞面，有没有相同的东西？什么地方是一样的？什么地方是不一样的？

②选择材料进行伞面装饰，请幼儿自由选择圆形、方形、花边形的图画纸设计伞面。

教师：这么美丽的小伞，我想送给小朋友们，可是送给谁好呢？这样吧，我们动手设计一把漂亮的小伞送给自己好吗？（鼓励幼儿尝试用不同的图案以规律或散点的方式进行装饰。）

③伞的展示。

请先让装饰、制作好的幼儿给伞取名字，并在展示台上展示。请幼儿互相欣赏作品，分享并体验成功的快乐。

【指导与评价】

“我会做伞”是中班幼儿欣赏类活动与社会领域相结合的一个活动，在设计时教师就没有把它看成是单一的活动，而是有意结合社会领域的知识。在动手绘画与欣赏之前，给予幼儿观察、欣赏、讨论、交流的时间。伞虽然是生活中常用的物品，但很少有人会仔细地去观察它，对于幼儿来说生活经验更是匮乏。如果没有教师的引导，幼儿也就无法积累更多的经验。在伞面设计过程中，幼儿用色比较单一，教师及时在用色上给予鼓励。为了幼儿能充分按自己的意愿和想象去设计，教师提供了四种不同层次的材料，放手让幼儿自己动手操作，不去打扰幼儿的创作思路，活动完成以后，教师及时鼓励幼儿相互观赏，并进行点评。

5. 欣赏和音乐相结合的活动案例及指导与评价

音与画的交融

【活动设计背景】

中班幼儿对音乐和美术活动都有所接触，教师在以往的实操中发现，将美术和音乐两种姊妹艺术相结合，发挥音乐在美术活动中的作用，不仅能综合发展幼儿多方面的艺术才能，而且还能培养幼儿创新开拓、跨越转换的能力。因此，教师尝试设计了这次活动。

【活动目标】

①通过绘画的形式加深对歌曲内容的理解，初步学唱歌曲；

②通过绘画的形式创编歌曲内容；

③在感受歌曲活泼、欢快的节奏后，感受美学的熏陶。

【活动重点】

通过绘画的形式加深对歌曲的理解。

【活动难点】

通过绘画的形式创编歌曲内容。

【活动准备】

①风琴或电子琴及乐谱；

②动物图片；

③小手画纸人手一份，音乐。

【活动过程】

①开始部分，欣赏歌曲《小手歌》。

教师：你听到歌曲中小手做出了什么？

②律动《母鸭带小鸭》，练声《我爱我的小动物》。

教师：请小朋友们仔细听，边听边用小手来跳舞，听完后我们把它画下来。

③理解歌曲内容，学唱歌曲。请你把刚才听到的内容画在漂亮的小手画纸上吧。(幼儿边欣赏音乐边画画。)幼儿手拿小手图，说说小手做出了谁的样子。看小手图学唱歌曲 2～3 遍。

④总结引导，幼儿相互欣赏作品。

【指导与评价】

本次活动在开头部分，教师引导幼儿结合常听的音乐学做喜欢的小鸭动作，幼儿一般兴趣极高，能较好地投入活动。教师运用绘画和欣赏两种形式帮助幼儿理解歌曲内容，激发了幼儿的兴趣。教师在活动目标制定上如果侧重于创编会有更好的效果，这样更能体现幼儿在通过活动后在绘画技能方面的提高。教师仔细观察幼儿的反映，灵活调整教学活动，不完全照搬方案，也不凭着主观预设而完成教学过程。在之后的活动中，教师要有效地提高幼儿的活动技能，使他们在创作中更能展示再现能力。教师还应该通过教育情境，试图让幼儿将学习内容转化成自己愿意学的内容，使他们积极、主动地参与学习，对学习感兴趣。

三、大班幼儿欣赏类活动的组织实施与指导

对于大班幼儿的美术欣赏，教师应根据幼儿的实际情况，结合大班幼儿的特点适当提出更高的要求，在欣赏的每一个环节，尽量让幼儿知道一些被欣赏事物的全貌，使欣赏活动的内容和形式更加充实、完美。

（一）大班幼儿一般性欣赏类活动的组织实施与指导

大班幼儿的美术活动能力发展较好，幼儿一般会对各方面把控得较好，能最大限度地表现出他们的能力。因此，欣赏类活动对大班幼儿美术潜能的激发具有重要意义。

1. 选择符合大班幼儿年龄特点的美术作品

大班幼儿的欣赏类作品无论在形式上还是在内容的选择上，教师都应考虑结合幼儿的年龄特点和心理特点，选择与幼儿相适应的美术作品作为欣赏内容。例如，对小班幼儿教师可选择形象具体、色彩鲜艳、生动有趣的简单作品，让幼儿简单地欣赏与评价：它美不美？美在什么地方？中、大班幼儿教师可逐渐选择图案复杂，构思、构图丰富的美术作品供幼儿欣赏与评价：它为什么这样布局？有什么好处？从而引起中、大班幼儿欣赏活动的动机和兴趣，尝试探究美术作品的制作方法。总之，幼儿美术欣赏的作品种类繁多，各有自己独特的风格和特点，教师应根据大班幼儿实际的发展水平进行欣赏类活动。

2. 力求形式、内容与方法的多样化

选择欣赏的美术作品在画幅上尽可能大些，以便让幼儿看得清楚；欣赏的形式也可用实物、幻灯片、模型、范例等方式呈现给幼儿。特别是在自然景物和环境布置的欣赏活动中，最好让幼儿身临其境。例如，在大班“过大年”活动中，教师可带领幼儿参观整个幼儿园的环境布置，让幼儿感受节日热闹和喜庆的气氛。另外，教师还应注意各种欣赏类教学活动方法的使用，注意调动幼儿的审美积极性。

3. 注重提问启发，引导幼儿欣赏

对于大班幼儿的欣赏类活动，教师不要做过多、过深的讲解，对幼儿进行“填鸭式”的灌输。教师最好通过启发、点拨和提问的方法，对幼儿加以引导，使他们沿着正确的思路积极进行思考、联想和感受，提高审美能力。例如，在欣赏活动开始时，教师可以采取不急于做讲解的方法，避免给幼儿造成思维定势，影响幼儿自身主动的感知和体验，应让幼儿仔细观察，让幼儿自己去发现。

4. 引导幼儿表达欣赏作品后的感受

教师引导幼儿通过各种形式来表达对美术作品的欣赏以及欣赏后的感受，幼儿可以通过用语言、动作、表情来反馈自己对美术作品的理解，加深其对作品的印象，这有利于幼儿欣赏水平的提高。例如，在大班幼儿折、贴手工类活动“美丽的海底世界”中，教师可以首先引导幼儿欣赏画面中各种动态的鱼类，有的鱼是椭圆形的身体、三角形的尾巴，有的鱼是半圆形的身体、扇形的尾巴……虽然画面上只有几条鱼，但能感到这些鱼儿正在水里快乐地游来游去，教师还可以启发、联想海底有许多漂亮的鱼儿游来游去。接着教师又引导幼儿欣赏如何折出鱼儿的各种形状。教师请幼儿用自己的动作来体验鱼儿游的形态，加深对“海底世界”的理解。又如，在绘画类教学活动过程中，幼儿完成作品之后，教师可以从中挑选出构思新颖、形象生

动逼真、色彩鲜艳协调、构图精巧合理的美术作品，供大家一起欣赏，并鼓励他们讲述自己的作品。这样的活动需要幼儿讲解在动手操作之前的构思过程，表现描绘的过程以及画面的情节安排等。教师还要启发其他幼儿从画面安排到形象的处理、色彩的表现等方面，具体指出成功之处、不足之处及处理办法。教师还要进行简短而恰当的小结，做好欣赏活动的收尾工作。这样的欣赏就很有意义，因为它能使幼儿相互启发、相互影响，以人之长补己之短，激发他们更大的学习热情和兴趣，提高审美能力；同时，也能使他们逐渐懂得如何正确对待自己、正确评价作品与关心同伴的良好品质。

(二)大班幼儿民间工艺类、民俗类欣赏活动的组织实施与指导

欣赏类活动是大班幼儿美术教育的重要内容，在很大程度上能促进幼儿的艺术学习。通过民间美术类欣赏活动，可以激发大班幼儿对民间美术的兴趣。

特别是在对大班幼儿民间工艺类、民俗类欣赏活动的指导实施上，教师要特别注意引导幼儿了解民间美术的各种体裁和艺术门类，领悟作品的内涵，陶冶美的情操。教师引导幼儿在欣赏美术作品时，产生一定的审美联想，并能向他人讲述自己的感受。大班幼儿民间工艺类欣赏活动的内容形式多样，种类繁多。在实操过程中，教师应选取一些符合大班幼儿年龄特点和接受能力的、典型的、优秀的民间美术作品来欣赏。

大班幼儿较小、中班幼儿能力和经验提高了很多。因此，教师在指导大班幼儿进行民间美术欣赏活动时，要结合大班幼儿自身的特点，注意以下几个问题。

1. 从欣赏、引导入手，培养幼儿敏锐的审美感知能力

幼儿的审美心理结构主要包括敏锐的感知能力、丰富的想象力、透彻的理解力等。其中，审美感知能力对于幼儿来说是审美心理结构中最基本，也是最重要的组成部分，是进行艺术欣赏和艺术创作活动的必要条件，是积累丰富的内在情感的重要手段。如何在幼儿园的民间艺术教育中培养大班幼儿敏锐的审美感知能力呢？教师要从欣赏、引导着手，以此逐步深化幼儿认知领域，培养大班幼儿敏锐的审美感知能力。一方面，教师在民间艺术教育欣赏活动过程中，应该经常和幼儿一起谈论民间艺术作品，这有助于幼儿把感知经验系统化，有助于幼儿从日常感知向真正的审美感知方向发展，培养其敏锐的审美感知能力。这种敏锐的感知能力表现在：幼儿能在获得对作品强烈的第一印象的基础上再认真细致地观察民间艺术作品(要素特征、要素之间的关系、作品表现的情感)；能观察作品使用的材料特征，如某种色彩或表面的质地、某种乐器的音色、某种词语的声调等；能观察作品所处的自然环境和人文背景，如早晨或黄昏、战争或和平的背景。另一方面，教师的引导还表现在主要是帮助幼儿面对民间艺术作品做出审美反应，引导他们学会如何感知和欣赏民间艺术作品，这也正是培养幼儿审美感知能力的关键所在。例如，以民间美术欣赏活动为例，教师可以从“你看到了什么”引导幼儿感知民间美术作品所再现或表现的

内容。在教师引导幼儿感知和欣赏民间艺术作品的过程中，真正重要的是对作品的感知，而不是对作品做出好或坏、喜欢或不喜欢等与爱好有关的判断和评价。

2. 创设富有美感的环境，感染熏陶幼儿

创设一个富有美感的环境，可以激发幼儿对美的事物的兴趣，使他们的审美感知处于积极、活跃的状态。营造浓郁的民间艺术氛围，能促进幼儿在这样的环境中获得丰富的审美体验，从而提高他们对民间艺术作品中所蕴含的美的感知能力。例如，可以在各班活动室内布置剪纸、蜡染、扎染、京剧脸谱等民间艺术作品，在走廊的瓷砖墙上绘制一些反映真善美的民间文学作品的插画(神笔马良、女娲补天)等，让幼儿进一步感知民间艺术作品形象，增强对民间艺术所蕴含的民族文化的敏感性。结合传统节日，让幼儿共同制作作品布置主题墙。例如，结合端午节制作香囊悬挂各处；在“过年喽”的主题活动中，可以模仿民间过年的情景，在活动室窗户上张贴幼儿的剪纸作品，室内挂红灯笼、中国结、门上张贴对联等，为幼儿营造一个良好的人文环境，从而更利于幼儿观察、想象和追求美。幼儿长期处在这样的氛围中，再加上教师有意识地激发和引导幼儿主动感知，这样就能有效地增强幼儿对民间艺术的敏感性和审美感知能力。

3. 筛选符合大班幼儿认知水平的优秀民间作品，提高鉴赏能力

歌德曾经说过：“鉴赏力不是靠观赏中等作品而是靠观赏最好的作品才能培养成的。”因此，首先，提供给幼儿欣赏的作品应该是本民族或世界上最优秀的民间艺术作品。其次，应该选择幼儿易于理解的民间艺术作品作为欣赏的内容，如民间故事《老鼠嫁女儿》、民间剪纸、蜡染作品等。再次，还要选择能激发幼儿想象力的优秀民间艺术作品。讲故事、猜谜语是激发幼儿想象力的主要途径，充满想象的童话和神话故事最能引起幼儿的遐想，所以，教师要有目的地去选择能够激发幼儿想象的民间艺术作品。最后，还可以采用续编故事、排图讲述等形式激发幼儿，提高幼儿的想象力。例如，可为幼儿提供一些展开丰富想象有益于表现的民间音乐，让幼儿根据民间音乐编动作，通过语言表现对民间音乐的理解，让幼儿画意愿画、主题画、填充画、涂物画，鼓励幼儿自己想、自己画、大胆想象、大胆去试。同时，在幼儿欣赏美术作品的过程中，教师也可以适当加入民间文学的内容，帮助幼儿理解美术作品的内涵，丰富语言知识，进一步了解民间文化。在欣赏的过程中，从优秀民间艺术作品中，幼儿可以感受到其独特的审美体验和别具匠心的审美创造，从中获取不同程度的启迪，拓展他们表现的空间，对创作起到潜移默化的作用。这种潜在的影响即表现为审美感受和审美想象力的质的飞跃。

4. 学会迁移已有审美经验，诱发丰富的审美想象力

想象力是指对头脑中已有的表象进行加工改造、创造出新形象的过程。想象力是创造力最本质的内涵，没有想象力就意味着创造力的贫乏。幼儿时期是想象力表现最活跃的时期，幼儿的想象力是幼儿探索活动和创新活动的基础，一切创新的活动都是从创新性的想象开始的。民间艺术作品的欣赏活动非常注重主观想象、自由表现、感情抒发，因此，教师在开展民间艺术欣赏活动时，应让幼儿迁移已有的审美经验，大胆地进行想象，自由地表达自己的认识，抒发内心的情感，从而使幼儿的创造性思维获得发展。教师要学会逐渐丰富幼儿的感性知识，使其头脑里充满各种事物的形象，这是儿童想象力发展的基础。因为婴幼儿时期想象的特点是由无意想象到有意想象，主要是再造想象。特别是幼儿初期，想象没有预先的目的，只是在某种刺激物的影响下，自然而然地想象出某种事物的形象。所以，幼儿生活内容越丰富，得到各类事物的形象越多，就越有助于想象力的发展。

5. 合理利用家长资源，丰富幼儿的生活经验

教师可充分利用家长资源，发动家长在传统节日带幼儿上街观看民俗表演，如元宵节上街看花灯、抬轿、高跷、上盘花鼓等；让家长利用节假日带领幼儿参观民间艺术展览，或到各地旅游，感受各地民俗风情。幼儿在见多识广的情况下，就容易把各种事物的某些特点联系起来进行想象，而想象力就在这一过程中得到较全面发展，这是创造想象的基础。

6. 发挥游戏活动的作用，使之体验审美的乐趣

教师还可充分利用“活动区域”这一环境，为幼儿提供开放的、丰富的、多功能的、多层次的材料，创设特色活动区。例如，手工区：小班侧重染纸、撕纸，中班侧重剪纸、泥工，大班侧重编织，重视幼儿的自主权和选择权，让每一个幼儿都能有机会用自身特有的方式创作，从而激发他们的想象力。另外，教师还应注重给幼儿提供创造条件。例如，全班合作创编腰鼓队形，小组合作完成一个风筝，每人用麦秆编织一个“田螺”等。幼儿自己参与到活动中来，在身心运动中体验审美的乐趣。

7. 从情感激发入手，提高幼儿的审美理解力

幼儿对艺术的酷爱都是从情感出发的，他们对艺术活动表现出的兴趣都是浅层次的，往往带有一定的情感色彩，容易停留在好玩、我喜欢的水平上，而且很容易转移、波动。如何将这浅层兴趣引申并提高到一定的深度？教师要充分发挥情感感染的作用，选择一些能体现出意境美、立意美、特色美、整体美的民间艺术作品，充分挖掘审美因素，然后根据幼儿的审美兴趣和审美水平设计出活动方式，从激发幼儿的情感着手，逐步提高他们的审美理解力。教师要营造艺术氛围，调动幼儿参与的热情，从而使幼儿更好地理解作品。创设情境指根据艺术作品的风格、情绪和具体内容创设相应的环境气氛，帮助幼儿更好地进入艺术欣赏状态，充分调动幼儿的视听感官，激发他们的想象，从而使他们更好地理解作品。例如，民乐欣赏《金蛇狂舞》，就是结合元宵节发动幼儿带来各种彩灯悬挂在活动室，创设花灯会的情境，再利用废旧纸盒制作舞龙道具，让幼儿在欢快、热闹的音乐中亲身体验舞龙的热闹场景。在这样的环境中，幼儿在高涨的情绪推动下，积极地投入活动中，为更好地理解音乐打下了基础。同时，教师在指导过程中还要善于将自己的情绪情感调控到

与艺术教育目标相一致的状态上来，并以自身对艺术的表现能力来调控艺术教育活动，使教师的艺术表现在情绪上感染幼儿。无论是文学作品、美术作品，还是音乐作品，教师都要有较强的敏感性，善于发现、捕捉、审视，并做到有控制地表现和渲染，与幼儿分享自己的审美体验。例如，在讲述故事《宝莲灯》时，教师不妨用粗声粗气的语调、张牙舞爪的动作以及凶狠的眼神形象地表现出二郎神的艺术形象，以情感染、激发情感，使幼儿感之以形，动之以情，而后晓之以理，达到陶冶情操、提高审美理解力的目的。总之，幼儿园实施民间艺术活动应以审美感知为出发点，以情感为动力，引发幼儿丰富的想象力，提高幼儿的审美理解力，同时，使幼儿内在心灵在美妙的民间艺术教育活动中得到和谐发展。

（三）大班幼儿自然景物类欣赏活动的组织实施与指导

大班幼儿美术欣赏活动是教师引导幼儿欣赏和认识美术作品、自然景物及周围环境，了解对称、均衡、变化等形式美的原理，感受造型、色彩、构图等艺术手法及其情感表现，体验美术欣赏的快乐，从而丰富美感经验，培养审美情感和审美评价能力的活动。组织幼儿开展自然景物类美术欣赏活动是使幼儿感受认识各种美的要素、原理、规律，产生审美感受的有效途径。

1. 引导大班幼儿多欣赏身边的自然景物

美的事物随处可见，凡视觉所能触及的事物几乎都存在美，不同的物质表现形式各不相同，如果没有审美的眼光就会视而不见。对美的事物的观察兴趣、感觉的灵敏性，是需要教师经常引导和启发幼儿才得以提高的。幼儿有好动、好问、对客观事物充满好奇心的天性，因此，这给自然景物物类的欣赏活动提供了最好的时机。根据幼儿的心理特点，教师可以归纳、整理一些贴近幼儿、与幼儿生活经验息息相关的、幼儿感兴趣的内容。自然景物当中就有很多具体的和幼儿生活很近的自然物，如小到水果、花草、树木、动物，大到自然界的山水、亭台楼阁，还有幼儿园的环境和社区、公园、建筑，以及自然界的四季变化等。

2. 活动的组织形式与途径要多种多样

大班幼儿自然景物欣赏类活动是一种审美的活动，需经感知、想象、理解等心理过程，并由情感因素贯穿始终。教师在这一过程中需要承担引导者和欣赏伴侣的角色。根据欣赏活动的内容、安排及各类活动时间的分配情况，安排和设计大班幼儿自然景物类欣赏活动的形式，可以是集体欣赏活动，也可以是分组欣赏活动和随机活动等形式。另外，欣赏自然景物与活动表现方式可以相互结合。欣赏活动与表现活动均需要一定的时间来完成，考虑幼儿园各领域教学活动及游戏活动时间的均衡分配。对于欣赏活动与表现活动的结合，教师可以因地制宜采用灵活多样的形式进行。

3. 活动的启发和引导要抓住教育契机

大班幼儿面对美的自然景物，无须多做解释便能产生直接的感受。但是，要他们理解构成欣赏材料的美的要素，并用语言把感受简单表达出来，也就是把感受上升为一种认识，需要教师在开展自然景物类欣赏活动时，根据本班幼儿实际发展水平和特点给予指导。受自身心理发展水平的限制，幼儿在感知事物时缺乏目的性、计划性，不能自觉地控制自己的视觉关注点，观察事物往往注意了整体就忽略了局部，注意了局部又忘掉了整体。有些幼儿倾向于整体知觉，观察时表现为笼统、粗略；另一些幼儿倾向于局部知觉，观察时表现为琐碎、不着要点。特别在生活中，幼儿往往对周围环境和生活中随处呈现的美熟视无睹，类似的问题在实操中都会有对应的表现。因此，教师要抓住教育时机，适时启发与引导幼儿细心观察。

4. 活动的实施应关注幼儿色彩识别能力的提高

自然景物欣赏类活动可以促进大班幼儿色彩水平的提高，色彩是绘画艺术的主要语言和重要表现手段，幼儿对色彩有着天生的敏感性，但在实际活动时，常常局限于局部的、孤立地表现色彩，不考虑整体和大的色调关系。通过对自然景物及环境、生活和美术作品中的美的色彩的感受，幼儿对色彩的冷暖、色度的对比，色彩的渐变以及和谐、统一，色调及色彩的情感表达等都有所理解，提高了幼儿对色彩知觉的敏感性及表现的欲望。通过不断地感受与表现练习，幼儿的色彩表现力得到了有效提高。

5. 指导幼儿观察自然景物中表现的构图方法

自然景物的欣赏活动还能够促进幼儿美术构图水平的提高。构图是指画面内安排所表现形象的关系与位置，把个别或局部的形象组成艺术的整体，以表现作品的主题思想和美感效果。幼儿在表现形象时，带有很大的随意性，不能进行有意识地布局画面。通过欣赏一系列的自然景物以及名画作品与民间布贴画等，幼儿对水平式、垂直式、放射式、螺旋式等不同的构图方式及构图的均衡、对称、呼应、节奏等有所理解，并有意识地在美术活动的表现形式中反复运用。

(四)大班幼儿节日装饰类欣赏活动的组织实施与指导

大班幼儿的情感教育是教育者根据教育教学活动的要求，设计相应的形式，促进幼儿情感的积极变化。教师可以结合我国的传统节日活动，将大班幼儿的情感教育寓于节日活动的主题背景下。通过营造丰富多彩的节日气氛，为幼儿创造愉快的视觉环境和心理环境，培养幼儿感恩、热爱生命、关心他人、关爱动物、保护环境等可贵的思想情感。其指导要点如下。

1. 春节

教师在指导幼儿时，首先让幼儿简单了解有关春节的情况。例如，教师可以采用小故事等形式导入，同时要注意语言、语气和语速，要在幼儿脑海中营造生动的形象。春节又称为过年，传说年是一种人们想象的会带来坏运气的动物。年一来，植物凋零，万物毫无生机；年一走，鲜花丛生，大地又恢复生机。那么怎样才能让年走呢？人们想出了一个好办法，用鞭炮驱走年，就这样过年人们都会放鞭炮。人们又发现年害怕红色，于是，人们在门上贴上了红对联。从此，放鞭炮和贴对联的习俗便沿袭下来了。

带入情境之后，教师还可以根据典故设计一些活动，组织大班幼儿开展欣赏欢欢喜喜迎新春的节日装饰类活动。为了让幼儿真切地感受春节的气氛，也为了加深幼儿对我国民间传统习俗的了解，增强对中华民族优秀传统文化的自豪感，教师通过询问、调查、参观、交流、学习和表演等不同方式引导幼儿加深对春节的传统文化和民俗习惯的了解。例如，在除夕晚上，全家老小一起熬夜、守岁；北方人在除夕夜有吃饺子的习俗，了解饺子的制作材料和基本做法；南方人有吃年糕的习惯，甜甜的、黏黏的年糕，象征新的一年生活甜甜蜜蜜，步步高；节日里一些地方的街市上还有舞龙、舞狮、游花市、逛庙会等习俗；春节要闹到正月十五元宵节过后才算真正结束；等等。大班幼儿主要了解春节的时间、春节的来历和习俗；会用不同的艺术形式简单表达自己的认识和感受；体会与教师、同伴或父母尝试一起包饺子、欣赏春联、猜灯谜、吃元宵的快乐。

2. 清明节

每年的 4 月 5 号前后都属于清明节，是我国民间重要的传统节日。清明节始于古代帝王将相“墓祭”之礼，后来民间也纷纷效仿，祭祖扫墓，历代沿袭从此成为中华民族的固定风俗。教师开展清明节日欣赏活动时，可以根据典故设计某些主题活动。例如，在清明时节可以组织大班幼儿进行“祭园扫墓，缅怀先烈”的活动。幼儿可以自己亲手制作小白花、小黄花，在教师的帮助下制作小型花圈，在烈士墓碑面前要保持肃静，以示对烈士们的缅怀和敬仰之情。要认真倾听纪念馆的工作人员对烈士们感人事迹的介绍，追念烈士们英勇高尚的品质，从小树立报效祖国的信念。教师组织幼儿缅怀先烈的教育活动，是为了让幼儿通过追念革命烈士的高贵品格，继承先烈的高尚品质，好好学习，长大后为社会贡献力量。还可以通过户外活动、田间踏青、春游、放风筝等活动，了解清明节的传统风俗，同时感受春天的美好。

3. 重阳节

每年的农历九月初九，是中国传统的重阳节。以前的重阳节主要是为了登高望远、赏菊喝酒。1989 年，我国将重阳节定为老人节，以示对老年人的尊重与爱戴。教师在开展有关重阳节的欣赏活动时，可以以此设计安排主题欣赏类活动。例如，通过与幼儿的交流、谈话让幼儿知道农历九月初九是重阳节，也是老人们的节日，把重阳节定为老人节，寄托着人们对老人健康长寿的祝福。让幼儿说说记忆中爷爷、奶奶、外公、外婆和自己之间的点滴事情，增进对老人的情感。还可以组织幼儿回家陪陪爷爷、奶奶、外公、外婆，为他们做一件力所能及的事情，如为他们唱一首歌谣，亲手制作一个小礼物，给他们捶捶背，或陪他们聊聊天等，增加对老人和长辈的爱，体验和老人在一起的乐趣。通过组织幼儿和老人的亲子活动，激发大班幼儿主动关心、爱护长辈的意识。在这样一系列的活动中，幼儿与长辈充分互动，而且在这种存在年龄差距的合作中，大班幼儿的自信得到提高，道德素质也得到了提高。在传统节日中对幼儿进行民族文化欣赏教育活动，不管是对幼儿的个人成长、素质的提高，还是对民族精神的弘扬都是必要的。在幼儿节日装饰的欣赏类教学活动中，节日主题活动应得到广泛应用，通过节日装饰的初步实践和创造，可以使大班幼儿获得一定的情感体验，促进幼儿健康成长。

(五)大班幼儿环境布置类欣赏活动的组织实施与指导

对于幼儿园的环境布置类欣赏活动，教师可以因地制宜，结合当地特色和本园的实际组织实施。例如，最简单和常见的就是教师可以把生活中的各种废旧材料和本园环境布置类欣赏活动有效地结合起来，利用各种资源充分发挥创新能力，提高动手操作能力，指导幼儿利用身边的各种物品或废旧材料布置环境、制作玩具、手工作品等来装点美化自己的生活或开展类似的环境布置类欣赏活动。

优美的环境布置是幼儿园隐性教育资源，各种良好的环境布置类欣赏活动，能使幼儿在与环境的互动中获得各方面的发展，鉴赏力也得到相应的提高。如何有效利用多种材料布置幼儿园的环境，如何指导大班幼儿欣赏各类环境布置活动，这就要求教师不但要学会经常推陈出新，还要有一定的鉴赏美感的能力。环境布置与欣赏是属于上层建筑的活动，特别是一些经济条件比较有限的幼儿园，要做到既能开源节流，又能让幼儿从中接受和体验到环保意识，知道生活中各种废旧物可以再利用的道理，同时还能将此作为大班欣赏类活动的一部分。通过在实践中的各种动手活动，引导幼儿欣赏环境布置是一个途径之一。幼儿生活中接触到的物品很多，大致可以归纳为：各种绳子类，如蛋糕盒子的带子、花边等；各种盒子类，如蛋糕盒、泡沫盒、塑料盒、鞋盒；废布类，如棉布、涤纶布等各种碎布；生活用品类，如瓶盖、瓶子、蛋壳、蟹壳、贝壳、瓶子、吸管等；各种材质的废旧纸品类，如牛奶箱、硬纸板、贺卡、杂志、报纸、餐巾纸、包装袋、鸡蛋包装盒等。这些物品经过简单加工、设计、组合，都可以成为幼儿布置自己的生活环境、进行欣赏的主要内容。

1. 引导幼儿利用废旧材料装饰环境

教师引导幼儿利用身边的废旧材料进行加工，充实幼儿环境布置类欣赏活动的内容，还可以节约办园经费。幼儿园环境布置类欣赏活动需要大量的各类物质材料，以往这些材料都是通过经费购买。因此，废旧材料的收集和利用不仅美化了环境，而且也为幼儿园节省了一笔开支。

2. 发挥教师的内在潜力创设适宜环境

提高教师的敬业精神，有效发挥教师内在的潜力。因为生活中各种废旧材料的利用，在设计、制作和欣赏方面随意性很强，没有固定的模式，在实操的过程中就需要教师发挥自己的主观能动性，如上网查阅资料、图书馆翻阅书籍、讨论、相互学习，并结合自身和当地特色，创设出适合自身特点的环境布置作品，从而提高自己的专业素养和敬业精神。因此，教师有效地运用关于幼儿发展的理论知识，充分发挥自己的内在潜力，看懂幼儿的内心世界并与他们积极互动，能为他们欣赏活动的发展创设最适宜的环境布置和条件。

3. 整合家庭教育资源开展亲子活动

对生活中的各种废旧材料进行简单加工，引导幼儿环境布置类的欣赏活动。《纲要》明确指出："幼儿园应与家庭、社区密切合作，与小学相互衔接，综合利用各种教育资源，共同为幼儿的发展创造良好的条件。"幼儿园的教育离不开家长的支持，在各种废旧材料的收集过程中，教师将幼儿园环境布置类欣赏活动和家庭教育进行整合。有些家长对幼儿园经常收集废旧材料的行为不理解，通过沟通活动向他们宣传节约和环保理念后，相信会得到家长积极配合，家长也乐意与孩子一起收集废旧材料，一起做手工，变废为宝。

4. 教师调整自己的教育位置以身作则

教师在环境布置与欣赏过程中的言传身教，会影响幼儿环保意识的确立。教师的态度、管理方式和言谈举止都是隐性教育因素，这些因素直接影响着幼儿的发展。在教师和幼儿不断变废为宝，创造一件又一件艺术品的过程中，教师的自信、乐观、开朗、做事认真等品质影响着幼儿，创造了温馨的心理环境和良好的班级氛围。例如，经过一段时间的培养后，大班的大多幼儿在吃完东西后，都自觉地把剩下的盒子、瓶子等放到收集箱，引导幼儿形成了保护环境的意识。

(六)大班幼儿欣赏、评价自己和同伴作品活动的组织实施与指导

大班幼儿对事物的感受和理解不同于成人，他们表达自己想法和情感的方式也有别于成人。幼儿独特的笔触、动作和语言往往蕴含着丰富的想象和情感，教师应对幼儿的艺术表现给予充分的理解和尊重，不能用自己的审美标准去评判幼儿，更不能为追求结果的完美而对幼儿进行千篇一律的训练，以免扼杀其想象与创造的萌芽。大班幼儿对艺术创造活动更感兴趣，喜欢用各种工具和材料进行创作，他们的作品十分奇妙。因而在评价大班幼儿的美术作品时，教师需要以一种开放、现代的眼光去看待和评价，需要引导幼儿以不同的视角评价同伴的作品。美术作品的评价是美术教育活动中的"画龙点睛"之笔，有了它，才是一次完整的美术活动。在评价大班幼儿的美术作品时，教师还应注意以下几方面。

1. 大班幼儿美术作品互评中经常出现的问题及指导

有些教师在大班幼儿美术作品的评价中，通常注重技能的表现，以"好不好""像不像"等来评价幼儿的作品，导致幼儿对美术作品评价形成了一个固定的模式，主要表现在以下几个方面。

第一，互评形式单一。在很多美术集体活动中会看到这样的场景，教师请幼儿把画放到黑板上，然后坐回到自己的座位，接着教师开始对作品集体分享和评价。大班幼儿似乎对这样的活动已经司空见惯了，有的幼儿看似端正地坐着、安静地听着，但是思想始终处于游离状态，思绪不知飘向何处；有的幼儿开始说话、手脚不

停、东张西望，尽管教师一再提醒也无济于事，因此教师讲评作品的活动常常是草草收场。产生这样结果的原因是教师在与幼儿的互动评价中，只考虑到活动中的常规问题，却忽略了幼儿才是评价的主体。作品评价不是“我问你回答”，或教师讲，幼儿听，单纯地被动接受。大班幼儿美术活动的互评应是多元的。为了充分调动幼儿的参与意识，教师还应创造多种互评形式，让幼儿成为互评中的主角。

第二，提问方式的单一也是一个不容忽视的问题。例如，很多教师在分享评价环节经常运用的语言：“我们把自己的画贴在黑板上，看看谁的作品最漂亮？”“你的画真不错，画了些什么？”“谁的画最像？”……教师运用的互评语言看似预设了多种提问方式，虽然问法不一样，但实质内容却是相同的。“好不好”“是不是”“像不像”就是一个封闭式的提问，限制了幼儿的思维空间，让幼儿在回答时只能在教师预设的框架里面进行选择，幼儿难以向同伴反馈问题以外的画面信息。这种方式限制了幼儿的内心世界和自由表达，只会让幼儿显得被动和沉默。幼儿的美术类作品通常没有好坏之分，幼儿的每幅作品都蕴藏着特别的含义。因此，教师可以预设一些开放式的问题，用不同尺度和角度去评估。例如，“你是怎么画的？”“为什么这么画？”“画中的人在干什么呀？”……这样的提问方式，就可以化解很多问题，让幼儿的回答有多样选择，也给予了幼儿充分的自由发挥空间。

第三，审美趋向的单一性也是不容忽视的问题。在评价中教师通常会选择这些作品来进行互评，如画面丰满、布局合理、涂色均匀的作品（教师的角度），与教师画的一样，或者与教师的范例比较接近（幼儿的角度）等。陈鹤琴先生说过：“我们教孩子必须先要了解孩子的心理，若能根据孩子的心理而实施教育，那教育必有良好的效果。”这充分体现了“以幼儿发展为本”的教育理念和尊重幼儿的教育思想。

2. 挑选作品除重视外在形式，还要注重幼儿的灵感与想法

幼儿的美术活动作品是充满个性的，作品中的内涵也是特别值得我们回味的。因此，教师要引导幼儿关注有创意的作品，引导幼儿从不同角度欣赏美术作品，以此改善幼儿的审美态度。如何有效地解决大班幼儿在作品互评中遇到的种种问题，教师在幼儿互评中的角色如何定位，除了正确对待幼儿的作品，怎么才能使幼儿真正成为评价的主体，真正地参与到互评之中？通过大量的实践总结，教师可以做如下尝试。

首先，利用猜想式的评价活动促进幼儿的想象空间。“猜想式”评价活动是指先让幼儿认真观察每个作品，然后再针对其中的某一幅作品进行猜测，猜想创作者试图表达的含义。教师应坚持在幼儿艺术表现与创造实践中的探索是以幼儿为中心的，让幼儿展开想象的翅膀，用心去感受作品，使他们的创造潜能得到发挥。例如，在大班幼儿美术教学活动“如果我有一双翅膀”中，教师可以让幼儿想象如果自己长了一双翅膀，想飞到什么地方去，以此表现自己美好的愿望，并感受美术活动的乐趣。

当幼儿用不同的材料表现自己的梦想并呈现出来时，他们的作品是那么丰富，他们一个个带着翅膀飞向太空，来到海边钓鱼，飞到长江上空看一看，带着翅膀去乘地铁……教师可以在分享评价时采取猜想式评价。例如，让幼儿猜猜同伴的梦想是什么。有的幼儿猜同伴飞到了公园，找到了好朋友，在一起玩。这样的猜想式评价，让所有幼儿都参与到了评价之中，幼儿不但不会感到枯燥乏味，反而由于对同伴作品的好奇更激发了幼儿乐于表达的愿望，同时又加深了同伴间的感情。幼儿的作品有时只有他们自己懂，也只有幼儿才了解自己与同伴的想法。只有通过幼儿之间的相互表达，才能真正了解作品的意义和价值。

其次，利用游戏式活动评价激发幼儿的绘画兴趣。幼儿艺术领域学习的关键在于充分创造条件和机会，引导幼儿用心灵去感受美和发现美。在美术活动的评价中，为了提高幼儿美术活动的兴趣，教师可以采用游戏式评价，通过幼儿喜欢的“游戏”环节，可以激发他们的兴趣，满足他们爱玩、好动的心理需求。例如，在幼儿教学活动《面具》的作品分享与评价环节，教师就可以先让大班幼儿戴自己的面具上前向同伴展示自己的活动成果，然后与同伴交换面具，让幼儿来选择面具，请幼儿挑一个面具并说说自己喜欢的理由。“老师，我喜欢公主面具，我觉得戴上公主面具就能变美了。”“我要铠甲勇士面具，它能保卫地球。”“我喜欢机器猫的面具，它可聪明了。”……最后所有幼儿戴上了面具做游戏。戴上公主面具的幼儿转了个圈，一提手，变成了一位优雅的小公主。铠甲勇士报到，非常神气。在音乐的渲染下，幼儿开始自由表演，场面非常温馨。在整个评价活动中，听不到幼儿对面具作品的语言陈述，但是在幼儿自主选择的过程中，是他们在观察、理解作品，每个面具蕴含着英勇、自豪、优美等优良品质。大班幼儿在愉悦的气氛中感受和欣赏作品，使美术作品评价过程变得轻松活跃，幼儿在游戏中得到成功的体验。

最后，利用推优式活动评价提升幼儿的鉴赏水平。推优式活动评价就是先让幼儿分组互相评价，推选出优秀作品进行集体交流。大班幼儿在评价同伴作品时，会有不同的视角和语言，即使是对同一作品，也会做出不同的诠释而产生不同的评价结果，有时大班幼儿还会由此展开激烈的辩论。例如，在“可爱的熊猫”评价活动中，重点是通过运用圆形表现熊猫的不同动态。幼儿作品中的熊猫憨态可掬，样子十分可爱，教师就尝试运用了推优式评价。在分组讨论中，大班幼儿从熊猫的动态这个角度讨论，觉得谁画的熊猫可爱；从画面布局展开讨论，有的熊猫在吃竹子，也有的熊猫在一边打滚玩……每个幼儿都在各抒己见，他们在细细地解读同伴的作品。经过推选，幼儿统一了意见，选出了公认的优秀作品。幼儿园大班这种互评法既能加深评论者对他人作品的理解，也能帮助幼儿从全新的角度认识自己，取长补短，有效提高绘画水平。同时欣赏、评价别人的作品，也是提高鉴赏水平的一个过程。

(七)大班幼儿欣赏类活动与五大领域相结合的案例及指导与评价

大班幼儿欣赏类活动和五大领域相结合，如何在此类活动中标新立异、突出特点，是很多一线教师反复琢磨的问题。大班幼儿各种能力较强，又敢于表达自己的想法，所以大班幼儿的欣赏类活动在欣赏的形式、内容上，要求教师不但要知其然，还要知其所以然。

1. 欣赏和健康领域相结合的活动案例及指导与评价

游戏棒真好玩

【活动设计背景】

大班幼儿各种能力有所增强，在下学期活动大纲目标中，在健康领域要求幼儿掌握简单跨、跳的基本动作；教师了解到大班幼儿更喜欢进行具有一定挑战性的游戏。

因此，教师设计了一次美术欣赏类和健康领域相结合的活动，要求幼儿能助跑、跨跳过一定高度宽度的障碍物，通过活动发展幼儿上、下肢协调能力，以及动作的灵敏性，活动全程录像。完毕后让幼儿欣赏自己活动的姿态，与专业运动员姿态对比，欣赏专业运动员动作的矫健和优美。

【活动目标】

①能助跑、跨跳过一定高度、宽度的障碍物，提高幼儿对活动的兴趣；

②通过活动发展幼儿上下肢协调能力，以及动作的灵敏性；

③通过活动后的录像对比，欣赏正确的运动姿势所带来的美感。

【活动重点】

练习简单助跑、跨跳，体会感受，欣赏专业动作要领。

【活动难点】

掌握助跑、跨跳动作的简单要领，欣赏和体会动作带来的运动之美。

【活动准备】

游戏棒(塑料棒)若干、音乐。

【活动过程】

①准备部分。

第一，幼儿在音乐伴奏下排成一路纵队整齐入场。切断分队成四路纵队。

第二，听音乐做游戏棒操，准备活动，引起幼儿参与活动的兴趣。

②基本部分。

利用游戏棒进行多种跑、跳练习。

第一，幼儿将游戏棒放到点上，由教师带领绕游戏棒练习曲线跑。

(提示幼儿灵活躲闪、脚不碰棒。)

第二，幼儿听口令利用游戏棒尝试进行原地跳的动作练习。(包括原地双脚向前、向后跳；原地单脚向前、向后跳。)

教师重点观察幼儿活动情况给予不同的指导。

第三，鼓励幼儿练习行进间的连续双脚向前跳。

教师重点指导幼儿动作：迅速向上摆臂，双脚同时用力蹬地向前跳；注意双脚要同时离地。

③幼儿学习并练习助跑、跨跳的基本动作。

第一，出示器械，引出助跑、跨跳的动作。（像刘翔叔叔跨栏。）教师讲解并示范助跑、跨跳的动作。（助跑动作自然放松，起跳时，一脚用力蹬地跳起，腿要蹬直，另一腿弯曲快速向前摆起，脚着地后继续向前缓冲跑。）

第二，活动之后放松，组织幼儿观看刚才自己活动的录像，并欣赏专业运动员此类运动的情况，让幼儿通过简单欣赏、对比，说一说运动之美。

④养成好习惯，按照顺序把游戏棒放回整理箱。

活动结束。

【指导与评价】

在本次活动中，幼儿都能积极参与且情绪较高。幼儿基本掌握了跨、跳的动作要领，初步学会了用力蹬地，向前迈腿；幼儿通过练习发展了弹跳力和上下肢协调能力，动作的灵敏性也得到了提高，达到了本次活动的目标。

在实践活动环节，教师还特别注意了面向全体幼儿，关注幼儿的个体差异以及个别指导的策略，针对不同水平的幼儿提供不同的指导方法，运用榜样示范法、同伴学习法等。例如，能力强的幼儿来做示范，让幼儿之间互相学习，对于能力弱的幼儿，鼓励他们大胆尝试，使之在原有的水平上看到进步，得到满足。

整个活动也存在一些需要改善的地方。例如，在活动中对幼儿运动量的掌握还需要更为灵活的调整，教师的引领语言还要再进一步规范，对个别幼儿的关注还不是很到位，可在之后的活动中做进一步调整。在欣赏环节，教师要鼓励幼儿大胆表达自己的感受，哪怕是只言片语。最后教师要做总结性陈述，对此次活动进行归纳，使幼儿对本次活动有一个完整的概念。

2. 欣赏和语言领域相结合的活动案例及指导与评价

有趣的广告

【活动设计背景】

经常听到很多幼儿无意识地说出很多广告词，就连一些平日里不愿讲话、不愿交流的幼儿都能够自然地说出来，教师因此决定利用耳熟能详的广告形式，设计一节欣赏和语言领域相结合的活动，利用欣赏营造一个自然宽松的语言环境，启发幼儿的好奇心和想象力，鼓励幼儿大胆讲话，使其体验到语言交流带来的愉悦，感受语言的美。

【活动目标】

①流利说出自己知道的广告词，领略其中意味，知道其作用；

②发挥想象力，尝试参与创编广告词；

③欣赏其中优美的语句，感受广告词的魅力。

【活动重点】

让幼儿流利说出自己知道的广告词，领略其中意味。

【活动难点】

引导幼儿创编更多有意义的广告。

【活动准备】

①录有广告的视频，各种彩笔、纸张辅助物等；

②五星评比栏，上面有全班幼儿的名字。

③各种生活用品、食物、图片等。

【活动过程】

①欣赏广告，感知广告内容。

教师：小朋友们，今天老师请你们看一段视频，这些内容都是你们平时经常看到的，看了之后要请你们告诉老师，你们看到了什么？（打开视频，请幼儿欣赏各种广告。）

教师：现在，请你们告诉老师，刚才看到了什么内容？说说它们有什么作用？（引导幼儿明白我们生活中有了广告，大家很快可以得到各种信息，方便了我们的生活。）

教师：现在请你们想一想，你们还在什么地方见过广告？（提醒幼儿街上的标语、宣传画等和广告的作用是一样的。）

②游戏(看谁说得多)。

教师：接下来我们来做个游戏，名字叫“看谁说得多”，就是请小朋友们说出你们知道的广告词，说得越多越好，说出来的在评比栏里贴上一颗五星作为奖励。

第一，鼓励不爱说话的幼儿积极参与，并大胆说出知道的广告。

第二，尽量不说别人说过的广告，动脑想自己听过的广告。

③创编广告词。

教师：小朋友们，今天我们看了这么多的广告，也说了很多广告，现在我们来做个小小设计师，自己来设计几条广告，好不好？

首先，教师出示课前准备好的各种物品，让幼儿创编，发挥想象力。

其次，教师出示苹果，示范创编广告词：红苹果，圆又大，吃了它，长得棒！

再次，幼儿在创编的时候教师给予鼓励。

最后，简单实操环节，教师巡视指导。

④小结，今天我们自己也当了一回广告设计师，小朋友们的表现非常棒，回家告诉你们的爸爸妈妈自己创编了什么广告，好不好？希望你们能在家创编出更多、更好的广告，我们的小脑瓜会越来越聪明的！

⑤活动延伸：让家长在家带领孩子多练、多说，请家长提醒幼儿在关键时候词语的运用，在日常生活中提高幼儿的表达能力。

【指导与评价】

广告在生活中无处不在，本次活动内容，就是取材于平日里幼儿常接触的广告，所以活动一开始就调动了幼儿的参与兴趣。

由于是幼儿生活中的热点，因此，整个活动中幼儿的情绪都比较高涨，参与性也很强。尤其在让幼儿进行比赛，说出自己知道的广告词环节，他们都争先恐后地发言，生怕自己知道的广告没被说到，场面很热烈。教师对此环节设计的目的很明确，一是可以强化幼儿的美术观察、欣赏能力，二是可以调动大班幼儿组织语言和表达的能力。在让幼儿尝试创编广告时，为了活动进行得顺利，教师还首先示范创编了几个案例，幼儿的兴致很快被带动起来，争先恐后发言，创编了很多不错的广告。个别在用词上有点困难的幼儿，在教师和小伙伴的帮助下，也创编出了不错的广告。

本次大班幼儿欣赏和语言领域相结合的活动，达到了既锻炼了幼儿的美术欣赏能力，又提高了幼儿的语言表达能力的目标，能看出教师是费了一番心思设计的，是一次比较成功的活动。

3. 欣赏和科学领域相结合的活动案例及指导与评价

水仙花

【活动设计背景】

水仙花优美的造型，淡淡的清香，是幼儿所喜爱的花卉之一。在大班开展"水仙花"欣赏活动，使幼儿在欣赏水仙花的同时，也激发了幼儿的探索欲望。水仙花被种下直至开花，需要比较长的时间。其间，教师就在探究水仙花的过程中，渗透了科学领域的目标和活动形式，使这一主题开展得丰富多彩、有声有色。

【活动目标】

①在了解水仙花外形的基础上学习用水墨画形式表现水仙花；

②初步掌握勾线填色的方法来表现水仙花的形态；

③通过相互欣赏激发幼儿对水墨画的兴趣。

【活动重点】

初步掌握勾线填色的方法来表现水仙花的形态。

【活动难点】

学习用水墨画形式简单表现水仙花。

【活动准备】

①了解水仙花的基本部位特征；

②毛笔、墨汁、颜料、宣纸、水桶、抹布若干；

③多媒体课件、示范画。

【活动过程】

①回忆导入。

教师：（出示水仙花图片）小朋友们，我们都认识过水仙花，那你们能说说水仙花由哪几部分组成的吗？它们分别是长什么样子的呢？（请个别幼儿回答。）

教师：水仙花有圆圆的球茎，弯弯长长的根，绿绿长长的叶子，还有白白的六瓣花。

②学习简单勾画水仙花的外形。

首先，介绍作画材料。

教师：今天，我们就来画画水仙。看看老师为你们准备的材料(毛笔、墨汁、颜料、宣纸和抹布)。

其次，出示范例，讨论绘画方法。

教师：你看我们应该先画什么呢？(引导幼儿按照生长规律进行绘画：先画球茎。)

教师：我们按照水仙花的生长方式从球茎、根、叶子和花朵画好了，现在我们把画好的水仙花装到花盆里吧。(教师添画花盆。)

③学习为水仙花简单染色。

教师：你们看，一盆水仙花画好了，现在我们再来给它穿上漂亮的衣服吧。蘸颜料的时候要把颜料蘸得饱满一点，从上往下进行涂色。

教师：谁愿意来试一试呢？(个别幼儿示范。)

④幼儿动手画水仙花，教师巡回指导。

教师：根据水仙花的生长规律进行绘画，要注意留出花盆的位置。画的时候要把毛笔竖起来。换颜色的时候要把毛笔洗干净，洗干净了再在抹布上蘸一蘸。

⑤展示、欣赏、点评作品。

教师：小朋友们的水仙花好了，真漂亮！你们最喜欢哪一盆水仙花呢？为什么？(评讲点放在用水、用墨上。)

【指导与评价】

本次活动是由大班幼儿组共同讨论、设计的大班美术欣赏和科学领域相结合的活动。围绕冬天这个主题，教师选择了用水墨画的材料和勾线、填色的方式为载体，绘画冬天的水仙花。在进行活动设计时，教师首先询问了幼儿对水仙的认识，尽力让活动内容符合大班幼儿，完成预设的活动目标。为了更好地达到教学效果，教师为本次活动准备了欣赏的范画和实操水墨画水仙花的幻灯片，并对一些细节进行了调整。例如，本次活动的讲解点和欣赏点很多，教师随机决定把水仙花的构成作为幼儿的已有经验。幼儿接触水墨画较少，对水墨画的用笔等方式不是很熟练，教师决定把绘画材料放在投影仪上，幼儿能清晰地看到教师在示范时对蘸墨、用笔等方式的讲解。由于教师考虑得比较周到，整个活动的目标简洁明了、层层递进，更加符合大班幼儿绘画实操水平，教学思路也很清晰，具有针对性。大部分幼儿基本能把握整体布局勾画出水仙花的轮廓，最后的整体效果也比较好，基本达到了预设目标。但活动也存在一些小问题。例如，部分幼儿对水墨画的用笔方式还很陌生，勾出的轮廓线很粗甚至成了一个个黑团；有的幼儿没有留白的概念，反复涂色等。针对以上问题，教师可以在以后的活动中逐渐完善。

4. 欣赏和社会领域相结合的活动案例及指导与评价

下雨天

【活动设计背景】

大班幼儿对雨总有着浓厚的兴趣，下雨的时候就想到雨中去玩，有时候会站在门口看着外面淅淅沥沥的小雨。为了满足幼儿的这一兴趣，教师趁着下雨天给幼儿开展一次有意义的活动，以满足幼儿的好奇心，激发幼儿探索自然现象的兴趣。

【活动目标】

①能用勾线、晕染相结合的形式表现下雨天人物的主要特征和动态；

②能用冷色、灰色表现下雨天的色彩，学会简单表现雨天景色和模仿人们的不同状态。

③激发幼儿探索自然现象的兴趣。

【活动重点】

观察雨天人物状态，能用勾线、晕染相结合的形式表现下雨天人物的主要特征和动态。

【活动难点】

简单模仿和表现雨天景色和人们的不同状态。

【活动准备】

①在下雨天有意识地带领幼儿观察人们的衣着特征以及雨滴从天上掉下来时形成的线条；幼儿体验过自己撑着雨伞或穿着雨披在雨中行走。

②各种雨具(雨伞、雨披、雨鞋)。

③国画工具、材料。

【活动过程】

①幼儿模仿表演避雨的情景。

教师：下雨天，你们会怎么办?

②引导幼儿回忆下雨天人们的衣着特征和动态，描述雨天的某些美景。

教师：人们在下雨天怎样让自己不淋湿?打伞时是什么样子的?人们穿上雨披时，我们能看见的是哪些部位?

幼儿表演有的穿雨衣、雨鞋，有的两人共撑一把伞，有的在屋檐下躲雨的情景。

教师：雨从天上落下来时像什么?(像一根根的线。)想一想下雨的时候，天空是什么颜色的?(灰白色。)

③师幼共同讨论创作方法，尝试画出下雨天的景象。

教师：要画出下雨天人们在干什么，他们脸上的表情怎样，天空是什么颜色的。

教师：穿雨披和打伞的人都可以用先勾线再染色的方法进行绘画，天空可以用大号笔刷上淡淡的墨。

④幼儿作画，教师指导。

⑤欣赏、交流作品。

教师：你喜欢哪幅作品？为什么？你是怎么看出是下雨天的？（引导幼儿侧重从下雨天人们不同的避雨方式、人物动态、色彩和构图等方面来评价作品。）

【指导与评价】

下雨天灰蒙蒙的场景和色调比较适合运用国画的形式来表现。在表现人物方面方法各异。例如，有的幼儿先用勾线再染色的方法表现穿雨披的人；有的用勾线的方法画出人物头部，用毛笔侧锋的方法两三笔完成身体轮廓，简洁、形象、生动；很多幼儿画了打雨伞的人，但也各不相同，有一人打伞的，有两人共撑一把伞的。在表现天空的颜色时，有的幼儿运用了较深的颜色晕染天空，用较粗的线表现雨和闪电，说"这是个雷电交加的下雨天"；有的幼儿运用了淡淡的蓝色和细细的线条，说"这是和风细雨的下雨天"。在这次活动中，幼儿的兴趣一直处于很高的状态，因为几乎每一个幼儿都可以亲自动手参与到活动中，尤其是在制造雨的时候，幼儿都直观地感受到了"雨水"的一些特性，师幼互动良好。幼儿的动手能力得到了发展，情感得到了释放。大班幼儿对雨水并不陌生，但却了解不够，所以教师在设计活动时特别设置了几个环环相扣的环节，让幼儿一步步地了解下雨这种现象，又不至于觉得过于难以理解。

5. 欣赏和音乐相结合的活动案例及指导与评价

孤独的牧羊人

【活动设计背景】

《孤独的牧羊人》以有趣的木偶为载体，用幼儿喜闻乐见的木偶剧形式，融音乐于剧情的发展中，让幼儿在欣赏木偶剧的过程中，主动接收音乐信息，以美术形象与音乐活动相结合，开启了另一种形式的大门。

教师在设计活动时投其所好，结合本园实际，将幼儿喜欢的桥段和造型进行了强化，将其中诙谐、幽默的部分也进一步加工，并赋予其角色形象，使音乐活动和美术造型欣赏活动很好地结合，摆脱了以往的欣赏模式，将欣赏和游戏进行巧妙结合。

【活动目标】

①能用各种美术语言简单再现印象比较深的几个形象，锻炼幼儿的观察能力；

②根据音符的高低位置，掌握衬词旋律，按角色的形象特点用相应的歌声演唱；

③在学唱的过程中，体验师幼合作的快乐，欣赏音乐与造型的完美结合。

【活动重点】

体会音乐和人物的心理状态。

【活动难点】

欣赏其中各个造型，表述印象最深的形象。

【活动准备】

歌曲图谱、视频材料、钢琴、老山羊和小山羊图片。

【活动过程】

①播放《音乐之声》插曲 *do*，*re*，*mi*，营造音乐气氛。

教师带幼儿进入活动室，播放音乐；教师带领幼儿一起做动作，调动气氛。

②介绍木偶及木偶剧情，观看视频材料。

教师：今天老师不仅给你们带来了好听的音乐，还有一样好玩的东西！

（教师出示木偶。）这是什么东西？知道它是怎么玩的吗？你们有没看过木偶剧？

首先，教师介绍剧情。

其次，播放视频，完整欣赏。

③欣赏木偶剧，感知衬词旋律。

首先，欣赏完木偶剧后，教师提问：在音乐里，唱的最多的一句话是什么？

其次，幼儿自由讨论，并尝试学一学；

再次，播放两句衬词，让幼儿感受衬词的旋律；

最后，幼儿尝试唱衬词，教师伴唱。

④借助图谱，学唱衬词。

教师：老师还请来了五线谱和音符宝宝来帮助我们学习这些衬词。这五条线放在一起叫作五线谱，像豆芽一样的叫作音符。（教师讲解五线谱。）

首先，幼儿与教师一起做手势看图谱演唱一次。

其次，教师引导幼儿，表述老山羊老了，嗓子会发出怎样的声音，小山羊会发出怎样的声音。

再次，用不同的速度、音色来表现衬词。高音区——小山羊，低音区——老山羊。

最后，观看视频，并模仿一下老山羊和小山羊的声音。

⑤师幼合作表现衬词，体验师幼合作的乐趣。

首先，播放视频，师幼合作演唱歌曲；

其次，出示音乐图谱，请幼儿找出，老山羊和小山羊演唱的地方，并贴上相应的图片；

最后，教师当牧羊人，男孩子当老山羊，女孩子当小山羊，一起演唱歌曲。

⑥结束部分。

教师小结：牧羊人再也不孤单了，因为他不仅有羊群陪他一起唱歌，还有我们小朋友呢。现在老师请你们跟牧羊人一起表演吧。播放音乐，教师摆弄木偶，幼儿边唱边随意做动作。

【指导与评价】

歌曲《孤独的牧羊人》选自经典影片《音乐之声》。音乐以木偶为主要线索贯穿始终，塑造了栩栩如生的各种形象，并通过多姿多彩的各种形象来提升幼儿对音乐的审美情趣。这首音乐最有特点的地方就是它的衬词部分，诙谐、有趣，又朗朗上口，符合大班幼儿的学习特点。从幼儿角度出发，木偶剧的欣赏恰好是“投其所好”，木偶剧间接成为一种教学手段。从教师角度出发，活动要剖析音乐内部结构，找出幼儿的兴趣点——衬词进行模仿、创造，并帮助和引导他们领悟音乐的深层结构(这首音乐表现的是牧羊人和羊群之间的故事)，挖掘幼儿的兴趣所在，使他们在耳濡目染中主动接受新知识，并在此基础上进一步衍生出新的课题。

单单学习衬词的演唱，形式过于单一，再继续深入挖掘其活动内容，发现原来可以赋予衬词相应的角色形象——老山羊的歌声和小山羊的歌声。从两种形象自身的形象特征出发，以声音的形式表现出来，这就是对音乐理解的升华部分。幼儿在学习掌握衬词演唱的基础上进一步学习新的知识点，这就需要教师的“指点迷津”了。从幼儿的欣赏情感体验来分析，与教师合作完成一样东西便是一次愉快的体验，由此也可以达到师幼互动的良好效果。轻松、愉快的学习环境是必要的，师幼合作演唱歌曲，也将成为歌唱艺术中不容忽视的一种手段。

四、幼儿园常见的欣赏类作品

(一)绘画类

1. 毕加索作品

毕加索，西班牙画家、雕塑家，西方现代派绘画的主要代表。他于1907年创作的《亚威农少女》是第一张被认为有立体主义倾向的作品，是一幅具有里程碑意义的杰作。它不仅标志着毕加索个人艺术历程中的重大转折，而且也是西方现代艺术史上的一次革命性突破，引发了立体主义运动的诞生。这幅画在以后的十几年中竟使法国的立体主义绘画得到空前的发展，甚至还波及芭蕾舞、舞台设计、文学、音乐等其他领域。《亚威农少女》开创了法国立体主义的新局面，毕加索与勃拉克也成了这一画派的风云人物。

(1) (2) (3) (4) (5)

图 5-1 毕加索作品

2. 马蒂斯作品

亨利·马蒂斯，法国著名画家、雕塑家、版画家，野兽派创始人和主要代表人物。其代表作有《豪华、宁静、欢乐》《生活的欢乐》《开着的窗户》《戴帽的妇人》等。他以使用鲜明、大胆的色彩而著名。21岁时的一场意外，令马蒂斯的绘画热情一发不可收拾，偶然的机缘成为他一生的转折点。用他自己的话说：“我好像被召唤着，从此以后我不再主宰我的生活，而它主宰我。”

(1)　(2)　(3)　(4)　(5)

图 5-2　马蒂斯作品

3. 蒙德里安作品

彼埃·蒙德里安，荷兰画家，风格派运动幕后艺术家和非具象绘画的创始人之一，对后世的建筑、设计等影响很大。蒙德里安是几何抽象画派的先驱，以几何图形为绘画的基本元素，与德士堡等创立了“风格派”，提倡自己的艺术“新造型主义”。他还认为艺术应根本脱离自然的外在形式，以表现抽象精神为目的，追求人与神统一的绝对境界，也就是现在我们熟知的“纯粹抽象”。

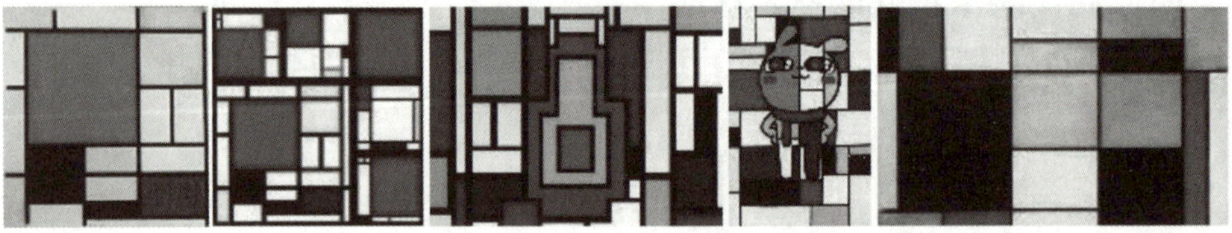

(1)　(2)　(3)　(4)　(5)

图 5-3　蒙德里安作品

(二)民俗类

1. 彩塑

彩塑为民间手工艺品之一。以黏土加上纤维物、河沙、水，糅合成的胶泥为材质，在木制的骨架上进行形体塑造，阴干后填缝、打磨，再着色描绘的作品称彩塑。根据摆放位置与使用范围，彩塑可分四类，即石窟彩塑、庙宇彩塑、陵墓彩塑、民俗彩塑。

(1)　(2)　(3)　(4)　(5)

图 5-4　彩塑作品

2. 糖画

糖画是一种传统民间手工艺，以糖为材料来进行造型。所用工具仅一勺一铲，糖料一般是红、白糖加上少许饴糖放在炉子上用温火熬制，熬到可以牵丝时即可以用来浇铸造型了。在绘制造型时，艺人用小汤勺舀起融化了的糖汁，在石板上飞快地来回浇铸，画出造型。民间艺人的手上功夫便是造型的关键。当造型完成后，随即用小铲刀将糖画铲起，粘上竹签。

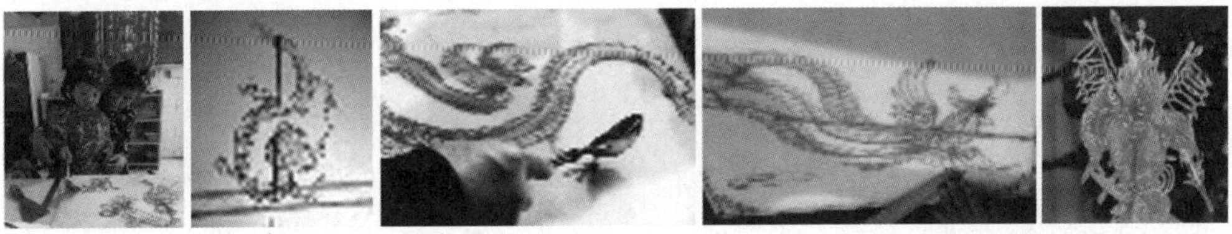

(1)　(2)　(3)　(4)　(5)

图 5-5　糖画作品

3. 吹糖人

吹糖人是旧时北京的一个行业，中国民间手工艺品之一。小贩们肩挑挑子走街串巷，挑子一头是一个带架的长方柜，柜子下面有一个半圆形开口木圆笼，里面有一个小炭炉，炉上的一个大勺里放满了糖稀(是麦芽糖融化而成的)。据传，吹糖人儿祖师爷是明朝宰相刘伯温。

(1)　(2)　(3)　(4)　(5)

图 5-6　吹糖人作品

4. 花馍

花馍是北方一种纯朴的传统民间美术形式。凡是逢年过节、生日满月、婚丧嫁娶，家家户户都要用最佳精粉，按照当地的传统习俗，制作种种花馍，表达各自的理想和祝愿。

(1)　(2)　(3)　(4)　(5)

图 5-7　花馍作品

5. 木偶

木偶古代叫傀儡、傀儡子，是指用木头雕刻的人像或者形似其他形象的小东西，常用来形容痴呆的神情。用它来表演的戏剧叫木偶戏，也叫傀儡戏。

(1)　(2)　(3)　(4)　(5)

图 5-8　木偶作品

6. 皮影戏

皮影戏又称“影子戏”或“灯影戏”，是一种以兽皮或纸板做成的人物剪影，在灯光照射下用隔亮布进行演戏。表演时，艺人在白色幕布后面一边操纵戏曲人物，一边用当地流行的曲调唱述故事，同时配以打击乐器和弦乐，有浓厚的乡土气息。皮影不仅属于傀儡艺术，而且还是一种地道的工艺品。它是用牛皮、驴皮、马皮、骡皮经过选料、雕刻、上色、缝缀、涂漆等几道工序做成的。皮影制作考究，工艺精湛，表演起来生趣盎然，活灵活现。受到外在环境以及兽皮材料的差异等因素影响，各地的皮影戏造型风格不同。

(1)　(2)　(3)　(4)　(5)

图 5-9　皮影戏作品

(三)传统节日装饰类

1. 年画

年画是中国画的一种，始于古代的“门神画”，中国民间艺术之一。清光绪年间，它正式被称为年画，是中国特有的一种绘画体裁，也是老百姓喜闻乐见的艺术形式。年画大都用于新年时张贴，装饰环境，含有祝福新年、吉祥喜庆之意。民间传统年画多用木版水印制作。旧年画因画幅大小和加工多少而有不同称谓。整张大的叫“宫尖”，一纸三开的叫“三才”。加工多而细致的叫“画宫尖”“画三才”。颜色上用金粉描画的叫“金宫尖”“金三才”。六月以前的产品叫“青版”，七八月以后的产品叫“秋版”。

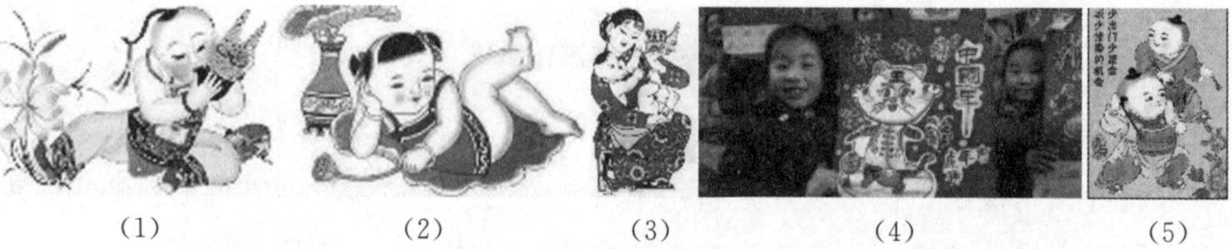

(1)　(2)　(3)　(4)　(5)

图 5-10　年画作品

2. 门神

门神是农历新年贴于门上的一种画类。人们将神像贴于门上，用以驱邪避鬼、卫家宅、保平安、助功利、降吉祥等。按照传统习俗，每到春节前夕，家家户户便忙碌起来，贴对联和门神，祈福来年。根据史料记载，周代的时候就已经出现了“祀门”活动，而且是极为重要的一项典礼。在门神的传说中，神荼和郁垒二神的传说在民间早有流传，在《山海经》《风俗通义》《重修纬书集成》《三教源流搜神大全》等典籍中都有记载。

(1)　(2)　(3)　(4)　(5)

图 5-11　门神作品

3. 对联

对联是汉族的传统文化之一，是写在纸、布上或刻在竹子、木头、柱子上的对偶语句。对联对仗工整，平仄协调，是一字一音的中华语言独特的文化艺术形式。对联又称楹联，因古时多悬挂于楼堂宅殿的楹柱而得名，有偶语、俪辞、联语、门对等通称，对联的称呼开始于明代。它是一种对偶文学，起源于桃符，是利用汉字特征撰写的一种民族文体，它与书法的美妙结合，又成为中华民族绚烂多彩的艺术独创。

(1)　(2)　(3)　(4)　(5)

图 5-12　对联作品

(四)环境布置类

幼儿园室内外环境布置(包括幼儿能参与和理解的各种社会生活环境)，是体现幼儿全面发展教育目标的一扇窗口，也是幼儿欣赏类活动的重要组成部分，按主题活动、季节活动、节日活动、幼儿社会性发展以及立体、半立体造型的形式表现，以无声的语言影响幼儿。

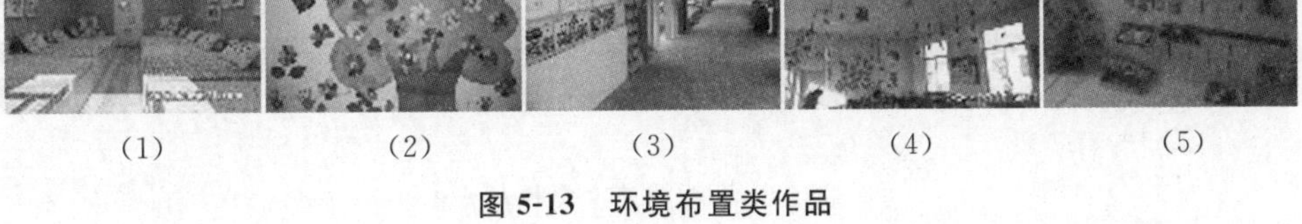

(1)　(2)　(3)　(4)　(5)

图 5-13　环境布置类作品

(五)自然景物类

自然景物包括人为景物是原有自然面貌未发生明显变化的景观，如极地、高山、沙漠、沼泽、热带雨林以及某些自然保护区等。人为景物是指受到人类直接影响和长期作用使自然面貌发生明显变化的景观，如乡村、工矿、城镇等。人为景观又称文化景观，它虽然是人类作用和影响的产物，但发展规律却服从于自然规律，必须按自然规律去建设和管理才能达到预期目的。教师在选择类似欣赏内容时，应注意当地幼儿的已知经验，做到有的放矢。

(1)　(2)　(3)　(4)　(5)

图 5-14　自然景物类作品

(六)建筑艺术类

建筑艺术是按照美的规律，运用建筑艺术独特的艺术语言，使建筑形象具有文化价值和审美价值，具有象征性和形式美，同时体现出民族性和时代感。根据功能性特点，建筑艺术可分为纪念性建筑、宫殿陵墓建筑、宗教建筑、住宅建筑、园林建筑、生产建筑等类型。从总体来说，建筑艺术与工艺美术一样，也是一种实用性与审美性相结合的艺术。实用性是建筑的首要功能，随着人类实践的发展，物质技术的进步，建筑越来越具有审美价值。

(1)　(2)　(3)　(4)　(5)

图 5-15　建筑艺术类作品

(七)雕塑艺术类

雕塑艺术又称雕刻，是雕、刻、塑三种创制方法的总称，是造型艺术的一种。它通常用各种可塑材料(如石膏、树脂、黏土等)或可雕、可刻的硬质材料(如木材、石头、金属、玉块、玛瑙等)，创造出具有一定空间的可视、可触的艺术形象，借以反映社会生活、表达艺术家的审美感受、审美情感、审美理想。

(1)　(2)　(3)　(4)　(5)

图 5-16　雕塑艺术类作品

（八）工艺美术类

工艺美术，通常是美化生活用品和生活环境的造型艺术。它的突出特点是物质生产与美的创造相结合，以实用为主要目的，并具有审美特性，为造型艺术之一。它有时也指以美术技巧制成的各种与实用相结合并有欣赏价值的工艺品。工艺美术通常具有双重性质，既是物质产品，又具有不同程度精神层面的审美性。

（1）　（2）　（3）　（4）　（5）

图 5-17　工艺美术类作品

（九）风筝类

风筝发明于东周时期，至今已有2000多年。相传墨翟以木头制成木鸟，研制三年而成，是人类最早的风筝起源。后来鲁班用竹子改进墨翟的风筝材质，进而演进成为今日多线风筝。到南北朝时，风筝开始成为传递信息的工具。从隋唐开始，由于造纸业发达，民间开始用纸来裱糊风筝。到了宋代，放风筝成为人们喜爱的户外活动，张择端的《清明上河图》、苏汉臣的《百子图》里都有放风筝的生动景象。

（1）　（2）　（3）　（4）　（5）

图 5-18　风筝类作品

（十）不同季节类

一年四季即春、夏、秋、冬。春天，气温回暖、万物复苏；夏天，天气炎热，水果成熟；秋天，天气转凉，农作物成熟；冬天，天气寒冷，有时会下雪。

本章小结

欣赏类活动是幼儿美术教育中的重要内容。幼儿有意识地对美术作品进行观察、鉴赏、理解，从中获得审美愉悦，进而触发感知，引起联想和情感体验，体验和认识作品内容和形式的审美属性，并从中获得美感。美术欣赏的内容包括绘画、雕塑、工艺品、建筑、节日装饰、自然景物，以及同伴的作品等。教师引导幼儿的欣赏活动也可以在日常活动、游戏、娱乐、参观等各种活动中实施。本章的内容主要是介绍了3～6岁小、中、大班幼儿美术欣赏的不同种类与发展特点，解析了幼儿欣赏类活动的目标与要求，并结合活动案例对不同年龄班幼儿欣赏类活动的组织实施与指导进行了细致阐述。

关键术语

自然景物类欣赏　环境布置类欣赏　民间工艺类、民俗类欣赏　节日装饰类欣赏

思考题

1. 结合当地幼儿园自身特点，谈一谈如何将欣赏类活动与当地资源进行整合。
2. 想一想如何结合不同年龄班幼儿的特点组织民间工艺类、民俗类欣赏活动。
3. 各年龄班的自然景物类欣赏活动还可以拓展哪些内容？

建议的活动

1. 可以自己选择一个年龄班的欣赏作品，尝试分析并自己策划一例欣赏类活动。
2. 在当地幼儿园实地观摩幼儿各年龄班欣赏类活动，尝试进行评价。

拓展阅读

《世界美术名作二十讲》，傅雷著，江苏文艺出版社，2017年。该书是一本品鉴美术作品的入门之作，围绕文艺复兴以来西方近二十位艺术大师及其名作展开讨论，讲解艺术特点、绘画技巧，又辅以大师生平、时代思潮等内容，行文生动洗练，深入浅出，融文学、音乐、哲学、社会、时代于一体，给人以丰富而优美的精神享受。

参考文献

[1]程英. 学前儿童艺术教育与活动指导[M]. 上海：华东师范大学出版社，2015.

[2]张念芸. 学前儿童美术教育(第 4 版)[M]. 北京：北京师范大学出版社，2020.

[3]王振宇. 儿童心理学(第 4 版)[M]. 南京：江苏教育出版社，2006.

[4]张念芸. 幼儿美术活动指导与设计[M]. 北京：北京师范大学出版社，2010.

[5]傅雷. 世界美术名外二十讲[M]. 南京：江苏文艺出版社，2017.

[6]李力加. 超级幼儿美术教师的 100 堂课[M]. 济南：山东美术出版社，2014.

[7]李蔚宜. 幼儿美术活动这样做[M]. 上海：华东师范大学出版社，2014.

[8]尹少淳. 美术及其教育[M]. 长沙：湖南美术出版社，1995.

[9]屠美如. 儿童美术欣赏教育研究[M]. 北京：教育科学出版社，2001.

[10]腾守尧. 审美心理描述[M]. 成都：四川人民出版社，1998.

[11] 姚全兴. 审美教育的历程[M]. 上海：上海社会科学出版社，1992.

[12]王大根. 美术教学论[M]. 上海：华东师范大学出版社，2000.

[13]张奇. 儿童审美心理发展与教育[M]. 北京：北京师范大学出版社，2000.

[14][意]克罗齐. 美学原理[M]. 朱光潜译. 上海：上海人民出版社，2007.

[15]陈鹤琴. 家庭教育[M]. 上海：华东师范大学出版社，2006.

[16]朱智贤. 中国儿童青少年心理发展与教育[M]. 北京：中国卓越出版公司，1990.

[17][意]蒙台梭利. 发现孩子[M]. 胡纯玉译. 北京：中国发展出版社，2006.